管理系统工程教程

杨学津　孙一　主编

山东大学出版社

图书在版编目(CIP)数据

管理系统工程教程/杨学津,孙一主编.—2版.—济南:
山东大学出版社,2009.1(2022.8重印)
ISBN 978-7-5607-2665-6

Ⅰ.管…
Ⅱ.①杨…②孙…
Ⅲ.企业管理—系统工程—高等学校—教材
Ⅳ.F270.7

中国版本图书馆CIP数据核字(2003)第078110号

山东大学出版社出版发行
(山东省济南市山大南路27号 邮政编码:250100)
山东省新华书店经销
济南巨丰印刷有限公司印刷
787×1092毫米 1/16 21.5印张 496千字
2009年1月第2版 2022年8月第6次印刷
定价:49.00元

前言

系统科学是20世纪40年代后迅速发展起来的一个跨学科的科学分支。它从系统的角度研究整个客观世界,并在实践应用中显示出了强大的生命力。目前,系统科学理论研究的深度进一步提高,应用的范围也越来越广。积极推广和普及系统科学,对于我国建立社会主义市场经济体系,提升宏观和微观管理水平,实现经济、科技现代化,建设文明、富强、和谐的社会主义社会有着极其重要的意义。

管理系统工程是以企业管理系统为研究对象的一门组织管理技术。它在系统论、控制论、信息论思想指导下,运用系统工程的原理与方法,从整体观念出发探求管理活动的最优计划、最优组织、最优控制和最优方案,使管理系统发挥出整体优化功能,以获得最佳经济效益。

为了向广大科技工作者、经济管理人员和大专院校学生普及系统工程知识,作者根据多年从事系统工程教学和科研的实践经验,编写了《管理系统工程教程》一书,并于2003年由山东大学出版社正式出版,出版后受到广大学生和读者的欢迎,并为多所高校所采用。这次再版,我们对书中的部分内容进行了补充和调整,对原书中的错误进行了更正。

该书分为上、下两篇,上篇介绍了系统工程的基本概念、理论和方法,下篇介绍了系统工程常用的定量分析技术,包括运筹学模型、系统预测及决策技术等,每章后配有适量的习题。本书内容可根据教学要求有选择地讲授。

本书可作为高等院校管理类和财经类专业本科生、工程硕士及工商管理硕士(MBA)研究生的教材和教学参考书,也可作为管理人员、工程技术人员、领导干部的培训教材和自学参考书。

本书由杨学津、孙一主编,具体负责编写大纲,初稿修改和审定,并最终统纂成稿。

全书共二十二章，参加编写的人员及分工如下：杨学津：第一、二、三、四、五、六、八、九、十、十三、十七、十九、二十章；杨学津、潘群峰：第七、十一、十二章；杨学津、安萌、孙一：第十四、十五、十六、十八章；孙一、安萌：第二十一、二十二章。

山东大学吴爱华教授和王福泰教授审阅了全部书稿，并为本书的完善提出了许多宝贵的修改意见。本书的出版也得到了山东大学管理学院领导和山东大学出版社领导的大力支持。在此，作者向他们表示衷心的感谢。

本书在编写过程中，参阅了大量书刊资料，有些注明了出处，有些限于篇幅没有注明，在此谨致谢意。

由于作者水平有限，书中难免出现疏漏和不当之处，恳请广大读者批评指正。

作　者

2017 年 2 月

目　录

上篇　系统工程理论与方法

上篇　系统工程理论与方法

第一章　系统科学的形成及体系结构

第一节　系统科学的产生和发展

系统科学是20世纪40年代后发展起来的一个跨学科的新的科学分支。它是从系统的角度、用系统的方法来考察和研究整个客观世界，为人类大规模地改造世界提供了科学的理论和方法。古代人类认识自然界首先就是从对自然的整体认识开始的，也可以说系统科学思想是指导人们认识的第一个理论；而系统科学体系的完整建立又依赖于当代科学技术的最新成就，现代科学的每一个理论几乎都被系统科学吸收，并被改造成为其自身理论体系中的一个部分。

系统科学之所以在20世纪40年代后得到迅速发展，有以下几个方面的原因：

1. 客观世界是一个多层次、多因素、多过程的大系统

世界上的事物不是彼此孤立的，而是互相联系、互相制约的。它们往往通过某种关系，如物质的交换、信息或能量的传递等而联结在一起，互相依存，互相影响，从而组成了各种各样的系统。这些系统有两个特点：

(1) 由于各自的组成事物、结构、功能不同而具有相对独立性；

(2) 不同系统之间又通过某种形式的物质、能量和信息的交换而联结在一起互相依存、互相影响，从而构成更大的系统。

人类发展的历史证明，只有深刻地认识了各级系统的特性、运动规律以及相互间复杂关系的形成法则，才能更好地控制、管理、改造和创造系统，才能正确地处理系统之间的关系，使它们互相促进、协调发展。

因此，正是由于各种不同系统的客观存在，而且整个客观世界本身又是一个多层次、多因素、多过程的大系统，所以人类才在利用和改造世界的过程中总结出了系统科学。

2. 现代大规模改造世界的斗争使人们逐渐认识到必须从系统的角度考虑和处理问题

在古代，人类在生产活动中一直在同各种自然系统打交道。在生产活动中，人们又结成了一定的生产关系。自然界和社会固有的系统特性通过实践反映到人的认识中来，逐渐孕育出一些原始的、含糊的系统观念。这些系统观念又被人们运用于生产活动和社会活动之中，并在实践和认识的不断反复中得到充实，从而形成了一些直观的、朴素的系统思想。这些朴素的系统思想表现在哲学上就是把自然界看作一个统一的整体。

堪称我国古代文化第一典籍的《周易》试图用阴阳八卦来理解和说明世界的统一性，深刻地揭示了自然、社会与人之间内在的有机关联，从而构成了中国哲学关于宇宙思想的框架。中国古典文献中关于五行学说的材料也相当丰富。依据这种思想，事物被划分为五种不同性质的类型，即赋有了五行特质，而五行之间又普遍存在着相生相克的关联。这样，在五行的联系和运动中世界的统一成为可能。在古希腊，人们很早就认识了事物的整体

性、秩序性以及结构与功能的关系。例如，古希腊辩证法的奠基人之一赫拉克利特就说过“世界是包括一切的整体”，而亚里士多德在人类思想史上第一次从哲学的高度概括了关于整体性的思想。他的“四因说”以及关于事物的种属关系和范畴分类的思想标志着古代系统思想的最高总结；而其名言“一般来说，所有的方式显示全体并不是部分的总和”已被后人概括为“整体大于部分的总和”，成了系统论的基本原则。古代朴素系统思想表现在实践上就是从事物之间相互联系的角度去观察和改造世界。在军事方面，早在公元前500年的春秋时期，就有著名的军事家孙武写出了“孙子兵法”十三篇，指出战争中的战略和策略问题，如进攻与防御、速决和持久、分散和集中等之间的相互依存和相互制约的关系，并依此筹划战争的对策，以取得战争的胜利。其著名论点如“知己知彼，百战不殆”，“以我之长，攻敌之短”等，不仅在古代，而且在当代的战争中都有指导意义，在当今激烈的国际市场竞争和社会经济各个领域的发展中，这些论断也有现实意义。战国时期，著名军事家孙膑继承和发展了孙武的学说，著有“孙膑兵法”，在齐王与田忌赛马中，孙膑提出的以下、上、中对上、中、下对策，使处于劣势的田忌战胜齐王，这是从总体出发制定对抗策略的一个著名事例。在水利建设方面，战国时期，秦国太守李冰父子主持修建了四川都江堰工程。这一伟大水利工程巧妙地将分洪、引水和排沙结合起来，使各部分组成一个整体，实现了防洪、灌溉、行舟、漂木等多种功能，至今该工程仍在发挥着重大的经济效益，是我国古代水利建设的一大杰出成就。在农业方面，《管子》中的《地员》篇，《诗经》中的农事诗《七月》等古籍，对农作物与种子、地形、土壤、水分、肥料、季节、气候等因素的相互联系都有辩证的论述。在建设施工方面，北宋真宗年间，皇城失火，宫殿烧毁，大臣丁谓主持了皇宫修复工程。他采用了一套综合施工方案，先在需要重建的通衢大道上就近取土烧砖，在取土后的通衢深沟中引入汴水，形成人工河，再由此水路运入建筑材料，从而加快了工程进度。皇宫修复后，又将碎砖废土填入沟中，重修通衢大道，使烧砖、运输建筑材料和处理废墟三项繁重工程任务协调起来，从而在总体上得到了最佳解决，一举三得，节省了大量劳力、费用和时间。在医学方面，我国古代医书《黄帝内经》就强调人体各器官的有机联系，生理现象和心理现象的联系，身体状况与自然环境的联系，并把治疗与防病和调养结合起来。所有这些都说明，在系统科学产生之前，人们就运用着一些朴素的思想和方法改造着自然和世界。

然而，由于当时的科学技术落后，人类改造客观世界的能力和规模都很小，对事物之间的复杂关系了解甚微。因此，人们对系统的感觉和认识都是相当淡薄的、粗浅的。

15世纪下半叶，由于近代科学的兴起，力学、天文学、物理学、化学及生物学等科学逐渐从哲学中分离出来，并获得日益迅速的发展，从而产生了研究自然界独特的分析方法，包括实验、解剖和观察，这样，就把自然界的局部细节从总的自然联系中抽出来分门别类地加以研究，因而使人们获得了更多的详细的科学材料，大大加深了人类对客观世界的认识。

但是，近代社会生产和科学技术的这种进步并没有使人类形成明确的和完整的系统观念。这是因为人们在进行分析研究时，往往是孤立地静止地看问题，撇开总体的联系来考察事物和过程。正如恩格斯所说：“这些障碍堵塞了自己从了解部分到了解整体，到洞察普遍联系的道路。”

社会生产和科学技术经过19世纪特别是进入20世纪后得到了空前的发展。在此期间人类在哲学上也取得了巨大的成果。马克思、恩格斯创立了辩证唯物主义。这些成果大大提高了人类认识世界和改造世界的能力，使人类改造世界的规模越来越大，程度越来越深。然而从另一方面来看，这些巨大的变化又给人类带来了许多前所未有的问题。

例如，随着物质生产的进一步集约化、专业化、社会化和国际化，不同行业、不同部门、不同地区之间的联系越来越密切，相互间的依赖和影响也越来越大。这种牵一发而动全身的关系使得人们在规划、设计和管理等工作中，局部的失误或某个环节上的脱节，对其他部门、其他地区、整个经济甚至整个社会的影响要比小生产时代严重得多。再如，人们改造自然的活动不仅促进了物质生产和文化科学的发展，也为人类创造了良好的生存环境。但是从长远看，随着改造自然的规模不断扩大和程度的日益加深，人类与自然界之间的复杂关系也进一步暴露出来(如某些不可再生资源过早地枯竭、环境污染和生态破坏等)。这些严重后果不仅到头来限制和削弱了生产的发展，也给人类的健康和生存带来了威胁。

将上述问题反映到人类大规模改造世界的过程中来，就会发现为什么有时候事半功倍，有时候事倍功半；有时候心想事成，有时候事与愿违；为什么有时候局部和近期的效果与总体和长远的目标一致，而有时候却相反；为什么有时候优良甚至一般的局部可组成优良的整体，而有时候优良的局部组成的整体其功能却很差。

这些令人深思的问题不能不对人类的认识产生强大的冲击。

严峻的现实使人们认识到只是在哲学的层次上研究事物相互联系、相互影响的规律是不行的，还必须以辩证唯物主义为指导在一般科学的层次内对事物相互联系的方式、相互影响的途径，特别是以一定的关系联系在一起后所产生的共同作用以及这种共同作用和外界环境之间的关系进行精确的定量研究。也就是说，从系统的角度，用系统的观点去考察和研究整个客观世界。有了这样的理论和方法，人们才能在改造世界的过程中正确地处理整体与局部之间、局部与局部之间、整体与环境之间以及当前与长远之间的关系。

自20世纪40年代以来，系统研究领域得到了蓬勃发展。同时，又不断产生了一些新的理论和方法，例如大系统理论、耗散结构理论、超循环理论、混沌理论、突变理论、协同学等等。在上述系统研究的众多学科分支中，有许多是在彼此没有联系的情况下分别建立的，其研究内容、研究方法、研究特点和概括性程度有明显的差别。各自从特定领域、角度和知识背景出发考察系统问题，彼此间很少沟通，难以对系统研究作出整体的了解。因而出现了对同一问题在不同学科使用不同的表述方法，而有些学科名称相近，但实际内容相去甚远；还有些学科界限不明确，内容重叠，以及有些学科之间密切相关，但由于缺少沟通难以形成一个整体或体系。凡此种种，给系统研究领域造成了混乱。因此，划清学科界限、明确定义，统一术语，揭示各学科之间的内在联系，将一切有关系统研究的学科组成一个统一的学科体系，已成为系统研究进一步发展必须解决的问题。但是，就如何将系统研究领域的众多学科进行统一，国内外学术界有不同的观点。这里仅就在国内已得到公认的，我国系统科学的奠基人、著名控制论专家钱学森教授提出的观点加以简单介绍。

20世纪70年代中期以来，有两个重要因素促使我国的系统研究进入了一个兴盛时期。第一，十年动乱结束，百业待举，为在我国早日实现四个现代化，不但需要掌握世界先进的科学技术，还需要掌握先进的组织管理方法。这就为在我国大规模推广应用系统研究和系统工程方法提供了强大的社会推动力和适宜的大环境。第二,国际上系统研究有了很大的发展,理论上和实践上都取得了许多成就,而我国却在系统研究方面与国际水平有着较大差距。到了 70 年代后期,在我国从理论界到工程技术领域,从科学界到哲学界,掀起了一股“系统热”。钱学森教授是这个时期倡导系统研究最积极、最有影响的学者。他认为,系统工程带动的是一个非常广阔的研究领域,包括许多学科,这些学科之间由一些共同的、根本的东西联系着。系统工程、系统分析、系统设计等学科命名标示出它们是处理系统问题的技术和方法。运筹学、管理科学、效果费用分析等,虽然学科命名未使用“系统”一词,但其研究内容显示它们是有关定量化系统方法的理论论证或实际应用。他在《工程控制论》中文修订版(1978) 的序言中指出,控制论与系统工程有关,是系统研究的重要方面,控制论的研究对象是系统。另外,钱学森教授还特别强调信息的重要性,肯定了信息论与系统工程有着密切关系,是系统研究的一个重要分支。因此,他提出应对上述学科依据它们之间的联系进行沟通和统一,形成一个新的学科群,建立起一个完整的科学体系。它不是社会科学、不是自然科学、不是数学,而是一个为这些学科所不能包容的新兴学科体系 —— 系统科学。系统科学作为一门新的科学分支,就是在这种历史背景下产生和发展起来的。

另外,由于现代数学、计算技术、信息科学,特别是计算机的产生和发展,大大提高了信息收集、贮存、传递和处理的能力,使人们能迅速全面地了解复杂系统的各种有用信息,并在此基础上进行定量分析和科学决策,从而有力地推动了系统科学的发展。

第二节　系统科学的研究对象和体系结构

系统科学是研究一般系统的类型、性质、相互关系以及运动机理和规律的科学,或者说,系统科学就是从系统的观点和角度去研究整个客观世界。要在系统科学这一概念下,从科学学的角度建立系统科学的体系结构框架,并据此对系统研究领域众多的学科分门别类,使它们有序地共处于系统科学的统一体系之中。这就要求搞清楚这些学科的特点和相互关系,揭示系统科学体系中各种横向的和纵向的联系,从整个体系的角度给每个学科以确切的描述,确定其在体系中的地位,从而使系统科学研究得到进一步发展和完善。

一、现代科学技术的体系结构

现代科学技术知识体系按其理论概括程度的高低,采用横向分类法可以划分为四个层次:哲学、基础科学、技术科学和工程技术。

1. 哲学。这是由全部人类知识提炼升华而成的概括程度最高的理论知识。

2. 基础科学。这是既包括自然科学也包括社会科学的基础理论知识。

3. 技术科学。这是以自然科学的理论为基础,根据多种工程技术专业中带普遍性的问题,经过统一研究而形成的各种专业基础知识。

4. 工程技术。这是直接用于改造客观世界的知识。这类知识根据其应用情况不同而分化成各种专业知识。

根据人们研究问题的着眼点或角度的不同,采用纵向分类法,可将现代科学技术体系划分为六大部类:

1. 自然科学。这是从物质运动的角度去考察整个客观世界的学科。传统观点认为，自然科学就是研究自然界的科学。18 世纪产业革命后，自然科学的研究范围已从自然系统扩展到机器系统等各种人工系统。到 20 世纪初自然科学已经涉及到整个客观世界，研究对象是自然和社会的有机统一体。

2. 社会科学。这是从人类社会发展变化的角度来研究整个客观世界的科学。

3. 数学科学。这是从事物数量和质量关系的角度去研究整个客观世界的科学。传统观点认为，数学是隶属于自然科学的一门学科，其实人们在认识和改造自然及社会的斗争中都产生和发展着数学。现代科学的蓬勃发展，尤其是计算机的出现，为数学广泛进入社会科学研究领域提供了强有力的技术手段。从此数学已自立于整个科学技术体系而成为一大独立部类。

4. 系统科学。这是从系统属性的角度去研究整个客观世界的科学。

5. 思维科学与人体科学。所谓思维科学就是研究人的意识思维，探讨人类精神世界的科学，其内容包括了对抽象思维的研究、对形象思维的研究以及对创造性直觉的研究，另外还有语言学和人工智能等。人体科学是研究人体的功能以及如何保护人体功能并进一步发挥人体潜在功能的科学。现代科技的这两大部分标志着人类的认识方向从外向内的转化，对人自身的研究乃是人类真正知识的开始。

二、系统科学的体系结构

系统科学的知识体系根据其理论概括程度的高低或与实践领域相距的远近，采用横向分类法可以划分为三个层次：

1. 系统科学的基础科学。奥地利生物学家贝塔朗菲的一般系统论，比利时物理学家普利高津的耗散结构理论，前西德高能物理学家哈肯创立的协同学，分别从生物学、物理学、化学等不同的学科领域出发，探讨共同的系统课题，为营造现代系统理论的大厦共同作出了贡献，为系统科学奠定了坚实的理论基础。

2. 系统科学的技术科学。系统方法、运筹学和计算科学构成系统科学的技术科学。系统方法是合理地研究和处理有关客体的整体联系的一般科学方法论，为研究和设计各种系统客体提出基本原则。运筹学是系统分析所采用的专门的数学理论和方法。现代计算科学则是实施系统分析和系统工程必要的前提条件，从而使系统定量分析得以推广应用。该层次是系统科学的一个中介环节，它为系统理论走向实践搭桥铺路，完成过渡。

3. 系统科学的工程技术。系统分析和系统工程成为系统的工程技术。在国外广义的系统分析与系统工程并无差异，狭义的系统分析是一种辅助决策方法，用于决策阶段，而系统工程则用于组织管理系统的全过程。系统工程是组织管理的新兴技术和科学方法，它处于系统科学体系的第三层次，相当于自然科学体系中的工程技术。

系统科学体系的三个组成部分发源于完全不同的两个领域：一般系统论、耗散结构理论和协同学分别发源于生物学、物理学和化学；运筹学和系统工程发源于工程技术。经过半个多世纪的发展，彼此迈向共同的目标，统一于系统科学体系之中。图 1－1 概括了现代科学技术总体系，比较形象地描绘出整个系统科学体系的构成。

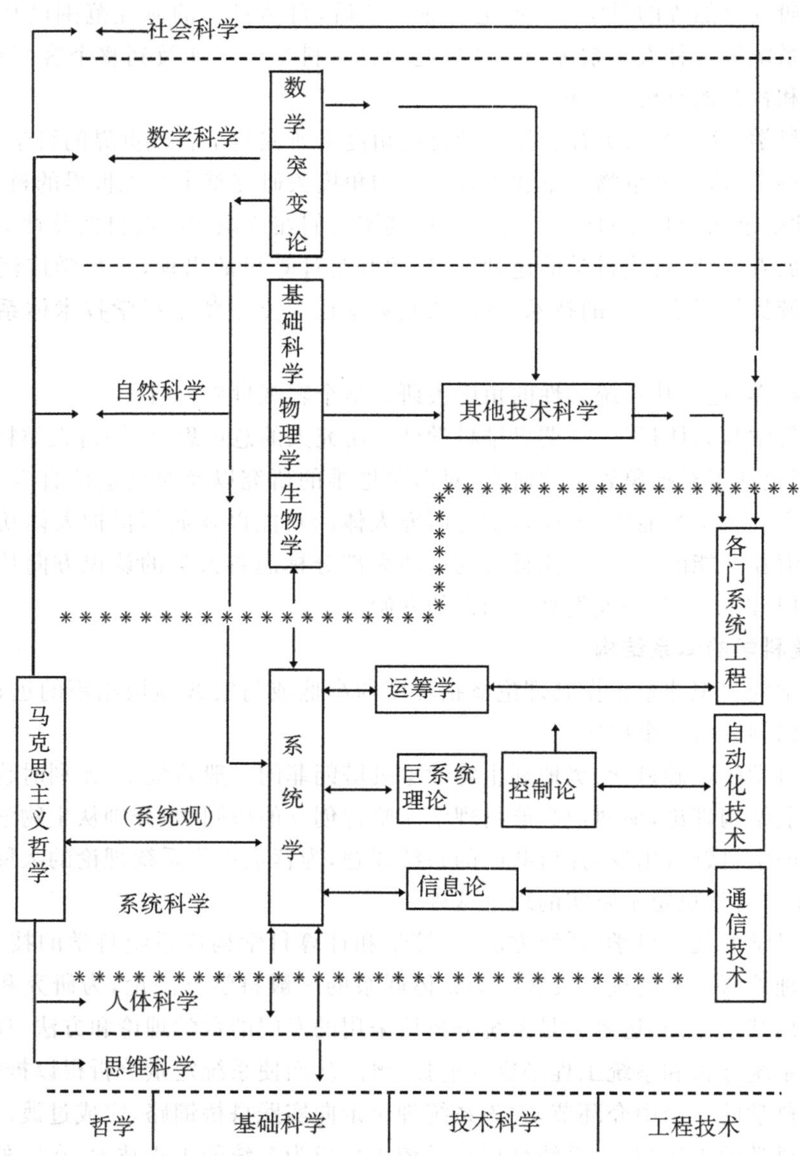

图 1-1　系统科学的体系

第三节　大力发展系统科学，促进决策科学化

系统科学作为一个新的科学分支正式形成以后，很快便对人类产生了广泛的影响，正如系统论的奠基人贝塔朗菲指出的那样：“系统科学彻底地改变了世界的科学图景和当代

科学家的思维方式。”人类的科学思维正以此为转机从主要以“实物为中心”的传统方式中解放出来，逐渐过渡到主要以“系统为中心”的新阶段。以“系统为中心”的思维方式在方法论上的表现就是系统方法。所谓系统方法就是把人们需要研究的对象作为一个有机整体（即系统）从宇宙万物中相对地孤立出来，一方面从整体与部分、部分与部分之间的互相联系、互相制约、互相作用的关系中综合地精确地考察这个对象；另一方面又不忽视这个相对孤立出来的对象和其他事物即外部环境之间的互相联系、互相影响和互相作用，并把这种联系、影响和作用作为系统的输入和输出来处理。这样，系统方法就不仅克服了古代朴素唯物主义强调事物的整体性而忽视对整体的各个细节、各个局部和各个侧面进行深入研究的缺陷，也克服了近代机械唯物主义重视研究事物的各个细节、各个局部和各个侧面而撇开总体联系的毛病。这种考察世界的方法不仅使辩证唯物主义关于事物互相联系、互相制约的观点进一步具体化，也进一步丰富了辩证唯物主义的内容。

在实践上，系统论对人类社会也产生了巨大的影响。许多具体实例都充分说明，应用系统科学可以大大加速人类改造世界的进程，增强改造世界的效果。例如美国的“阿波罗登月计划”，参加研制的工程技术人员达42万，工厂和公司达2万多家，大学研究机构达120所，使用的电子计算机达600多台，各种零件达700多万个。这项计划无论内容的复杂性和规模的庞大性都是空前的，由于采用了系统工程的原理和方法，结果如期地完成了任务，使人类成功地登上了月球，并安全地返回地面。

三峡水利枢纽是综合治理与开发长江的关键性工程。工程采用了“一级开发，一次建成，分期蓄水，连续移民”的建设方案。工程竣工后，将发挥防洪、发电、航运、养殖、旅游、保护生态、净化环境、开发性移民、南水北调、供水灌溉等十大效益。整个工程采用了系统工程的思想及方法进行管理和控制，已经取得了显著的效果。

以上这些生动的实例充分说明系统科学是大规模改造世界的有效工具。因此，加强系统科学的研究和普及工作，不仅是非常必要的，也是十分迫切的。

习　题

1. 简述系统科学的体系结构。
2. 举例说明系统科学思想在实际工作中的体现。

第二章　系统概述

第一节　系统的定义及特征

一、世界的组成

关于世界的组成，传统观念认为，世界是由物质和能量组成的。随着现代科学技术的发展，人们越来越确信这种观点是不完整的。世界的组成成分不仅有物质和能量，也包含着信息。所以现代科学的世界观认为，世界是由物质、能量和信息组成的。

在组成世界的成分中，人们对物质和能量是比较熟悉的，而对信息的了解则相对较少。所谓信息，狭义的理解是指消息、情报、指令、数据和信号等有关周围环境的知识。广义的信息可以理解为事物存在的方式或运动状态以及这种方式、状态的直接或间接的表述。它反映着事物的确定程度（即组织程度、特殊程度和有序程度），是现实世界物质客体之间互相联系的一种方式。

信息对人类来说更具有特殊的意义，它和物质、能量一样重要。人类总是以自己的信息感受器官去感知周围的一切信息，并通过大脑对这些感知到的信息进行加工和处理，从而逐渐加深对客观世界的认识，观察客观环境的变化，并根据环境的变化调整自己的行动和改变与自然界斗争的策略。随着人类感知和利用信息水平的不断提高。人类对客观世界及其规律的认识将进一步加深，人类社会的发展程度将进一步提高，发展也将进一步加快。

物质、能量和信息三者之间既互不相同，又互相依存、互相联系。信息的产生离不开物质。信息反映的是物质的存在方式和运动状态。信息的存贮和传递也必须以物质为载体，同时伴随着能量的发生。物质和能量的变化、运动和交换一般又以信息为先导，受信息的控制。

因此，由于物质、能量和信息之间存在着如此密切的关系，所以在改造世界的斗争中，一定要有“物质 —— 能量 —— 信息”统一的观点，只有这样才能收到圆满的效果。

二、系统的定义

“系统”是整个系统科学最基本的概念，它浓缩着系统理论的最基本内容。系统一词最早出现于古希腊语中，原意是指事物中共性部分和每一事物应占据的位置，也就是部分组成的整体的意思。将系统作为一个重要的科学概念予以研究，则是由贝塔朗菲于 1937 年第一次提出来的，他认为系统是“相互作用的诸要素的综合体”。

目前我国的系统科学界对系统通用的定义是：系统是由相互作用和相互依赖的若干组成部分（要素）结合而成的、具有特定功能的有机整体。

从上述定义可以看出，系统必须具备三个条件：第一，系统必须由两个或两个以上的要素（或部分、子系统）所组成，要素是构成系统的最基本单位，因而也是系统存在的基础和实际载体。系统离开了要素就不成为系统。第二,要素与要素之间存在着一定的有机联系,从而在系统的内部和外部形成了一定的结构或秩序。任何一个系统又是它所从属的一个更大系统的组成部分。由此,系统整体与要素、要素与要素、整体与环境之间存在着相互作用和相互联系的机制。第三,任何系统都有特定的功能,这是整体不同于各个组成要素的新功能,这种新功能也是由系统内部的有机联系和结构所决定的。

三、系统的特征

明确系统的特征,是我们认识系统、研究系统、管理系统的关键。

1. 系统的整体性

系统作为若干要素的集合体,其本质特性就是具有整体性。

(1) 系统目标、规律及功能的整体性。系统的整体性首先体现在建立系统目标时,要求系统整体的最佳化,确定系统评价准则应以系统的整体性为基础。其次,系统的整体性又体现为系统的运动规律是整体的规律。由于系统的整体与要素、要素与要素、系统与环境之间存在着有机联系,所以系统的实质和运动规律只有从整体上才能显示出来。组成系统各要素之间的联系和作用都离不开整体的协调。再次,系统的整体性还体现在系统功能的整体性方面。系统要素的功能必须服从系统整体的功能,系统的功能并不等于要素功能的简单相加。

(2) 系统整体的类型。系统整体的类型是多种多样的,从系统规模及其复杂程度出发,系统的整体可分为简单整体和复杂多层次整体。从系统结构的严密程度来看,可把系统整体划分为严密结构的整体和非严密结构的整体。前者组成整体的各部分有不可分割性,后者指对不可分割性没有严格要求。

(3) 系统整体联系的有机性。系统整体虽然有多种形式,但都有一个共同的特征,即有机性。系统之所以能保持其整体性,是因为组成系统的要素之间保持着有机的关联,从而形成一定的结构。系统整体的有机性具有以下几个特点:① 存在于系统整体中的部分,不论该部分是否能够相对独立,都须具有作为整体之部分的内在根据。部分只有在整体中才能体现其部分的意义,一旦离开整体,部分的整体意义即不复存在。② 系统只有在运动中按一定规律进行整体与部分、部分与部分、整体与环境间物质、能量和信息的交换,并且在交换中保持系统整体的均衡。如果这种物质、能量和信息的交换遭到部分或全部破坏,系统也就会部分或全部地失去其原有的整体性。③ 整体的有机性不仅体现于整体内部各要素之间的联系,而且也表现为与外部环境的关系以及过程连续性的关系,即反映系统整体存在和发展过程中系统、要素与环境之间的关系。任何一个系统,它同时又是更大系统的子系统,因而具有构成更大系统整体的特性。一切系统的整体性都体现为系统、要素、环境之间的有机联系和辩证统一,这是系统所以能够有规律地运动,能够体现出部分所不具有的性质并表现为一定的系统特征与功能的原因。

2. 系统的相关性

系统内的各要素是相互作用而又相互联系的。整体性确定了系统的组成要素,相关性则说明这些组成要素之间的关系。系统中任何一个要素与存在于该系统中的其他要素是互相关联的,又是互相制约的。它们中某一要素如果发生了变化,就要对其他相关联的要素作相应的改变和调整,从而保持系统整体处于最佳状态。

贝塔朗菲用一组联立微分方程描述了系统的相关性：

$$\begin{cases}\frac{dQ_1}{dt}=f_1(Q_1,Q_2,\cdots,Q_n)\\ \frac{dQ_2}{dt}=f_2(Q_1,Q_2,\cdots,Q_n)\\ \cdots\\ \frac{dQ_n}{dt}=f_n(Q_1,Q_2,\cdots,Q_n)\end{cases}$$

式中：$Q_1,Q_2,\cdots,Q_n$分别为n个要素的特征；$f_1,f_2,\cdots,f_n$表示相应的函数关系；t为时间。

上式表明系统内任一要素随时间的变化是系统所有要素的函数，亦即任一要素的变化会引起其他要素的变化以至整个系统的变化。

3.系统的目的性

“目的”是指人们在行动中要达到或实现的结果和意愿。系统的目的是人们根据实践的需要而确定的。通常，人造系统都是具有目的性的，并且往往是多个目的或目标。系统的目的性特性要求人们要正确地确定系统的目标，运用各种调节和控制手段将系统导向预定的目标，从而达到系统整体最优的目的。

4.系统的环境适应性

系统的环境是指与系统发生作用而又不包含在系统内的各个事物组成的整体，简言之，就是存在于系统以外的事物的总称。所以，系统总是处于一定的环境之中，环境是一个更高级、更复杂的系统。

环境的变化对系统有很大影响，系统与环境是互相依存的。系统在运动过程中必然要与外部环境产生物质、能量和信息的交换。因此，系统必须适应外部环境的变化，才能保持系统的稳定，只有能够经常与外部环境保持最佳适应状态的系统，才是理想的系统。

第二节　系统的分类

系统是以不同的形态存在的。因此，从不同的角度可对系统进行不同的分类。

1.从系统的自然发展层次来看，可将系统分为无机系统、生物系统和社会系统

由自然界的无机物质构成的系统称为无机系统，如原子结构系统、矿物结构系统等。无机系统没有自身的目的，所以又称为无目的系统。由有生命的物质构成的系统称为生物系统，如人体系统、动植物群体等。以人为基本单位（要素）的系统称为社会系统，如人口系统、企业系统、教育系统等。

生物系统是在无机系统的基础上发展起来的，社会系统又是在生物系统的基础上发展起来的。因此，社会系统相对于生物系统而言是较高层次的系统，而生物系统相对于无机系统而言是较高层次的系统。生物系统和社会系统都有其自身的目的，系统中各子系统为了系统整体的既定目标而协同工作，所以社会系统和生物系统又统称目的系统。

一般而言，低层次系统不能包含高层次系统，但高层次系统能包含低层次系统。

2.从系统的形成原因来看，可将系统分为自然系统和人造系统

自然系统就是由自然物所组成的系统，其特点是自然形成，如气象、海洋等系统。人造系统是由人工造出来的系统，如生产、交通等系统。人造系统一般包括三种类型：① 由人们从加工自然物中获得的零部件装配而成的工程技术系统；② 由一定的制度、组织、程序以及手续等构成的管理系统；③ 由根据人们对自然现象和社会现象的科学认识所创立的学科体系和技术体系。

实际上，大多数系统都是自然系统与人造系统相结合的复合系统。从人类发展的要求来看，其趋势是越来越多地发展和创立新的人造复合系统。了解自然系统的形成与规律是创立人造复合系统的基础。

3. 从系统与环境的关系来看，可将系统分为封闭系统和开放系统

封闭系统（孤立系统）是指不与环境发生物质、能量和信息交换的系统。它具有如下特征：① 不被其他系统所影响；② 不对其他系统施加影响。现实中绝对的封闭系统是不存在的，只是有时为了研究的方便，就把某些与环境联系较少的系统视为封闭系统。开放系统是指与环境经常有较多的物质、能量和信息交换的系统。这种交换影响着系统的结构、功能与发展，一旦系统与环境联系中断，就会影响系统的稳定，甚至使系统受到破坏。现实存在的系统几乎都是开放系统。

4. 从系统的状态与时间的关系来看，可将系统分为静态系统和动态系统

如果系统状态不随时间推移而变化，就是静态系统。反之则是动态系统。事实上，绝对的静态系统是不存在的。如果系统状态变化所需时间很长，可以忽略其变化性而视为静态系统。反之，若系统状态将在一段时间内持续发生变化，则这类系统称为动态系统。

5. 从系统组成要素的属性来看，可将系统分为实体系统和概念系统

实体系统是由实物组成的系统，包括人造物与自然物所组成的系统。而概念系统则是由概念、原理、方法、法则、制度、程序等非实物所组成的系统。实体系统与概念系统多数情况下不可分割。例如，企业系统中，人、机构、生产资料等属于实体系统，而用于指导生产经营活动的各项计划和工作程序则是概念系统。因此，概念系统为实体系统提供方法与策略，而实体系统则是概念系统的物质基础和服务对象。

6. 从系统的复杂程度来看，可将系统分为普通系统和大系统

普通系统的特点是：规模小，要素少，功能和目标较少，其内部联系不太复杂。大系统则不同，其特点是：规模大，要素多，结构复杂，目标多样，功能综合等。上述两类系统的划分是相对的，并不存在一个明确的界限。

7. 从系统具体对象的性质来看，可以分出各种具体的局部系统

如可把社会系统具体分为经济系统、军事系统、政治系统、工程系统、教育系统等。具体系统的形态可能千变万化，但是基本上可以看作是上述各种系统形态相互结合而形成的。它们之间往往是相互交叉和相互渗透的。

第三节 系统的结构与功能

系统的结构与功能是系统科学的基本范畴，是一切系统不可分割的两个方面。系统的结构是系统保持整体性及具有一定功能的内在依据，系统科学就是从系统的结构与功能

的观点出发去研究整个客观世界。探讨系统结构与功能也是理解系统的基本特性和系统方法应用的一个重要环节。

一、系统与要素的关系

任何事物都是系统与要素的对立统一体，系统与要素的对立统一是客观事物的本质属性和存在方式，它们相互依存、互为条件，在事物的运动和变化中，系统和要素总是相互伴随而产生，相互作用而变化。

1. 系统通过整体作用支配和控制要素

当系统处于平衡稳定条件时，系统通过其整体作用来控制和决定各个要素在系统中的地位、排列顺序、作用的性质和范围的大小，统率着各个要素的特性和功能，协调着各个要素之间的数量比例关系等。在系统整体中，每个要素以及要素之间的相互关系都由系统所决定。系统整体稳定，要素也稳定，当系统整体的特性和功能发生变化时，要素以及要素之间的关系也随之产生变化。

2. 要素通过相互作用决定系统的特性和功能

一般而言，要素对系统的作用有两种可能趋势：一种是如果要素的组成成分和数量具有一种协调、适应的比例关系，就能够维持系统的动态平衡和稳定，并促使系统走向组织化、有序化；一种是如果两者的比例发生变化，使要素相互之间出现不协调、不适应的比例关系，这就会破坏系统的平衡和稳定，甚至使系统衰退、崩溃和消亡。

3. 系统和要素的概念是相对的

由于事物生成和发展的无限性，系统和要素的区别是相对的。由要素组成的系统又是较高一级系统的组成部分，它在其中的地位是一个要素，而同时它本身又是较低级组成要素的系统。正是由于系统和要素地位与性质关系的相互转化，构成了客观世界一级套一级的层次性。

二、系统的结构

系统的结构是指组成系统的各要素（子系统）之间在数量上的比例和空间或时间上的联系方式，即系统内诸要素相互依赖、相互作用的内在方式。结构是系统的普遍属性，凡系统都有结构，系统目的是靠系统功能实现的，而系统的整体功能是由系统结构所决定的。没有无结构的系统，也没有离开系统的结构。一切系统都无一例外地以一定结构形式存在着、运动着、变化着。例如宇宙结构、人体结构、经济结构、产业结构、组织结构、人口结构、逻辑结构等等。系统结构在整体上有许多特点：

1. 系统结构的稳定性

稳定性是系统存在的一个基本特点。系统之所以能够保持其有序性，是在于系统各要素之间有着稳定的联系。稳定是指系统某一状态的持续出现，包括静态稳定与动态稳定。系统结构的稳定性就是指系统总是趋向于保持某一状态。系统中各要素之间只有稳定的联系，才能形成系统的结构。然而，系统的结构虽然反映着系统内部各组成要素之间的稳定联系，但是这种稳定性是相对的，系统的结构不仅在量的方面可以逐渐变化，而且在一定条件下还可以产生质的飞跃。所以，我们说系统的结构具有既稳定又可变的两重性。

2. 系统结构的层次性

系统结构的层次性包括等级性和多侧面性两重含义。等级性是指任何一个复杂系统都可以从纵向上把它分为若干等级，即存在着不同等级的系统层次关系，其中低一级的系统结构是高一级系统结构的有机组成部分。多侧面性是指任何同一级的复杂系统又可以从横向上分为若干互相联系而又各自独立的平行部分。

系统结构的层次性表明，系统结构是指一定层次上的结构，而在每一种基本结构形式中，按系统各组成要素的纵向联系与横向联系，按其联系程度和方式（即层次性）去划分，可进一步加深对系统运动变化规律的认识。

3. 系统结构的相对性

系统结构的层次性，决定了系统结构和要素的相对性。客观世界是无限的，系统的结构形式也是无限的。在系统结构的无限层次中，高一级系统内部结构的要素又包含着低一级系统的结构，复杂大系统内部结构的要素又是一个简单的结构系统。因此，结构与要素是相对于系统的等级和层次而言的。

4. 系统结构的开放性

在系统分类中，我们曾将系统划分为开放系统和封闭系统。但是，任何系统的结构都不会是绝对封闭和绝对静态的。任何系统总是存在于一定的环境之中，总要与外界进行物质、能量和信息的交换，系统的结构在这种交换过程中总是由量变到质变，不断变化，这就是系统结构的开放性。

三、系统的功能

1. 功能的概念

系统的结构与功能是不可分割的一对范畴，理解系统的结构是理解系统功能的基础。所谓系统的功能是指系统接受物质、能量和信息并予以转换，产生另一种形态的物质、能量和信息的能力，或者说系统与外部环境相互作用的能力。见图 2－1。

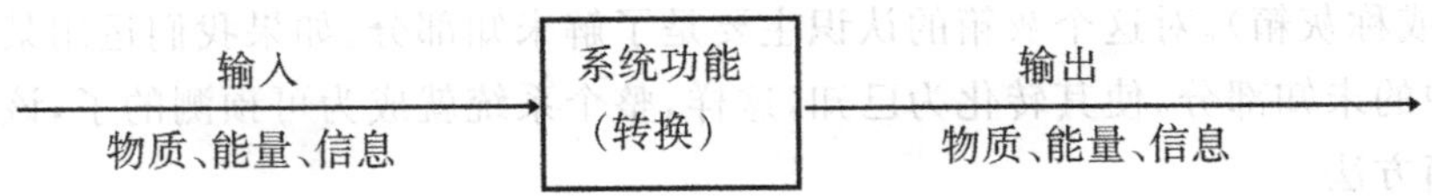

图 2－1 系统功能示意图

系统结构说明的是系统的内部状态和内部作用，而系统功能所说明的是系统的外部状态和外部作用。功能是系统内部固有能力的外部表现，它归根结底是由系统内部结构所决定的。系统功能的发挥，既有受环境变化制约的一面，又有受系统内部结构制约的一面，这体现了系统功能对结构的相对独立性和绝对依赖性的双重关系。

2. 功能方法

系统的功能反映了系统与外部环境的关系，表达出系统的性质和行为，从研究系统与环境的相互关系中把握系统的能力和行为的方法，就是功能方法。

(1) 功能分析方法

系统是由要素构成的，不同的要素构成不同的系统，因此，在对系统进行功能分析时必须研究要素对系统功能的影响。要素的数量不同，可能决定系统功能的差别；要素的质量不同，也会影响系统功能。通过对系统要素的数量和质量的分析来研究系统功能的方法，称为要素—功能分析法。

环境的不同也会引起系统功能的变化，影响系统功能的发挥。分析环境对系统功能的影响，以及系统功能随着环境变化而变化的方法，称为环境—功能分析法。一方面，功能适应环境；另一方面，环境选择功能。通过这种相互关系的分析，我们可以改善环境，充分发挥系统功能的作用；同时，为了适应环境而不断变换系统功能而选择最优功能。

(2) 功能模拟方法

在不太了解系统内部结构的情况下，根据功能具有相对独立性的特性，以功能相似为基础，用模型再现原型的方法，称为功能模拟方法。这种模拟不要求在要素或结构上与原型相同，仅仅要求模型与原型在外部功能行为方面相类似。最成功的例子就是用电子计算机对人脑的部分思维的模拟。

(3) 黑箱方法

所谓黑箱，就是内部无法打开并且无法了解，只能根据其功能进行识别的系统。黑箱方法就是通过考察和测定系统的输入和输出及其动态过程，来研究系统的行为和功能以及内部结构和机理。当系统的输入和输出都已知时，也就相当于给出了它的功能转换关系。

黑箱方法根据研究对象的不同，又可分为特大黑箱方法和部分可察黑箱方法。

如果把一组黑箱联合起来，构成一个更加复杂的系统，这就是一个特大黑箱系统。对每一黑箱进行分析，得出它的标准表达式，再将它们综合起来，形成新的系统并求得新系统的特性，就是特大黑箱方法。通常，对一个复杂的大系统，由于变量太多，难以一一地进行详细的考察和研究，就必须运用特大黑箱方法。

如果部分地知道了系统的性质，但是对其他部分性质仍然未知，这样的系统称为部分可察黑箱(或称灰箱)。对这个灰箱的认识主要是了解未知部分。如果我们运用某种知识去预测灰箱中的未知部分，使其转化为已知，这样，整个系统就成为可预测的了，该法称为部分可察黑箱方法。

由上可以看出，黑箱方法实质上是一种研究系统的思想方法。其特点就是撇开系统内部状况(结构、状态)，只是从其功能上认识它的性质。因此，黑箱的概念并不局限于内部无法打开了解的系统，实际上绝对的黑箱几乎是不存在的。随着科学技术的进步和人们对自然界认识的无限发展，原来的黑箱会逐步变为灰箱、白箱。

因此，有些系统其内部虽然可以打开并加以了解，但是，应用黑箱的概念去认识、去处理往往会带来更大的方便。再者，认识手段直接进入系统内部，有时会严重干扰或破坏系统原有的内部联系和系统的固有功能，这时必须应用黑箱方法才能更好地认识系统功能并加以协调、控制。例如在经济系统中，政府的职能是进行宏观调控，而不应直接干预企业的生产经营活动。

四、系统结构与功能的关系

结构是系统的内在根据，功能是要素与结构的外在表现。一定的结构总是表现为一定的功能，一定的功能总是由具有一定结构的系统实现的。结构之所以对功能起主要决定作用，有以下两方面的原因：① 结构使系统形成了不同于它的诸要素的新质。系统的各个要素在相互联系、相互作用中，交流和交换着物质、能量和信息，这样，就使系统整体出现了其要素所没有的新质，在新质的基础上，系统整体获得了新的功能。② 组成要素的行为在一定约束条件下和协同作用下决定系统的功能，而“约束”和“协同”是由系统结构所赋予的。

功能对结构具有相对独立性，同时还对结构具有反作用。功能在与环境的相互作用中，会出现与结构不相适应的异常状态，当这种状态维持一定时间后，就会刺激迫使结构发生变化，以适应环境的需要。

结构与功能的关系，在实际中有以下几种情况：

1. 不同的结构产生不同的功能和功能效率。系统的结构不仅在质的方面决定着系统功能的有无，在量的方面也影响着系统功能的强弱和效率的高低。然而，最优的系统结构必然有利于产生最优的功能和功能效率。例如，石墨和金刚石都是由碳原子组成的，但由于原子结构排列不同，其功能则完全不同。

2. 结构不同，功能相同。结构决定功能，但对一定的功能，结构并不唯一。例如，机械手表与石英手表。

3. 结构相同，功能不同。即同一结构的系统可以发挥多种功能，例如企业组织系统。

4. 结构相同，功能相同。即相同的结构表现为相同的功能，例如天然橡胶与人造橡胶等。

系统结构与功能的关系除了从上面静态加以理解外，还应进一步了解结构与功能的动态变化规律。通常，系统的功能比系统的结构有着更大的可变性，功能变化往往是结构变化的前提。当系统与外界相互作用时，外界环境对系统输入的物质、能量和信息就发生变化。此时，系统结构虽未变化，但系统对外界作用的功能却首先起变化。根据系统功能对结构具有反作用的原理，系统内部结构的稳定性就会受到影响，甚至导致系统结构的瓦解或更新。

习　题

1. 什么是系统？系统有哪些特性？
2. 简述系统的分类。
3. 简述系统的要素、结构与功能之间的关系。
4. 论述实际工作中应用黑箱方法的意义。

第三章 系统的基本运动规律及定律

第一节 系统的基本运动规律

目前,人类干预的系统越来越庞大,越来越复杂。要对这些系统的干预取得预期的效果,深入研究这些庞大而复杂系统的运动规律是十分必要的。

运动是物质存在的形式和固有属性。系统既然是客观世界的组成部分,它必然处在永不停息的运动之中,而且也必然有着自己的运动规律。在这些规律的支配下,系统不断地运动着、发展着,并在一定的条件下转化为另一种形态的系统或其他事物。

不同的系统虽然都有自己的运动规律,但作为系统又存在着普遍具有的共同运动规律。人们在研究和干预这些庞大而复杂的系统时,认真对待下面的一些规律是十分重要的。

一、系统输入与输出间动态平衡的保持与打破不断转化的规律

所谓系统输入与输出间的动态平衡是指系统为了某一目的而执行功能的时段内,无论在什么时候,已输入的总物质、总能量和已输出的总物质、总能量都分别守恒。而静态平衡则是指系统在执行功能的时段内已输入的总物质、总能量分别守恒,至于在这一时段内的任何时刻是否守恒并无保证,也不予以考虑。

输入与输出之间动态平衡的保持与打破是系统内部基本矛盾的两个方面,这两个矛盾着的对立面又统一,又斗争,由此推动着系统正常地执行功能,并向更高的水平发展。打破旧有的动态平衡是系统发展的必要条件,而在旧有的动态平衡打破之后,及时地在更高的水平上建立新的动态平衡,并且在目的未改变之前尽力使系统的状态在允许的变动范围内保持相对的稳定,则是系统的发展得到巩固的必要保证。

系统对动态平衡受到破坏的忍受力是有阈限的。破坏的程度超过了阈限值,动态平衡就难以恢复,系统的功能就会受到削弱,甚至丧失。所以,在管理、控制或创造功能更好的系统时,一定要遵守系统的这一运动规律。片面强调打破平衡,不注重在旧的平衡被打破后及时建立新的平衡,是违背系统的这一运动规律的;反之,片面强调保持平衡,不注意或反对在实现新的状态跃迁的条件已具备的时候,设法打破旧的平衡,以便在更高的水平上组织新的平衡也是违背系统的这一运动规律的。

二、系统的连锁反应规律

(一) 系统内的连锁反应

由于系统内部的各个子系统是通过物质、能量或信息的交换与传递联结在一起,互相依存、互相制约地组成一个整体,因此,在一个稳定的系统内,如果某一个子系统由于外部环境的影响,或自身功能的突变,输入突然异常,例如物质和能量的输入突然减少或增加,这时原来的动态平衡必然会被打破,这个子系统一定会相应地减少或增加输出,以便在新

的水平上保持新的动态平衡。由于这一变化的影响，在物流或能流的路线上与这个子系统直接相连的其他子系统的输入输出或它们的结构与规模也必然产生相应的变化，以便在新的条件下保持新的动态平衡。这些子系统的变化又进一步影响着在物质和能量流动的路线上以各种关系和它们直接相连的其他子系统，使其他子系统也产生相应的变化……而且，这种影响将沿着物质、能量流动的路线继续下去。这就是系统内的连锁反应。

例如，在一个经济系统内，如果农业大丰收，农业向轻工业输送的农产品必然大量增加，因此促进了轻工业的发展。轻工业的增产又为农业提供了更多的生活用品，从而使市场进一步繁荣，人民生活进一步改善，也为整个再生产积累了更多的资金。信息的异常，同样也可以在系统内引起连锁反应。

上例中的连锁反应是单链式的，实际上在一个庞大而复杂的系统内，一个子系统对其他子系统的影响，远远比上面提到的单链式的连锁反应要复杂得多，各种影响纵横交错，连锁反应的路线往往呈树枝状或网络状。一个系统越庞大、越复杂，它内部发生的连锁反应也越呈网络状。

连锁反应不但在系统内存在，在系统之间也普遍存在。在互相依存的一些系统中，某一系统中的某一子系统的变化不但能在其系统内引起连锁反应，有时候也能通过系统间的依存关系和制约关系，在其他系统内引起连锁反应。

由于系统具有层次性，所以一个连锁反应究竟是在系统内进行的，还是在系统间进行的，就要看所研究的连锁反应是对哪个层次说的。对某一层次来说是在系统间进行的，而对高一层次的系统来说却是在系统内进行的。同理，对某一层次来说是在系统内进行的，而对低一级的层次来说，却是在系统间进行的。

（二）系统抑制连锁反应的能力

系统对其内部或互相间发生的连锁反应有抑制作用，这种作用削弱着连锁反应的传播强度，也限制着它的扩散范围。正是由于这种作用使系统的稳定性进一步增强，只要对系统的冲击不超过一定的限度，系统仍能正常地执行它的功能，不会轻易崩溃。

系统抑制连锁反应的强弱取决于下面几个因素：

1. 系统内各子系统输入端的存贮能力

如果系统内各子系统输入端对可存贮的物质、能量或信息有存贮能力，那么当输入突然增加超过正常值时，就可以把超过的部分予以存贮，使原有的动态平衡继续得到保持，也不会使子系统在变换物质、能量或信息时因负荷过重而受到损害，或把超额的输入白白溢出系统之外。当输入突然减少低于正常值时，又可以用存贮的物质、能量或信息予以补充，以保证原有的动态平衡不致很快被破坏，使子系统的输出保持正常。

2. 系统内各子系统变换比的伸缩范围和调节能力

如果系统内各子系统的变换比有一定的伸缩范围，而且当输入突然增加超过正常值时，变换比的值能逐步降低，输入突然减少时，变换比的值又能逐步提高，那么系统对因某一子系统的输入或输出不正常而引起的连锁反应就有抑制作用，动态平衡的破坏程度就会相应减轻，甚至很快恢复，从而使系统的功能保持相对的稳定。

3. 系统修复局部故障的能力

有些连锁反应是由于系统内某一或某些子系统的功能突然产生故障引起的。如果系统对这些故障的修复能力越强，则系统抑制由此而引起的连锁反应的能力也就越强，反之则弱。

4.系统的冗余水平

系统的冗余性是指系统在结构上具有两种或两种以上的手段来完成同一功能。当一种手段因某些原因失效时，另一种手段仍可完成其功能。

（三）连锁反应的作用和控制

连锁反应在逻辑上对应的是因果系列。在逆时间方向上，连锁反应规律可以帮助人们寻找问题的真正根源，为制定正确的解决方案创造条件。在顺时间方向上可以帮助人们传播好的作用，使其效果在空间和时间上进一步扩大。但是连锁反应也可以传播坏的影响，使其后果进一步加重，严重时，可以使整个系统或一连串系统暂时瘫痪甚至崩溃。在一些庞大而复杂的系统中，由连锁反应引起的一系列变化，效果往往互相矛盾，有些变化对人类十分有利，有些却相当有害。这就启示人们，对系统内或系统间的连锁反应必须合理控制，才能广泛地传播和扩大好的效果，并使坏的影响得到有效的控制和削弱，从而使人类得到的好处最大，受到的损失最小。

目前，人类改造世界的能力越来越强，对大自然的干预越来越广泛、越来越深入，强度也越来越大。因此，引起的连锁反应和以往相比，更加频繁、更加激烈。在当前的情况下，认真加强对连锁反应规律的研究，显然有着十分重要的意义。

三、反馈规律

（一）反馈及其正负

反馈规律和连锁反应规律一样，也是系统普遍具有的主要运动规律之一，特别是对那些庞大而复杂的系统来说更是如此。

在甲、乙两个系统中，如果甲对乙有影响，而乙对甲却没有影响（如图3－1所示），即甲的变化作为原因，产生引起乙变化的结果，但结果并不构成新的原因来影响甲的变化，那么甲、乙之间的关系叫单向依存关系，或单向因果关系。

在甲、乙两事物中，不仅甲对乙有影响，在乙接受甲的影响后，反过来又对甲产生影响（如图3－2所示），即甲的变化作为原因，产生引起乙变化的结果，乙的变化又作为新的变化原因反过来影响甲的变化，那么甲、乙之间的关系叫反馈关系。

图3－1 单向因果关系　　图3－2 反馈关系

根据结果对原因的影响不同，反馈又可分为正反馈和负反馈。

如果甲变化引起乙变化，乙的变化反过来又促进甲的变化，使甲更加远离原来的状态，即原因产生结果，结果更加强化原因，这种反馈叫正反馈。

如果甲变化引起乙变化，乙的变化却反过来抑制甲的变化，使甲接近原来的状态，即原因产生结果，结果却抑制原因，这种反馈叫负反馈。

（二）反馈的作用

1. 正反馈的作用

(1) 用来放大某一种作用或某一种效应。由于正反馈能使结果不断强化原因，所以常被用来放大某一种作用或某一种效应。

(2) 使有直接关联的系统互相促进，协调发展。在正反馈中，如果初始原因是一个对系统不利的作用，那么这个不良作用将越来越大。平时，人们常常把这种现象叫恶性循环。反之，把初始原因是有利作用的正反馈叫良性循环。正反馈发展到了极端，系统的状态大大超过了能忍受的阈限，就会使系统本身崩溃，如炸药的爆炸就是化学反应和热量释放之间的正反馈发展到极端的结果。

2. 负反馈的作用

(1) 用来保持系统行为的稳定，由于负反馈能使结果抑制原因，所以常被用来保持系统行为的稳定。对系统的行为进行恒值控制是通过一个反馈控制系统来完成的，见图3－3。控制机构把控制信息输送出去，对被控对象发生作用，同时又把作用的效果以及与预期目标间误差的变化情况返送回来，作为决定或修改下一步控制作用的依据。

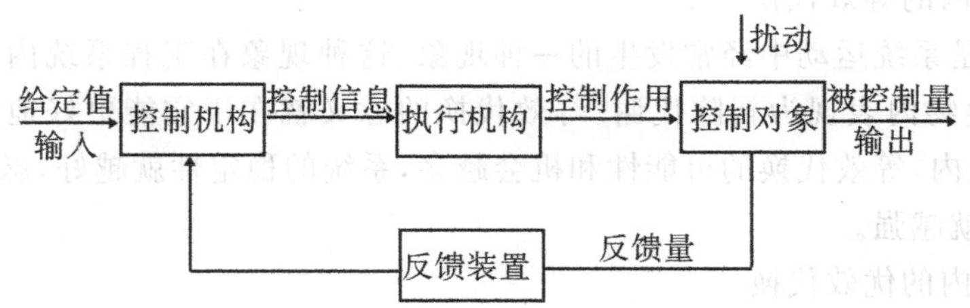

图 3－3　反馈控制系统基本构成

(2) 使系统的行为方向趋向一个目标。

(3) 使生态系统中食物链(网)上的各个生物种群保持相对的稳定。

四、局部薄弱环节限制总体功能的规律

(一) 局部薄弱环节对总体功能的限制作用

由于矛盾的同一性是有条件的、暂时的和相对的，所以一个复杂的事物在其发展过程中会经常处于不平衡的状态。这种现象反映到系统上就是经常出现一些薄弱环节，这些薄弱环节虽然都是局部的，但对系统的总体功能却起着限制作用. 典型的例子是木桶理论。因此，认真研究系统局部薄弱环节的形成规律以及克服和防止的方法，对保持系统的综合平衡，提高系统的总体功能有着十分重要的意义。

(二) 形成系统薄弱环节的原因

形成系统局部薄弱环节的原因很多，但基本的原因只有下面几种：

1. 自然条件和生产水平的限制；

2. 在系统的发展过程中，缺乏总体设计和全面规划；

3. 系统的结构、部件随着自然界和社会的向前发展而逐渐过时、落后和老化，因而形成薄弱环节。

(三) 克服局部薄弱环节的方法和途径

由于薄弱环节总处在局部地位，有时候就给人形成一种误解，认为不一定影响大局，因而采取不重视的态度，拖拖拉拉，长期不予以解决，忽视了薄弱环节对系统总体功能的限制作用，更未注意到薄弱环节的不良影响可以通过连锁反应或反馈作用不断地被放大。特别在宏观经济方面，一旦一个大的薄弱环节形成，不但克服起来相当费劲，对整个国民经济的影响也极为巨大。所以，对于系统局部薄弱环节的克服一定要从思想上充分重视。

具体的途径有下列几个方面：

1. 发展生产和改变自然条件；

2. 在开发系统时，加强全面规划和总体设计；

3. 更新过时和落后的部件或设备。

五、等效优效代换规律

一个系统在它存在和发展的过程中，无论是组成元素还是外界输入的物质、能量或信息都不会绝对不变。由于各种各样的原因，有时候会被一些效果相等或效果更优的元素和物质、能量或信息来代替，系统的这种现象叫等效优效代换规律。通过等效优效代换，系统更好地保持着稳定，或向更高的水平发展。

（一）系统内的等效代换

等效代换是系统运动中经常发生的一种现象。这种现象在工程系统内表现为同类部件的更新，在生物内表现为新陈代谢。等效代换的意义就在于它能更好地使系统保持稳定。在一个系统内，等效代换的可能性和机会越多，系统的稳定性就越好，忍受和抵抗外界干扰的能力也就越强。

（二）系统内的优效代换

系统的发展过程往往就是一连串优效代换过程。对人工系统来说，优效代换是通过革新和革命来实现的。对生物系统来说则是通过进化来实现的。每经过一次优效代换，系统的功能都得到相应的提高。

第二节　系统基本定律

一、贝塔朗菲定律

要素通过一定的关系联结在一起组成系统后，便产生了各个组成要素在孤立状态下没有的新属性。例如，阿波罗载人宇宙飞船及其运载火箭和地面的控制设施组成了一个复杂的人—机系统，成功地把人送上了月球，并安全地返回地面，这样的属性是任何一个单独的部件或任何一个单独的人都不可能具备的。

贝塔朗菲定律：系统的属性总是多于组成它的各个要素在孤立状态时的属性之和。系统对可累加或不可累加的某一具体属性的数量既可起放大作用，也可起缩小作用，或者既不放大也不缩小，其作用方式取决于这一属性的本质、系统的结构以及系统内协同作用的强弱。

系统科学的这一定律揭示了系统作为一个客观实体存在的重要意义，对人类改造世界有着极大的指导作用。由于系统的属性总是多于组成它的各个要素在孤立状态时的属性之和，因此，人们在改造世界的过程中，总是自觉或不自觉地将有关的一些孤立要素尽可能地组成系统，以便使它产生更多的新的属性，并放大其功能和作用。例如，人们常把分散的电子计算机用通信线路连接起来，组成计算机网络，这样不仅大大提高了计算机的计算能力、利用水平和可靠性，也降低了费用，使其负荷更加合理。

然而，由于系统对某些具体属性还存在缩小作用，因此，在改造和创造系统时，也要注意防止由此导致的系统功能的衰弱。

二、五率最高定律

根据耗散结构理论，一个远离平衡态的开放系统，在外界条件变化达到某一特定的阈值时，量变可能引起质变。系统通过不断地与外界交换能量和物质，就可能从原来的无序状态转变为一种时间、空间或功能的有序状态，形成新的稳定有序的结构。有序结构比较复杂的系统发展到一定阶段，内部就分化出相对独立的子系统，分工承担整个系统的功能。例如在经济系统中，划分为工业、农业、交通运输业、建筑业、商业等不同产业子系统，分工承担和执行着整个国民经济的生产功能。

系统内功能的专业化和互相协作是系统有序结构发展的必然结果，也是系统结构有序程度的重要标志，同时也是未来结构进一步有序化的必要条件。

（一）系统内分工可采取的一些基本方式

1. 专一和综合。这种方式解决的是每个子系统专业化程度问题。也就是说，每个子系统专门承担一种功能好呢，还是每个子系统同时承担多种功能好。

2. 大型和小型。这种方式解决的是每个子系统的规模问题。

3. 固定和流动。这种方式解决的是每个子系统的动静问题，即子系统是以固定不动的方式执行功能还是通过移动来接受或提供其他固定或移动子系统的输出或输入。

4. 集中和分散。这种方式解决的是每个子系统的位置问题，即是把很多子系统集中在一起发挥功能还是让它们分散在不同地方。

5. 联合和独立。这种方式解决的是每个子系统的地位问题，即把执行同一种类功能的各子系统联合在一起进行管理并发挥功能还是相互独立、自行管理。

通常，复杂的大系统对这些分工协作的基本方式往往是综合运用的，因而在这些系统内部就出现了多层次的结构体系。运用方式不同，多层次的结构体系也不相同，从而系统的功能也不相同。

（二）五率最高定律

系统内各子系统之间的分工和协作方式不是各个子系统在彼此孤立的情况下形成的，而是在整个系统控制下形成的，受系统的目的及外界环境的影响，因此要服从一个统一的自然规律。这个规律就是：在保证实现环境允许系统达到的功能（目的）的前提下，使整个系统对空间、时间、物质、能量、信息的利用率最高，又称为五率最高定律。

如果在许可的条件下，系统未达到五率最高的条件，则系统内分工和协作的方式就不会稳定，就要由落后的方式向先进的方式发展，直到在许可条件下达到最高，分工和协作的方式才会稳定。就像氢气球一样，只要未到达极限高度，上升运动就不会停止。

当系统的外界环境发生突变，使系统内分工和协作方式不能实现五率最高的要求时，就会出现两种可能结果：一是走向毁灭；二是继续进化，不断改善系统内部的分工协作方式，使之适应新的环境，直至实现五率最高。在自然界中，内部分工协作比较稳定的系统都能较好地满足这一客观规律。

因此，在综合运用分工和协作的基本方式时，一定要和系统的目的、环境条件结合起来考虑，只有这样才能设计出合理有效的方式，从而达到五率最高的要求。片面地强调一个方面或某一利用率都会降低系统的总体功能。

习　题

1. 举例说明复杂系统的基本运动规律。

2. 举例解释贝塔朗菲定律和五率最高定律。

第四章　系统科学理论概述

系统思想的出现彻底改变了人们的思维方式，使人们在向宏观世界和微观世界的进军中，逐步揭示出客观事物的本质联系和内部规律，从而提出了一系列的系统理论。

第一节　一般系统论

一般系统论的创始人是奥地利生物学家贝塔朗菲(L. von. Bertalanffy)。他在1947年提出一般系统论时，曾明确地把马克思和恩格斯的辩证法列为一般系统论的思想来源之一。

贝塔朗菲在论述一般系统的原理时指出，把孤立的各组成部分的活动性质和活动方式简单地相加，不能说明高一级水平的活动性质和活动方式。不过，如果我们了解各组成部分之间存在的全部关系后，则高一级水平的活动就能从各组成部分推导出来。因此，为了认识事物的整体性，既要了解其各组成部分，更要了解它们之间的关系。

一般系统论来源于机体论，这是一种与机械论相对立的生物学理论。贝塔朗菲认为，机械论有三个错误观点：其一是相加的观点。这就是把有机体分解为各要素，并以简单相加来描述有机体的功能。其二是"机械"观点。把生命现象简单地比作机器，认为"人即机器"。其三是被动反映的观点。认为有机体只有受到刺激时才能出现反应，否则便静止不动。贝塔朗菲指出，这种机械论的观点完全不能正确地解释生命现象。他总结了机体论发展的成就，把协调秩序、目的性等概念用于研究有机体，提出了下列三个基本观点：

1. 系统观点。即指一切有机体都是一个整体(系统)。这个整体是由部分结合而成的，其特性和功能不只是各部分特性和功能的简单相加的总和。他认为系统就是"相互作用的诸要素的复合体"，系统的性质取决于复合体内部特定的关系，不仅要知道它的组成要素，而且还必须知道它们之间的相互关系，才能确定出系统的性质。

2. 动态观点。即指一切有机体本身都处于积极的运动状态。贝塔朗菲认为一切生命现象始终处于积极活动的状态，生物的基本特征是组织，有机体之所以能有组织地处于活动状态并保持其活力的生命运动，是由于系统与环境不断地进行物质与能量的交换。他把这种能与环境进行物质和能量交换的系统称之为开放系统。生命系统本质上都是开放系统。任何一个开放系统，都能在一定条件下保持其自身的动态稳定性。

3. 等级观点。即指各种有机体都按严格的等级组织起来。贝塔朗菲认为生物系统层次分明、等级森严，通过各层次逐级的组合而形成越来越高级、越来越庞大的系统。处于不同层次上的要素具有不同功能，而处于同一层次的事物，尽管形态各异，但都具有类似的结构和功能。系统就是由结构和功能组成的统一体。同一等级的结构具有同一等级的功能，而不同等级的结构则表现出不同等级的功能。系统的等级观点正是系统结构等级与功能等级统一的反映。

一般系统论有着十分广泛的含义，贝塔朗菲在论述这门学科性质和任务时指出：一般系统论是一门新学科，属于逻辑和数学的领域，它的任务是确立适用于各种系统的一般原则，即不能局限在“技术”范围内，也不能当作一种数学理论来对待，因为有许多系统问题不能用现代数学求出解答，而要从系统观点来认识和分析客观事物。一般系统理论用相互关联的综合性思维来取代分析事物的分散思维，突破了以往分析方法的局限性。它的任务是确定认识和分析各种系统的一般原则，为解决各种系统问题提供了新的研究方法。运用一般系统理论，可以帮助我们摒弃那种用简单方法来解决复杂系统问题的习惯，如实地把对象作为一个有机整体来加以考察，从整体与部分相互依赖、相互制约关系中揭示系统的特征和运动规律。

一般系统论的研究领域十分广阔，几乎包括一切与系统有关的学科和理论，如管理理论、运筹学、信息论、控制论、科学学、哲学、行为科学等等，它给各门学科带来新的动力和新的研究方法，沟通了自然科学与社会科学、技术科学与人文科学之间的关系，促进了现代化科学技术发展的整体化趋势，使许多学科面目焕然一新。一般系统论为系统工程的发展、使人类走向系统时代奠定了理论基础。

第二节　控制论

控制论是20世纪40年代末期开始形成的一门新兴学科。第二次世界大战期间，由于自动化技术，导弹和电子计算机的发展，要求自然科学在理论上进行系统研究和科学总结。1948年，美国数学家维纳总结了前人的经验，创立了控制论这门学科。

控制论的定义曾有过各种表述方式，但其基本概念则相差无几。维纳把控制论定义为“关于在动物和机器中控制和通讯的科学”。钱学森教授则指出：“控制论的对象是系统”；“为了实现系统自身的稳定和功能，系统需要取得、使用、保持和传递能量、材料和信息，也需要对系统的各个构成部分进行组织”；“控制论研究系统各个部分如何进行组织，以便实现系统的稳定和有目的的行为”。由此可见，控制论是研究系统的调节与控制的一般规律的科学。它是自动控制、无线电通信、神经生理学、生物学、心理学、电子学、数学、医学和数理逻辑等多种学科互相渗透的产物。

控制论的发展过程大致分为三个阶段：20世纪50年代末期以前为第一阶段，称为经典控制论阶段；50年代末期至70年代初期为第二阶段，称为现代控制论阶段；70年代初期至现在为第三阶段，称为大系统理论阶段。经典控制论主要研究单输入和单输出的线性控制系统的一般规律，它建立了系统、信息、调节、控制、反馈、稳定性等控制论的基本概念和分析方法，为现代控制理论的发展奠定了基础。它研究的重点是反馈控制，核心装置是自动调节器，主要应用于单机自动化。现代控制论的研究对象是多输入和多输出系统的非线性控制系统，其中重点研究的是最优控制、随机控制和自适应控制，主要应用于机组自动化和生物系统。而大系统理论的主要研究对象是众多因素复杂的控制系统（如宏观经济系统、资源分配系统、生态和环境系统、能源系统等），研究的重点是大系统的多级递阶控制、分解—协调原理、分散最优控制和大系统模型降阶理论等。

在实际应用中，有关控制理论的具体内容主要有：

1. 最优控制理论。这是现代控制论的核心。在现代社会发展、科学技术日益进步的情况下，各种控制系统的复杂化与大型化已越来越明显。不仅系统技术、工具和手段更加科学化、现代化，而且各类控制系统的应用技术要求也越来越高。这就促使控制论进入多输入和多输出系统控制的现代化阶段，由此而产生了最优控制理论。这一理论是通过数学方法，科学、有效地解决大系统的设计和控制问题，强调采用动态的控制方式和方法，以满足各种多输入和多输出系统的控制要求，实现系统最优化。最优控制理论主要是在工程控制系统、社会控制系统等领域得到广泛的应用和发展。

2. 自适应、自学习和自组织系统理论。自适应控制系统是一种前馈控制的系统，所谓前馈控制，是指环境条件还没有影响到控制对象之前，就进行预测而去控制的一种方式。自适应控制系统能按照外界条件的变化，自动调整其自身的结构或行为参数，以保持系统原有的功能，如自寻最优点的极值控制系统、条件反馈性的简单波动自适应系统等。随着信息科学和现代计算技术的发展，自适应系统理论得到进一步完善和深化，并逐步形成一种专门的工程控制理论。自学习系统就是系统具有能够按照自己运行过程中的经验来改进控制算法的能力，它是自适应系统的一个延伸和发展。自学习系统理论也是用于工程控制的理论，它有“定式”和“非定式”两个方面，前者是根据已有的答案对机器工作状态作出判断，由此来改进机器的控制，使之不断趋近于理想的算法，后者是通过各种试探、统计决策和模式识别等工作，来对机器进行控制，使之趋近于理想的算法。自组织系统就是能根据环境变化和运行经验来改变自身结构和行为参数的系统。自组织系统理论的主要目标是通过仿真、模拟人的神经网络或感觉器官的功能，探索实现人工智能的途径。对自组织系统理论的研究在20世纪60年代就已经成为控制论的重要领域。从控制论观点讲，系统不仅能被组织，而且又是能够自组织的。对自组织系统的新模型的探索和研究，将给组织系统的控制，人工组织系统、组织与有机体系统的控制，带来很大的影响和变革。

3. 模糊理论。这是在模糊数学的基础上形成的一种新型的数理理论。它主要是用来解决一些不确定型的问题。模糊数学包括模糊代数、模糊群体、模糊拓扑等。我们知道，在现实社会中，存在着大量不够明确的信息和含糊的概念，人们只能根据经验对事物进行估计、推理和判断。因此，在一个复杂系统中，往往就有一些不确定型的问题需要处理。对此，仅用一般的数学模型和计算机是难以完成的，这就必须根据模糊数学来求得解决问题的结论。

4. 大系统理论。这是现代控制论最近发展的一个新的重要领域。它以规模庞大、结构复杂、目标多样、功能综合、因素繁多的各种工程或非工程的大系统自动化问题作为研究对象，其研究和应用涉及到工程技术、社会经济、生物生态等许多领域，如城市交通系统、社会系统、生态环境保护系统、消费分配系统、大规模信息自动检索系统等。尤其在生产管理系统方面，如在生产过程综合自动化管理控制系统、区域电网自动调节系统、综合自动化钢铁联合企业系统等方面应用性更强。大系统理论所要研究的问题，主要是大系统的最优化。

第三节 信息论

信息论是一门研究信息传输和信息处理系统中一般规律的学科。它起源于通信理论，是 1948 年由美国科学家申农提出的。信息论可分为狭义信息论与广义信息论。狭义信息论是研究通信和控制系统中信息传递的共同规律，以及如何提高信息传输系统的有效性和可靠性的。广义信息论是利用狭义信息论观点来研究一切问题的理论，它研究机器、生物和人类对于各种信息的获取、交换、传输、存贮、处理、利用和控制的一般规律，设计和制造各种智能信息处理和控制机器，以便部分模拟和代替人的功能，从而提高人类认识和改造客观世界的能力。

信息论的基本思想和特有方法完全撇开了物质与能量的具体运动形态，而把任何通信和控制系统看作是一个信息的传输和加工处理系统，把系统的有目的的运动抽象为一个信息变换过程，通过系统内部的信息交流才使系统维持正常的有目的性的运动。任何实践活动都可简化为多股流，即人流，物流、财流、能流和信息流等，其中信息流起着支配作用，通过系统内部的信息流作用才能使系统维持正常的有目的性的运动，它调节着其他流的数量、方向、速度、目标，并控制人和物进行有目的、有规律的活动。因此，信息论可以说是控制论的基础。

人们通常把消息、资料、数据、情报、指令看作信息。如果从信息论严格的科学观点看，并非任何消息都是信息，而是那些事先不知道其结果的消息才是信息。所以，信息论提出者申农把信息定义为："不确定度的减小。"为此，他又提出信息量的概念，信息量就是把某种不确定度趋向确定的一种量度。信息量的单位称为比特(bit)。

一、自信息的信息量(一个可能消息中所包含的信息量)

信息量的特征：

1. 设 A 为可能发生的单个消息，它包含的信息量(称为自信息)是由该消息发生的概率决定的(说明衡量信息量用概率函数)。

设 $P(A)$ 为 A 发生的概率，$I(A)$ 为 A 包含的信息量，则：

$P(A)$ 越大，$I(A)$ 越小，不确定性越小。(可预知消息)

$P(A)$ 越小，$I(A)$ 越大，不确定性越大。(小道消息)

2. 信息量具有可加性(说明衡量信息量用对数函数)。

设 A,B 为同时发生的两个相互独立的信息，则：$I(AB) = I(A) + I(B)$

定义 一个可能消息 A 的信息量为

$$I(A) = \log_2(1/P(A)) = -\log_2 P(A)\text{(比特)} \quad (P(A) \neq 0)$$

注 ① 定义当 $P(A) = 0$ 时，$I(A) = 0$ (此时 A 为不可能事件)；

② $\log_2 P(A) = \log P(A)/\log 2$；

③ 对任何可能消息 A，都有 $I(A) \geqslant 0$，当且仅当 $P = 1$ 或 $P = 0$ 时等号成立。

例 4－1 某车间生产的一批产品，其次品率为 10%，若随机取出一件，则拿到次品这一消息的信息量为：$I = -\log_2(1/10) = \log_2 10 = 3.32$(比特)。

例 4－2 某会议室共八排八列，甲以等概率坐在任一位置。

消息 A:甲在第五排;消息 B:甲在第六列;消息 C:甲在第五排第六列。则:

$P(A)=P(B)=1/8 \quad P(C=AB)=1/64$

$I(A)=I(B)=3$(比特) $I(C)=\log_2 64=6$(比特)

或 $I(C)=I(A)+I(B)=3+3=6$(比特)

二、信息序列的信息量(一组可能信息中包含的信息量)

定义 设有包含 n 条可能消息 $x_1,x_2,\cdots,x_n$ 的集合[或 $X=(x_1,x_2,\cdots,x_n)$],分别以概率 $P_1,P_2,\cdots,P_n$[或 $P=(P_1,P_2,\cdots,P_n)$] 随机地发生,形成一个包含 N 个消息的序列。则:

消息序列的总信息量为:$I_{总}(X)=-N\sum P_i \log_2 P_i$ (比特)

整体平均信息量(熵)为:$H(X)=-\sum P_i \log_2 P_i$ (比特)

例 4－3 (掷硬币)设 $P(x_1)=0.5$,$P(x_2)=0.5$,则:

$I(x_1)=-\log_2 0.5=1 \quad I(x_2)=-\log_2 0.5=1$

$H(X)=H(x_1,x_2)=-0.5\times\log_2 0.5-0.5\times\log_2 0.5=1$(比特)

1 比特信息量就是含有两个独立等概率可能状态的事物所具有的不确定性被全部消除所需要的信息。

可推广至系统 n 条独立消息为等概率状态的情况。有

$H(x_1,x_2,\cdots,x_n)\leqslant H(1/n,1/n,\cdots,1/n)=-\sum 1/n\log_2(1/n)=\log_2 n$

最大熵定理:熵函数在等概率分布下取得最大值。

一般情形:若系统信息为一般概率状态,则可证明:$0\leqslant H(X)\leqslant\log_2 n$

即一般概率状态的有序度介于确定状态与等概率状态之间。

维纳曾指出:"信息量是一个可以看作几率的量的对数的负数,实质上就是负熵。"所以,信息量和熵(无序),意义相反,表示的是系统获得信息后无序状态被减少甚至被消灭的程度。

目前,信息论已经超过通信领域而广泛渗透到其他学科范围,特别是进入对大系统和复杂系统领域的信息研究,需要从更为广泛的领域来探求一般特征、规律和原理,形成更为一般性的理论,这就导致信息科学的产生。信息科学是以信息论为基础,与计算机和自动化科学技术、生物学、数学、物理学等科学相联而发展起来的新兴学科,它所研究的领域要比信息论的范围更广。信息科学的出现将把信息论的研究和应用推向更高的阶段、更新的范畴,为进一步提高人类认识和改造世界的能力开拓新的途径。

第四节 耗散结构理论

一、系统熵的增减和演化方向

从哲学观点来看,自然界物质的运动是由简单到复杂、由低级到高级、由不确定到确定、由无序到有序、由高熵到低熵演化的。因此,系统的熵 $S(X)$ 随时间减少。即:$dS/dt<0$(也可写成 $dS<0$),则称系统状态的这种演化方向为进化或发展;反之,若 $dS>0$,则称系统运动状态的演化方向为退化或没落。

二、两类有序结构

平衡条件下的有序结构，如晶体、机器、无机系统等，宏观上看是静止的结构，不与外界发生交换关系。这种结构通常与时间无关，是一种死的结构。

非平衡条件下的有序结构，如有机系统、社会系统、经济系统等。这类系统的结构形式和演化过程只能在不断与环境进行物质、能量和信息交换的条件下进行，一旦把它与环境分割开来，其结构立刻就会瓦解。它们总是处在一种非平衡状态，而平衡状态意味着生物机体的死亡。这种结构与时间有关，状态不断变化。

生物机体就是一种空间有序、时间有序和功能有序相结合的结构，是一种活的结构。

20 世纪 70 年代，比利时物理学家普利高津(I. Prigogine) 提出了"耗散结构"学说，这也是一种系统理论。耗散结构的概念是相对于平衡结构的概念提出来的。长期以来，在物理学中人们只研究平衡系统的有序稳定结构，并认为倘若系统原先是处于一种混乱无序的非平衡状态时，是不能在非平衡状态下呈现出一种稳定有序结构的。普利高津从热力学第二定律出发，通过研究非平衡态热力学，指出：一个远离平衡态的开放系统，在外界条件变化达到某一特定阈值时，量变可能引起质变，系统通过不断地与外界交换能量与物质，就可能从原来的无序状态转变为一种时间、空间或功能的有序状态，这种远离平衡态的、稳定的、有序的结构称之为"耗散结构"(Dissipative Structure)。这一学说回答了开放系统如何从无序走向有序的问题，并因此而获得了诺贝尔奖。

在这一理论中，普利高津着重阐述了以下几个基本观点：

1. 开放系统是产生耗散结构的必要前提。以普利高津为首的布鲁塞尔学派认为，系统按其与外界环境的关系，可以区分为三大类：孤立系统、封闭系统和开放系统。

孤立系统是与外界环境没有任何物质、能量和信息交换关系的系统。严格地说，世界上不存在真正的孤立系统，只有近似的孤立系统。封闭系统只与外界有能量交换。开放系统是一种与外界自由地进行物质和能量、信息交换的系统。输入食物、燃料、建材和信息，输出各种产品和废料的城市，就是一个典型的开放系统。

在孤立系统中，因不能与环境交换物质、能量和信息，所以只能按照热力学第二定律，自动地走向无序化。封闭系统只能在低温条件下形成"死"的有序结构，如晶体。在温度低时，其分子呈有序排列，当温度逐渐达到一定阈值以后，就会由有序结构变为无序结构。只有在开放系统中，才能从与外界物质、能量和信息的交换中不断获得负熵流，使系统向有序化发展。

根据耗散结构理论，任何系统总熵变 dS 由两部分组成，第一部分是系统通过与外界交换物质、能量和信息引起的熵流 d_eS，第二部分是系统内部自发产生的熵变 d_iS。即：

$$dS = d_eS + d_iS \text{（普利高津总熵变公式）}$$

孤立系统是与环境熵交换为零的系统。因此，$d_eS = 0$。

热力学第二定律证明了对孤立系统有 $d_iS \geqslant 0$(孤立系统内部过程熵的产生是非负的，即熵增过程，直至退化没落，达到最无序的运动状态 —— 等概率状态)。

通常，熵交换 d_eS 可正、可负，也可等于 0。

(1) 若 $d_eS > 0$，通过与环境交换，系统的熵不断增大，加快无序化进程，系统更加无序。

(2) 若$d_eS<0$,且$|d_eS|<d_iS$,则有:

$$dS=d_eS+d_iS>0$$

这时,通过开放系统可以减缓无序化的进程,但不能改变走向无序的趋势,因此不可能发生有序演化。

(3) 若$d_eS<0$,且$|d_eS|>d_iS$,则有:

$$dS=d_eS+d_iS<0$$

因此,开放使系统的熵不断减少,从而使系统处于有序演化过程。

开放系统不仅是耗散结构形成的前提,同时也是耗散结构得以维持和存在的基础。因为耗散结构实质上就是远离平衡态的非线性系统,通过与外界不断地交换物质、能量、信息来维持的一种动态有序结构。为了保持这种结构,这种交换就一刻也不能停止,一旦把系统孤立起来,系统失去了与外界进行交换的条件,这种结构很快就会瓦解。所以,要使一个系统产生和保持耗散结构,必须首先为系统创造充分开放的条件,使其成为远离平衡态的开放系统。

2. 非平衡态是有序之源。普利高津认为,开放系统是耗散结构形成的必要条件,但不是充分条件。他指出:"一个开放系统并没有充分的条件保证出现这种结构。"耗散结构只有在系统保持"远离平衡"的条件下,才有可能出现。"非平衡是有序之源。"这是普利高津研究问题的一个基本出发点。这里所说的非平衡态是指系统远离平衡态的状态,平衡态和近平衡态都被排除在外。因为在平衡态和近平衡态线性区,系统是处于稳定状态或趋于稳定状态,系统总的倾向是趋于无序或趋于平衡。

这里,应当强调指出的是,耗散结构与平衡结构是有着本质差别且截然不同的两种结构。平衡结构是一种"死"的结构,或者说是一种静态的稳定结构,它的存在不依赖于外界。这种结构形成后,只有将系统孤立起来,设法使它与外界隔绝,才能保持不变。例如,只有将冰块放入保温桶内,才不致融化。而耗散结构是一种"活"的结构,或者说是一种动态的稳定结构,它是一种远离平衡态的稳定态。这种结构只有在开放和非平衡条件下才能形成,只有在系统与外界保持连续不断的物质、能量、信息交换的过程中才能维持,其存在强烈地依赖于外部条件。所以,耗散结构是系统的一种非平衡态。

3. 涨落导致有序。普里高津非常重视随机涨落在耗散结构形成过程中的作用,提出了"涨落导致有序"的观点。所谓涨落,是指系统的某个变量或某种行为对平均值的偏离。涨落是偶然的、随机的、杂乱无章的,在不同状态下有不同的作用。在平衡态和近平衡态,涨落是一种破坏稳定性的干扰,起消极作用。在远离平衡态,它是系统由不稳定状态形成新的稳定有序状态的杠杆,起着积极的建设性作用。当系统处于远离平衡态时,随机的小涨落可以通过非线性的相互作用和连锁效应被迅速放大,形成系统整体上的"巨涨落",从而导致系统发生突变,形成一种新的稳定有序状态。在此时,涨落对耗散结构的形成起了一个触发和激化的作用,即偶然的随机涨落为耗散结构的形成提供了良好的条件。

耗散结构理论是综合性理论,具有普遍科学方法论的性质,是科学、技术、经济、管理等领域用以解决一系列综合问题的方法论工具。

第五节 协同学理论

协同学(Synergetics)的创始人是德国著名理论物理学家赫尔曼·哈肯(Harmann Haken)。与耗散结构理论一样,协同学也是研究远离平衡态的开放系统在保证外流的条件下,如何能够自发地产生一定的系统有序结构或动能行为的一门新兴学科。它以现代科学理论中的最新成果(信息论、控制论、突变理论)作为基础,汲取了耗散结构理论的论点,采用统计力学的考察方法来研究开放系统的行为。

协同或称协作,即协同作用之意。协同学理论强调协同效应,协同效应是指在复杂大系统内,各子系统的协同行为产生出的超越各要素自身的单独作用,从而形成整个系统的统一作用和联合作用。协同作用是任何复杂系统本身所固有的自组织能力,是形成系统有序结构的内部作用力。"协同导致有序"是这一理论的高度概括。

自组织原理是协同学理论的核心,它反映了复杂系统在演化过程中,如何通过内部诸要素的自行主动协同来达到宏观有序的客观规律。协同学理论正是在研究各类自组织现象所遵从的这种共同规律的基础上产生和发展起来的。这一原理指出,在一定的外部能量流和物质流输入的条件下,系统会通过大量子系统之间的协同作用,在自身涨落力的推动下达到新的稳定,形成新的时间、空间或时空有序结构。系统演化的这种过程,称为自组织。对自组织的含义,哈肯特别强调它是指系统在没有外部指令的条件下,其内部子系统之间能够按照某种规则自动形成一定的结构和功能,具有内在性和自主性。正如哈肯在1976年发表的《协同学导论》中所举例说明的那样,在一个工人集体中,如果每个工人按照经理发出的外部指令以一定的方式活动时,那么我们就称它为组织,或更准确地讲,它有组织的功能。如果经理不发出外部指令,工人们会按照互相默契的某种规程,各尽其责地协调工作,能很好地完成任务,就称其为自组织的功能。这充分说明了自组织的演化过程是开放系统中大量子系统集体的、自发的、自动的协同合作效应,是系统自身内部矛盾运动的结果。

协同学理论所研究的从无序到有序的临界转变,深刻地反映了自然界和人类社会不断发展与演化的机制。这种理论不仅对自然科学的研究做出了一定的贡献,近年来对现代经济管理、城市规划、系统工程等方面的研究,也愈来愈显示出它的重要作用,成为系统科学的重要理论基础。

习 题

1. 什么是信息?
2. 什么是信息量?它有哪些特征?
3. 解释"熵"的含义。
4. 有序结构有几种类型?
5. 什么是耗散结构?

第五章　系统工程概论

系统工程是系统科学的重要组成部分，它是研究复杂系统如何实现总体效果最优的工程技术，是对各种领域都具有普遍意义的现代化组织管理技术。

系统工程打破了各门学科的界限，沟通了自然科学与社会科学的联系，使人们得以摆脱传统方法的束缚，为解决工程系统、自然系统和社会系统的协调开辟了新的途径，为现代科学技术的发展提供了新思路和新方法，这种新思路和新方法也正是系统思想的具体体现。

第一节　系统工程的基本概念

一、系统工程的定义

关于系统工程的定义，国内外尚无统一说法，这里介绍几种具有代表性的说法：

1.“系统工程是为了更好地达到系统目标，而对系统的构成要素、组织结构、信息流动和控制机理等进行分析与设计的技术。”(1967 年日本工业标准 JIS)

2.“系统工程是为了研究由多个子系统构成的整体系统所具有的多种不同目标的相互协调，以期系统功能达到最优并最大限度发挥系统组成部分的能力而发展起来的一门科学。”(1967 年，美国恰斯诺特)

3.“系统工程是为了合理地开发、设计和运用系统而采用的思想、程序、组织和方法的总称。”(1971 年，日本寺野寿郎)

4.“系统工程是一门把已有的科学分支中的知识有效地组合起来用以解决综合性工程问题的技术。”(1974 年，英国大百科全书)

5.“系统工程研究的是怎样选择工人和机器的最适宜的综合方式，以完成特定的目标。”(1975 年，美国百科全书)

6.“系统工程是一门研究复杂系统的设计、建立和运行的科学技术。”(1976 年，苏联大百科全书)

7.“系统工程是组织管理系统的规划、研究、设计、制造、试验和使用的科学方法，是一种对所有系统都具有普遍意义的方法。”(1978 年，中国钱学森)

总之，系统工程是用科学的方法规划和组织人力、物力、财力，通过最优途径的选择，使我们的工作在一定期限内收到最合理、最经济、最有用的效果。所谓科学的方法就是从整体观念出发，统筹考虑，合理安排整体中的每一个局部，以求得整体的最优规划、最优控制和最优管理，使每个局部都服从于一个整体目标，做到人尽其才，物尽其用，以便发挥整体的优势，力求避免资源的损失和浪费。

二、系统工程的特征

1.程序化

系统工程是运用工程的方法来治理系统的技术，程序化是系统工程的重要特征之一。无论对工程系统还是社会系统，自然系统还是人造系统，都必须严格地按科学程序办事。各专门的系统工程在其实施过程中，都必须制定相应的工作程序。程序的正确与否在某种意义上决定着该项系统的命运；程序方法几乎贯穿系统工程的全过程。系统工程是一种程序化的组织管理技术。

2. 信息化

系统工程是以信息技术为主要工具来治理系统的技术。信息化是系统工程的重要特征之一，无论任何系统，对其中的物质、能量、信息三者来说，系统工程主要是依靠信息技术有效地调度物质和能量的活动。系统工程和信息技术是一种共生现象的发展。

3. 精确化

系统工程是以引入数学为主要优势来治理系统的技术。无论任何系统，对其中质与量的关系，系统工程用运筹学等数学工具力求精确地、正确地来设计、控制系统。系统工程对收集到的一切信息，凡能量化的尽量使之量化，不能量化的也往往通过一定的方法使之量化或半量化，从而提高人们对系统态势的认识。

4. 专业化

系统工程是由专业人员参与治理系统的技术。系统工程处理的各种各样的系统，大都须由专业人员设计、操作、组织和管理。系统工程离开有关的专业人员是寸步难行的，它需要由受过专门的科学教育和严格的技术训练的专家从事这项工作。

5. 集约化

系统工程是用集约方式治理系统的技术，这是由传统的粗放式管理走向集约化管理的崭新阶段。系统工程的一切理论、方法和技术都是围绕“效益”这个核心。实践证明，集约化是产生高效率、高效益的根本所在，这也正是系统工程的优势所在。

系统工程的上述特征，决定了它在实践中能够发挥与众不同的作用。

三、系统工程与一般工程技术的区别

系统工程与其他各门工程技术一样，都是以改造客观世界使其符合人类需要为目的，都要从实际的条件出发运用基础科学和技术科学的基本原理，都要考虑经济因素和经济效益。但是系统工程的对象、任务、方法以及从事系统活动所需要的知识结构与一般工程技术相比又有明显的区别：

1. 工程概念不同。一般工程技术的“工程”概念是指把自然科学的原理和方法应用于实践，设计和生产出诸如机床、电机、仪表、厂房等有形产品的技术过程。系统工程的“工程”概念是指不仅包含“硬件”的设计与制造，而且还包含与设计和制造“硬件”紧密相关的“软件”，诸如规划、计划、方案、程序等活动过程，所以称它是软件的工程。这样，就扩展了传统的“工程”的含义，给系统工程赋予了新的“工程”研究内容和方法，因此它又被称为“工程的工程”。

2. 工程对象不同。一般工程技术都是分别把各自特定领域内工程物质对象作为研制对象和目标，比较具体和确定。而系统工程则是以“系统”为研究对象，不仅把各种工程技术的物质对象包括在内，而且把社会系统、经济系统、管理系统等非物质对象也包括在内。这样，系统工程的研究对象就表现为普遍联系、相互影响，规模和层次都极其复杂的综合系统。

3. 工程任务不同。一般的工程技术是用来解决某些特定专业领域中的具体技术问题，而系统工程的任务是解决系统的全盘统筹问题，也就是通过系统工程的活动解决系统内部各分系统、各要素之间的总体协调问题，同时处理好系统与自然环境、社会环境、经济环境的相互联系等问题。

4. 工程方法不同。一般工程技术所用的方法是在明确目标后，根据条件，采用可能实现目标的方法，提出不同设计方案，试制出原型，经试验后最终达到生产和建设的目的。而系统工程在解决各种系统性问题的过程中，采用一整套系统方法：① 包括一系列系统工程观念，如整体观念、价值观念、综合观念、优化观念和评价观念等。② 有科学完整的解决问题的程序，即明确问题、设置系统目标、系统方案综合、模型化、决策和实施。③ 运用电子计算机增强逻辑判断力和人工模拟能力，对系统进行定量分析和计算，从而为解决复杂系统问题提供有效手段和工具。所以，系统工程的目标是实现系统的整体化。

5. 人员素质不同。从事系统工程活动的人员，不仅有工程技术人员参加，而且还吸收社会科学工作者和其他行业人员参加。通常，系统工程人员应具备以下素质：有强烈的系统观点，在任何时刻、任何环境下都能坚持用系统观点和方法研究和处理问题；应是“T”形人才，即一方面知识较广，另一方面又具备较深的某一专业知识；应有丰富的想象力和创造力，善于发现问题，分析问题，并能及时提出多个可行方案；善于沟通和促进主管人员、设计人员以及各方面有关人员的相互协作；熟悉环境动向，掌握部门之间的信息交流。

四、系统工程的功能

1. 研究客体与研究主体相结合的功能

传统的自然科学和社会科学，大都从事某种客体的研究，并据此作为科学分类的标准，区分出各种学科类别。而系统工程面临的研究课题则无法将主客体截然分开，必须将两者紧密地结合在一起。系统工程必须阐明谁与客体发生相互作用以及何种相互作用是适宜的。系统工程重视主体——人的因素，因为人的个体与集体行为决定了整个系统的行为。任何课题的研究都有赖于研究者的行为。人造系统的主客体关系与自然系统大为不同。对于技术系统、经济系统、社会系统而言，人是这些系统的设计者，客体系统实际上具体地反映了主体系统的动机、目的、利益和才能。客体系统反映了主体系统劳动的产品。因此，系统工程既发挥主体的功能，又发挥客体的功能。

2. 认识世界与改造世界相结合的功能

自然科学和社会科学发挥着认识世界的功能，而工程技术负有改造世界的使命。系统工程属工程技术，其主要任务是解决实际问题，发挥改造世界的功能。然而系统工程的工作程序、直接目的及其改造世界的过程本身，都有一个认识世界的问题，都要输送出大量的信息，因而它是认识世界与改造世界两种功能的结合。

3. 改造自然与改造社会相结合的功能

传统的一般工程技术主要是改造自然，而社会科学负责改造社会。系统科学，特别是系统工程的崛起和发展跨越了两大部类长期形成的鸿沟，从自然领域走向社会领域，把两种改造结合起来。例如，通信系统工程、冶金系统工程、宇航系统工程等的主要目标是改造自然，但它们也同时注重对社会因素的分析和社会条件的变化，发挥着改造社会的某些功能。军事、科研、教育、行政等系统工程的主要目标是改造社会，而同时它们也特别关注对自然因素的研究和环境条件的限制，发挥着一定程度的改造自然的功能。因此，系统工程集自然技术与社会技术为一体，将传统的工程技术推进到一个崭新的阶段。

4. 发展自然科学与发展哲学、社会科学相结合的功能

系统工程与系统科学的基础理论——一般系统论、耗散结构理论、协同学等都直接发源于生物学、物理学与化学，而它们的产生和发展又迅速反馈于生物学、物理学等自然学科，并广泛深入心理学、自然地理学等领域，推动了这些学科的发展。从20世纪50年代开始，系统科学包括系统工程已超出一般的自然科学和工程技术部门，进入广泛的社会科学领域。传统的社会科学在系统工程的冲击下，基础理论与应用技术正在进一步分化，与社会科学相对应正在出现社会技术。因此，系统工程作为一门边缘性学科，在自然科学与社会科学之间架起了一座桥梁，大大推动了现代科学技术整体化的发展趋势。

第二节　应用系统工程的几个基本观点

一、明确问题的目标和准则的观点

系统工程是为解决实际问题而产生的工程技术，所以在开展工作时，必须首先明确系统本身及其目标，然后才能谈得上其他。这和传统的工程方法不完全一样。传统的工程虽然也有目标，但它主要关心的是实现目标的方法。而系统工程特别强调弄清问题目标这个环节。目标明确之后还有一个衡量目标的准则，即衡量标准，从而对实现目标的程度进行检验和评价。

二、整体化观点

系统理论的根本原则之一是“整体大于各部分之和”，这一原则明确地表述了系统的整体性特征。系统的整体性是系统工程追求的对象，也是各个系统要素意义和价值的依据与目标，个体的本质只有在整体中才能体现。当然，在强调整体性的同时，也应避免由此易导致的极端性错误，例如大包大揽，统得过死等。该原则的实质体现在考虑问题的出发点上和强调分析问题的最终效益上，而不是面面俱到地体现在一些具体活动的细节或某一局部过程上。

三、优化与可行的观点

这也是系统工程最有名的实用性观点。在一切活动中，处理任何事情都期望着自己能够在众多的方案中选优求好，甚至达到最优最好。对于简单的系统，上述思想或许是合理的、可行的，但是对现代科学所面对的众多复杂而又庞大的系统，其优化工作就困难得多，必须由系统工程来完成。1978年诺贝尔经济学奖获得者西蒙认为，最优解只有在数学理论上存在，而在现实生活中要找出绝对的最优是不可能的，而且即使找出来也会由于失去时效价值而变得毫无意义。因此，数学的最优解一旦付诸实际就要变成一个近似解、可行解甚至满意解。这样，优化与可行观点也就成了系统工程的重要思想。如今人们依靠运筹学和管理科学得到了许多选优的数学方法，取得了较好的效果。

四、决策科学化的观点

一般来说，一个正确的决策来源于三个方面的分析，即定量分析、定性分析和指令性

分析。

定量分析一般以采用一系列数学公式和计算方法，并选定一定的度量标准为其最主要的特点。通常的步骤是：明确目标和准则，建立数学模型，编制程序，计算分析，最后提供信息给决策者。定量分析方法是科学决策方法的主要部分。

定性分析一般是指难以定量或概念模糊的问题，决策者通常根据直观经验及逻辑判断进行决策分析。

指令性分析既包括一部分客观存在的环境条件，也包括已经实行的法令、法律、政策等约束条件，另外还包括行政指令等。

当前的发展趋势是定量分析起着越来越大的作用，人们也更多地依靠数学工具和电子计算机进行决策分析。然而，与定性分析和指令性分析相结合可进一步保证决策的科学化。

五、时间价值观点

时间是人类最宝贵的财富，它构成了人类生命的实质成分。时间价值不仅表现在人的生命价值上，还表现在经济上，也就是说，对时间的关照程度是衡量一个社会经济水平的重要标志。正如马克思指出的，人类的一切节约归根结底都是时间的节约。系统工程是处处讲效率的，而要提高效率，首先就要节省时间，注重时间的价值。

六、组合效应观点

时间的价值观点侧重解决了系统如何提高效率的问题，对效率的追求是传统管理理论的根本目标。但效率的提高并非问题的根本所在，系统工程的目标和本意是获取最好的效果。所谓效果是指行动是否趋向目标和达到目标的程度。而效率是指已经确定目标和方向后的执行情况，它主要反映系统资源的利用程度。效率只有高低之别，而效果则有好坏之分。决策行为虽然与效率有关，但最根本和重要的一点是解决效果问题。通常，效果好坏的关键在于系统的组合。

在事物的运动过程中，组合现象是普遍存在的，自然界如此，人类社会也是如此。组合的种类千差万别、各种各样，但概括起来无非是四大类，即人与人，物与物，人与物及多因素混合的组合。若按组合的性质，可简单地分为两类，即自然组合与人工组合。通常，不同的组合往往会产生不同的组合效应。

人们的任务就是从系统的观点出发，运用系统工程的方法努力学习和研究各种组合规律，掌握和运用各种组合技巧，调动各方面的积极性，进行人、事、物之间合理有效的组合，使之产生最佳效应，为社会的总目标服务。

第三节 系统工程方法论

系统工程方法论就是解决系统工程实践中的问题所应遵循的步骤、程序和方法。它是系统工程思考问题和处理问题的一般方法，也就是将研究对象作为整体系统来考虑，进行分析、设计、制造和使用时的基本思想方法和工作方法。系统工程方法论体系的基础就是运用系统思想和各种数学方法、科学管理方法、经济学方法、控制论方法以及电子计算机等技术和工具，为实现系统的模型化和最优化进行系统分析和系统设计。

关于系统工程方法论，许多学者进行了大量的研究，但影响较大的有美国贝尔电话公司系统工程学者霍尔提出的“系统工程三维结构方法论”以及英国兰卡斯特大学的切克兰德提出的“软系统方法论”。

一、霍尔三维结构方法论

霍尔三维结构体系是由时间维、逻辑维和知识维组成的一个立体的跨学科的体系，如图 5－1 所示。

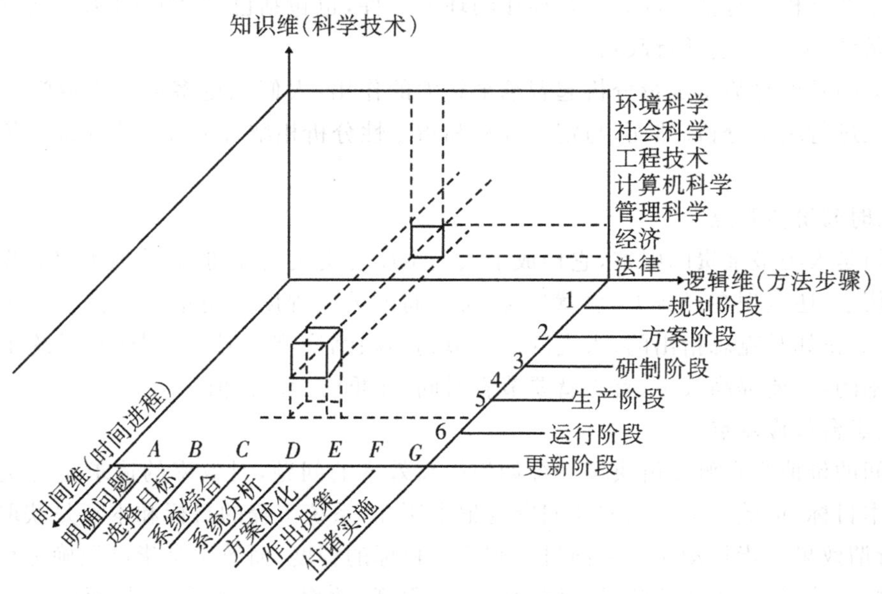

图 5－1 霍尔三维结构图

下面将逻辑维的 7 个步骤逐项展开讨论。

1. 明确问题。由于系统工程研究的对象复杂，包含自然界和社会经济各个方面，而且研究对象本身的问题有时尚不清楚，因此，系统开发的最初阶段首先要明确问题的性质，特别是在问题的形成和规划阶段，搞清楚要研究的是什么性质的问题，以便正确地设定问题，否则，以后的许多工作将会劳而无功，造成很大浪费。国内外学者在问题的设定方面提出了许多行之有效的方法，主要有：① 直观的经验方法。这类方法中，比较知名的有头脑风暴法(Brain Storming)，又称智暴法、5W1H 法、KJ 法等。② 预测法。系统要分析的问题常常与技术发展趋势和外部环境的变化有关，其中有许多未知因素，这些因素可用打分的办法或主观概率法来处理。预测法主要有德尔菲法、交叉影响法、时间序列法等。③ 结构模型法。复杂问题可用分解的方法，形成若干相关联的相对简单的子问题，然后用网络图方法将问题直观地表示出来。

2. 建立价值体系或评价体系。评价体系要回答以下一些问题：评价指标如何定量化，评价中的主观成分和客观成分如何分离，如何进行综合评价，如何确定价值观问题等。

3. 系统综合。系统综合是在给定条件下，找出达到预期目标的手段或系统结构。一般来讲，按给定目标设计和规划的系统，在具体实施时，总与原来的设想有些差异，需要通过对问题本质的深入理解，作出具体解决问题的替代方案，或通过典型实例的研究，构想出系统结构和简单易行的能实现目标要求的实施方案。

4. 系统分析。不论是工程技术问题还是社会环境问题，系统分析首先要对所研究的对象进行描述，建模的方法和仿真技术是常采用的方法，对难以用数学模型表达的社会系统和生物系统等，也常用定性和定量相结合的方法来描述。

5. 系统方案的优化选择。在系统的数学模型和目标函数已经建立的情况下，可用最优化方法选择使目标值最优的控制变量值或系统参数。所谓优化，就是在约束条件规定的可行域内，从多种可行方案或替代方案中得出最优解或满意解。

6.决策。人类的决策管理活动面临着被决策系统的日益庞大和日益复杂。决策又有个人决策和团体决策、定性决策和定量决策、单目标决策和多目标决策之分。战略决策是在更高层次上的决策。在系统分析和系统综合的基础上，人们可根据主观偏好、主观效用和主观概率作决策。决策的本质反映了人的主观认识能力。

7.制定计划。有了决策就要付诸实施，实施就要依靠严格有效的计划。在系统工程中常用计划评审技术(PERT)。

霍尔系统工程方法论强调明确目标，核心内容是最优化，认为现实问题都可归纳为工程一类的问题，应用定量分析的手段，求得最优解。随着实践经验不断丰富和系统工程学科的不断发展，系统工程方法论也在不断地充实和创新。在 20 世纪 50 ～ 60 年代期间，系统工程主要用来寻求各种“战术”问题的最优策略，组织管理大型工程项目等。70 年代以来，现代系统工程已经用于研究社会经济系统及其发展战略问题，涉及的社会经济因素相应复杂。为适应这种发展，有些学者对霍尔三维结构提出了修正和补充，特别是切克兰德提出了较系统的修改意见，形成了“软系统方法论”。

二、软系统方法论

切克兰德认为，完全按照解决工程技术问题的思路来解决社会经济问题或软科学问题会碰到很多问题，也不太合适。因此，他提出了适合于软科学研究的系统工程方法论。其主要内容是：

1.问题现状说明。说明现状的目的是改善现状。

2.弄清关联因素。初步弄清与改善现状有关的各种因素及其相互关联。

3.概念模型。用结构模型或数学模型描述系统现状。

4.改善概念模型。根据系统工程的理论和方法改善概念模型。

5.比较。将概念模型与现实系统进行比较，找出符合决策部门意图，而且可行的变革方案。

6.实施。根据决策组织实施。

切克兰德系统工程方法论的出发点是社会经济领域中的问题，往往很难像工程技术问题那样事先将“需求”给定清楚，因而也难以按若干个衡量指标设计出符合此“需求的最优系统”。其核心不是“最优化”，而是“比较”和“学习”。从模型与现状的比较中，学习改善现状的途径。“比较”这个环节包括组织讨论，听取各种集体中人们意见的含义，从而不拘泥于描述定量求解过程，反映了人的因素和社会经济系统的特点。切克兰德系统工程方法论是霍尔三维结构方法论的扩展，当现实问题确实能够工程化，在弄清其需求时，概念模型阶段就相当于霍尔方法论中的建立数学模型阶段，而改善概念模型阶段就相当于最优化阶段。因此，实施的也就不是某种变革而是设计好的最优系统。

第四节 管理系统工程综述

一、管理系统工程的含义

管理作为一种实践活动，几乎与人类社会的进程同时开始，凡是有人群活动的地方，就会有管理。随着历史的进程，管理的含义、内容和方式也在不断变化、发展着。现代社会是高度组织化的社会，随着生产的现代化和社会化发展，经济管理活动愈来愈复杂，规模也愈来愈庞大，相关因素愈来愈多，主要表现在以下方面：

1. 管理规模日益大型化。生产越来越集中，企业规模不断扩大，是社会化大生产发展的一个特点。

2. 管理组织日益专业化。随着生产力和科学技术的发展，寻求按专业化的职能来设置管理机构，由具有管理知识和技能的人来进行管理成为趋势。

3. 管理人员日益知识化。管理人员必须具有现代管理知识，不但在各专门业务岗位上要有精通计划、生产、财务、供销等方面的专业人才，而且要求具有进行指挥和决策能力的综合人才。

4. 管理体制日益合理化。管理功能发挥的好坏，取决于管理体制是否合理。因此，建立一个高效率的经济管理体制，对调整和优化企业管理是一项重要的战略选择。

由此可见，管理过程的复杂性、综合性和多变性，决定了管理活动是一项复杂的系统工程，只有运用系统工程这样一门综合性的组织管理技术，才能解决各种层次的经济管理问题。所以，管理系统工程就是以各层次的管理活动为对象，运用系统工程的原则和方法，为管理活动提供最优规划和计划，进行有效地协调和控制并使之获得最佳经济效益和社会效益的组织管理方法。

二、管理系统工程的职能

不同性质、不同层次的管理活动，必然具有不同的管理职能。但是，从它们的共性出发，可归纳为以下几个方面的主要职能：

1. 计划职能。计划是管理系统工程的基本职能，即对系统未来目标的制定，并通过某一机构或管理人员来促进这一目标实现的整体方案和行动过程。

2. 协调职能。协调职能在于保证系统与系统环境以及系统内部各分系统或要素之间，能够维持合理的相互关系，或者通过调整，使之达到综合平衡。系统越复杂，就越需要有相应的机构进行协调，做到以最合理的人力、物力、财力的耗费，实现系统的整体目标。

3. 监督职能。监督职能在于监督被管理系统的发展过程，按照计划标准，衡量计划的完成情况和纠正计划执行中的偏差，以确保计划目标的实现。

4. 核算职能。核算职能的任务在于搜集被管理系统中有关活动的信息，提供核算资料并使之系统化。可以从定性和定量上评价执行计划的结果，说明衡量系统活动效益的优劣。

5. 服务职能。管理活动从实质上来说是一种服务性工作，它必须为被管理系统提供各种必要的信息，协调各方面的关系，解决各种类型的问题。

上述五方面管理职能是一切管理系统所共有的，它们决定了各级管理系统在结构上的一致性。然而不同的管理系统中，每一个具体管理职能在内容上又是有差异的。

三、管理系统工程的方法体系

管理系统工程从方法论角度来看是系统工程的原理和方法在管理活动中的应用，系统工程常用的一般方法同样也适用于管理系统工程。管理系统工程的一般方法可根据解决问题的不同，归纳为六个方面，即系统现状、系统目标、系统预测、系统运行、系统效果和系统优化。

习　题

1. 什么是系统工程?它有哪些特征?
2. 系统工程与一般工程技术的区别是什么?
3. 论述系统工程方法论的基本内容。
4. 如何理解企业的管理活动是一项复杂的系统工程?

第六章　系统分析方法

系统分析是系统工程的一个重要方法。在系统工程中，系统分析是一种在系统工程各阶段反复使用的科学分析方法，它一般与系统设计结合使用，形成系统工程基本处理方法。

第一节　系统分析的基本概念

一、系统分析的含义

关于系统分析的概念，至今还没有一个比较完整和严谨的科学定义。从系统分析的思想、方法和任务出发，可将系统分析定义为：系统分析是一种辅助决策技术，它采用系统的观点和方法对所研究的问题提出各种可行方案或策略，进行定性和定量的分析及评价，帮助决策者提高对所研究的问题认识的清晰程度，以便决策者选择最优行动方案。也可以说，系统分析就是在明确系统目的的前提下，来分析和确定系统所应具备的功能和相应的环境条件。抓住某些需要决策的关键问题，根据其性质和要求相应地建立有关模型并对其进行求解或仿真实验，然后将所得信息通过反馈，不断充实和完善系统设计所需要的资料和信息，为决策者选择最优方案提供可靠的科学依据。

二、系统分析的特点

1.系统分析以特定问题为对象

对不同的系统进行分析，所要解决的问题是不相同的。即使对相同的系统，由于所要解决的问题不同，也必须进行不同的分析，拟定不同的解决方案。系统分析必须具有明确的针对性，要着眼于特定问题，致力于寻求解决特定问题的最优策略方案。

2.系统分析以整体效益为目标

系统及子系统都有各自的功能和目标，它们之间只有协调配合，才能达到系统的整体目标。因此，系统分析必须全面而周密地考虑系统整体和所有子系统的功能、目标及它们之间的关系，尽量避免顾此失彼。

3.系统分析以定量分析为基础

科学地处理问题，必须要用科学的手段和方法，不能单凭直觉和想象。在许多复杂的情况下，必须要有精确可靠的数据作为决策基础。这就要求广泛地采用一些定量计算方法进行分析。

4.系统分析以评价标准为依据

由于系统内外的影响因素常常是不确定的，因此应用系统分析所获得的结果也常常与将来实际发生的情况相差较多，从而其可能发生的效益也会因决策者或评价者对影响因素的不同选取而出现不同的结论。因此，系统分析应有明确的评价标准，以作为选取整体效益最佳的策略方案的依据。

三、系统分析的准则

1.外部环境与内部条件相结合

系统的生存和发展是以外部环境为条件的，环境的变化对系统有很大影响。对外部环境进行分析研究在于弄清系统目前和将来所处环境的状况，从而把握系统发展的有利条件和不利因素。所以在系统分析时，必须使系统内外部各种有关因素结合起来进行综合分析，才能实现方案的最优化。

2.当前利益和长远利益相结合

选择一个最优方案，不仅要从目前的利益出发，而且还要考虑到将来的利益。如果我们采取的方案对现在和将来都有利，当然是最理想的方案，然而在现实中这是很难实现的。因此，在处理这类矛盾时，必须要有长远的战略眼光，应以长远利益为重，兼顾眼前利益，力争把长远利益与当前利益结合起来，且在服从长远利益的前提下，使当前利益的损失减少到最低程度。

3.局部利益与整体利益相结合

对一个系统而言，如果每个子系统的效益都是好的，则整体利益也应该比较理想。但是在实际情况中并非如此，有时会出现局部效益好而整体效益不好的情况。在这种情况下应以全局利益为重，因为系统分析要以系统的整体效益为目标。因此，在系统分析中要正确认识和掌握局部与全局之间的辩证关系，一方面局部要服从于整体，围绕整体进行活动，另一方面整体也要关心局部利益，照顾局部、支持局部，使它充满活力。

4.定性分析与定量分析相结合。定性分析多采用主观经验方面的判断分析方法，与数学上完善的定量分析相比显得简单，误差较大，但是这种分析方法是人们长期实践经验的总结。定量分析方法有许多突出的优点，但在应用中也存在一定的局限性。例如，对某些难以量化的社会、经济问题往往由于得不到足够的数据信息而无法建立数学模型。再如，由于模型是对现实系统的抽象描述和简化，因此往往不能全面地反映系统的实际状况。所以，在系统分析中，应做到“定性分析定量化”和“定量分析定性化”，使两种不同的分析方法优势互补。应明确定性分析是定量分析的基础，定量分析是定性分析的量化和具体化。遵循“定性 → 定量 → 定性”的分析思路，使两者有机结合，才能取得满意的分析结果。

四、系统分析的要素

1.目标

为了正确获得决定最优方案所需的各种有关信息。最初也是最重要的工作就是要充分了解系统的目的和要求。确定目标是系统分析的前提和出发点。目标是系统所希望达到的结果或完成的任务。如果目标不明确，就可能导致决策失误。目标又是根据所要研究的问题来确定的，这就要对问题进行分析，问题分析的关键是界定问题。所谓界定问题，就是对问题的实质和范围准确地加以说明。

在系统分析时，经常会遇到随着工作的进行出现与原来目标相偏离的情况。这时，就要分析产生问题的原因，既要进行横向分析，也要进行纵向分析。横向分析，是指要从许多错综复杂的因素中找出主要因素。纵向分析，是指从表面的原因入手，通过各层次找出根本原因，然后纠正偏差，确保预定目标的顺利实现。

2.可行方案

通常，实现某一目标可采取多种手段和措施，在系统分析中我们将其称为可行方案或替代方案。拟定可供选择的多种可行方案是系统分析的基础。效果的好坏优劣都是在对比和评价中发现的，因此，只有提供一定数量和质量的可行方案，才能进行分析、比较、评价和选优。

3. 模型

模型是对现实系统的抽象描述，是刻画系统某一方面的本质属性的工具。即使在尚未建立实体系统的情况下，我们也可以凭借一定的模型来有效地求得系统设计所需的参数，并据此确定各种制约条件。另外，根据需要建立起来的模型可以用来预测各个可行方案的性能、费用和效益，以利于对各个可行方案的分析和比较。因此，建立模型是整个系统分析工作过程中的重要一环。

4. 费用和效果

每一可行方案的实施都将耗用人、财、物等资源而产生费用，同时包括被该方案所占用的资源不能另作他用而作出的牺牲及失去的机会。不同方案将产生不同的效果，如系统所具备的技术性能、用货币尺度衡量的经济指标、对社会产生的间接效益等。通过一系列指标的计算比较和分析，决定方案的取舍。

5. 评价标准

所谓评价标准就是确定各种替代方案优先选用顺序的标准。评价标准一般根据系统的具体情况而定。例如，在评价系统的费用和效益时，可以用以下三种标准进行判断：

(1) 若各可行方案效益相同，选费用最小的方案为最优方案；

(2) 若各可行方案费用相同，选效益最大的方案为最优方案；

(3) 若可行方案的效益费用比不同，则选效益费用比最大的方案为最优方案。

以上系统分析的五要素可组成系统分析结构概念图，见图 6－1。

由图可知，系统分析是从明确现实目标开始，通过模型预测各可行方案的效果和费用，然后根据评价标准进行评价，最后确定各可行方案的优劣顺序，以供决策者参考选用。

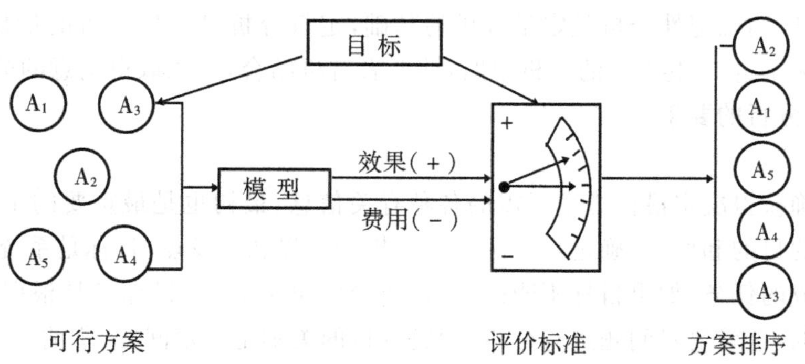

图 6－1 系统分析结构概念图

第二节 系统分析的步骤

系统分析可按图6—2所示的步骤进行。

首先，要从体系上对研究对象的目标进行定义，然后以目标为准则，将问题的构造作为系统，设定可行方案的评价标准，确定以容易进行分析为目的的、便于对问题进行简化描述的假说和假定。其次，对用于分析的数据资料和可行方案进行调查研究，建立模型并预测各可行方案的结果。对各可行方案的结果分析时，应将重点放在实施各方案的费用和实施后可望得到的效果等方面。在对模型结果进行分析判断时，还要考虑不确定性因素的影响。最后，用模型来解释和评价分析结果。此时，要对某些原来被省略的构成要素和不确定性对结果的影响进行研究，将所有工作内容和结论提供给决策者，进行判断。若对分析结果不满意，则反馈到第二阶段，对问题进行重新明确和探讨。

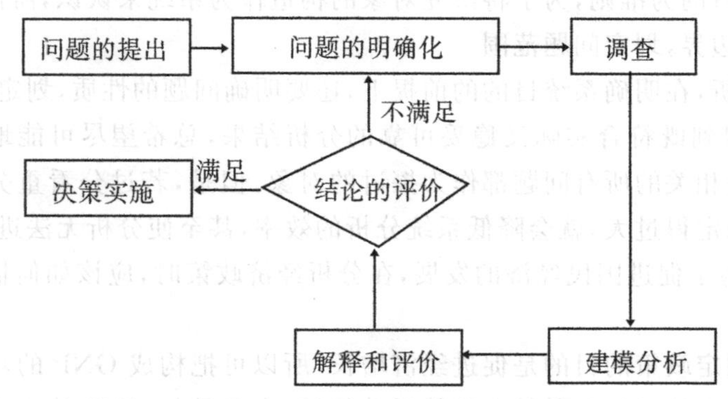

图6-2 系统分析的步骤

下面按上述步骤对各阶段的工作内容进行说明。关于系统评价，请参阅第七章的内容。

一、形成问题，明确研究对象

这一步的主要工作就是以决策者的目的为准则形成对问题构造的认识。包括以下四个步骤：

(一) 确定系统的目的和目标

通常，对可行方案的评价是根据实现该方案的费用和能够达到的目的的程度进行的。所以，在进行系统分析时，就要对目的明确地给出定义并尽可能地定量表达。一般而言，我们对目的和目标是不加区别的。但是，若需要区别，则可把能定性表示出的状态称为目的，而这种状态是决策者的要求和愿望；可把现实系统在规定时间内所要达到的水平称为目标，而这个水平是在充分考虑了可利用的资源和技术制约等的前提下确定的。在确定系统目的时，必须要有总体观念和长远观念。当一个系统有多个目的时，须分清主次，并且可用目标树的形式来表示。目标确定之后，在分析可行方案的费用和效果的过程中，可根据实际情况的变化进行修正或变更。

例6—1 问题：市政交通安全。

目的：减少因为发生交通事故而造成的损失。

要求：确定用于评价可行方案效果的指标。

分析：社会损失可由以下几个方面计算：物质损失的经济价值；由于死亡造成的劳动力的消失；由于负伤造成劳动力功能暂时消失以及由于治疗所花的费用。因此，为了减少事故造成的损失，可以确定以下的分目标：① 努力减少事故：② 使事故发生后造成的损害最小；③ 促使负伤者尽快恢复健康等。

可用以下指标来评价可行方案的效果：关于 ① 的事故发生率，关于 ② 的死亡率和物质损失价额，关于 ③ 的治疗所需天数。我们可用货币指标将上述各指标进行统一。关于 ① 为：一起事故的损失额 × 事故减少数；关于 ② 为：（一人所创的价值 × 死亡者减少数）＋（一起事故物质损失的减少额 × 事故数 －（一起事故的治疗费 × 负伤者增加数）；关于 ③ 为：（一人一天的治疗费 ＋ 一人一天所创造的价值）× 治疗时间缩短天数。

（二）明确研究对象

以决策者的目的为准则，为了将研究对象的构造作为系统来认识，需做以下工作：

1. 确定系统边界，划定问题范围

进行系统分析，在明确系统目的的前提下，还要明确问题的性质，划定问题的范围。通常，研究者为了得到既符合实际又稳妥可靠的分析结果，总希望尽可能地扩展系统的范围，把与研究对象相关的所有问题都作为探讨的对象。但是，若过分看重分析结果的稳妥性，把系统范围确定得过大，就会降低系统分析的效率，甚至使分析无法进行。

例 6－2 为了促进国民经济的发展，在分析经济政策时，应该如何恰当地设定系统的边界？

分析：由于制定政策的目的是促进经济增长，所以可把构成 GNP 的功能集团作为系统来认识。而对于自然环境和科教文卫等活动领域，由于是与 GNP 的生成没有直接关系的要素，所以可视为外部环境来处理。

2. 确定系统要素

这一步骤的工作内容是识别用于实现决策者目的的功能集团是由什么样的功能要素（即系统要素）构成的。

例 6－3 确定例 6－2 中国民经济系统的系统要素。

分析：与生成 GNP 有关的要素包括：① 生产功能；② 劳动力；③ 资本。因此，经济系统可表述为 $f =$（为满足人们的需要而变换资源的功能）。其中：

系统要素 A_1：$f_1 =$（生产功能）

系统要素 A_2：$f_2 =$（劳动力形成功能）

系统要素 A_3：$f_3 =$（资本形成功能）

对上述系统要素，实际工作中可按不同的产生类别或区域范围进行详细划分。

3. 系统要素间关系的识别（系统结构分析）

通常，构成系统的要素是多种多样的，而要素之间的关系也往往是错综复杂的。因此，要识别系统的全部要素及其相互关系是不可能的，也是不必要的。实际工作中只着眼于那些与决策者的目的相关联的某些系统要素和相互关系即可。

例 6－4 将例 6－3 中经济系统的系统要素之间的关系表述出来。

分析：我们可用图 6－3 来表述经济系统的结构。

系统要素 A_1 由外部环境输入资源，由系统要素 A_2 输入劳动力，把它们与在系统要素 A_3 供给资金的基础上装备起来的设备结合起来，就可生产商品并提供服务。作为供给劳动力的代价，系统要素 A_2 从系统要素 A_1 得到工资，并且消耗所得到的商品和服务，从而生成劳动力。系统要素 A_1 在生产过程中，从外部环境接受其他部门产生的外部效果以及由于自然环境的污染而使外部环境不能发展的影响。同时，系统 A_1 向外部环境输出可带来外部经济效果的基础设施，还造成环境污染等不利影响。系统要素 A_3 一方面接收系统要素 A_2 的储蓄并支付利息，一方面向系统要素 A_1 发放资金信贷并征收利息。

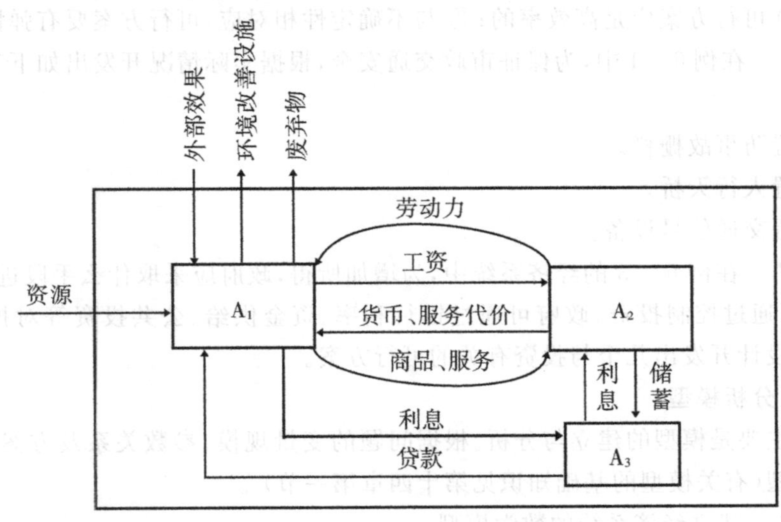

图 6－3 经济系统结构模型

(三) 设定评价标准

关于评价标准，请参阅上一节的"系统分析的要素"部分。

(四) 确定假说和假设

所谓假说，就是把对问题构造的认识用语言或数字模型表达出来，并且通过分析可以验证其结果。所谓假设，是指基于假说而建立数学模型时，为了使模型的构成、参数的确定以及求解方便而对描述系统的变量以及变量之间的关系所设定的前提。

例 6－5 为了建立经济系统的定量模型，确定假说和假设。

假说：消费支出 C(即图 6－3 中的货币、服务代价) 是所得 Y(工资) 的函数。即消费函数可表示如下：

$$C_t = g(Y_t)$$

其中 t 表示时期。

假设一：从环境来的资源为输入，往环境去的废物等为输出。关于劳动力的供给和消费商品的供给，对环境来说是没有来路的。

假设二：设生产额和所得额相等，即生产出来的价值全部用来分配，所得 Y 等于消费和非消费之和；非消费是指投资(或储蓄)。因此，有：

$$Y_t = C_t + I_t$$

假设三：消费函数是线性的，但含有误差项。

根据以上的假说和假设，就可以用货币作为计量单位来建立图6－3所示经济系统各要素之间关系的数学模型。

二、收集资料，提出可行方案

明确研究对象之后，就要收集、调查和处理定量分析中所必需的数据资料并列举出可行方案。

设计开发可行方案时，应考虑以下三个条件：① 可行方案在经济上是合理的，技术上是可行性；② 可行方案应是高效率的；③ 与不确定性相对应，可行方案要有弹性。

例6－6 在例6－1中，为保证市政交通安全，根据实际情况开发出如下三个可行方案：

(1) 设置防事故栅栏。

(2) 设置人行天桥。

(3) 设置交通信号设备。

例6－7 在例6－3的经济系统中，为增加所得，政府应采取什么手段进行控制？

分析：可通过控制投资。政府可通过银行利率、资金供给、公共投资等对投资进行控制。因此，可设计开发出几个与投资有关的可行方案。

三、建立分析模型

这一步主要是模型的建立与分析。根据问题的变量规模、参数关系及方案数量等，确定模型的类型(有关模型的基础知识见第十四章第一节)。

例6－8 建立经济系统的数学模型。

分析：假设政府为控制投资 I 所需要的费用为 E，E 同 I 为一次函数关系，则有：

$$C_t = \alpha + \beta Y_t + u_t$$
$$Y_t = C_t + I_t$$
$$E_t = \gamma + \delta I_t + v_t$$

式中，u_t 和 v_t 为误差项，α，β，γ 和 δ 为参变量。可用统计学方法对参变量进行估计，例如最小二乘法等。

四、费用效果分析

模型建立后，就要用模型计算费用和效果。应该注意的是，由于系统分析的目的是要明确求出各可行方案的期望值，以便选择可行方案，因此，在计算费用时，要除去按照过去的决策已经支出的各项沉没费用。

(一) 费用的概念及测算

关于费用的含义，在第一节的“系统分析的要素”部分已经介绍。但是，在对一些给社会和自然界造成重大影响的复杂大系统进行分析时，仅用货币支出来考察费用是不够的，因此，关于费用应理解为为达到目的而必须承担的牺牲。从这个意义上分析，可将费用划分为以下三类六个方面：

1. 货币费用与非货币费用。

2. 现实费用与机会费用。

3. 内部费用与外部费用(两者之和称为社会费用)。

(二) 效果的概念及测算

所谓效果,就是达到目标所取得的成果。衡量效果的尺度,通常用效益和有效性来表示。效益是可以用货币尺度来评价达到目标的效果,有效性是用非货币尺度来评价达到目标的效果。效益又分为直接效益和间接效益两种。直接效益包括使用者所付的报酬,或由于提供某种服务而得到的收入,间接效益是指直接效益以外的,能增加社会生产潜力的效益。

例6－9 生产量y与劳动力和资本两个生产要素的投入量x_1,x_2之间的关系可用柯伯—道格拉斯函数描述:

$$y = \alpha x_1^{\beta} x_2^{1-\beta} \tag{6－1}$$

当y,x_1和x_2的单价分别为p_0,p_1和p_2时,即可得到纯收益B的表达式。若已知预算投资额为R,则由此可分析得到最大纯收益所必需的生产要素投入量x_1,x_2(设y,x_1和x_2都是连续变量)。

分析:纯收益可表示为:

$$B = p_0 y - (p_1 x_1 + p_2 x_2) \tag{6－2}$$

对(6－1)式全微分:

$$dy = \frac{\partial y}{\partial x_1}dx_1 + \frac{\partial y}{\partial x_2}dx_2 \tag{6－3}$$

当y一定时,x_1与x_2的边际技术替代率为:$\frac{dx_1}{dx_2} = -\frac{\partial y/\partial x_2}{\partial y/\partial x_1}$ (6－4)

或 $$\frac{dx_1}{dx_2} = -\frac{(1-\beta)x_1}{\beta x_2} \tag{6－5}$$

这就是等产量曲线的斜率。

若已知预算投资额为R,则预算方程为

$$R = p_1 x_1 + p_2 x_2 \tag{6－6}$$

或 $$x_1 = \frac{R}{p_1} - \frac{p_2}{p_1}x_2 \tag{6－7}$$

与(6－7)式相切的等产量曲线(图6－4)就是在一定预算投资额R下的最大生产量,切点表示投入量的最佳组合(图6－5)。

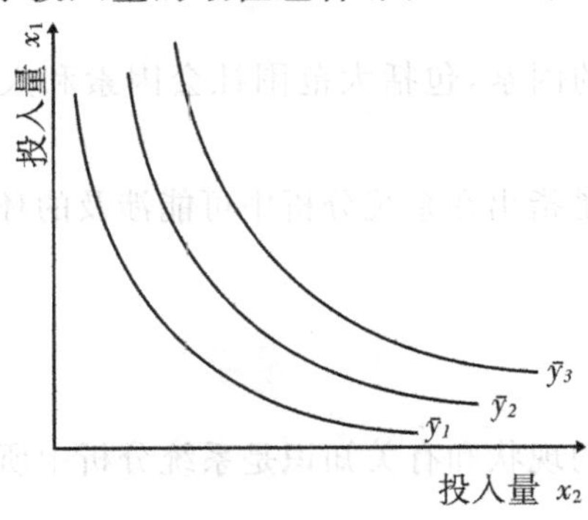

图6－4 等产出量曲线

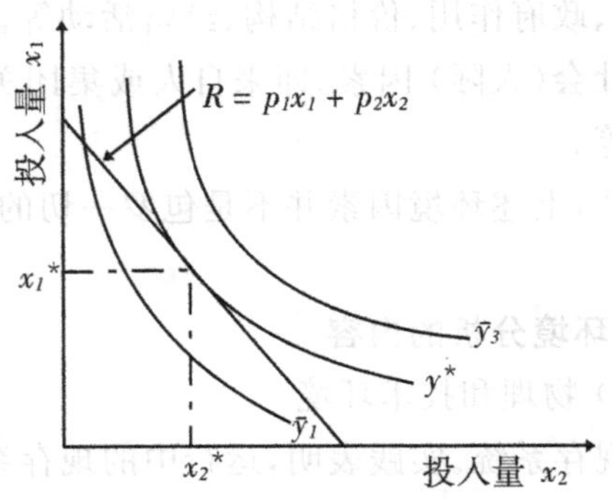

图6－5 最佳生产计划

由切点斜率相等可得：

$$-\frac{1-\beta}{\beta}\times\frac{x_1}{x_2}=-\frac{p_2}{p_1}$$

结合预算方程，因此有：

$$x_1^*=\frac{\beta R}{p_1} \qquad x_2^*=\frac{(1-\beta)R}{p_2}$$

将 x_1^*，x_2^* 代入 y 得最大产出，将 y^*，x_1^*，x_2^* 带入 B 得最大纯收益。

五、不确定分析

能正确地对系统进行不确定性分析和风险分析是保证分析结果可靠和可行的重要一步。在系统的实施过程中，由于存在不确定性和风险性，要对实施结果的预测做到准确无误几乎是不可能的，因此，必须对不确定性因素和风险因素的影响以及由此造成的方案结果的变化进行分析，以便能作出正确的决策。

有些复杂的系统，系统分析并非进行一次即可完成。为完善修订方案中的问题，有时根据分析结果需要对提出的目标进行再探讨，甚至重新划定问题范围。

第三节　系统环境分析

系统分析的对象多为开放系统，即系统与环境之间具有物质、能量和信息的交换，这种交换直接影响着系统的活动。因此，系统必须不断自行调节以适应环境的变化，使系统在某段时间内保持稳定。当然，系统的变化也会相应地影响到系统环境的相关因素。这就是开放系统的特征。正是由于系统与环境关系密切，而环境因素的变化又难以预料，为了提高决策效果，有必要了解环境因素的有关特性并进行分析。

一、环境因素的分类

从系统观点看，全部环境因素可划分为三类：

1. 物理的和技术的因素。即由于事物属性所产生的联系而构成的因素和处理问题中的方法性因素，包括现存系统、技术标准、科技发展因素和自然环境等。

2. 经济的和经营管理的因素。这是影响系统经济过程和经营状态的因素，包括外部组织、政策、政府作用、价格结构、经营活动等。

3. 社会(人际)因素。即来自人或集团关系的因素，包括大范围社会因素和人(个体)的因素等。

当然，上述环境因素并不是包罗一切的，只是指出在系统分析中可能涉及的环境因素范围。

二、环境分析的内容

(一) 物理和技术环境

1. 现存系统。实践表明，运行中的现存系统的现状和有关知识是系统分析中所不可缺少的。

(1) 新旧系统的并存和协调。规划中的任何一个新系统都必须同某些现存系统结合起来工作。因此,新旧系统只有在并存和协调的基础上才能实现相互促进,共同发展。

(2) 现存系统的各项指标。它是分析、设计、评价和论证新系统各方面性能与效果的参照系,没有现存系统的大量指标数据和经验,就难以搞好新系统的分析与评价。

(3) 利用现存系统开发及推广新技术。现存系统的某些技术方法,可用来推断未来可能成功使用的新技术。特别是在技术分析中,这是不可缺少的。

(4) 利用现存系统收集信息。现存系统的各种数据资料是系统分析信息来源的重要组成部分。

2. 技术标准。技术标准对系统分析和系统设计具有客观约束的性质,使用技术标准,不仅可以提高系统分析和设计的质量,还可节约分析时间并提高分析的经济效果。在系统分析中,通常最关心的是产品和服务效能的额定标准。

3. 科技发展因素。在充分掌握系统技术现状、应用范围及优缺点的基础上,必须认真分析研究在新系统发挥作用之前,有无相关的新的科技成果及发明,新的加工工艺和方法,新的维修、安装及操作技术,以保证新系统的先进性。

4. 自然环境。任何成功的系统分析都必须与自然环境之间保持着正确的适应关系,因为自然环境因素往往构成了对系统的约束,它们对新系统的设计与运行有着直接影响。因此,在研制新系统时必须对自然环境因素给予充分的考虑。

(二) 经济和经营管理环境

1. 外部组织机构。未来系统的行为将与外部组织机构发生直接或间接的联系,正确地建立和处理好这些关系对系统的生存和发展是举足轻重的。因此,系统分析人员应当掌握各类组织的社会功能、机构设置、现存状态、有关机构之间的纵横联系、信息渠道、各类机构的内部情况及工作效率、决策人物及其特点等。这些组织的基本情况及动态信息是制定各项策略和计划的基础和依据。

2. 政策。根据作用和范围,政策因素要考虑两个方面:一是对系统起到管理、调节及约束作用的外部政策,如政府或上级政策;二是系统内部政策,它是在系统内部调动积极性,发挥创造性,最大限度地利用人力、物力和财力资源,全面提高整体效益的重要管理手段。

3. 政府作用。政府作为权力机构对各实际系统起着控制与监督作用,其各项方针、政策、指令、法律等都对系统产生着极为重要的影响,甚至某项新政策的出台,就是一些新系统生成的契机。

4. 价格结构。产品的确定要以未来社会需求为出发点,价格作为经济杠杆是产品能否占领市场的重要因素之一。

5. 经营活动。针对市场经济条件下的经营环境的动态特性,系统应能及时作出不同的行为反应。

(三) 社会环境

1. 整体因素。主要涉及人的潜能及区域结构两部分。人的潜能说明了区域的发展趋势及速度,直接影响到资源、住宅、交通、通信、环保、能源等的发展规划以及产品及服务业的市场需求。因此,对各系统的开发及未来效果都起着非常重要的作用。而区域结构,如规模、密度、形状、模式等基本特征是进行系统总体优化研究不可缺少的重要内容。

2. 个体因素。主要是人的因素。既要分析人对需求的反映而引出的创造思维过程的因素，还要考虑到人的能力在生理上与心理上的局限性，如何充分利用系统的设备，达到人和系统的最佳匹配等，这些都是按照各个系统的不同情况和要求需要充分认识和考虑的。

总之，系统环境因素范围很广，对系统环境及其边界的确定主要是依靠妥善的思考，并不存在理论上的判别准则。因此，我们要根据问题的性质，因时、因地、因条件地加以分析，找出相关环境因素的总体，确定因素的影响范围和各因素的相关程度，并在方案分析中予以考虑。对可以定量分析的环境因素，通常以约束条件形式列入系统模型之中，对只能定性分析的因素可用估值法评分，尽量使之定量或半定量化，也可用经验估计的方式修正给定的系统目标值。

第四节　系统分析常用方法

系统分析没有一套特定的普遍适用的技术方法，随着分析对象的不同，分析问题的不同，所使用的具体方法可能也不相同。一般说来，系统分析的各种方法可分为定性和定量两大类。定量方法适用于系统结构清楚，收集到的信息准确，可建立数学模型等情况。例如本书有关章节中介绍的各种定量的系统分析方法(优化方法、投入产出分析法、仿真分析法等)。如果要解决的问题涉及的系统结构不清，收集到的信息不太准确，或是由于评价者的偏好不一，对于所提方案评价不一致，难以形成常规的数学模型时，可以采用定性的系统分析方法，例如目标—手段分析法、因果分析法、K-J 法等。

一、目标—手段分析法

目标—手段分析法，就是将要达到的目标和所需要的手段按照系统展开，一级手段等于二级目标，二级手段等于三级目标，以此类推，便产生了层次分明、相互联系又逐渐具体化的分层目标系统。在分解过程中，要注意使分解的分目标与总目标保持一致，分目标的集合一定要保证总目标的实现。分解过程中，分目标之间可能一致，也可能不一致，甚至是矛盾的，这就需要不断调整，使之在总体上保持协调。将总目标分解为若干个阶层的分目标，需要有很大的创造性和掌握丰富的科学技术知识与实践经验。目标分解需反复地进行，直到认为满意为止。

二、因果分析法

它是利用因果分析图来分析影响系统的因素，并从中找出产生某种结果的主要原因的一种定性分析方法。

系统某一行为(结果) 的发生，不会是一种或两种原因所造成，而往往是由于多种复杂因素的影响所致。为了分析影响系统的重要因素，找出产生某种结果的主要原因，系统分析人员广泛使用了一种简便而有效的定性分析方法 —— 因果分析法。这种方法是在图上用箭头表示原因与结果之间的关系，形象简单，一目了然，特别是在分析的问题越复杂时越能发挥其长处，因为它把人们头脑中所想问题的结果与其产生的原因结构图形化、条理化。在许多人集体讨论一个问题时，这种方法便于把各种不同意见加以综合整理，从而使大家对问题的看法趋向一致。

三、K-J 法

K-J 法是一种直观的定性分析方法，它是由日本东京工业大学的川喜田二郎教授开发的。K-J 法是从很多具体信息中归纳出问题整体含义的一种分析方法。它的基本原理是：把一个个信息做成卡片，将这些卡片摊在桌子上观察其全部，把有“亲近性”的卡片集中起来合成为子问题，依次做下去，最后求得问题整体的构成。这种方法把人们对图形的思考功能与直觉的综合能力很好地结合起来，不需要特别的手段和知识，不论是个人或者团体都能简便地实行，因而是分析复杂问题的一种有效的方法。

K-J 法的实施按下列步骤进行：

1. 尽量广泛地收集与问题可能有关的信息，并用关键的语句简洁地表达出来。

2. 一个信息做一张卡片，卡片上的标题记载要简明易懂。如果是团体实施，则要在记载前充分协商好内容，以防误解。

3. 把卡片摊在桌子上通观全局，充分调动人的直觉能力，把有“亲近性”的卡片集中到一起作为一个小组。

4. 给小组取个新名称，其注意事项同步骤 1。这个小组是由小项目（卡片）综合起来的，应把它作为子系统来登记。这个步骤不仅要凭直觉，而且还要运用综合和分析能力发现小组的意义所在。

5. 重复步骤 3 和 4，分别形成小组、中组和大组，但对难于编组的卡片不要勉强地编组，可把它们单独放在一边。

6. 把小组（卡片）放在桌子上进行移动，根据小组间的类似关系、对应关系、从属关系和因果关系等进行排列。

7. 将排列结果画成图表，即把小组按大小用粗细线框起来，把一个个有关系的框用带箭头的线段连接起来，构成一目了然的整体结构图。

8. 观察结构图，分析它的含义，取得对整个问题的明确认识。

习　题

1. 什么是系统分析？

2. 系统分析的要素与准则是什么？

3. 简述系统分析的基本步骤。

4. 为什么要对系统进行环境分析？

第七章　系统评价方法

第一节　系统评价概述

一、系统评价的重要性

在系统开发过程中，通过对系统工程思想和方法的应用，不仅需要提出若干改造系统的可行方案，而且还要运用系统评价技术从这诸多方案中找出所需的最优方案。对于一个系统，追求的往往是多目标，而目标的属性又是多种多样的，因此，“最优”的含义就不是十分明确的，且评价是否为最优的准则也会随着评价者的不同立场或不同评价时期而有所变化和发展。以开发城市交通系统为例，过去只是从交通工具的动力、速度、载客量等技术方面以及交通线路的建设费用和日常经营费用等经济方面进行评价。但是，随着社会的不断发展，除了上述技术经济方面的评价外，还要求从交通工具的及时性、方便性、舒适性、安全性、美观性等使用方面进行评价，从减少空气污染和降低噪音等环境保护及公共利益方面进行评价，以及从节能等国家政策方面进行评价等等。由此可见，进行系统评价是一项既艰巨又重要的工作。

二、系统评价的原则

为了搞好系统评价，有些基本原则是必须遵守的。这些原则是：

1. 要保证评价的客观性。评价的目的是为了决策，因此评价的质量影响着决策的正确性。为此，应注意：评价资料要全面和可靠，防止评价工作出现倾向性；评价人员的组成要有代表性，评价方法要有科学性，以充分保证评价的客观性。

2. 要保证方案的可比性。各可行方案在保证实现系统的基本功能上要有可比性和一致性。不能只强调一个方面而忽视其他方面，更不能搞“陪衬”方案。

3. 正确、合理地制定评价指标体系。评价指标体系是由若干类的单项指标组成的整体，应该反映系统的各项目标要求。同时，还要避免指标的重复使用。

4. 评价指标必须与国家的方针、政策、法令的要求相一致。

三、系统评价的步骤

系统评价的步骤是有效进行评价的保证。系统评价的一般步骤是：

1. 对各评价方案作出简要说明，使方案的特点、优缺点清晰明了，便于评价者掌握。
2. 确定由分项和大类指标组成的指标体系或评价指标系统图。
3. 确定各大类及单项评价指标的权重，并从整体上进行调整。
4. 进行单项评价，查明各项评价指标的实现程度。
5. 进行单项评价指标的综合，得出大类评价指标的价值。
6. 进行综合评价，综合各大类指标的价值和总价值。

根据系统评价指标的复杂程度，上述步骤可酌情减少或合并。

四、评价指标体系的制定

系统评价指标体系是由若干个单项评价指标(按性质又划分为大类)组成的整体。它反映出所要解决问题的目标要求。指标体系要全面、合理、科学,并基本上能为决策者或决策部门所接受。

评价指标体系通常可考虑如下方面:

1. 政策性指标。包括政府的方针、政策、法令以及法律约束和发展规划等方面的要求,这对国防或关系国计民生的重大项目或大型系统尤其重要。

2. 技术性指标。包括系统或产品的性能、寿命、可靠性、安全性、维修性等,以及工程项目的地质条件、设备、设施、建筑物、运输等技术指标的要求。

3. 经济性指标。包括方案成本(有条件时应考虑寿命周期成本、使用成本和维修成本等)、利润和税金、投资额、流动资金占用额、回收期、建设周期以及地方性的间接收益等。

4. 社会性指标。包括社会福利、社会节约、综合发展、就业机会、环境污染、生态保护等。

5. 资源性指标。对系统占用的人力、物资、能源、水源、土地等状况的反映。

6. 时间性指标。如工程进度、时间节约、试制周期等。

上述六个方面是指一般可能要求考虑的指标大类,在具体条件下,可有所增减。它们构成了基本的系统评价指标体系。

第二节　系统评价常用方法

一、关联矩阵法

(一) 关联矩阵法的表现形式

关联矩阵法是常用的综合评价方法。它的基本思想是将评价对象中的每个评价因素的评价值按该因素在系统功能中所占的重要程度给以权数,从而得出评价对象综合结果的方法。

设 $A_1, A_2, \cdots, A_m$ 是评价对象的 m 个可行方案;$X_1, X_2, \cdots, X_n$ 是该评价对象的 n 个评价项目;$W_1, W_2, \cdots, W_n$ 是 n 个评价项目的权重;$V_{i1}, V_{i2}, \cdots, V_{in}$ 是第 i 个可行方案 A_i $(i=1,2,\cdots,m)$ 的关于 X_j 个评价项目 $(j=1,2,\cdots,n)$ 的价值评定量,则相应的关联矩阵如表 7－1 所示。

表 7－1　关联矩阵表

ij \ j / W_j \ i	X_1 X_2 $\cdots$ X_n / W_1 W_2 $\cdots$ W_n	V_i
A_1	V_{11} V_{12} $\cdots$ V_{1n}	$V_1=\sum_{j=1}^{n} W_j V_{1j}$
A_2	V_{21} V_{22} $\cdots$ V_{2n}	$V_2=\sum_{j=1}^{n} W_j V_{2j}$
$\vdots$	$\vdots$ $\vdots$ $\cdots$ $\vdots$	$\vdots$
A_m	V_{m1} V_{m2} $\cdots$ V_{mn}	$V_m=\sum_{j=1}^{n} W_j V_{mj}$

表 7－1 中，$V_i(i=1,2,\cdots,m)$ 表示第 i 个评价对象的综合评价值，其数值大小决定了评价顺序。

应用关联矩阵法的前提是被评价的各可行方案相互之间无交叉影响。

例 7－1 在例 6－1 的市政交通安全问题中，对例 6－6 中确定的三个可行方案进行评价。

经评价人员的分析，选择并确定了 5 个评价项目：① 减少死亡人数；② 减少负伤者人数；③ 减少经济损失；④ 外观；⑤ 实施费用。

根据同类城市信息统计可知，在实施三种方案后关于 5 个评价项目的效果见表 7－2。

表 7－2 评价项目效果

评价项目 / 可行方案	减少死亡人数(人)	减少负伤者人数(人)	减少经济损失(万元)	外观	实施费用(万元)
防事故栅栏	5	10	10	差	20
人行天桥	6	15	20	很好	100
交通信号设备	3	8	5	一般	15

（二）关联矩阵法的评价过程

1. 确定权重

应用关联矩阵法进行系统评价的关键是确定各评价项目的权重 $W_j(j=1,2,\cdots,n)$，以及由评价主体对评价项目所给定的评价尺度。下面结合实例介绍两种确定权重的方法。

(1) 逐对比较法

这是确定评价项目权重的有效方法之一，其具体做法是：对各评价项目进行逐对比较，确定相对重要的项目得分，然后累计各评价项目的得分，经过一定的换算，以求得各评价项目的权重 $W_j(j=1,2,\cdots,n)$。对例 7－1 用逐对比较法求出的各评价项目的权重如表 7－3 所示。

表 7－3 用逐对比较法计算评价项目的权重

评价项目	得分序号 1	2	3	4	5	6	7	8	9	10	累计得分	权重
减少死亡人数	1	1	1	1							4	0.4
减少负伤人数	0				1	1	1				3	0.3
减少经济损失		0			0			1	0		1	0.1
外观			0			0		0		0	0	0.0
实施费用				0			0		1	1	2	0.2

(2) 古林法

当可对各评价项目之间的重要程度作出定量估计时，古林(A. J. Klee) 法就显得比逐对比较法优越。仍以例 7－1 为例，介绍用古林法求评价项目的权重。

首先，按评价项目自上而下地两两比较其重要性，并用数值表示，然后填入表7－4的R_j列中。由表可知，减少死亡人数的重要性是减少负伤人数的3倍，同样，减少负伤人数的重要性是减少经济损失的3倍，减少经济损失的重要性是外观的2倍。由于实施费用的重要性是外观的4倍，故外观的重要性是实施费用的0.25倍。最后，由于实施费用一项已经没有别的评价项目与它比较，故没有R值。接着，以最后一个评价项目(即表7－4中的实施费用)的K值为1，自下而上地计算其他评价项目的K值。如表7－4中，K_j列的最后一个K值为1，用1乘以上一行的R值，得$1 \times 0.25 = 0.25$，即得上一行的K值。然后以此类推(见表7－4所示)；最后将K_j列的数值相加，得7.75，再分别除以各行的K值，即得各评价项目的权重W_j。

表7－4 用古林法计算评价项目权重

序号	评价项目	R_j	K_j	W_j
1	减少死亡人数	3	4.50	0.580
2	减少负伤人数	3	1.50	0.194
3	减少经济损失	2	0.50	0.065
4	外观	0.25	0.25	0.032
5	实施费用	—	1	0.129
	合计		7.75	1.000

2. 用关联矩阵进行评价

由评价主体确定评价尺度，如表7－5所示。

根据评价尺度表，就可对各可行方案进行综合评价。具体算法是，根据表7－2所示评价项目效果值从表7－5的评价尺度表中找出对应得分，即V_{ij}的值，然后再乘上权重，得综合评定值V_i。

$$V_1 = \sum_{j=1}^{5} W_j V_{1j} = 0.4 \times 3 + 0.3 \times 2 + 0.1 \times 2 + 0.0 \times 2 + 0.2 \times 5 = 3.0$$

$$V_2 = \sum_{j=1}^{5} W_j V_{2j} = 0.4 \times 4 + 0.3 \times 3 + 0.1 \times 4 + 0.0 \times 5 + 0.2 \times 1 = 3.1$$

$$V_3 = \sum_{j=1}^{5} W_j V_{3j} = 0.4 \times 2 + 0.3 \times 1 + 0.1 \times 1 + 0.0 \times 3 + 0.2 \times 5 = 2.2$$

表7－5 评价尺度表

评价项目 \ 评价尺度 得分	5	4	3	2	1
减少死亡人数(人)	8以上	6～7	4～5	2～3	1以下
减少负伤人数(人)	30以上	20～29	15～19	10～14	9以下
减少经济损失(万元)	30以上	20～29	15～19	10～14	0～9
外 观	很好	好	一般	差	很差
实施费用(万元)	0～20	21～40	41～60	61～80	80以上

将以上计算结果用关联矩阵表示，如表 7－6 所示。由计算可知，方案 A_2 的综合得分最高，故可选为最优方案。

表 7－6 关联矩阵表（评价值表）

可行方案 \ 评价项目	减少死亡人数	减少负伤人数	减少经济损失	外观	实施费用	V_i
	0.4	0.3	0.1	0.0	0.2	
防事故栅栏	3	2	2	2	5	3.0
人行天桥	4	3	4	5	1	3.1
交通信号设备	2	1	1	3	5	2.2

二、层次分析法

层次分析法（Analytical Hierarchy Process，简称 AHP）是美国数学家萨蒂（T. L. Satty）在 20 世纪 70 年代提出的。它是一种整理和综合人们主观判断的客观方法，也是一种新的定性分析与定量分析相结合的系统评价方法。

人们在进行社会的、经济的以及科学管理领域的系统分析中，面临的常常是一个相互作用、相互制约的众多因素构成的复杂系统，在这类系统中总会有大量因素无法定量地表示出来。层次分析法为研究这类系统提供了一种新的、简明的、实用的分析方法。

层次分析法是通过分析复杂系统所包含的因素及其相互关系，将问题分解成不同的要素，并将这些要素归并为不同的层次，从而形成一个多层次的分析结构模型。在每一层次可按某一规定准则，对该层要素进行逐对比较，写成矩阵形式，即构成和建立判断矩阵。形成判断矩阵后，可通过计算判断矩阵的最大特征根及其相对应的特征向量，得出该层要素对于该准则的权重。在此基础上进而算出各层次要素对于总体目标的组合权重，从而得出不同设想方案的权值，为选择最优方案提供依据。

层次分析法的特点是：分析思路清晰，可将系统分析人员的思维过程系统化和模型化，分析时所需要的定量数据不多，但要求对问题所包含的因素及其相关关系具体明确。这种方法适用于多准则、多目标的复杂系统的评价和决策分析。

（一）层次分析法的步骤

1. 明确问题

应用层次分析法分析社会的、经济的以及科学管理等领域的问题，首先要对问题有明确的认识，弄清问题的范围，了解问题所包含的因素，确定因素之间的关联关系和隶属关系，这样，就可明确所要解决的最终问题。

2. 建立层次分析结构模型

根据对问题的分析和了解，将问题所包含的因素按照是否有某些特性将它们归纳成组，并把它们之间的共同特性看成是系统中新的层次中的一些因素，而这些因素本身也要按照另外一组特性组合起来，形成另外更高层次的因素，直到最终形成单一的最高层次因素。由此即构成由最高层、若干中间层和最低层组合排列的层次分析结构模型。

最高层是目标层，这是系统所要达到的总目标。一般情况是只有一个目标 G，如有多个分目标时，可以在此目标层下面再建立一个分目标层。

中间准则层，表示实现预定总目标所要遵循或采取的各项准则。m 个准则用 $C_1, C_2, \cdots, C_m$ 表示。

最低层为方案层(又称措施层)，表示要选用的解决问题的各种方案(措施)等。n 个方案用 $P_1, P_2, \cdots, P_n$ 表示。

如果某一层各因素与相邻下一层次的所有因素均有联系，则称这一层与下一层存在完全层次关系，否则为不完全层次关系。在实际问题中，经常遇到的是不完全层次关系。

例 7－2 某厂拟增添一台新设备，希望设备功能强、价格低、易维修。现有三种型号设备可供选择，通过分析，建立层次结构模型。如图 7－1 所示。

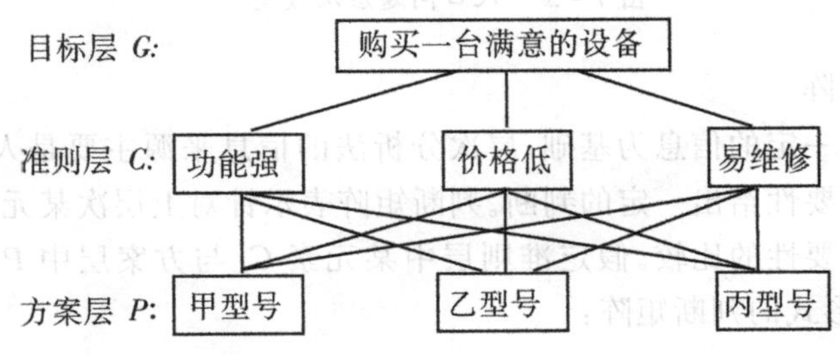

图 7－1 设备购置问题的层次模型

例 7－3 对例 6－1，为达到减少交通事故而造成的损失，可建立以下的层次分析结构模型，见图 7－2。

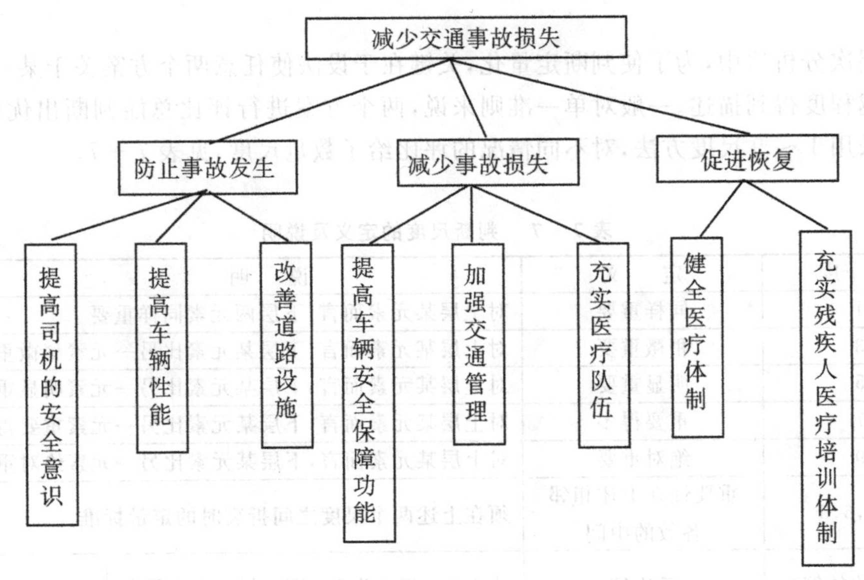

图 7－2 交通问题层次结构模型

例 7－4 对人口控制系统，可建立层次分析结构模型，见图 7－3。

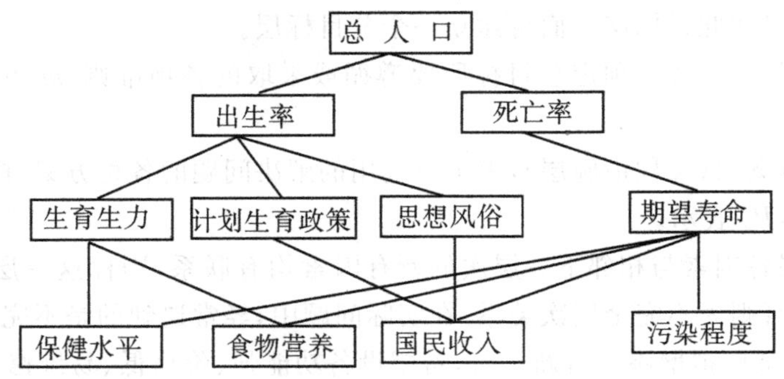

图 7－3 人口问题层次模型

3. 建立判断矩阵

系统分析应以一定的信息为基础。层次分析法的信息来源主要是人们对于每一层次中各单元的相对重要性给出一定的判断。判断矩阵表示针对上层次某元素、本层次与之有关元素之间相对重要性的比较。假定准则层中某元素 C_i 与方案层中 $P_1, P_2, \cdots, P_n$ 有联系，则可构造如下形式的判断矩阵：

C_i	P_1	P_2	$\cdots$	P_n
P_1	b_{11}	b_{12}	$\cdots$	b_{1n}
P_2	b_{21}	b_{22}	$\cdots$	b_{2n}
$\vdots$	$\vdots$	$\vdots$	$\cdots$	$\vdots$
P_n	b_{n1}	b_{n2}	$\cdots$	b_{nn}

在层次分析法中，为了使判断定量化，关键在于设法使任意两个方案关于某一准则的相对优越程度得到描述。一般对单一准则来说，两个方案进行评比总能判断出优劣，层次分析法采用 1 ～ 9 尺度方法，对不同情况的评比给予数量尺度，见表 7－7。

表 7－7 判断尺度的定义及说明

尺 度	定 义	说 明
1	同样重要	对上层某元素而言，下层两元素同样重要
3	稍微重要	对上层某元素而言，下层某元素比另一元素稍微重要
5	明显重要	对上层某元素而言，下层某元素比另一元素明显重要
7	重要得多	对上层某元素而言，下层某元素比另一元素重要得多
9	绝对重要	对上层某元素而言，下层某元素比另一元素绝对重要
2,4,6,8	重要性在上述相邻各数的中间	须在上述两个尺度之间折衷时的定量标准
上列各数的倒数	反比较	若 i 与 j 相比为 b_{ij}，则 j 与 i 相比即为 $\frac{1}{b_{ij}}$

判断矩阵具有如下性质：

(1) $b_{ii} = 1 \quad (i = 1,2,\cdots,n)$

(2) $b_{ij} = \dfrac{1}{b_{ji}} \quad (i,j = 1,2,\cdots,n)$

(3) $b_{ij} = \dfrac{b_{ik}}{b_{jk}} \quad (i,j,k = 1,2,\cdots,n)$

称符合上述要求的判断矩阵具有完全一致性。

4.层次单排序(计算判断矩阵的特征向量)

判断矩阵是针对上一层次某元素而言进行两两评比的评价数据，层次单排序就是把本层所有各元素对上一层次某元素来说，排出评比顺序。这就要对判断矩阵进行计算。最常用的方法有和积法和方根法。

(1) 和积法

① 将判断矩阵的每一列元素作归一化处理：

$$\bar{b}_{ij} = \frac{b_{ij}}{\sum_{k=1}^{n} b_{kj}} \quad (i,j = 1,2,\cdots,n)$$

② 将归一化的判断矩阵按行相加：

$$\overline{W}_i = \sum_{j=1}^{n} \bar{b}_{ij} \quad (i = 1,2,\cdots,n)$$

③ 对向量 $\overline{\boldsymbol{W}} = (\overline{W}_1,\overline{W}_2,\cdots,\overline{W}_n)^T$ 归一化：

$$W_i = \frac{\overline{W}_i}{\sum_{j=1}^{n} \overline{W}_j} \quad (i = 1,2,\cdots,n)$$

所得的 $\boldsymbol{W} = (W_1, W_2,\cdots,W_n)^T$ 即为所求得特征向量，亦即判断矩阵的层次单排序结果。

例 7－5 设有一判断矩阵，用和积法进行层次单排序

$$\boldsymbol{B} = \begin{bmatrix} 1 & 1/3 & 2 \\ 3 & 1 & 5 \\ 1/2 & 1/5 & 1 \end{bmatrix}$$

解 ① 各列经归一化后得：

$$\begin{bmatrix} 0.222 & 0.217 & 0.250 \\ 0.667 & 0.652 & 0.625 \\ 0.111 & 0.131 & 0.125 \end{bmatrix}$$

② 按行相加得：

$$\overline{W}_1 = 0.222 + 0.217 + 0.250 = 0.689$$

$$\overline{W}_2 = 0.667 + 0.652 + 0.625 = 1.944$$

$$\overline{W}_3 = 0.111 + 0.131 + 0.125 = 0.367$$

③ 将向量 $\overline{\boldsymbol{W}} = (0.689, 1.944, 0.367)^T$ 归一化得：

$$\boldsymbol{W} = (0.230,\ 0.648,\ 0.122)^T$$

即为该判断矩阵的层次单排序(或特征向量)。

(2) 方根法

① 计算判断矩阵每一行元素的连乘积 M_i:

$$M_i = \prod_{j=1}^{n} b_{ij} \quad (i = 1, 2, \cdots, n)$$

② 计算 M_i 的 n 次方根 $\overline{W}_i$:

$$\overline{W}_i = \sqrt[n]{M_i} \quad (i = 1, 2, \cdots, n)$$

③ 将向量 $\overline{\boldsymbol{W}} = (\overline{W}_1, \overline{W}_2, \cdots, \overline{W}_n)^T$ 归一化:

$$W_i = \frac{\overline{W}_i}{\sum_{j=1}^{n} \overline{W}_j} \quad (i = 1, 2, \cdots, n)$$

则归一化后的向量 $\boldsymbol{W} = (W_1, W_2, \cdots, W_n)^T$ 即为所求的特征向量,亦即判断矩阵的层次单排序。

例 7-6 对例 7-5 的判断矩阵,用方根法进行层次单排序。

解 ① 计算每一行的连乘积:

$M_1 = 1 \times 1/3 \times 2 = 0.667$

$M_2 = 3 \times 1 \times 5 = 15$

$M_3 = 1/2 \times 1/5 \times 1 = 0.100$

② 计算 M_i 的 3 次方根:

$\overline{W}_1 = \sqrt[3]{0.667} = 0.874$

$\overline{W}_2 = \sqrt[3]{15} = 2.466$

$\overline{W}_3 = \sqrt[3]{0.100} = 0.464$

③ 将 $\overline{\boldsymbol{W}} = (0.874, 2.466, 0.464)^T$ 归一化,得:

$\boldsymbol{W} = (0.230, 0.648, 0.122)^T$

即为该判断矩阵的层次单排序(或特征向量)。

5. 判断矩阵的一致性检验

判断矩阵中的 b_{ij} 是根据资料数据、专家意见和系统分析人员的经验反复研究后确定的。应用层次分析法保持判断思维的一致性是非常重要的。但是,由于客观事物的复杂性和人们在分析时对客观世界认识的多样性以及可能产生的片面性,要求每一个判断都有完全一致性显然是不可能的,特别是因素众多、规模庞大的系统更是如此。因此,为了保证应用层次分析法分析得到的结论合理化,还需要检验判断矩阵的一致性。

根据矩阵理论,当 n 阶判断矩阵 $\boldsymbol{B}$ 具有完全一致性时,它具有唯一非零的,也是最大的特征根 $\lambda_{max} = n$,且其他特征根均为零。当判断矩阵不能保证具有完全一致性时,相应判断矩阵的特征值也将发生变化,且 $\lambda_{max} > n$。这样,就可利用判断矩阵的特征根的变化来检查判断的一致性程度。

设 n 阶判断矩阵为 $\boldsymbol{B}$,则可用以下方法求出其最大特征根 λ_{max}:

$$\boldsymbol{BW} = \lambda \boldsymbol{W}$$

其中：$\boldsymbol{W} = (W_1, W_2, \cdots, W_n)^T$ 为 $\boldsymbol{B}$ 的特征向量。

$$\boldsymbol{\lambda} = \begin{bmatrix} \lambda_1 & 0 & \cdots & 0 \\ 0 & \lambda_2 & \cdots & 0 \\ \vdots & \vdots & \ddots & \vdots \\ 0 & 0 & \cdots & \lambda_n \end{bmatrix}$$

由此可得公式：

$$\lambda_{\max} = \max_i \left\{ \frac{(\boldsymbol{BW})_i}{W_i} \right\}$$

在层次分析法中，我们用以下的一致性指标来检验判断的一致性。一致性指标为：

$$CI = \frac{\lambda_{\max} - n}{n - 1}$$

CI 值越大，表明判断矩阵偏离完全一致性越严重，CI 值越小，表明判断矩阵越接近完全一致性。通常，判断矩阵的阶数 n 越大，人为造成偏离完全一致性的指标 CI 越大；n 越小，CI 也越小。

对多阶判断矩阵，还需引入判断矩阵的平均随机一致性指标，记作 RI，对于 $n = 1 \sim 10$ 阶判断矩阵的 RI 值，其数值见表 7－8。

表 7－8 平均随机一致性指标数值

阶数	1	2	3	4	5	6	7	8	9	10	11	12	13	14	15
RI	0	0	0.58	0.90	1.12	1.24	1.32	1.41	1.45	1.49	1.52	1.54	1.56	1.58	1.59

当 $n < 3$ 时，判断矩阵永远具有完全一致性，判断矩阵的一致性指标 CI 与同阶平均随机一致性指标 RI 之比称为随机一致性比率，记作 CR，即：

$$CR = \frac{CI}{RI}$$

当 $CR < 0.10$ 时，便认为判断矩阵具有满意的一致性。否则，就需要调整判断矩阵，使之满足 $CR < 0.10$，从而具有满意的一致性。

例 7－7 试对例 7－5 中的判断矩阵进行一致性检验。

解 由例 7－6 知，$\boldsymbol{W} = (0.230, 0.648, 0.122)^T$

由方程 $\boldsymbol{BW} = \boldsymbol{\lambda W}$ 得：

$$\begin{bmatrix} 1 & 1/3 & 2 \\ 3 & 1 & 5 \\ 1/2 & 1/5 & 1 \end{bmatrix} \begin{bmatrix} 0.230 \\ 0.648 \\ 0.122 \end{bmatrix} = \begin{bmatrix} \lambda_1 & 0 & 0 \\ 0 & \lambda_2 & 0 \\ 0 & 0 & \lambda_3 \end{bmatrix} \begin{bmatrix} 0.230 \\ 0.648 \\ 0.122 \end{bmatrix}$$

即
$$\begin{bmatrix} 0.230\lambda_1 \\ 0.648\lambda_2 \\ 0.122\lambda_3 \end{bmatrix} = \begin{bmatrix} 0.690 \\ 1.948 \\ 0.367 \end{bmatrix}$$

解得：$\lambda_1 = 3.000$

$\lambda_2 = 3.006$

$$\lambda_3 = 3.008 = \lambda_{\max}$$

因此 $CI = \dfrac{3.008-3}{3-1} = 0.004$

查表 7－8 得：$RI = 0.58$

从而 $CR = \dfrac{CI}{RI} = \dfrac{0.004}{0.58} = 0.007 < 0.100$

由此可知，该判断矩阵具有较高的一致性，其层次单排序是可以接受的。

6.层次总排序

利用同一层次中所有层次单排序的结果，就可计算针对上一层次而言，本层次所有元素相对重要性的数值，即层次总排序。层次总排序的方法可用表 7－9 说明。

表 7－9 层次总排序

层次P \ 层次	C_1	C_2	…	C_m	总排序结果
	a_1	a_2	…	a_m	
P_1	W_1^1	W_1^2	…	W_1^m	$\sum_{j=1}^{m} a_j W_1^j$
P_2	W_2^1	W_2^2	…	W_2^m	$\sum_{j=1}^{m} a_j W_2^j$
⋮	⋮	⋮	…	⋮	⋮
P_n	W_n^1	W_n^2	…	W_n^m	$\sum_{j=1}^{m} a_j W_n^j$

表 7－9 中，层次 C 对其上层次 G 已经完成排序，其特征向量为 $\mathbf{A} = (a_1, a_2, \cdots, a_m)$，而层次 P 对层次 C 各元素 $C_1, C_2, \cdots, C_m$ 来说，单排层结果分别为 $\mathbf{W}^j = (W_1^j, W_2^j, \cdots, W_n^j)^T$，其中 $j = 1,2,\cdots,m$，则总排序结果可按表 7－9 右栏的公式算出。

总排序的一致性检验：

设：CI 为层次总排序一致性指标；

RI 为层次总排序平均随机一致性指标；

CR 为层次总排序随机一致性比率。

则：

$$CI = \sum_{i=1}^{m} a_i CI_i$$

式中 CI_i 为与 a_i 对应的 P 层次中判断矩阵的一致性指标。

$$RI = \sum_{i=1}^{m} a_i RI_i$$

式中 RI_i 为与 a_i 对应的 P 层次中判断矩阵的平均随机一致性指标。

$$CR = \frac{CI}{RI}$$

同样，当 $CR < 0.10$ 时，认为层次总排序的计算结果具有完全满意的一致性。

(二)层次分析法举例

对例7－2的设备采购问题,试用层次分析法进行评价。

1.建立层次结构模型(见图7－1)。

2.建立判断矩阵,并进行层次单排序和一致性检验。

G	C_1	C_2	C_3	W	CR
C_1	1	1/3	2	0.230	
C_2	3	1	5	0.648	$0.007<0.10$
C_3	1/2	1/5	1	0.122	

C_1	P_1	P_2	P_3	W	CR
P_1	1	1/3	1/5	0.105	
P_2	3	1	1/3	0.258	$0.038<0.10$
P_3	5	3	1	0.637	

C_2	P_1	P_2	P_3	W	CR
P_1	1	2	7	0.592	
P_2	1/2	1	5	0.333	$0.014<0.10$
P_3	1/7	1/5	1	0.075	

C_3	P_1	P_2	P_3	W	CR
P_1	1	1/3	1/7	0.081	
P_2	3	1	1/5	0.188	$0.060<0.10$
P_3	7	5	1	0.731	

由以上计算可知,对各判断矩阵皆有 $CR<0.10$,故层次单排序结果是可以接受的。

3.进行层次总排序。层次总排序结果见表7－10。由表可知:

表7－10 层次总排序

i / W_j^i / j / P_i	C_1	C_2	C_3	总排序结果
	0.230	0.648	0.122	
P_1	0.105	0.592	0.081	0.418
P_2	0.258	0.333	0.188	0.298
P_3	0.637	0.075	0.731	0.284

对方案1: $\sum_{j=1}^{3} a_j W_1^j = 0.230\times 0.105 + 0.648\times 0.592 + 0.122\times 0.081 = 0.418$

为最大,故应购买甲型号设备为宜。

一致性检验：$CI = 0.230 \times 0.022 + 0.648 \times 0.008 + 0.122 \times 0.035 = 0.025$

$$RI = 0.230 \times 0.58 + 0.648 \times 0.58 + 0.122 \times 0.58 = 0.58$$

$$CR = \frac{0.025}{0.58} = 0.043 < 0.10$$

三、模糊综合评价法

事物的模糊性是现实世界广泛存在的一种特征。特别是对于复杂大系统的设计问题建立多方案之后，如何对各方案的优劣进行评价，是一个评价因素众多、评级标准或自然状态模糊、应用传统数学方法难以解决的问题。而用模糊数学的理论与方法进行评价，却能收到良好的效果。

模糊综合评价法就是应用模糊集理论对系统进行综合评价的一种方法，其评价对象可以是工程技术系统或社会经济系统的各种可行方案。通过模糊评价能够获得系统各种可行方案优先顺序的有关信息，以供决策。

（一）模糊综合评价法的步骤

1. 邀请各方面有关专家组成评价小组，小组成员以不超过 10 人为宜。

2. 确定系统评价项目集和评价尺度集。经过评价小组成员讨论，选择和确定系统评价项目集，用 $\boldsymbol{F} = (f_1, f_2, \cdots, f_n)$ 表示。对每个评价项目确定评价尺度集，用 $\boldsymbol{E} = (e_1, e_2, \cdots, e_m)$ 表示。

3. 确定各评价项目的权重。由于对各评价项目的重视程度不同，因此需要确定各自的权重。这可以通过评价小组成员的经验和讨论或应用层次分析法等确定，并用 $\boldsymbol{W} = (W_1, W_2, \cdots, W_n)$ 表示。

4. 按照已经制定的评价尺度，对各可行方案的评价项目进行模糊评定，并建立隶属度矩阵，这里的评定实际上是一种模糊映射。即使是对同一个评价项目的评定，由于不同的评价人员可以作出不同的评价，因而，评价结果只能用“第 f_i 个评价项目作出第 e_j 评价尺度的可能程度的大小”表示。这种可能程度就称为隶属度，记作 r_{ij}。因为有 m 个评价尺度，所以对第 i 个评价项目就有一个相应的隶属度向量 $\boldsymbol{r}_i = (r_{i1}, r_{i2}, \cdots, r_{ij}, \cdots, r_{im})(i = 1, 2, \cdots, n)$。可行方案 A_k 的评价项目集的隶属度可以用隶属度矩阵 $\boldsymbol{R}_k$ 表示如下：

$$\boldsymbol{R}_k = \{r_{ij}^k\}_{n \times m} = \begin{bmatrix} r_{11}^k & r_{12}^k & \cdots & r_{1j}^k & \cdots & r_{1m}^k \\ r_{21}^k & r_{22}^k & \cdots & r_{2j}^k & \cdots & r_{2m}^k \\ \vdots & \vdots & \cdots & \vdots & \cdots & \vdots \\ r_{i1}^k & r_{i2}^k & \cdots & r_{ij}^k & \cdots & r_{im}^k \\ \vdots & \vdots & \cdots & \vdots & \cdots & \vdots \\ r_{n1}^k & r_{n2}^k & \cdots & r_{nj}^k & \cdots & r_{nm}^k \end{bmatrix}$$

在矩阵 $\boldsymbol{R}_k$ 中，元素 $r_{ij}^k = \dfrac{d_{ij}^k}{d}$。其中，$d$ 表示参加评价的专家人数，d_{ij}^k 表示可行方案 A_k 第 i 个评价项目 f_i 作出第 e_j 个评价尺度的专家人数。由此可见，r_{ij} 值大，说明对 f_i 作出 e_i 评价的可能程度就越大。

5. 计算可行方案 A_k 的模糊综合评定向量 $\boldsymbol{S}_k$。根据模糊集理论的综合评定概念，若已知 $\boldsymbol{R}_k = [r_{ij}^k]_{n \times m}$ 以及权向量 $\boldsymbol{W} = (W_1, W_2, \cdots, W_n)$，则可行方案 A_k 的模糊综合评定向量

$\boldsymbol{S}_k$ 可以用模糊矩阵形式表示，即：

$$\boldsymbol{S}_k = \boldsymbol{W}\boldsymbol{R}_k = (S_1^k, S_2^k, \cdots, S_m^k)$$

展开后可得：

$$\boldsymbol{S}_k = \boldsymbol{W}\boldsymbol{R}_k = (W_1, W_2, \cdots, W_n)\begin{bmatrix} r_{11}^k & r_{12}^k & \cdots & r_{1m}^k \\ r_{21}^k & r_{22}^k & \cdots & r_{2m}^k \\ \vdots & \vdots & \cdots & \vdots \\ r_{n1}^k & r_{n2}^k & \cdots & r_{nm}^k \end{bmatrix}$$

由此可见，模糊综合评定向量 $\boldsymbol{S}_k$ 是描述所有评价项目属于 e_j 评价尺度的加权和。

$\boldsymbol{S}_k$ 也可以用另一种算法：

$$\boldsymbol{S}_k = \boldsymbol{W}\boldsymbol{R}_k = (W_1, W_2, \cdots, W_n)\begin{bmatrix} r_{11}^k & r_{12}^k & \cdots & r_{1m}^k \\ r_{21}^k & r_{22}^k & \cdots & r_{2m}^k \\ \vdots & \vdots & \cdots & \vdots \\ r_{n1}^k & r_{n2}^k & \cdots & r_{nm}^k \end{bmatrix}$$

$$= \begin{pmatrix} (W_1 \wedge r_{11}^k) \vee (W_2 \wedge r_{21}^k) \vee, \cdots, \vee (W_n \wedge r_{n1}^k) \\ \vee, \cdots, (W_1 \wedge r_{1m}^k) \vee (W_2 \wedge r_{2m}^k) \vee, \cdots, \vee (W_n \wedge r_{nm}^k) \end{pmatrix}$$

注：$\wedge$ 表示比较之后取最小者，$\vee$ 表示比较之后取最大者。

6. 计算可行方案 A_k 的优先度 N_k，可用下式计算：

$$N_k = (S_1^k, S_2^k, \cdots, S_m^k) \cdot \begin{bmatrix} e_1 \\ e_2 \\ \vdots \\ e_m \end{bmatrix}$$

7. 根据各可行方案优先度的大小，即对可行方案进行优先顺序的排序，为决策提供所需信息。

（二）模糊综合评价法举例

例 7－8　某省科委为确定某一学科领域的同类科研课题 A_1, A_2, A_3, A_4, A_5 的优先顺序，特邀请 9 名专家应用模糊综合评价法对其进行评价。通过讨论，确定评价项目集 $\boldsymbol{F}$ 由 5 个项目组成，即 f_1 立题的必要性、f_2 技术先进性、f_3 实施的可行性、f_4 经济合理性、f_5 社会效益，并确定相应的权重如表 7－11 所示。

将评价尺度分为 5 级，即非常必要（0.9 分）、很必要（0.7 分）、必要（0.5 分）、一般（0.3 分）、不必要（0.1 分）等。

然后，按照评价尺度，对可行方案 A_1 的各评价项目进行评价。由表 7－11 知，对 A_1 的立题必要性（f_i），有 6 位专家认为很必要，有 3 位专家认为必要。

为此，计算各评价尺度的隶属度如下：

$$r_{11}^1 = \frac{d_{11}^1}{d} = \frac{0}{9} = 0 \qquad r_{12}^1 = \frac{6}{9} = 0.67$$

$$r_{13}^1 = \frac{3}{9} = 0.33 \qquad r_{14}^1 = \frac{0}{9} = 0$$

$r_{15}^{1}=\frac{0}{9}=0$

表 7－11　评价项目权重及评价尺度表

评价项目集 (F)		立题必要性 (f_1)	技术先进性 (f_2)	实施可行性 (f_3)	经济合理性 (f_4)	社会效益 (f_5)
权重(W)		0.15	0.20	0.10	0.25	0.30
评价尺度	0.9	0	5	0	0	4
	0.7	6	3	4	7	4
	0.5	3	1	4	2	1
	0.3	0	0	1	0	0
	0.1	0	0	0	0	0

同理可计算其他评价项目各评价尺度的隶属度，从而可得 A_1 的隶属度矩阵 $\boldsymbol{R}_1$ 如下：

$$\boldsymbol{R}_1=\begin{bmatrix}0 & 0.67 & 0.33 & 0 & 0\\ 0.56 & 0.33 & 0.11 & 0 & 0\\ 0 & 0.44 & 0.44 & 0.12 & 0\\ 0 & 0.78 & 0.22 & 0 & 0\\ 0.44 & 0.44 & 0.12 & 0 & 0\end{bmatrix}$$

计算综合评定向量 $\boldsymbol{S}_1$ 如下：

$$\begin{aligned}\boldsymbol{S}_1&=(S_1^1, S_2^1, S_3^1, S_4^1, S_5^1)\\&=\boldsymbol{WR}_1\\&=(0.15,0.20,0.10,0.25,0.30)\begin{bmatrix}0 & 0.67 & 0.33 & 0 & 0\\ 0.56 & 0.33 & 0.11 & 0 & 0\\ 0 & 0.44 & 0.44 & 0.12 & 0\\ 0 & 0.78 & 0.22 & 0 & 0\\ 0.44 & 0.44 & 0.12 & 0 & 0\end{bmatrix}\\&=(0.244,0.538,0.260,0.120,0)\end{aligned}$$

则 A_1 的优先度 N_1 为：

$$\begin{aligned}N_1=\boldsymbol{S}_1\boldsymbol{E}^T&=(0.244,0.538,0.260,0.120,0)\begin{bmatrix}0.9\\0.7\\0.5\\0.3\\0.1\end{bmatrix}\\&=0.7028\end{aligned}$$

同理可求出 $A_2\sim A_5$ 的优先度分别为：

$N_2=0.4702, N_3=0.4137, N_4=0.5634, N_5=0.6436$

由此可确定 5 个课题的优先排序为：A_1，A_5，A_4，A_2，A_3。

习　题

1. 简述系统评价的重要性。

2. 简述系统评价的原则。

3. 简述关联矩阵法的特点、基本思想和评价步骤。

4. 简述层次分析法的特点、基本思想和评价步骤。

5. 简述模糊综合评价法的特点、基本思想和评价步骤。

第八章　系统设计方法

第一节　系统设计的基本原则和种类

系统设计就是在系统分析的基础上，根据系统思想，综合运用各有关学科的知识、技术和经验，通过总体研究和详细设计等环节，落到具体的对象上，以创造满足要求的系统规范。

系统设计是在对系统目标、内部条件和外部环境进行研究分析、并搜集到必要的和尽可能多的信息，以及满足设计系统所要求的各种参数基础上进行的。因此，系统设计只有最充分地利用系统分析阶段所能获得的各种信息和结果，才能满足系统原定目标的技术设计工作。

一般来说，系统设计大致可分为以下几种：

1.设计完全不存在的系统；

2.改进目前满意的系统；

3.修改目前不满意的系统。

改进当前满意的系统和修改当前不满意的系统等这种系统的设计为多，前者是为提高效率，后者则是以提高产品质量和降低产品成本而改进生产工序为目的。另外，按系统活动功能为对象，系统设计又可分为：

1.生产管理系统设计；

2.销售管理系统设计；

3.财务管理系统设计等。

还可按设计方法分为：

1.归纳设计；

2.演绎设计。

归纳设计是以现实为出发点，通过对现实中的个别实例的调查并得出一般结论后而建立系统的方法。这是一种从现实到理想的设计。而演绎设计则是一种以完美无缺的理想状态为前提开始设计的，是由理想逐步接近现实的方法。

第二节　系统设计的内容

系统设计可分为系统初步设计、系统详细设计以及系统试运行和修改设计等阶段。

一、系统初步设计

系统初步设计的内容主要包括系统目标设计、系统功能设计和系统整体设计等。

1.系统目标设计

系统目标设计是指对系统及其子系统的工作目标所进行的设计。系统目标是确定系统的功能、任务、结构、管理方式和方法的依据。系统目标设计是系统设计的首要问题，系统目标的确定主要是要与外部环境和内部条件保持动态的平衡。而且，在进行设计时，一方面可根据不同时期的需要，分别设计确定系统的远期目标和近期目标，另一方面可根据整体设计和子系统设计的不同需要，分别设计确定系统内部各子系统的目标。

系统目标设计应遵循以下原则：① 一致性原则，即总体目标、中间目标、具体目标的纵向横向之间应协调一致；② 关键性与全面性原则，既要突出重点目标，又要注意目标体系的完整；③ 定量化原则；④ 应变原则，当系统环境变化时对目标进行修正调整。

2.系统功能设计

在系统目标设计的基础上，以保证实现系统目标为中心，综合运用系统论、控制论和信息论等理论和方法对系统功能进行设计，为其后进行的系统整体设计和子系统设计提供依据。

系统的目标是通过发挥系统内各项功能的作用来实现的。但是在特定的系统内，在特定的时期与特定的条件下，功能的构成和侧重点也不尽相同。通常系统目标一经确定，客观上就有支持、辅助和保证目标实现的功能存在。系统功能设计的任务，就是要针对具体的设计对象找出这些客观上存在的功能，并进行分类、整理和优化组合，构造出一个具有有机联系并能最大限度地发挥效率的功能系统，以保证系统整体目标的实现。

系统功能设计包括系统功能分析、系统功能分类、系统功能整理以及系统功能设计评价等四个方面。

(1) 系统功能分析。根据系统目标的要求以及内部条件和外部环境的分析，确定系统的功能构成。

(2) 系统功能分类。对已确定的各项功能按照一定的标准进行分类。例如：按功能重要程度划分为支持性功能、辅助性功能、保证性功能和储备性功能；按业务分工划分，如企业管理功能中，可划分为决策、营销、生产、质量控制、物资供应、财务、人事等功能；按企业管理过程划分为规划、组织、协调、控制等功能。

(3) 系统功能整理。根据系统论的观点和功能之间的目的与手段的逻辑关系，将全部系统功能整理成若干个既相互联系又相互独立的功能子系统，并确定它们之间的边界条件与相互关系，为划分系统的层次和组织结构形式提供依据。系统功能整理原则是：① 以发挥系统的最佳综合效益为目的，按照“功能—结构”相对应的原则进行组合；② 主次分开，经过功能分类与合成，要能区分出基础管理功能与辅助功能以及功能的层次，为在系统运行中实行重点管理打下基础；③ 适应环境的原则，要求整理的结果能够融合在外部环境的大系统中。当外部环境发生变化时，要有一定的应变能力，保证系统的正常运行。

系统功能整理的主要任务为：① 整理出功能模块，确定各功能模块之间的相互关系及输入输出条件；② 若用计算机辅助管理时，确定人机接口的基本方式及关键技术的处理原则；③ 确定功能系统的管理与控制方式；④ 画出功能系统图；⑤ 制定替代方案，按上述原则和程序进行功能再分配，制定出几个相互独立的功能合成方案；⑥ 优选方案。

(4) 系统功能设计评价。根据评价标准，对设计的功能系统进行评价，并检验所设计的功能系统对实现总系统目标的可靠性和经济性。评价标准要与总系统的目标相一致。常用的评价方法有德尔菲法、综合评分法、经济分析法、AHP 法等。

3.系统整体设计

系统整体设计是在系统功能设计之后，在各子系统设计之前进行的系统整体结构设计，其任务是根据系统的目标和系统功能的要求，选择系统功能的载体形式，划分子系统，设计子系统之间的有机联系，设置系统管理层次，设计管理的组织总体框架结构等。系统整体设计为各子系统的设计提供了基本依据，并体现了全部系统设计的总体。

例如，企业管理系统的整体设计与局部设计即是企业内部各层次（如厂级、分厂、车间、工段、班组）管理子系统设计和企业各职能部门（如计划、营销、技术、生产、质量、劳动人事、财务、物资）管理子系统的设计。

但是，无论企业管理系统的整体设计或局部设计，都要求以实现管理系统的目标为出发点和归宿，以系统应具有的功能为设计依据。通过企业管理系统的整体设计，可以确定企业管理的基本制度、经营方式、企业整体组织结构和各管理子系统的划分。在各管理子系统的设计中，进一步确定各子系统的目标、功能、组织机构、业务流程、管理制度、管理方法和手段。

企业管理系统整体设计的具体内容和步骤如下：

(1) 选择管理功能的载体形式。也就是选择企业管理组织形式和结构类型。当前有多种组织形式，如直线制、职能制、直线职能制、事业部制、矩阵制等，无论选择哪种形式，都应考虑下面的主要因素：① 组织形式。选用的组织形式应保证最有效地实现企业管理的功能，适应行业的特点。② 生产规模和生产类型。生产规模越大，生产组织就越复杂，而在同等规模条件下，单件小批量生产类型的管理组织工作又较为复杂。③ 生产技术的复杂程度和专业化水平。④ 企业的地域分布。企业下层单位分布分散或集中，则管理权限对应地分散或集中。⑤ 管理人员的素质。企业管理水平和领导者的素质较高，则管理层次可减少，管理幅度可加宽。

(2) 划分管理各子系统。按照企业管理的功能，将系统划分为各个子系统。这是为了确保企业管理的总体功能和局部功能的实现。划分管理系统的各子系统时，应坚持如下几个原则：① 各子系统所对应的管理功能、管理目标和职责必须十分明确；② 整个企业管理系统由各管理子系统有机构成，确保企业管理的各项功能无遗漏，互不重叠，避免不合理的交叉；③ 有利于各子系统之间的横向业务联系。

设计各管理子系统之间的有机联系，实质上就是设计各管理子系统之间的物流和信息流。在设计时，一定要结合详细设计阶段的内容，保证子系统模块之间的物流箭线和信息流箭线相连接，构成企业管理的流程图，即企业管理系统总图，并注意如下几个问题：① 逐个考虑管理系统每个模块的输入、输出及可能存在的反馈；② 管理系统全局要灵敏通达，发生问题时能由有关管理子系统及时地处理解决；③ 应使各管理子系统权责对等，有足够的权限对其承担的功能负责；④ 有利于管理子系统之间的紧密联系及合理制约，避免不必要的相互干扰。

二、系统详细设计

系统详细设计的主要内容包括：

(1) 对整体设计方案中的各子系统目标和功能进行具体的分析与设计，并结合各子系统的业务活动性质与特点，设计各项业务流程的具体内容与工作步骤，进而确定适合子系统要求的组织机构和管理方法。

(2) 对各子系统之间的功能互补与逻辑结构关系，各项业务活动的交叉、管理方法和工具的配合及信息的共享等问题，在子系统设计过程中进行边设计边平衡处理，或待子系统内容初步设计完毕后再进行集中协调，或用两种方式结合进行处理。

(3) 按照信息理论和方法，设计系统信息网络、管理程序和手段。

(4) 在选定整体设计的基础上，结合各子系统的设计内容，分析确认系统组织机构的设置，明确规定各个机构承担的职责、权限、以及相互之间的联系。并在此基础上设置岗位、工作内容和标准，制定相应的规章制度。

系统详细设计的工作内容随系统的特点有所不同，其设计过程如图 8－1 所示。

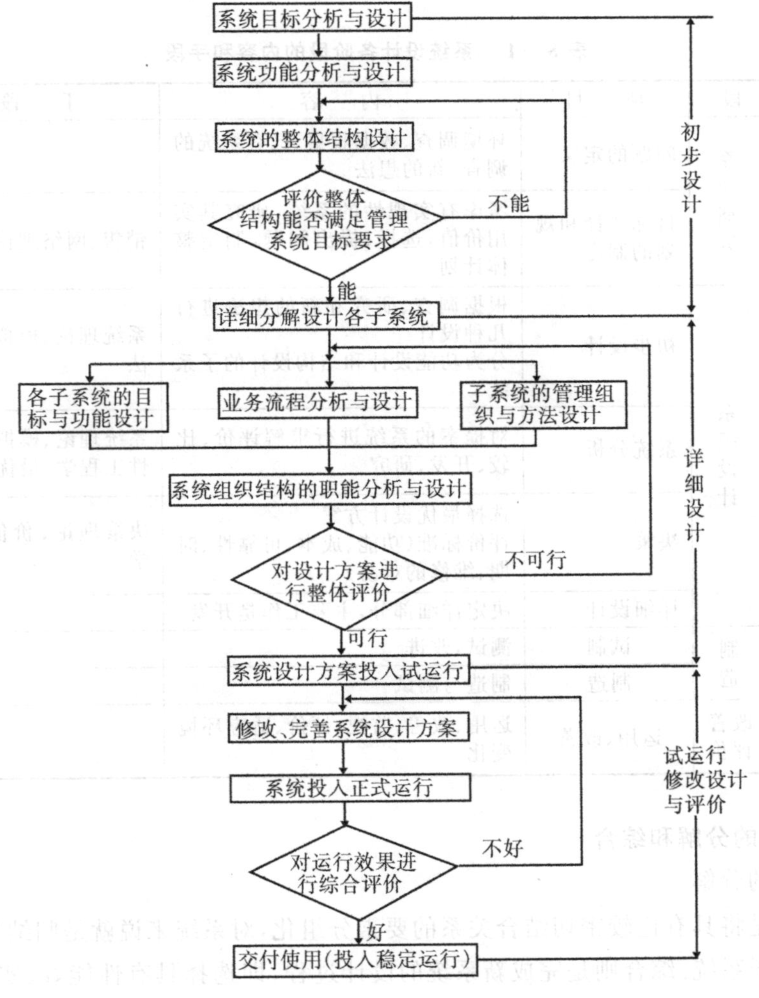

图 8－1 系统详细设计过程

第三节　系统设计的步骤

一、外部设计和内部设计

在进行系统设计时必须对直接要设计的系统和该系统所处的环境一并考虑。前者称作内部系统，后者称为外部系统。因为系统的生存和发展是以外部环境为条件，环境的变化对系统有着很大的影响。对系统外部条件进行分析和研究，其目的主要在于弄清目前和将来系统所处环境状况，把握系统发展的有利条件和不利因素，并将其结合起来综合分析，设计系统的最优方案。

系统的内部设计和外部设计中的各阶段内容和手段见表8－1。

表8－1　系统设计各阶段的内容和手段

阶段		项目	内容	手段
外部设计	系统研究	问题的定义	环境调查、数据收集、已有系统的调查、新的想法	
		目标选择和规划的制定	考虑有实现性的系统，研究其实用价值，选择、提出问题，制定整体计划	销售、网络理论
内部设计	系统设计	初步设计	根据调查、研究和新的想法进行几种设计 分为功能设计和结构设计的子系统	系统理论、模拟、分割法
		系统分析	对提案的系统进行求解评价、比较、开发、研究	系统理论、模拟、可靠性工程学、最优化
		决策	选择最优设计方案 评价标准（功能、成本、可靠性、时期、维修的难易）	决策理论、价值工程学
		详细设计	决定详细部分，主要工作是开发	
完成运用	制造	试制	测试，改进	
		制造	制造与测试	
	改善评价	运用、改善	运用、改善、监视、评价、适应环境变化	

二、系统的分解和综合

1.系统的分解

分解就是将具有比较密切结合关系的要素分组化，对系统来说就是归纳出相对独立、层次不同的子系统。综合则是完成新系统的设计过程，即选择具有性能好、实用以至标准化了的子系统，设计出它们之间的关系，形成具有更广泛价值的系统，以达到预定的目标，一般来说，系统的分解，依其目的和要求的不同，可按如下方法进行：

（1）按结构要素分。如船舶可以分解为船体、发动机和装备工具等。

（2）按功能要求分。如系列产品系统。

(3) 按时间序列分。如系统的研制规划，经济系统的长远规划等。

(4) 按空间分。如地区划分等。

2. 系统的综合

系统综合是一个系统整体功能的创造性过程。因为各子系统之间既相互联系，又相互制约，其局部功能的改善、价值的提高，对整体系统的功能都有影响。因此，只有从系统的整体入手，通过系统的综合，促使系统组成要素的改善及其结构的协调，才能使系统的整体功能有所提高。

为了使系统综合的这一创造性过程得以顺利进行，系统综合过程应具有如下几个特点：

(1) 系统综合过程应从系统整体出发，以整体功能最优为目的。它的基本思路是"综合 —— 分析 —— 综合"。

(2) 系统综合过程应注重研究各个部分之间的相互联系和相互作用。它既注重研究各个部分横的联系，也注重研究各个部分纵的联系，既考虑当前，也考虑长远。

(3) 系统综合方法应注意研究把要素组合成系统整体以后产生的新属性和新功能，并从各种综合方案中选择出最优方案。

系统综合与分解是相互作用的，这是在系统设计阶段方案产生过程中的两个重要环节，通过综合产生多种基本设想(方案)后，接着就要进行分解与分析，找出改进方向。这种综合与分解相互作用的过程，一直持续进行直到一个方案基本成形或被否定为止。

三、系统设计的步骤

系统设计步骤大致分为以下几个阶段：

1. 系统概念分析阶段。在此阶段设计人员必须完全确定系统要达到的目标。为此，必须首先解决设计系统时的需要和怎样把需要变成目的的问题。因此，设计人员和使用人员必须密切配合，协同工作，使问题的结构更加明确化。

2. 任务与要求分析。在此阶段模拟系统的各种因素，包括性能、可靠性、可维修性、进度、成本、能源消耗、重量和期望寿命等，并对设备的工作环境进行调查研究，由设计人员提出系统的任务和要求。

3. 功能分析。根据前面已经确定的那些系统要求和为实现这些要求所规定的时间期限，对系统和子系统的功能进行分析。系统和子系统的每一功能都要对应于工作具体环境中的运用模型加以描述，并从系统内部和系统相互之间的关系两个方面来说明每一功能，以便辨认出哪些是重要的功能，哪些可作为它的部分功能。功能的划分要经过一个反复的过程，其目的是确立性能要求，进行有效模拟。

4. 功能分配。这一阶段是对系统功能进行分配，要从上到下为每一项功能或分功能分配一组要求，这些要求代表为实现该项功能所必需的一组最低可接受的性能水平。为了使其可作为硬件设计、设备运用、人员技能、设施运行、计算机的程序编制、数据显示以及后勤保障等项工作的准则，所有的要求都要充分详细地加以定义。通过系统要求的提出、功能的区分和分配、对系统的综合估价，以及运用效用模型进行性能鉴定等一系列反复研究之后，就可以得到系统性能的有关数据。

5. 研究可供选择的系统设计方案。这个阶段就是运用各种方法来研究可供选择的系统设计方案。设计人员凭借个人的经验和各种理论以及方法能够综合出多种解决方案。实践证明,设计人员最初考虑的方案越多,系统最后取得成功的可能性越大。

6.效用分析模拟。利用模拟模型,从不同的系统参数考查各个参数对总系统性能(如可靠性、可维修性、进度和成本等)的相对影响。这些模拟模型一旦建立后,在整个系统规划的执行期间,应该根据规划进展的需要予以调整或修改。

7.选择最优系统设计方案。根据前面所作的权衡比较和效用分析模拟的结果来选择最优系统设计方案。在进行这种判断时,所使用的特征性能和数据应力求精确。

8. 系统综合。在这一阶段要完成系统的全部理论设计和结构设计。

9.改进设备的特性和数据。对已经设计出来的系统在设备特性和数据上作不断改进。这种改进是件经常性的工作,随着计划的进展,工作重点就逐渐离开数学表述、计算和模拟方面,而是更多地放到正在研制的具体物质设备上。

10.系统试验。通过试验确定已研究出来的实际系统的特性,拥有较好的试验技术和试验设备是试验成功的重要条件。

11.进一步改进系统设计。把系统的试验数据与系统的指标要求联系起来,以进一步改进系统的设计。这一步要求对整个系统的相互关系作出新的估价,其结果可能会发现某些目标实现不了。因此,为满足整个系统的要求,可能有必要对以前的一些假定和折衷办法重新进行研究。

第四节　生产管理系统设计

生产管理系统设计是指产品生产过程管理系统的设计。它所解决的问题是,如何把生产过程所需要的人、机械设备、原材料、资金、信息等有限的资源加以合理组织和有效利用,使其在完成规定生产任务的同时,最大限度地提高组织管理系统效率和效益的设计。

一、生产管理系统特征

1.生产管理系统是生产计划、实施和控制的综合系统,生产计划是行动纲领,实施和控制是实现生产计划、达到系统目标的保证。

2.生产管理系统是一种人—机系统,它是包括人在内的组织管理系统,人—机间合理分工将会从整体上促进系统的优化。

3.生产管理系统是一个多层次、多目标的系统,它可以按照不同功能划分成若干子系统,以实现递阶控制或分散控制。

4.生产管理系统是一个具有信息收集和传递功能的系统,正确并及时地提供和传递生产过程必需的信息,对促进人力、物力和财力的合理使用,提高劳动生产率,起着重要的作用。

二、生产管理系统设计内容和步骤

1.企业的类型及其环境分析

通过调查分析,要掌握企业产品的构成、各产品的生产规模、工艺特征、企业的总体规模及所属生产类型等特性,例如,某企业是多品种小批量生产还是少品种大批量生产,是大型企业还是中小型企业,是流程型的生产过程还是加工装备型生产过程等等。这些因素对生产管理系统采用什么组织形式和控制方法具有决定性作用。各种类型的生产特征如表 8—2 所示。

表 8—2 各种类型的生产特征

	单件生产	成批生产	大量生产
工作地的专业化程度	在同一机床上经常加工不同零件	在同一机床上轮番加工几种零件	在每台机床上固定加工一种或几种零件
采用设备	通用设备	通用设备为主，有个别专用设备	广泛采用专用设备
工艺装备	只有在特殊情况下采用夹具和专用工具(即没有它们就不能完成工作)	较广泛地采用夹具和专用工具	采用较复杂的夹具和自动化专用工具
工人技术水平	工人技术等级高	采用不同等级技术工	工人技术等级较低(在有调整工人情况下)
工序劳动量	工序劳动量很大	较大	不大
零件互换性	广泛采用钳工修配	零部件互换性高，保存一部分钳工修配	零件要求全部互换，有部分选配，没有修配
工时定额	采用概略的工序定额标准	对劳动量大的重要零部件制定技术定额	采用精确的技术定额标准
产品品种	不确定，很多	较多	较少
产量	很少，单件	较多	很大

2. 系统目标的确定

生产管理系统的系统目标是：

(1) 使企业按产品品种、质量、生产成本和交货期的要求，全面完成规定的生产任务；

(2) 充分发挥企业的生产能力，提高劳动生产率，降低消耗和生产成本，缩短生产周期，减少在制品占用，以提高企业的经济效益。

当然，根据企业所处的环境不同，在不同的发展阶段，系统目标也应有所不同。一般要考虑以下几种情况：① 当企业产品正处于成长期，市场销路和生产所需资源的供应都有保证时，系统目标就应着眼于如何扩大企业的生产规模、提高企业的生产能力上，以便满足不断增长的市场需求；② 当企业产品虽然适销对路，但面临着剧烈的市场竞争时，系统目标就应侧重于解决提高产品质量，降低成本，以增强自身的竞争能力；③ 当企业产品寿命周期很短、更新换代非常快时，则系统目标就要侧重于加强企业的新产品开发能力和提高适应环境变化的应变能力。

三、系统的功能设计

生产管理系统的功能是按目标的要求，根据市场需求和资源供应的条件，为企业制定一套科学合理的生产计划，并结合工序管理系统、仓库管理系统、产品发送管理系统和质量管理系统等各子系统的功能，使生产计划得以实现。

1. 生产计划

生产计划也就是企业在计划期内应完成的产品生产任务和进度的计划。在企业生产计划中，具体规定着计划期（年、季、月）内应当生产产品的品种、质量、数量、产出期限和生产能力的利用程度等。它不仅规定了企业和企业内部各车间的生产任务和进度，还规定了企业和其他企业的生产协作任务。生产计划是企业年度综合计划的主体，是编制其他各项计划的主要依据。

生产计划要根据市场需要和企业的生产条件，进行反复的调节平衡。平衡工作的主要内容有：① 社会需求与企业生产能力之间的平衡：要确定企业对社会需要的产品品种、质量、数量的保证程度；② 企业生产需要与物资供应之间的平衡：要预测各种原材料、能源等资源对企业预定生产目标的适应程度；③ 企业生产的发展与劳动力之间的平衡：要找出现有劳动力数量、工时定额水平、劳动生产率水平等对生产增长的保证程度；④ 品种、产量增加与生产技术准备之间的平衡；⑤ 企业预定的生产目标与综合经济指标之间的平衡。通过以上的综合平衡工作，能正确地处理人、财、物，供、产、销之间的关系，能保持社会需求与企业生产可能之间的关系。

2. 工序管理系统

该系统是生产管理系统的主要组成部分，它在生产过程中起到中枢神经的作用，具有如下功能：① 具有编制生产日历计划的功能。即把企业的生产计划中规定的月度生产任务，具体分配到各车间、工段、班组以至每个工作地和个人，规定他们在月、旬、周、日、轮班以至小时的任务，并按日历顺序安排生产进度。在保证按时完成生产任务的前提下，尽量使各个工作的负荷均衡协调，以减少在制品数量，保证整个生产过程连续均衡地进行。② 具有下达生产作业指示的功能。根据已经制定好的详细日历生产计划，定期地向各工作地及时下达生产作业指示。③ 具有平衡和协调加工、装配进度的功能。也就是将装配所需的零部件明细表输入计算机内，并贮存起来。然后，根据产品装配的先后顺序，对相应的零部件发出生产或外购以及何时供应等指示，并根据反馈的信息进行必要的调度工作。④ 具有生产效果管理的功能。要收集和掌握生产现场的设备和人员的使用情况、生产的产量与工时定额等数据，这样可尽快获得反映日历生产作业计划执行情况的有关信息，通过对这些数据的处理分析，作出相应的决策，向生产现场作有关指示。此外，还具有回答各种询问和编制各种管理资料的功能，根据需要能够将有关生产的统计资料及时地向上级管理部门报告。

3. 库存管理系统

该系统的主要任务是：在正确预测原材料、零件等需求量，保证生产连续均衡进行的前提下，要求库存量最小，以减少流动资金的积压，节约仓库面积。同时，要求零部件的保管妥善，出入库方便、及时和正确。根据入库和出库要求以及与其他部门的联系，建立起科学的零部件入、出库管理系统，并充分利用计算机系统完成各种作业环节。

4. 产品发放管理系统

根据生产计划，编制产品发送计划，同时结合库存量、产量等的统计资料，下达发放指令，产品的出库、分类、汇总等都要做到严格准确和及时。

5. 质量管理系统

为了保证产品的质量，在生产过程中要定期分批地对产品零件的有关质量数据进行收集、处理，并据此进行质量分析。然后将分析结果向生产现场反馈，以便生产现场能及时采取相应的预防措施。

该系统还应将有关质量的统计与分析信息及时反馈到上级质量管理部门，作为提高产品质量、减少次品的基本决策依据。

四、生产管理系统的管理组织设计

生产管理系统的管理组织设计，是为实现系统的各项功能而进行的，其主要的设计工作有两方面：① 确立管理组织机构；② 建立与此相关的规章制度。

生产管理系统管理机构的组织形式，因各企业情况的不同，可有较大的差异。在一个生产管理系统中，管理范围大的，则管理层次少，相应的管理机构也少；管理范围小的，则管理更加具体、周密，但管理层次和机构就相应地增加。所以，在设计时需要考虑以下原则：① 根据企业规模，考虑管理跨度原理，确定管理层次和分工的粗细。一般企业规模越大，则管理层次越多，分工越细。② 根据企业类型的特点，决定管理权中集中或分散的程度。大批量生产为了保证生产上的统一，管理上宜集中一些，多品种小批量的生产由于其生产过程变动因素多，管理工作复杂，相应的管理组织应适当分权，实行分级控制，在生产组织和指挥上给基层有一定的自主权。所以，在设置管理机构时，必须明确各机构承担的责任，赋予相应的权利，并且具有享受平等利益的权利，责任、权利和利益必须有明确具体的规定。同时，责、权、利权限的贯彻执行必须同考核、奖惩制度结合起来。

规章制度是企业全体职工在生产、技术、经营活动方面的规范和准绳。

管理机构的建立，为企业管理工作顺利进行提供了某种必要的条件，如果没有规章制度，管理工作无法正常进行，各机构和全体职工的行动将无所适从，造成混乱。只有做到人人职责分明，事事有人负责，企业的各项活动才能高效率地统一协调进行。

因此，在管理组织机构确定后，就要进一步设计各部门的业务范围、职责分工和岗位责任，并设计有关的工作标准、考核办法和奖惩制度等有关规章制度。

习　题

1. 系统设计包括哪些主要内容？
2. 如何保证系统综合过程的顺利进行？
3. 简述系统设计的步骤。
4. 以企业营销系统为例进行功能分配和设计。
5. 以企业全面质量保证体系为例进行子系统设计。

第九章　项目可行性分析

第一节　可行性研究的概念

项目可行性研究就是通过调查研究，全面分析与项目有关的各种因素，组合设计出多个可能的方案，并对各个方案的经济效果进行分析，最后评选出满意方案和最佳时机，为决策者提供论证该项目上马的必要性、可能性、有效性和合理性等决策依据。可行性研究回答的不仅是某一事情能否做到，而且要回答是否应该做，什么时间做，如何去做。所以，可行性研究必须对各种影响因素，尽可能地以货币为尺度，进行全面的、定量的分析。可行性研究是决策前的研究，具有预测性的特点。它必须对许多不确定因素作出假设和判断。因此，主观因素必然存在，其结果也不可能是精确和完整的，这是可行性研究的局限性。

第二节　可行性研究的作用及工作程序

一、可行性研究的作用

1.作为建设项目投资决策的依据；

2.作为编制设计任务书的依据；

3.作为筹集资金，向银行贷款的依据；

4.作为建设项目与各协作单位签订合同和有关协议的依据；

5.作为环保审查的依据；

6.作为申请建设执照的依据；

7.作为施工组织、进度安排及竣工检验的依据；

8.作为企业组织管理，机构设置，定员、定岗、定编，职工培训的依据。

二、可行性研究的阶段划分及工作要求

可行性研究可分为机会研究、初步可行性研究和深层可行性研究三个阶段，其具体划分及工作要求见表9－1。

三、可行性研究的工作程序

可行性研究的工作程序见图9－1。

表 9－1　可行性研究的阶段划分、工作内容和要求

研究阶段	机会研究	初步可行性研究	深层可行性研究
研究性质	项目设想	项目初步选择	项目拟定准备
研究工作目的	鉴别投资方向和目标，选择项目，寻求投资机会（地区、行业、资源和项目的机会研究），提出项目投资建议	对项目初步评价作专题辅助研究，广泛分析、筛选方案，鉴定项目的选择依据和标准，研究项目的初步可行性	对项目进行深入细致的技术经济论证，重点对项目进行财务效益和经济效益分析评价，多方案比选，提出结论性意见，确定项目投资的可行性和选择依据标准
研究工作要求及作用	编制项目建议书，为初步选择投资项目提供依据，批准后列入建设前期工作计划，作为国家对投资项目的初步决策	编制初步可行性报告，制定是否有必要进行下一步详细可行性研究，进一步判明建设项目的生命力	编制可行性研究报告，作为项目投资决策的基础和重要依据
估算精度	±30%	±20%	±10%
研究费用占总投资的百分比（%）	0.1～1	0.25～1.25	大项目 0.2～1.0 中小项目 1.0～3.0
需要时间	大中项目 1～2 个月 小项目 2 个星期	4～6 个月	大项目 8～12 个月或更长 中小项目 4～6 个月

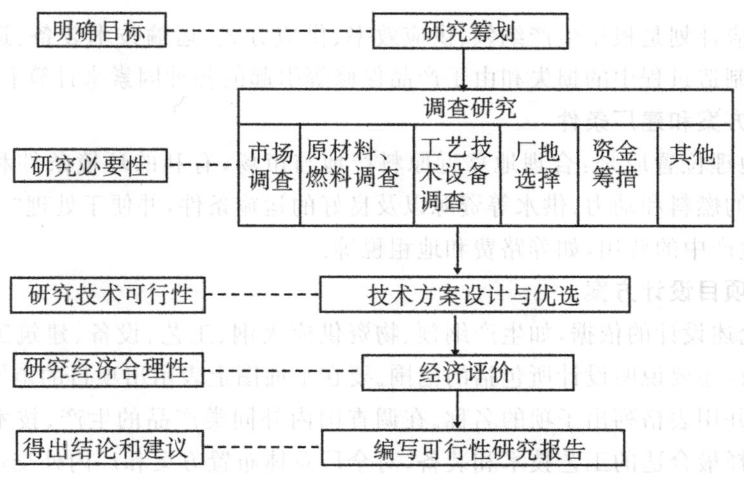

图 9－1　可行性研究的工作程序

第三节　可行性研究的主要内容

可行性研究的主要内容及其深度因项目的性质、规模的大小、工程内容和条件的状况而异，但其主要内容一般包括以下各项：

一、总　论

工程项目的简要概况。说明工程项目的依据和设想、在国民经济中的作用和地位、项目投产后产品的销售方向、项目的历史发展情况，已完成的调查研究和结论。对技术引进项目还要说明引进技术的目的、水平和方式、引进技术同本国现有技术能否配套、与本国

科学技术和国民经济发展的关系等。

二、市场需求和拟建规模

进行市场调查，研究该项目生产的产品需求量和产品竞争能力，预测产品进入市场的前景，列举现在和将来市场需求的各种数据及其可能性，从中选择一个较合适的数据，并说明采用这个数据的理由及其选择方法，编制详细的销售价格和销售纲领，确定市场策略，估算销售运费和销售成本，规划销售收入，计算销售年收益。

在市场研究基础上考虑生产能力，使产销不致脱节。要说明生产纲领是如何选择的，阐明销售过程的储存量、预计的损失、工厂生产能力的参数和销售后的服务。还必须列举每种产品的质量标准、年产量和投产的进度(包括试运转、试生产及达到生产能力的进度计划)。

另外，还要说明工厂正常的、最小的和最大的生产量，说明所选定的正常产量的理由(通常是根据生产纲领、设备的效率和关键工序的能力来计算的)。

三、原材料、燃料和动力等的供应

根据生产纲领研究计算所需要原材料的品种和数量，包括原料、半成品、辅助材料、协作件、动力和公用事业所需的材料和劳务等，并说明所选定品种和数量的理由、供应来源、供应部门、原材料单价与总费用、进口原材料情况、外汇的限制以及供应协议中的限制条款等。

通常，供应计划是根据生产纲领、供应效率、供应方式、运输技术装备、运输和储存过程中的损失、制造过程中的损失和由于产品保修等引起的各种因素来计算和编制的。

四、厂址方案和建厂条件

最佳的地理位置应是：合理地靠近原料产地与市场，有利的环境条件和社会福利设施，具有充足的燃料和动力、供水等资源以及良好的运输条件，并便于处理“三废”。还要估算出厂址在生产中的费用，如养路费和地租税等。

五、工程项目设计方案

首先要论述设计的依据，如生产纲领、物资供应大纲、工艺、设备、建筑工程和地区条件等主要参数，还要说明设计所包括的范围。要在平面图上表示出项目的范围以及项目的子项和编号，并用表格列出子项的名称。在调查国内外同类产品的生产、技术和工艺水平的基础上，选择最合适的工艺技术和装备，对全厂总体布置方案和厂内外交通运输方式进行研究，确定项目土建结构和工程量，估算投资费用。对于重大工程项目，还要考虑为之服务而建设的港口、码头、铁路运输、通信等配套工程基础设施。

六、环境保护

说明生产过程中产生的废气、废渣、废水、废尘、噪声的性质和排放量等，估算三废处理的费用和废渣堆放场地面积，并预测由于三废和噪声损害近邻而造成的赔偿费用。

七、工厂组织和管理费用

组织机构设计与项目设计应反复配合进行。生产组织和管理服务机构的数量与规模，在很大程度上取决于生产能力和工艺技术。管理费用通常按总的材料和人工消耗费用的百分比计算，并与现有类似企业的管理费用进行比较，管理费及其分类均以表格形式反映。

八、人　员

首先，说明完成工厂生产能力和实现工艺过程所需要的劳动力以及其他生产和社会活动所需的人力，并说明建设的各个时期对人力培训工作的安排。其次，根据组织系统图的工作关系，要说明所需要的各种工人和职员的人数，并计算出劳动力所需的费用、每年的工资支出等成本。

九、实施进展计划的制定

说明建设全过程的进度，包括洽谈和签订合同、项目设计、施工建设和试运转等过程。所制定的实施进展计划，能使项目实施的各个阶段彼此衔接，保证按质、按量、按期完成。另外，还要详细画出工程或项目进度表或网络图，叙述所采用的最优进度安排方案的理由。

十、投资与产品成本估算

总投资除少量核销的费用外，绝大部分作为工程项目的固定资产。此外，还要估算与该项目有关的外部协作、配套工程的投资额，估算生产用流动资金数额、规划资金的数额及其利息率。借贷外资要充分考虑借贷的条件、利率、偿还期限和偿还能力。为了使工程项目顺利实现，按项目建设的步骤作出分年度投资计划，并反映出该项目每一步骤的生产费用，在作整个项目的经济评价时，一般按生产费用项目计算成本。

十一、经济效益评价

可行性研究的中心问题是经济效益评价，它是一个投资项目是否可行的重要依据。整个可行性研究都是围绕着这一目的而逐步完成的，因此选择适当的评价方法至关重要。经济评价可分为财务评价和国民经济评价。

(一) 财务评价

财务评价是从企业的角度，根据国家现行财税制度和价格体系，分析计算项目直接发生的财务效益和费用，编制财务报表，计算评价指标，考察项目的盈利能力、清偿能力以及外汇平衡等财务状况，据以判别项目的财务可行性。

财务评价的特点是用现行价格为基础的预测价格估算利益和费用，内容包括：

1. 基础数据准备

基础数据包括投资、销售收入、生产成本、利润、税金、计算期等，通常用辅助报表反映。包括：固定资产投资估算表，流动资金估算表，投资计划与资金筹措表，单位产品成本估算表，总成本费用估算表，固定资产折旧费用估算表，无形及递延资产摊销估算表，销售收入和销售税金及附加估算表，借款还本付息计算表等。

2. 编制基本财务报表

基本报表主要用于分析项目的盈利能力、清偿能力以及外汇平衡等财务状况。包括：现金流量表(全部投资、自有资金)，损益表，资金来源与运用表，资产负债表，外汇平衡表等。

3. 财务评价指标的计算与评价

(1) 反映盈利能力的指标

静态指标：全部投资回收期(全部投资现金流量表)，投资利润率，投资利税率，资本金利润率(损益表)。

动态指标：财务内部收益率，财务净现值。

(2) 反映偿债能力的指标

借款偿还期(资金来源与运用表)，资产负债率，流动比率，速动比率(资产负债表)。

(二) 国民经济评价

国民经济评价的标准，不是单纯从该项目本身的获利能力出发，而是从整个社会的角度出发，考虑项目对国家和社会的贡献程度，因而它比财务评价复杂得多。二者的差异在于当项目用市场价格估算利益和费用之后，如果用市场价格分析就称为财务评价，如果用经济价格进行分析就称为经济评价；由于价格调整的目的和方法不同，在国外出现了类似于经济价格的其他价格，如影子价格、计算价格或效率价格、社会价格等。在国民经济评价中，还要考虑外部效果和转移支付。外部效果是指在财务评价中不予考虑而在经济评价中视为费用或效益的因素；转移支付是指在财务评价中视为费用或效益而在经济评价中不予考虑的因素。

综上所述，财务评价是从企业的角度，对项目投产后获利能力的一种预测，而国民经济评价是从国家和社会利益的角度，以资源的合理分配和利用为前提，对一个具体项目的评价，一般地要优先考虑国民经济评价而不是考虑财务评价结果。不过，对国民经济评价角度看是肯定的，而从财务评价看是否定的项目，问题就复杂得多。这时候就有这样一个政策上的问题：国家是否给予补贴而使项目得以实施。

对非盈利性的项目，如学校、医院等公共工程，这时只能进行经济评价而无法进行财务评价。

财务评价与国民经济评价的区别见表 9－2。

表 9－2　财务评价与国民经济评价的主要差别

序号	比较项目		财务评价	国民经济评价
1	评价立场		项目经营企业	国民经济全局
2	追求的目标		企业盈利最大 (微观经济评价)	国家资源合理分配，国民经济全局效益最大(宏观经济评价)
3	效益费用的含意和范围		项目的实际收支 只计直接效益和费用	国民经济效益和社会耗费还涉及外部效果
4	价格		现行价格	影子价格
5	劳动价值		名义工资(工资＋福利基金)	影子工资
6	基准折现率		行业基准收益率 i_e	社会折现率 i_s
7	汇率		官方汇率 OER	影子汇率 SER
8	项目取舍	√	√	√
		×	×	×
		×	√	×
		√	×(优惠措施 → √)	√

注：√ 表示可行，× 表示不可行。

(三) 不确定性分析

由于可行性研究的基础数据大都来自预测或估算，因此无论采用何种方法进行预测或估算，必然存在着种种假设，其中一定含有不确定性。这些经济因素的不确定性，将会带来经济效益的变动，使技术方案具有较大的潜在风险，容易导致评价上的失误。为了评估项目方案能否经受各种风险，提高经济效益评价的可靠性和经济决策的科学性，需要进一步对技术方案作不确定性分析。所谓不确定性分析，主要是指当项目方案中某些不确定性因素（例如投资、年收入、年费用、寿命、贴现率等）发生变化时，分析其对经济效益（例如净现值、内部收益率等）的影响。这对那些投资额较大、寿命较长的重大项目来说尤为重要。

比较常用的不确定性分析方法有盈亏平衡分析、敏感性分析和概率分析。

（四）作出项目财务评价的最终结论

经以上阶段的详细论证，就可作出项目可行与否的最终结论。深入而细致的可行性研究，可以缩短施工周期，保证投资效果，从而极大地提高经济效益。

习　题

1. 简述可行性研究的含义。
2. 论述对建设项目进行可行性研究的重要意义。
3. 简述可行性研究的主要内容。

第十章　系统结构模型解析技术

系统是由许多相互作用的单元组成的。我们研究一个系统，首先要知道系统中各单元间的相互关系，也就是要知道系统的结构模型。结构模型是表明系统各单元间相互关系的宏观模型。一种最方便的办法是用图的形式表示这种关系。系统中的每个单元用一个点（或圆圈）来表示。如果单元 P_i 对单元 P_j 有影响，则在图中从点 P_i 到点 P_j 用一个有方向的线段连接起来。线段的方向从 P_i 指向 P_j。这种表示方式无论在工程系统或社会经济系统中都是很方便的，这种表示方式构成了有向图。

结构模型解析法（简称 ISM），通过有向图和相邻矩阵的有关运算，可以得到可达性矩阵，从而使复杂的系统分解成多级递阶结构形式。

第一节　基本概念

一、有向连接图

设有一系统，其元素用节点（i）表示，元素之间的关系用箭线（→）表示，则可以构成有向连接图（简称有向图），如图 10－1 所示。

二、相邻矩阵

相邻矩阵又称邻接矩阵。用来表示有向图中各元素之间连接状态的矩阵叫做相邻矩阵 **A**，相邻矩阵的元素 a_{ij} 可定义如下：

$$a_{ij}=\begin{cases}1 & n_i\mathrm{R}n_j \quad (\mathrm{R}\text{表示可从 } n_i \text{ 到达 } n_j)\\ 0 & n_i\overline{\mathrm{R}}n_j \quad \overline{\mathrm{R}}(\text{表示不可从 } n_i \text{ 到达 } n_j)\end{cases}$$

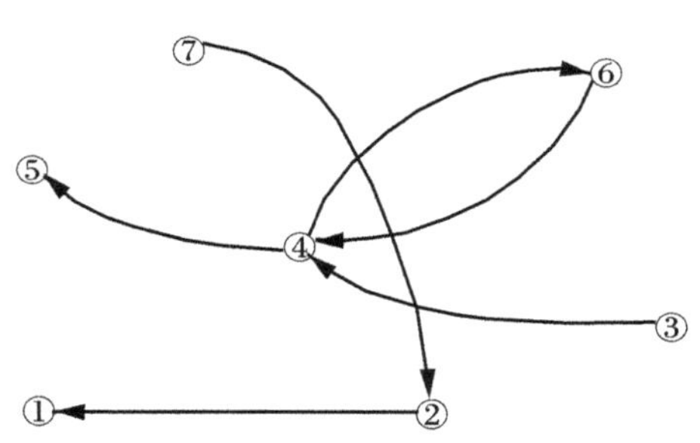

图 10－1　有向连接图

因此，图 10－1 所示的相邻矩阵 **A** 为：

$$
A = \begin{array}{c} \\ 1 \\ 2 \\ 3 \\ 4 \\ 5 \\ 6 \\ 7 \end{array}
\begin{array}{c} \begin{matrix} 1 & 2 & 3 & 4 & 5 & 6 & 7 \end{matrix} \\
\begin{pmatrix}
0 & 0 & 0 & 0 & 0 & 0 & 0 \\
1 & 0 & 0 & 0 & 0 & 0 & 0 \\
0 & 0 & 0 & 1 & 0 & 0 & 0 \\
0 & 0 & 0 & 0 & 1 & 1 & 0 \\
0 & 0 & 0 & 0 & 0 & 0 & 0 \\
0 & 0 & 0 & 1 & 0 & 0 & 0 \\
0 & 1 & 0 & 0 & 0 & 0 & 0
\end{pmatrix} \end{array}
$$

三、可达性矩阵

可达性矩阵 $\boldsymbol{M}$ 是用矩阵形式来反映有向连接图各节点之间通过一定路径可以到达的程度。可达性矩阵 $\boldsymbol{M}$ 可以用相邻矩阵 $\boldsymbol{A}$ 加上单位矩阵 $\boldsymbol{I}$，经过一定运算后求得。即先将 $\boldsymbol{A}$ 加上 $\boldsymbol{I}$，得一新的矩阵 $\boldsymbol{A}_1 = \boldsymbol{A} + \boldsymbol{I}$。 $\boldsymbol{A}_1$ 中的元素 a_{ij} 若为 1，表示从节点 i 到节点 j 可以直接到达。

仍以图 10－1 的有向图为例，得：

$$
\boldsymbol{A}_1 = \boldsymbol{A} + \boldsymbol{I} = \begin{array}{c} \\ 1 \\ 2 \\ 3 \\ 4 \\ 5 \\ 6 \\ 7 \end{array}
\begin{array}{c} \begin{matrix} 1 & 2 & 3 & 4 & 5 & 6 & 7 \end{matrix} \\
\begin{pmatrix}
1 & 0 & 0 & 0 & 0 & 0 & 0 \\
1 & 1 & 0 & 0 & 0 & 0 & 0 \\
0 & 0 & 1 & 1 & 0 & 0 & 0 \\
0 & 0 & 0 & 1 & 1 & 1 & 0 \\
0 & 0 & 0 & 0 & 1 & 0 & 0 \\
0 & 0 & 0 & 1 & 0 & 1 & 0 \\
0 & 1 & 0 & 0 & 0 & 0 & 1
\end{pmatrix} \end{array}
$$

如果上式中 $A_{21} = 1$，则说明从节点 2 到 1 有一条直接到达的路径。但 $\boldsymbol{A}_1$ 还不是可达性矩阵 $\boldsymbol{M}$，因此要继续进行计算。

将 $\boldsymbol{A}_1$ 平方，并用布尔代数法则进行运算(即 $0+0=0, 0+1=1, 1+0=1, 1+1=1, 1\times 0=0, 1\times 1=1$) 得：

$$
\boldsymbol{A}_2 = (\boldsymbol{A}_1)^2 = \boldsymbol{A}_1 \times \boldsymbol{A}_1
$$

如上例：

$$
\boldsymbol{A}_2 = \begin{array}{c} \\ 1 \\ 2 \\ 3 \\ 4 \\ 5 \\ 6 \\ 7 \end{array}
\begin{array}{c} \begin{matrix} 1 & 2 & 3 & 4 & 5 & 6 & 7 \end{matrix} \\
\begin{pmatrix}
1 & 0 & 0 & 0 & 0 & 0 & 0 \\
1 & 1 & 0 & 0 & 0 & 0 & 0 \\
0 & 0 & 1 & 1 & 1 & 1 & 0 \\
0 & 0 & 0 & 1 & 1 & 1 & 0 \\
0 & 0 & 0 & 0 & 1 & 0 & 0 \\
0 & 0 & 0 & 1 & 1 & 1 & 0 \\
1 & 1 & 0 & 0 & 0 & 0 & 1
\end{pmatrix} \end{array}
$$

在矩阵 $\boldsymbol{A}_2$ 中，如果元素为 1，则表示节点之间可以用至多两条的路径到达，依次运算可得：

$$\boldsymbol{A}_1 \neq \boldsymbol{A}_2 \neq \boldsymbol{A}_3 \neq \cdots \neq \boldsymbol{A}_{r-1} = \boldsymbol{A}_r = \boldsymbol{M}$$

在 $\boldsymbol{A}_{r-1}$ 矩阵中，若元素为1，表示节点之间可以用至多$(r-1)$条路径来到达。

当 $\boldsymbol{A}_{r-1} = \boldsymbol{A}_r$ 时，矩阵 $\boldsymbol{A}_{r-1} = \boldsymbol{M}$，即为可达性矩阵。在上例中：$\boldsymbol{A}_1 \neq \boldsymbol{A}_2 = \boldsymbol{A}_3$，所以，$\boldsymbol{M} = \boldsymbol{A}_2$，即：

$$\boldsymbol{M} = (m_{ij}) = \boldsymbol{A}_2 = \begin{array}{c} \\ 1 \\ 2 \\ 3 \\ 4 \\ 5 \\ 6 \\ 7 \end{array} \begin{array}{c} \begin{array}{ccccccc} 1 & 2 & 3 & 4 & 5 & 6 & 7 \end{array} \\ \begin{pmatrix} 1 & 0 & 0 & 0 & 0 & 0 & 0 \\ 1 & 1 & 0 & 0 & 0 & 0 & 0 \\ 0 & 0 & 1 & 1 & 1 & 1 & 0 \\ 0 & 0 & 0 & 1 & 1 & 1 & 0 \\ 0 & 0 & 0 & 0 & 1 & 0 & 0 \\ 0 & 0 & 0 & 1 & 1 & 1 & 0 \\ 1 & 1 & 0 & 0 & 0 & 0 & 1 \end{pmatrix} \end{array}$$

从上例的可达性矩阵中可知，从节点7到1可以用至多两条路径到达。

第二节　可达性矩阵的分解

通过对可达性矩阵的分解，即可求解系统的结构模型。其分解步骤和方法是：① 区域分解(分块对角化)，即把元素分解成几个区域，不同区域间的元素相互之间是没有关系的；② 级别分解，即对属于同一区域内的元素进行分级分解。现分别介绍如下：

一、区域分解

在可达性矩阵中，可将元素组成可达性集合 $R(n_i)$ 和先行集合 $A(n_i)$，并定义如下：

$$R(n_i) = \{n_j \in N \mid a_{ij} = 1\}$$

$$A(n_i) = \{n_j \in N \mid a_{ji} = 1\}$$

将共同集合 T 定义如下：

$$T = \{n_i \in N \mid R(n_i) \cap A(n_i) = A(n_i)\}$$

设有属于共同集合 T 的任意两个元素 T_u，T_v，如果：

$$R(t_u) \cap R(t_v) \neq \varnothing$$

式中 $\varnothing$ 表示空集合，即不包括任何元素的集合，则，元素 t_u 和 t_v 属于同一区域。反之，若：

$$R(t_u) \cap R(t_v) = \varnothing$$

则元素 t_u 和 t_v 属于不同区域。经过这样运算后的集合 N 就叫做区域分解，可以写成：

$$\prod\nolimits_1 (N) = P_1 P_2 \cdots P_r$$

式中 r 为区域数。

如对上述图10－1的可达性矩阵进行区域分解时，由表10－1可知：

$$T = \{n_3, n_7\}$$

因为 $R(n_3) \cap R(n_7) = \varnothing$

所以 n_3，n_7 分属两个不同的区域，依次就可将可达性矩阵分解为：

$$\prod\nolimits_1 (N) = P_1 \cdot P_2 = \{n_3, n_4, n_5, n_6\}\{n_1, n_2, n_7\}$$

两个区域。据此可将可达性矩阵写成分块对角化的形式如下：

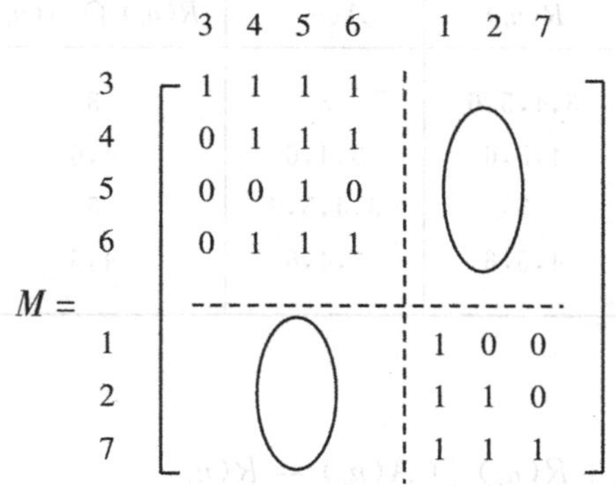

表 10－1　可达性集合、先行集合和共同集合

i	$R(n_i)$	$A(n_i)$	$R(n_i)\cap A(n_i)$
1	1	1,2,7	1
2	1,2	2,7	2
3	3,4,5,6	3	3
4	4,5,6	3,4,6	4,6
5	5	3,4,5,6	5
6	4,5,6	3,4,6	4,6
7	1,2,7	7	7

二、级别分解

级别分解在每一区域内进行，分解方法如下：

设 $L_0=\varnothing$ ，$j=1$，按以下步骤反复进行计算：

(1)$L_j=\{n_i\in P-L_0-L_1-\cdots-L_{j-1}\mid R_{j-1}(n_i)\cap A_{j-1}(n_i)=R_{j-1}(n_i)\}$

这里：$R_{j-1}(n_i)=\{n_i\in P-L_0-L_1-\cdots-L_{j-1}\mid a_{ij}=1\}$

$A_{j-1}(n_i)=\{n_i\in P-L_0-L_1-\cdots-L_{j-1}\mid a_{ji}=1\}$

(2) 当 $\{P-L_0-L_1-\cdots-L_j\}=\varnothing$ 时，则分解完毕。反之，如果 $\{P-L_0-L_1-\cdots-L_j\neq\varnothing\}$ 时，则把 $j-1$ 当作 j 返回步骤(1) 重新进行运算。最后把分解结果写成：

$$\prod\nolimits_2(P)=L_1L_2\cdots L_s$$

式中：L 表示级数；L_1 表示第一级；L_s 表示最后一级。

如图 10－1，经过区域分解的可达性矩阵 **M** 中，把第一区域 P_1 进行分级，由表 10－1 中取 $i=3,4,5,6$ 部分，得表 10－2(a)：

表 10－2(a) 第一级分解

i	$R(n_i)$	$A(n_i)$	$R(n_i)\cap A(n_i)$
3	3,4,5,6	3	3
4	4,5,6	3,4,6	4,6
⑤	5	3,4,5,6	5
6	4,5,6	3,4,6	4,6

由表 10－2(a) 可知：

①$L_1 = \{n_i \in P_1 - L_0 \mid R(n_i)\cap A(n_i) = R(n_i)\}$

$= \{n_5(n_3,n_4,n_5,n_6) - 0 \mid R(n_5)\cap A(n_5) = R(n_5)\}$

$= n_5$

②$\{P_1 - L_0 - L_1\} = \{(n_3,n_4,n_5,n_6) - 0 - n_5\}$

$= \{n_3,n_4,n_6\} \neq \emptyset$

继续按上述步骤进行分解，可得表 10－2(b) 和表 10－2(c)。

表 10－2(b) 第二级分解

i	$R(n_i)$	$A(n_i)$	$R(n_i)\cap A(n_i)$
3	3,4,6	3	3
④	4,6	3,4,6	4,6
⑥	4,6	3,4,6	4,6

表 10－2(c) 第三级分解

i	$R(n_i)$	$A(n_i)$	$R(n_i)\cap A(n_i)$
③	3	3	3

从表 10－2(a) 知，第一级为 n_5；

从表 10－2(b) 知，第二级为 n_4,n_6；

从表 10－2(c) 知，第三级为 n_3；

同理，第二区域进行分级后可得第一级为 n_1，第二级为 n_2，第三级为 n_7，用公式表示之，即：

$\prod_2(P_1) = L_1^1, L_2^1, L_3^1$

$= \{n_5\}, \{n_4,n_6\}, \{n_3\}$

$\prod_2(P_2) = L_1^2, L_2^2, L_3^2$

$= \{n_1\}, \{n_2\}, \{n_7\}$

通过级别分解，将可达性矩阵按级别变位，可得：

$$
M=\begin{array}{c}\\5\\4\\6\\3\\1\\2\\7\end{array}
\begin{array}{c}
\begin{array}{cccc:ccc}5&4&6&3&1&2&7\end{array}\\
\left[\begin{array}{cccc:ccc}
1&0&0&0&&&\\
1&1&1&0&&O&\\
1&1&1&0&&&\\
1&1&1&1&&&\\ \hdashline
&&&&1&0&0\\
&O&&&1&1&0\\
&&&&1&1&1
\end{array}\right]
\end{array}
\qquad
M'=\begin{array}{c}\\5\\4\\3\\1\\2\\7\end{array}
\begin{array}{c}
\begin{array}{ccc:ccc}5&4&3&1&2&7\end{array}\\
\left[\begin{array}{ccc:ccc}
1&0&0&&&\\
1&1&0&&O&\\
1&1&1&&&\\ \hdashline
&&&1&0&0\\
&O&&1&1&0\\
&&&1&1&1
\end{array}\right]
\end{array}
$$

从上式可以看到 $\{n_4, n_6\}$ 的相应行和列的矩阵完全一样，因此，可以把两者作为一个系统元素看待，从而可以削减相应的行和列，得到新的可达性矩阵 M'。M' 叫做缩减矩阵。如上例，将 n_6 除去即可得缩减矩阵 M'。

在系统结构并不十分复杂的情况下，级别分解也可以采用简易的方法进行，即直接从可达性矩阵中找出矩阵元素全部为 1 的某一列，于是将该列和其相应的行抽去，作为第一级，然后得到缩减了的新矩阵，再在新矩阵中重新找出矩阵元素全部为 1 的新的一列。重复上述运算，直到分解完毕为止。如采用简化方法，其分解过程如下所示：

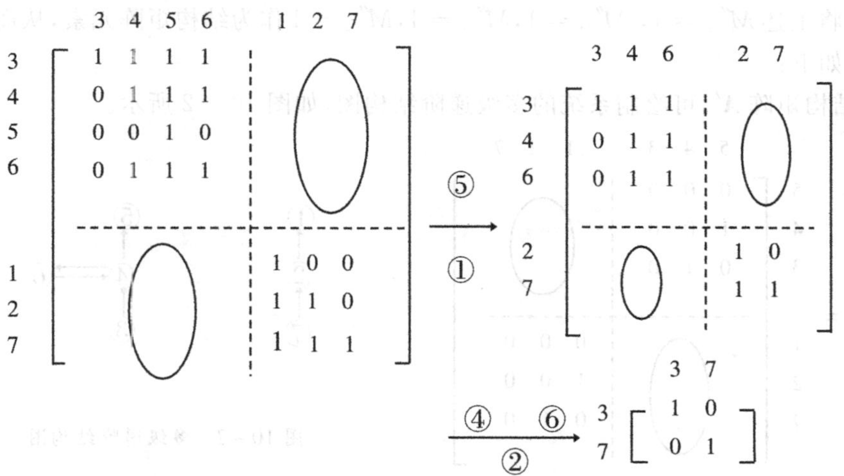

第三节　结构模型的建立

建立结构模型，就是建立结构矩阵问题。所谓结构矩阵 A'，就是反应系统多级递阶结构的矩阵，根据结构矩阵可以绘制系统的多级递阶结构图。

结构矩阵可以从缩减后的可达性矩阵 M' 通过一系列的计算求得。这里，只介绍一种简易的计算方法：

从缩减矩阵 M' 中减去单位矩阵 I，得到一新的矩阵 M''，再从 M' 中分析找出结构矩阵。

仍举上例说明如下：

由上例中的缩减矩阵减单位矩阵得：

$$
M'' = M' - I = \begin{array}{c} \\ 5 \\ 4 \\ 3 \\ 1 \\ 2 \\ 7 \end{array}
\begin{array}{c} \begin{array}{cccccc} 5 & 4 & 3 & 1 & 2 & 7 \end{array} \\
\left[\begin{array}{ccc:ccc}
0 & 0 & 0 & & & \\
1 & 0 & 0 & & \bigcirc & \\
1 & 1 & 0 & & & \\
\hdashline
 & & & 0 & 0 & 0 \\
 & \bigcirc & & 1 & 0 & 0 \\
 & & & 1 & 1 & 0
\end{array}\right] \end{array}
$$

从矩阵 M'' 中，先找出系统元素的第一级和第二级之间的关系，从 M'' 中可得到 $m_{45}=1$，即说明节点 n_4，n_5 间有 $n_4 \rightarrow n_5$ 的关系，然后除去 n_5 的行和列，再找出第二级元素和第三级元素之间的关系，从 M'' 可知，$m_{34}=1$ 即说明节点 n_3，n_4 间有 $n_3 \rightarrow n_4$ 的关系。

同样在 P_2 区域中：

$$M''_{21}=1，则\ n_2 \rightarrow n_1$$

$$M''_{72}=1，则\ n_7 \rightarrow n_2$$

最后，将上述 $M''_{45}=1$，$M''_{34}=1$，$M''_{21}=1$，$M''_{72}=1$ 作为结构矩阵元素，从而可得结构矩阵 A' 如下：

根据结构矩阵 A'，可绘制系统的多级递阶结构图，如图 10－2 所示。

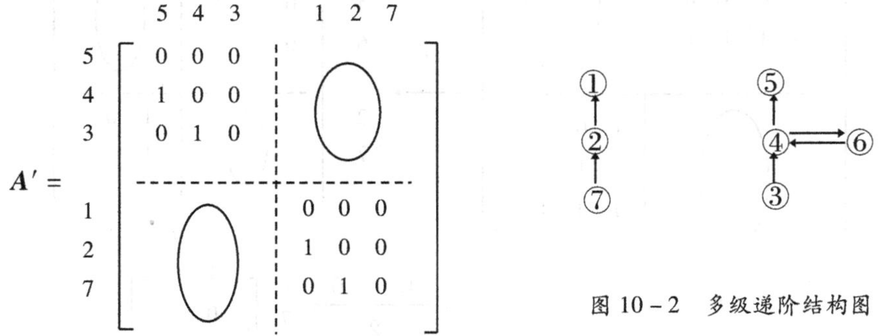

图 10－2　多级递阶结构图

根据 ISM 应用经验可知，特别是在下述场合，即：① 由于对系统的某些问题不明确，而这些问题对系统分析和决策的有关人员必须要有共同的认识时；② 由于系统分析的有关成员对系统各元素之间关系的认识意见不一致，有必要把不一致的意见进行分析整理时；③ 为了对有关问题进行决策，或协助有关成员之间相互沟通时，应用 ISM 尤为适宜。换句话说，对建立多目标的、各种元素错综复杂的社会系统进行分析时，效果更为显著。

习　题

设有一邻接矩阵如下：

$$
\begin{array}{c}
\\
\\
\boldsymbol{A}=
\end{array}
\begin{array}{c|ccccccc|}
 & 1 & 2 & 3 & 4 & 5 & 6 & 7 \\
\hline
1 & 0 & 1 & 0 & 0 & 0 & 0 & 1 \\
2 & 1 & 0 & 0 & 0 & 1 & 1 & 0 \\
3 & 0 & 0 & 0 & 1 & 0 & 0 & 1 \\
4 & 1 & 0 & 1 & 0 & 0 & 0 & 0 \\
5 & 0 & 0 & 0 & 0 & 0 & 1 & 0 \\
6 & 0 & 1 & 0 & 0 & 0 & 0 & 0 \\
7 & 1 & 0 & 0 & 0 & 0 & 0 & 0
\end{array}
$$

要求：

1. 写出可达性矩阵。
2. 写出可达性集合和先行集合。
3. 进行级别分解，写出三角分块矩阵。

第十一章　投入产出分析

第一节　概　述

投入产出分析(Input-output Analysis)又叫做部门联系平衡法或产业连关法。它是研究国民经济综合平衡和进行经济预测，编制经济规划的一种重要的经济数学方法。

投入产出法是 20 世纪 30 年代在美国产生的。美国经济学家沃西里·列昂节夫(Wassily W. Leontief)首先提出这种方法，并因此获得 1973 年诺贝尔经济学奖。

列昂节夫提出投入产出法以后，在第二次世界大战中开始受到美国政府的应用和重视，并很快传播到世界各国。据不完全统计，到 1979 年，世界上大约有 90 个国家编制了投入产出表。

20 世纪 60 年代初，中国科学院数学研究所运筹学室和经济研究所成立了专门小组研究投入产出法。1974 年国家计委计算中心等单位编制了中国 1973 年 61 类主要产品的投入产出表。1978 年以后除了编制全国性投入产出表外，还编制了部门和部分省市的地区投入产出表。投入产出法的研究和应用，在我国越来越受到重视。

投入产出法是利用数学方法研究经济活动中投入与产出之间数量依存关系的方法。从一个工业企业看，每一个生产过程都要消耗原材料、能源，都要支付职工工资，发生固定资产折旧和其他费用，以上这些消耗是最初投入。工业企业的产出是对外销售的最终产品。在最初投入与最终产品之间作为过渡的是中间产品。中间产品在生产过程中继续被消耗，从这个角度看，中间产品属于投入；中间产品是生产过程中某一阶段的产品，还要用于生产消费，从这个角度看，中间产品属于产出。中间产品的二重性决定了投入与产出之间平衡关系的复杂性。对一个非封闭系统，投入与产出之间的关系如图 11－1 所示。

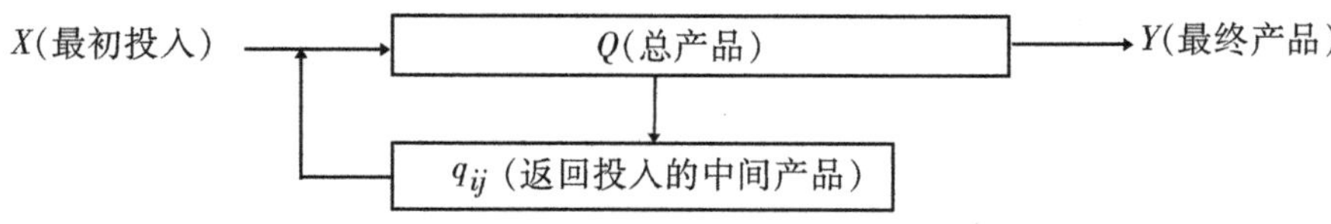

图 11－1　投入产出关系示意图

图 11－1 中，X 表示最初投入，它与返回投入的中间产品构成投入；Y 表示最终产品，它与中间产品构成产出，即总产品 Q。

第二节　投入产出表及数学模型

一、投入产出表的种类

投入产出法包括编制投入产出表与建立数学模型。投入产出表是反映投入与产出平衡关系的一种棋盘式图表。根据需要，可以从不同角度对投入产出表进行分类。

1. 按照计量单位的不同，可分为价值型投入产出表、实物型投入产出表和劳动量型投入产出表。价值型投入产出表以货币为计量单位；实物型投入产出表采用实物计量单位；劳动量型投入产出表采用劳动量计量单位。此外，还有实物价值型投入产出表。

2. 按照编制时期的不同，可分为报告期投入产出表和计划期投入产出表。报告期投入产出表是根据报告期的实际统计资料编制，计划期投入产出表是对今后某一时期进行预测或计划。

3. 按照编制范围的不同，可分为世界、国家、地区、部门、企业等的投入产出表。

4. 按照对象的不同，可分为产品投入产出表、生产要素投入产出表以及研究特殊问题的投入产出表。产品投入产出表按照产品编制，应用最广泛；生产要素投入产出表仅就某一生产要素编制，如固定资产、劳动消耗、基建投资等的投入产出表；人口、教育、环境保护等一些特殊问题，也可以根据需要编制投入产出表。

5. 按照性质的不同，可分为静态型投入产出表和动态型投入产出表。静态型投入产出表分析研究某一个时期的再生产过程；动态型投入产出表分析研究若干时期的再生产过程。

本书仅介绍静态实物型投入产出表和静态价值型投入产出表。

二、静态实物型投入产出模型

表 11－1 是一个简化了的静态实物型投入产出表。表中共有 n 种产品。从横行看，反映了各类产品生产与分配使用的情况。它一部分作为中间产品供其他产品生产中使用，另一部分作为最终产品，两部分相加就是一定时间内各类产品的生产总量。从纵列看，反映了各类产品生产中消耗的其他产品(包括本身与活劳动的数量)。由于各种产品的计量单位不一致，所以无法相加。表的第一栏中表示中间产品之间的流量。q_{ij} 表示第 i 种产品流向第 j 种产品的数量，或者说是第 j 种产品生产中要消耗第 i 种产品的数量。q_{ii} 表示各种产品自身的消耗量，q_{oj} 表示第 j 种产品消耗的活劳动数量。

表 11－1　简化静态实物型投入产出表

产出＼投入	中间产品				最终产品	总产品
	1	2	…	n		
1	q_{11}	q_{12}	…	q_{1n}	Y_1	Q_1
2	q_{21}	q_{22}	…	q_{2n}	Y_2	Q_2
⋮	⋮	⋮	…	⋮	⋮	⋮
n	q_{n1}	q_{n2}	…	q_{nn}	Y_n	Q_n
劳动	q_{01}	q_{02}	…	q_{0n}	—	L

显然，整个表按每一行可以建立一个方程，共 $n+1$ 个方程，即：

$$\begin{cases} \sum_{j=1}^{n} q_{ij} + Y_i = Q_i \\ \sum_{j=1}^{n} q_{oj} = L \end{cases} \quad (i = 1,2,\cdots,n) \tag{11-1}$$

设直接消耗系数 a_{ij} 表示每生产单位 j 产品要消耗 i 种产品的数量，即：

$$a_{ij} = \frac{q_{ij}}{Q_j}(i,j = 1,2,\cdots,n) \tag{11-2}$$

劳动的直接消耗系数为：

$$a_{oj} = \frac{q_{oj}}{Q_j} \tag{11—3}$$

将(11－2)、(11－3)式代入(11－1)式，得：

$$\begin{cases} \sum_{j=1}^{n} a_{ij}Q_j + Y_i = Q_i \\ \sum_{j=1}^{n} a_{oj}Q_j = L \end{cases} \quad (i = 1,2,\cdots,n) \tag{11-4}$$

令

$$\boldsymbol{A} = \begin{bmatrix} a_{11} & a_{12} & \cdots & a_{1n} \\ a_{21} & a_{22} & \cdots & a_{2n} \\ \vdots & \vdots & \cdots & \vdots \\ a_{n1} & a_{n2} & \cdots & a_{nn} \end{bmatrix} \qquad \boldsymbol{Y} = \begin{bmatrix} Y_1 \\ Y_2 \\ \vdots \\ Y_n \end{bmatrix} \qquad \boldsymbol{Q} = \begin{bmatrix} Q_1 \\ Q_2 \\ \vdots \\ Q_n \end{bmatrix}$$

则(11－4)式中的 n 个产品方程可用矩阵形式表示为：

$$\boldsymbol{AQ} + \boldsymbol{Y} = \boldsymbol{Q} \tag{11-5}$$

即：

$$(\boldsymbol{I} - \boldsymbol{A})\boldsymbol{Q} = \boldsymbol{Y} \tag{11-6}$$

式中：$\boldsymbol{A}$ 为直接消耗系数矩阵；$\boldsymbol{Q}$ 为总产品列向量；$\boldsymbol{Y}$ 为最终产品列向量；$\boldsymbol{I}$ 为单位矩阵；$(\boldsymbol{I}-\boldsymbol{A})$ 为列昂节夫矩阵。

具体形式为：

$$(\boldsymbol{I} - \boldsymbol{A}) = \begin{bmatrix} 1-a_{11} & -a_{12} & \cdots & -a_{1n} \\ -a_{21} & 1-a_{22} & \cdots & -a_{2n} \\ \vdots & \vdots & \cdots & \vdots \\ -a_{n1} & -a_{n2} & \cdots & 1-a_{nn} \end{bmatrix}$$

(11－6)式表明了总产品与最终产品的关系。若已知各种产品的总产量，则可通过该式求出各种产品的最终产品需求量。若已知最终产品的需求量，也可用 $\boldsymbol{Q} = (\boldsymbol{I} - \boldsymbol{A})^{-1}\boldsymbol{Y}$（设 $(\boldsymbol{I}-\boldsymbol{A})$ 非奇异）求出各种产品的总产量。其中 $(\boldsymbol{I}-\boldsymbol{A})^{-1}$ 为列昂节夫逆阵，它反映出最终产品与总产品之间的关系。

在经济工作中，经常要利用实物指标，因此实物型投入产出表应用相当广泛。它可以反映各部门产品间的生产技术联系，对于物资平衡具有重要作用。

三、静态价值型投入产出模型

价值型投入产出模型是根据价值型投入产出表而建立的。由于它不仅能反映各部门产品的实物运动过程，而且能精确地描述各部门产品的价值运动过程，因而它的应用范围比实物型更为广泛。表 11－2 为一简化了的价值型投入产出表。

由于价值表是以货币作为计量单位，因此可以按行或列来建立数学模型。

按横行建立的模型与实物型是类似的，它反映了各部门产品生产与分配使用的情况，描述了最终产品与总产品之间的平衡关系。

从表 11－2 中可看出，如果有 n 个部门，则有 n 个方程。

表 11－2　简化静态价值形投入产出表

投入＼产出		中间部门					最终产品 Y_i	总产品 X_i
		部门 1	部门 2	…	部门 n	小计		
物质消耗	部门 1	x_{11}	x_{12}	…	x_{1n}	E_1	Y_1	X_1
	部门 2	x_{21}	x_{22}	…	x_{2n}	E_2	Y_2	X_2
	⋮	⋮	⋮	…	⋮	⋮	⋮	⋮
	部门 n	x_{n1}	x_{n2}	…	x_{nn}	E_n	Y_n	X_n
	小计	C_1	C_2	…	C_n	C	Y	X
新创造价值	劳动报酬 v_i	v_1	v_2	…	v_n	v		
	纯收入 m_j	m_1	m_2	…	m_n	m		
	小计 N_j	N_1	N_2	…	N_n	N		
总产品 X_j		X_1	X_2	…	X_n	X		

$$\sum_{j=1}^{n} x_{ij} + Y_i = X_i \quad (i = 1,2,\cdots,n) \tag{11－7}$$

设以价值表现的各部门的直接消耗系数为：

$$a_{ij} = \frac{x_{ij}}{X_j} \quad (i = 1,2,\cdots,n) \tag{11－8}$$

将(11－8) 式代入(11－7) 式，得：

$$\sum_{j=1}^{n} a_{ij} X_j + Y_i = X_i \quad (i = 1,2,\cdots,n) \tag{11－9}$$

上式叫做产品分配方程组。它表明一定部门的总产品等于从该部门流向其他部门(包括本部门) 的产品及最终产品之和。

将(11－9) 式写出矩阵形式，为：

$$\boldsymbol{AX} + \boldsymbol{Y} = \boldsymbol{X} \tag{11－10}$$

即：

$$(\boldsymbol{I} - \boldsymbol{A})\boldsymbol{X} = \boldsymbol{Y} \tag{11－11}$$

可以证明($\boldsymbol{I}-\boldsymbol{A}$)为非奇异矩阵,从而:

$$\boldsymbol{X}=(\boldsymbol{I}-\boldsymbol{A})^{-1}\boldsymbol{Y} \tag{11-12}$$

式中,$\boldsymbol{A}$ 为直接消耗系数矩阵。价值型投入产出表的直接消耗系数矩阵具有以下两种性质:

(1) 所有元素都不是负数,即:

$$a_{ij}\geqslant 0 \quad (i,j=1,2,\cdots,n)$$

(2) 各列元素之和均小于1,即:

$$\sum_{i=1}^{n}a_{ij}<1 \quad (j=1,2,\cdots,n)$$

对价值型投入产出表,也可以按纵列建立模型,反映各部门产品价值的形成过程,并反映生产与消费之间的平衡关系。n 个部门的投入产出表同样可以建立 n 个方程:

$$\sum_{i=1}^{n}X_{ij}+v_j+m_j=X_j \quad (j=1,2,\cdots,n) \tag{11-13}$$

上式叫费用平衡方程组。它反映出物质消耗费用、所创造的价值与产品总价值之间的关系,将(11-8)式代入上式得:

$$\sum_{i=1}^{n}a_{ij}X_j+v_j+m_j=X_j \quad (j=1,2,\cdots,n) \tag{11-14}$$

已知 $v_j+m_j=N_j \quad (j=1,2,\cdots,n)$ 将(11-14)式写成矩阵形式为:

$$\boldsymbol{CX}+\boldsymbol{N}=\boldsymbol{X} \tag{11-15}$$

即:

$$(\boldsymbol{I}-\boldsymbol{C})\boldsymbol{X}=\boldsymbol{N} \tag{11-16}$$

式中

$$\boldsymbol{C}=\begin{bmatrix}\sum_{i=1}^{n}a_{i1} & 0 & \cdots & 0\\ 0 & \sum_{i=1}^{n}a_{i2} & \cdots & 0\\ \vdots & \vdots & \cdots & \vdots\\ 0 & 0 & \cdots & \sum_{i=1}^{n}a_{in}\end{bmatrix} \tag{11-17}$$

这里 $\boldsymbol{C}$ 有重要的经济意义,它可称为中间投入系数矩阵,或劳动对象投入系数矩阵。其对角线上的元素 $\sum_{i=1}^{n}a_{ij}$ 说明第 j 部门产值中消耗的劳动对象(原材料、辅助材料、燃料、动力等)所占的比重。

可以证明,($\boldsymbol{I}-\boldsymbol{C}$)为非奇异阵,所以:

$$\boldsymbol{X}=(\boldsymbol{I}-\boldsymbol{C})^{-1}\boldsymbol{N} \tag{11-18}$$

利用(11-18)式,一方面可以在已知物质消耗系数与各部门总产值的情况下求出各部门的新价值,另一方面,还可以通过各部门的新创造价值来计算各部门的总产值。

四、完全消耗系数和完全需求系数

1.完全消耗系数

前面介绍的直接消耗系数表明了某个部门单位产品的生产过程中对各个部门产品的直接消耗量。但在产品生产过程中，不仅包括了直接消耗，而且包含了间接消耗，这可由图11—2看出。

图11－2中，钢对电力的完全消耗等于钢对电力的直接消耗加上所有间接消耗之和。为了更深刻地考察国民经济各个部门和各种产品之间的技术经济联系，不仅需要计算产品之间的直接消耗系数，而且有必要计算完全消耗系数。

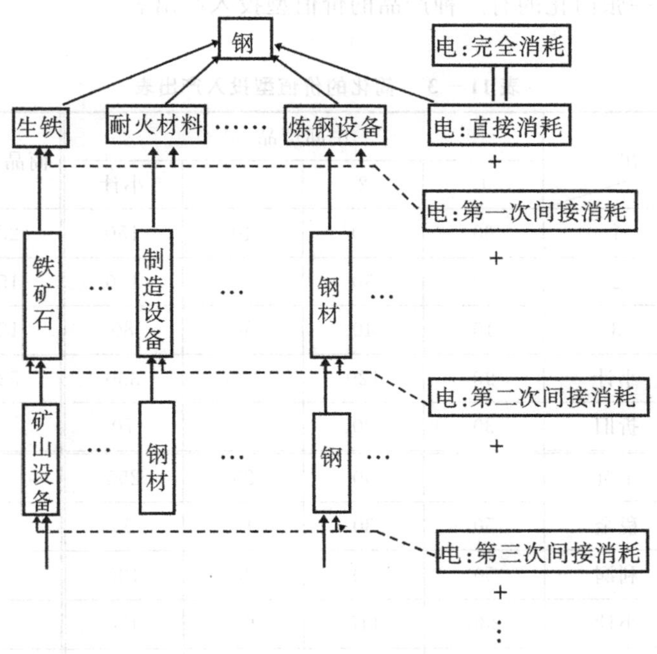

图11－2　钢对电力的直接消耗系数

完全消耗系数说明了为得到单位最终产品对某一部门产品的完全消耗量。

以 b_{ij} 表示第 j 部门产品对第 i 部门产品的完全消耗系数。因完全消耗等于直接消耗与无数次间接消耗之和，因此可得 b_{ij} 的计算公式如下：

$$b_{ij}=a_{ij}+\sum_{k=1}^{n}a_{ik}a_{kj}+\sum_{s=1}^{n}\sum_{k=1}^{n}a_{is}a_{sk}a_{kj}+\sum_{t=1}^{n}\sum_{s=1}^{n}\sum_{k=1}^{n}a_{it}a_{ts}a_{sk}a_{kj}+\cdots$$

$$(i=1,2,\cdots,n;j=1,2,\cdots,n) \qquad (11-19)$$

将上式写成矩阵形式为：

$$\boldsymbol{B}=\boldsymbol{A}+\boldsymbol{A}^2+\boldsymbol{A}^3+\boldsymbol{A}^4+\cdots$$

这里，$\boldsymbol{B}=(b_{ij})_{n\times n}$ 为完全消耗系数矩阵。

由 $(\boldsymbol{I}-\boldsymbol{A})^{-1}=\boldsymbol{I}+\boldsymbol{A}+\boldsymbol{A}^2+\boldsymbol{A}^3+\boldsymbol{A}^4+\cdots$ 可得：

$$\boldsymbol{B}=(\boldsymbol{I}-\boldsymbol{A})^{-1}-\boldsymbol{I} \qquad (11-20)$$

由此，当知道了直接消耗系数矩阵 $\boldsymbol{A}$ 后，就可以计算出完全消耗系数矩阵 $\boldsymbol{B}$。

2. 完全需求系数

直接消耗系数是对总产品而言的，完全消耗系数是对最终产品而言的。完全需求系数说明了为得到单位最终产品对各部门产品的需求量，其中既包括直接需求也包括间接需求。只有当各部门的生产量达到这些数值，去掉了生产过程中的各种直接和间接消耗，才能得到某部门一个单位的最终产品。完全需求系数矩阵 $\overline{\boldsymbol{B}}$ 的计算公式为：

$$\overline{\boldsymbol{B}} = \boldsymbol{B} + \boldsymbol{I} = (\boldsymbol{I} - \boldsymbol{A})^{-1} \tag{11-21}$$

显然，这是列昂节夫逆阵。

五、简化的企业投入产出表实例

表 11－3 是一张简化的有三种产品的价值型投入产出表。

表 11－3　简化的价值型投入产出表

投入＼产出		中间产品				商品产品	总产值
		1	2	3	小计		
生产资料转移价值	1	60	50	40	150	250	400
	2	20	30	50	100	150	250
	3	10	40	30	80	120	200
	小计	90	120	120	330	520	850
	折旧	30	20	20	70		
新创价值	工资	180	50	25	255		
	税金	50	30	15	95		
	利润	50	30	20	100		
	小计	280	110	60	450		
总计		400	250	200	850		

表 11－3 从横向来看，反映企业各种产品按经济用途的使用情况。从经济用途看，企业各部门的产品可分为两大部分，即中间产品和最终产品。中间产品是本时期内在生产过程中尚需进一步加工的产品。表中第 1 种中间产品 150 万元，第 1 种产品本身消耗 60 万元，被第 2 种产品消耗 50 万元，被第 3 种产品消耗 40 万元。最终产品是本时期企业已经最终加工完毕，可供社会最终消费的产品。第 1 种产品的最终产品为 250 万元。

表 11－3 从垂直方向观察，反映企业各部门产品的价值构成。产品的价值可以分为两部分。

第一部分是物化劳动转移的价值，由生产过程中消耗的生产资料的价值组成，包括原材料、燃料、动力的消耗以及固定资产折旧，第二部分是新创造的价值，包括工资、税金和利润。表中第 1 列反映第 1 种产品的价值构成，其中自身消耗了 60 万元，消耗了第 2 种产品 20 万元，消耗了第 3 种产品 10 万元，共消耗了劳动对象 90 万元，发生固定资产折旧 30 万元，生产资料转移价值合计 120 万元。工资 180 万元，税金 50 万元，利润 50 万元，所创造价值合计为 280 万元。总计第 1 种产品的价值 400 万元。

表 11—3 用双线分割成四个部分(或叫象限)。按照习惯，四个象限的排列次序为 $\begin{pmatrix} \text{I} & \text{II} \\ \text{III} & \text{IV} \end{pmatrix}$。第 Ⅰ 象限由 $n(n=3)$ 种产品纵横交叉而成，反映了各种产品之间相互提供劳动对象的消耗情况。第 Ⅱ 象限反映企业总产品中用于最终产品的部分，最终产品包括供国内市场销售的商品产品、出口的商品产品、企业基本建设耗用的商品产品。第 Ⅲ 象限包括固定资产折旧和新创造价值两部分。新创造价值包括工资和盈利(税金和利润)。第 Ⅳ 象限是由第 Ⅱ、Ⅲ 象限共同延伸而组成的，用来反映国民收入再分配的情况，经济内容较复杂，一般在实际的投入产出表中都把它略去。

下面根据表 11－3 计算直接消耗系数、完全需求系数和完全消耗系数。

1. 直接消耗系数的计算

根据(11－8)式，第 1 种产品(第 1 列)的直接消耗系数计算如下：

$$a_{11}=\frac{60}{400}=0.15$$

$$a_{21}=\frac{20}{400}=0.05$$

$$a_{31}=\frac{10}{400}=0.025$$

a_{11} 表示生产 1 元第一种产品消耗 0.15 元第 1 种产品；a_{21} 表示生产 1 元第 1 种产品消耗 0.05 元第 2 种产品；a_{31} 表示生产 1 元第 1 种产品消耗 0.025 元第 3 种产品。

同样，可以计算出第 2 种、第 3 种产品的直接消耗系数。直接消耗系数矩阵如下：

$$\boldsymbol{A}=\begin{bmatrix}0.15 & 0.2 & 0.2\\ 0.05 & 0.12 & 0.25\\ 0.025 & 0.16 & 0.15\end{bmatrix}$$

2. 完全需求系数的计算

根据(11－21)式计算表 11－3 的完全需求系数矩阵如下：

$$\boldsymbol{I}-\boldsymbol{A}=\begin{bmatrix}1 & 0 & 0\\ 0 & 1 & 0\\ 0 & 0 & 1\end{bmatrix}-\begin{bmatrix}0.15 & 0.2 & 0.2\\ 0.05 & 0.12 & 0.25\\ 0.025 & 0.16 & 0.15\end{bmatrix}=\begin{bmatrix}0.85 & -0.2 & -0.2\\ -0.05 & 0.88 & -0.25\\ -0.025 & -0.16 & 0.85\end{bmatrix}$$

经过矩阵的初等变换可求出 $\boldsymbol{I}-\boldsymbol{A}$ 的逆矩阵，即得到完全需求系数矩阵。

$$\overline{\boldsymbol{B}}=(\boldsymbol{I}-\boldsymbol{A})^{-1}=\begin{bmatrix}1.2080 & 0.3447 & 0.3856\\ 0.0831 & 1.2243 & 0.3797\\ 0.0511 & 0.2406 & 1.2593\end{bmatrix}$$

3. 完全消耗系数的计算

根据(11－20)式可以计算出表 11－3 的完全消耗系数矩阵。

$$\boldsymbol{B}=(\boldsymbol{I}-\boldsymbol{A})^{-1}-\boldsymbol{I}=\begin{bmatrix}1.2080 & 0.3447 & 0.3856\\ 0.0831 & 1.2243 & 0.3797\\ 0.0511 & 0.2406 & 1.2593\end{bmatrix}-\begin{bmatrix}1 & 0 & 0\\ 0 & 1 & 0\\ 0 & 0 & 1\end{bmatrix}$$

$$= \begin{bmatrix} 0.2080 & 0.3447 & 0.3856 \\ 0.0813 & 0.2243 & 0.3797 \\ 0.0511 & 0.2406 & 0.2593 \end{bmatrix}$$

第三节　投入产出分析在企业管理中的应用

一、投入产出法在测算技术进步方面的应用

投入产出表中不同时期直接消耗系数的变化，可以归结为技术进步的作用。消耗系数的变化会导致产出量的变化，因此，不同年份上产出量的变化在某种意义上反映出技术进步的贡献。通过不同总产出的变化，就可求出这一时期技术进步变化的定量描述。

已知：$\boldsymbol{X}_t = (\boldsymbol{I} - \boldsymbol{A}_t)^{-1}\boldsymbol{Y}_t$

其中：$\boldsymbol{X}, \boldsymbol{A}, \boldsymbol{Y}$ 均可随时期 t 的变化而变化。设 $t = 1, 2$，分别为前($t = 1$)、后($t = 2$) 两个时期，则两个时期的产出量变化值为：

$$\begin{aligned} \boldsymbol{X}_2 - \boldsymbol{X}_1 &= (\boldsymbol{I} - \boldsymbol{A}_2)^{-1}\boldsymbol{Y}_2 - (\boldsymbol{I} - \boldsymbol{A}_1)^{-1}\boldsymbol{Y}_1 \\ &= (\boldsymbol{I} - \boldsymbol{A}_2)^{-1}\boldsymbol{Y}_2 - (\boldsymbol{I} - \boldsymbol{A}_2)^{-1}\boldsymbol{Y}_1 + (\boldsymbol{I} - \boldsymbol{A}_2)^{-1}\boldsymbol{Y}_1 - (\boldsymbol{I} - \boldsymbol{A}_1)^{-1}\boldsymbol{Y}_1 \\ &= (\boldsymbol{I} - \boldsymbol{A}_2)^{-1}(\boldsymbol{Y}_2 - \boldsymbol{Y}_1) + [(\boldsymbol{I} - \boldsymbol{A}_2)^{-1} - (\boldsymbol{I} - \boldsymbol{A}_1)^{-1}]\boldsymbol{Y}_1 \end{aligned}$$

从上式可以看出，不同时期总产值的变化是由两部分实现的，前一项$(\boldsymbol{I} - \boldsymbol{A}_2)^{-1}(\boldsymbol{Y}_2 - \boldsymbol{Y}_1)$ 是由最终产品的变化$(\boldsymbol{Y}_2 - \boldsymbol{Y}_1)$ 实现的，后一项$[(\boldsymbol{I} - \boldsymbol{A}_2)^{-1} - (\boldsymbol{I} - \boldsymbol{A}_1)^{-1}]\boldsymbol{Y}_1$ 是由两个不同时期的直接消耗系数的变化而引起的，它就涉及到技术进步的作用。因此，只要测定出两个时期的直接消耗系数 $\boldsymbol{A}_1$ 和 $\boldsymbol{A}_2$，就可算出$[(\boldsymbol{I} - \boldsymbol{A}_2)^{-1} - (\boldsymbol{I} - \boldsymbol{A}_1)^{-1}]\boldsymbol{Y}_1$ 的产值，然后用两个时期的总产值变化$(\boldsymbol{X}_2 - \boldsymbol{X}_1)$ 去除，就可求得这一时期内技术进步的贡献。

二、投入产出分析

1. 分析各部门产品的价值构成

利用价值型投入产出表，可以分析各部门产品的价值构成。根据表 11－3 可以编制分析表 11－4。

表 11－4　投入产出分析表(%)

构成＼产品	全部产品	第 1 种产品	第 2 种产品	第 3 种产品
总产值	100	100	100	100
其中：生产资料转移价值	47.06	30	56	70
(1) 中间投入	38.82	22.5	48	60
(2) 折旧	8.24	7.5	8	10
必要劳动创造价值	30	45	20	12.5
剩余劳动创造价值	22.94	25	24	17.5

从表 11－4 可看出，该企业全部产品中，生产资料转移价值占 47.06%，其中劳动对象转移的价值占 38.82%，劳动资料转移的价值占 8.24%，必要劳动创造的价值占 30%，剩

余劳动创造的价值占 22.94%。第 1 种产品属劳动密集型产品，必要劳动创造的价值占 45%，第 3 种产品劳动对象转移的价值比重较大，占 60%。

2. 分析最终产品变动的影响

利用投入产出表，可以根据最终产品的变动分析其对总产出的影响。

设最终产品由 $\boldsymbol{Y}$ 变为 $\boldsymbol{Y}'$，最终产品的变化量：

$$\Delta \boldsymbol{Y} = \boldsymbol{Y}' - \boldsymbol{Y}$$

最终产品的变动必然导致总产品产出由 $\boldsymbol{X}$ 变为 $\boldsymbol{X}'$。总产出 $\boldsymbol{X}$ 的变动量：

$$\Delta \boldsymbol{X} = \boldsymbol{X}' - \boldsymbol{X}$$

根据(11－12) 式，得：

$$\boldsymbol{X} = (\boldsymbol{I} - \boldsymbol{A})^{-1}\boldsymbol{Y} \qquad ①$$

$$\boldsymbol{X}' = (\boldsymbol{I} - \boldsymbol{A})^{-1}\boldsymbol{Y}' \qquad ②$$

②－① 得：

$$(\boldsymbol{X}' - \boldsymbol{X}) = (\boldsymbol{I} - \boldsymbol{A})^{-1}(\boldsymbol{Y}' - \boldsymbol{Y})$$

即：

$$\Delta \boldsymbol{X} = (\boldsymbol{I} - \boldsymbol{A})^{-1}\Delta \boldsymbol{Y} \qquad (11-22)$$

(11－22) 式表示总产出的变化量等于最终产品的变化量乘以完全需求系数矩阵。

例 11－1　报告期投入产出表见表 11－3，计划期第一种产品的商品产品由 250 万元增加到 300 万元，第 2 种和第 3 种的商品产量不变，分析最终产品变动的影响。

由题意知：

$$\Delta \boldsymbol{Y} = \boldsymbol{Y}' - \boldsymbol{Y} = \begin{bmatrix} 300 \\ 150 \\ 120 \end{bmatrix} - \begin{bmatrix} 250 \\ 150 \\ 120 \end{bmatrix} = \begin{bmatrix} 50 \\ 0 \\ 0 \end{bmatrix}$$

根据(11－22) 式：

$$\Delta \boldsymbol{X} = (\boldsymbol{I} - \boldsymbol{A})^{-1}\Delta \boldsymbol{Y} = \begin{bmatrix} 1.2080 & 0.3447 & 0.3856 \\ 0.0831 & 1.2243 & 0.3797 \\ 0.0511 & 0.2406 & 1.2593 \end{bmatrix} \begin{bmatrix} 50 \\ 0 \\ 0 \end{bmatrix} = \begin{bmatrix} 60 \\ 4 \\ 3 \end{bmatrix}$$

已知：

$$\boldsymbol{X} = \begin{bmatrix} 400 \\ 250 \\ 200 \end{bmatrix}$$

$$\boldsymbol{X}' = \boldsymbol{X} + \Delta \boldsymbol{X} = \begin{bmatrix} 400 \\ 250 \\ 200 \end{bmatrix} + \begin{bmatrix} 60 \\ 4 \\ 3 \end{bmatrix} = \begin{bmatrix} 460 \\ 254 \\ 203 \end{bmatrix}$$

通过上述计算可看出，受完全需求的影响，虽然只有第 1 种产品的最终产量发生了变化，但三种产品的总产出都因此而发生了变化。要使第 1 种产品的商品量增加 50 万元，第 1 种产品的总产出需增加 60 万元，第 2 种产品的总产出需增加 4 万元，第 3 种产品的总产出需增加 3 万元。

习　题

1. 解释直接消耗系数、完全消耗系数、完全需求系数的经济含义。

2. 某地区钢、煤、电的直接消耗系数见下表：

	钢	煤	电
钢	0.1	0.08	0.025
煤	0.5	0.02	0.53
电	0.25	0.06	0.05

(1) 试求最终产品在钢 = 130 万吨、煤 = 140 万吨、电 = 300 亿度时钢、煤、电的总产量；

(2) 若要使最终产品的钢增加 18 万吨，问钢、煤、电的总产量应该是多少？

第十二章　系统仿真技术

系统仿真又称系统模拟，是近几十年发展起来的辅助系统设计和管理决策的一门新兴技术科学。所谓仿真就是将所研究的对象用其他手段加以模仿。它的基本思想是在研究现实世界时，并不直接研究现象或过程本身，而是设计一个与该现象或过程相似的试验模型，这个模型中包含所研究系统中的主要特点，通过这个试验模型的运行，获得所要研究系统的必要信息。

本章将主要介绍系统仿真的基本概念、数字仿真方法、随机系统仿真技术等内容。

第一节　概　述

一、基本概念

1.系统仿真的概念

人们在改造客观世界的过程中，常常会遇到一些复杂的系统，为了深入地研究分析和设计这些系统，通常都要对这些系统进行试验，由于经济、安全及可能性等方面的考虑，人们不希望首先在实际系统上进行试验，而希望能在模型上进行试验。因此，系统仿真就成了研究、分析与设计系统必不可少的手段。

所谓系统仿真，就是根据系统分析的目的，在分析系统各要素性质及其相互关系的基础上，建立能描述系统结构和行为且具有一定逻辑关系和数学性质的仿真模型，根据仿真模型对系统进行试验和定量分析，以获得决策所需的信息。简言之，系统仿真就是建立系统的模型并在模型上进行试验。

近年来，随着科学技术的发展，人们所要研究的系统逐渐复杂起来，以至单纯依靠人的直观努力已无法解决系统问题，这样，就使得仿真技术的重要性和有效性更明显。特别是电子计算机技术的发展，把系统仿真的应用推进了一个崭新的阶段。

2.仿真模型

建立模型是系统仿真的第一步，也是十分重要的一步。仿真模型既可以是一个物理模型，也可以是一个数学模型。在工程系统（技术系统）中通常使用物理模型。例如，风洞试验中的比例模型属于静态物理模型，飞行仿真中的三自由度飞行运动仿真器则属于动态物理模型。在计算机仿真中通常使用数学模型。一般来说，系统的数学模型都必须改写成适合计算机处理的仿真模型后才能使用。系统模型是系统的一次近似模型，而仿真模型则是系统的二次近似模型。只有建立了仿真模型之后，才能编写出相应的计算机程序。

仿真模型的分类见图12－1。

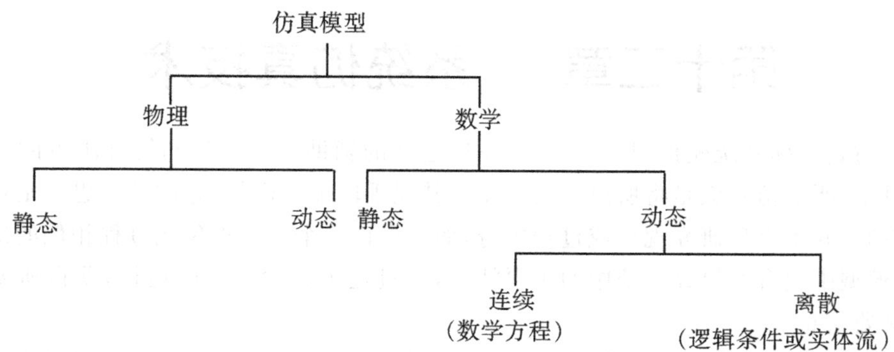

图 12－1 仿真模型的分类

二、系统仿真的实质

对某些复杂的大系统，我们不能直接对其进行试验，而必须通过模型进行研究，主要原因可归纳为以下几个方面：

1. 系统还处于设计阶段，并没有真正建立起来，因此不可能在真实系统上进行试验。

2. 在真实系统上做试验会破坏系统的运行，例如，在经济系统中，若贸然实施一项重大决策，可能会引起经济混乱。

3. 在实际系统上做多次试验时，很难保证每次的操作条件都相同，因而无法对试验结果的优劣作出正确的判断。

4. 试验时间太长或费用太大或有危险。

5. 系统一旦建成就无法复原。

由此可见，系统仿真的实质在于：

1. 它是一种对系统问题求数值解的计算技术。在许多情况下，由于实际系统过于复杂，以致无法建立数学模型并用解析法求解，而仿真技术却能有效地求解这类问题。

2. 仿真是一种人为的试验手段。通过仿真试验能够对所研究的系统进行类似于物理试验和化学试验那样的实践。它与直接对实际系统进行试验的区别在于：仿真试验不是依据实际环境，而是在作为实际系统映像的系统模型以及相应的“人造”环境的条件下进行的。这也是仿真的主要功能。

3. 在系统仿真时，尽管要研究的是某些特定时刻的系统状态或行为，但仿真却可以对系统状态或行为在时间序列内的全过程进行描述。换句话说，它可以比较真实地描述系统的运行、演变及其发展过程。

4. 目前，仿真的试验和求解主要是在计算机上实现的。因此，电子计算机仿真在系统仿真中占有非常重要的地位。

三、系统仿真的作用

系统仿真的作用主要表现在：

1. 仿真过程也是试验过程，而且还是系统地收集和积累信息的过程。尤其是对一些复杂的随机问题，应用仿真技术是提供所需信息的令人满意的方法之一。

2. 仿真技术有可能对一些难以建立物理模型或数学模型的系统，通过仿真模型来顺利地解决预测、分析和评价等系统问题。

3. 通过系统仿真，可以把一个复杂的系统分解成若干个子系统，以便于分析，并能指出各子系统之间的各种逻辑关系。

4. 通过系统仿真，还能启发新的策略或新思想的产生，或能发现系统中隐藏着的实质性问题。同时，当有新的要素增加到系统中时，通过仿真可以预先指出系统状态中可能会出现的瓶颈现象或其他问题。

系统仿真技术在企业管理与生产系统中的应用十分广泛。例如，在制定生产作业计划、设备平面布局、维修计划、生产调度、库存控制、随机服务系统分析、成本分析等方面，都可以应用仿真技术圆满地解决问题。

四、系统仿真的步骤

根据仿真定义，可以画出仿真的流程，如图 12－2 所示。具体地说，我们可将仿真过程分为 10 个步骤。

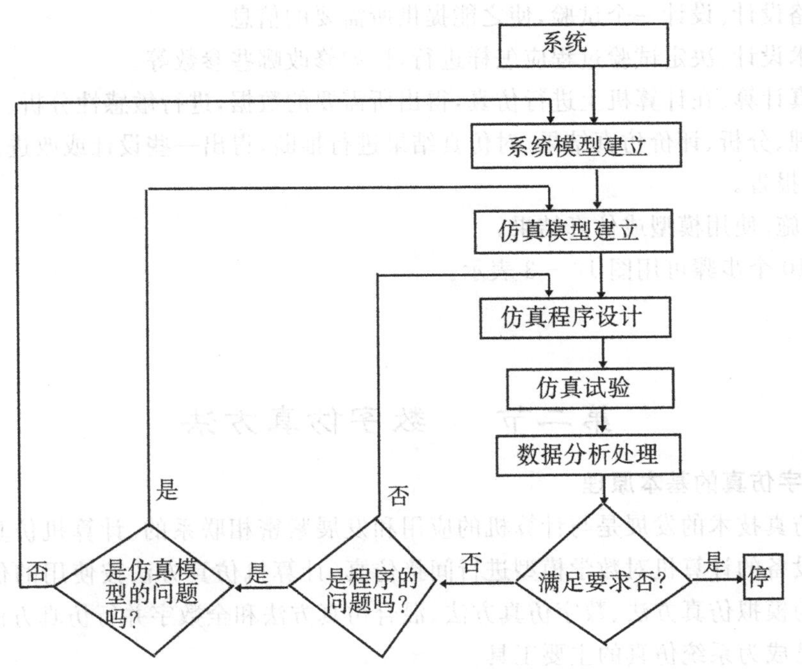

图 12－2　仿真流程图

1. 系统定义。确定被仿真系统的边界及约束条件。

2. 收集并生成供仿真用的有关数据。

3. 构造仿真模型。所谓构造仿真模型是指用其他的抽象概念，如利用数学公式、逻辑表达式、图表等来表示实际系统的内部状态和输入输出的关系。构造好仿真模型是系统仿真的关键步骤。因为仿真的实质就在于用计算机对仿真模型进行试验，通过试验取得改善系统性能或设计新系统所需要的信息。

4. 解释模型。为了对系统进行仿真，必须用计算机可接受的语言来描述模型并翻译成计算机可执行的程序。

随着计算机仿真研究工作的开展，人们已经研究出许多种专用计算机仿真语言，常用的有如下几种：

(1)SIMSCRIPT(Simulator Scriptor) 离散系统仿真通用语言。

(2)GASP(General Activity Simulation Program) 通用活动仿真程序。

(3)SIMLILA(Simulation Language) 仿真语言。

(4)GPSS(General Purpose System Simulator) 通用系统仿真程序。

专用仿真语言大多专用于具体型号的计算机。

5. 检验模型。通过检验以断定模型的正确性。

6. 战略设计。设计一个试验，使之能提供所需要的信息。

7. 战术设计。决定试验过程应怎样进行，比如修改哪些参数等。

8. 仿真计算。在计算机上进行仿真，得出所需要的数据，进行敏感性分析。

9. 整理、分析、评价仿真结果。对仿真结果进行推断，得出一些设计或改进系统的有益结论，写出报告。

10. 实施。使用模型或仿真结果。

上述 10 个步骤可用图 12－3 表示。

第二节　数字仿真方法

一、数字仿真的基本原理

现代仿真技术的发展是与计算机的应用和发展紧密相联系的。计算机仿真就是采用作为通用设备的计算机对数学模型进行间接仿真。计算机仿真方法按使用的仿真计算机不同可分为模拟仿真方法、数字仿真方法、混合仿真方法和全数字并行仿真方法。目前，数字计算机已成为系统仿真的主要工具。

数字仿真就是将模型放在数字计算机上进行实验。数字计算机执行的基本操作是算术运算、存储和逻辑操作，机器变量表现为离散的形式。数字仿真方法主要包括连续系统数字仿真方法和离散事件系统数字仿真方法两大类，我们将重点介绍后一类方法。

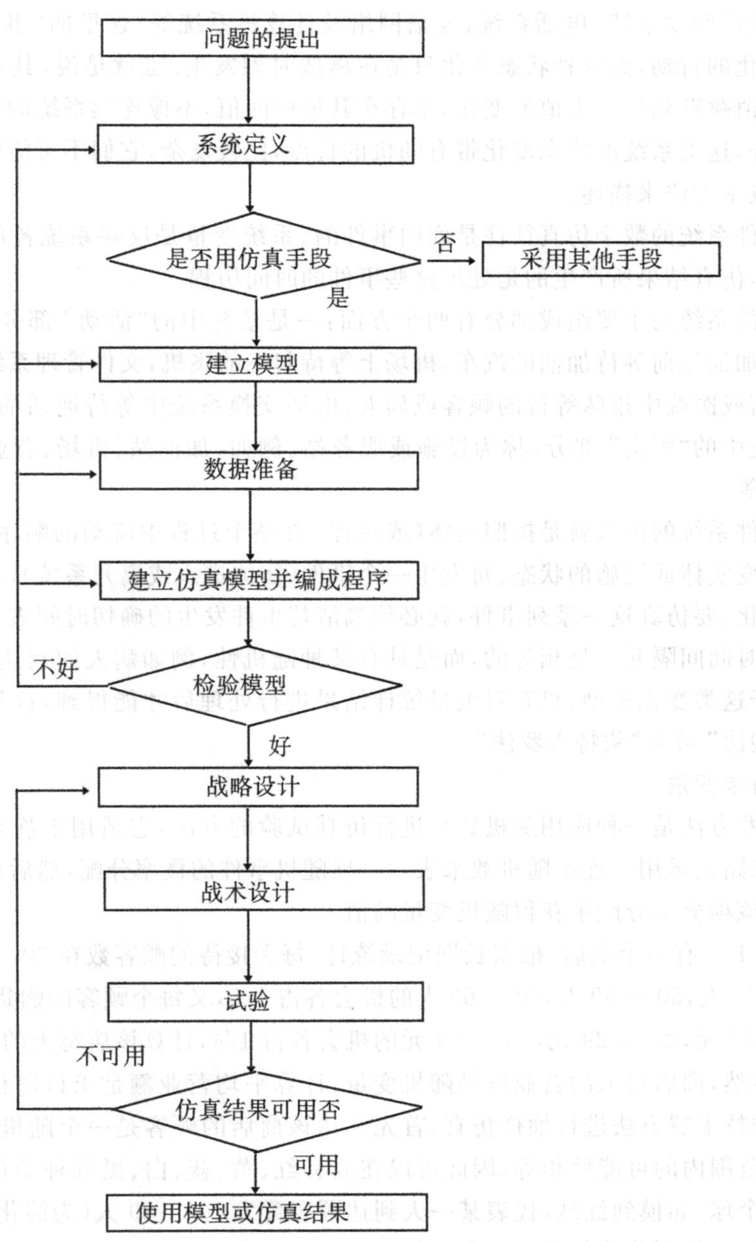

问题的提出
系统定义
是否用仿真手段
否
采用其他手段
是
建立模型
数据准备
建立仿真模型并编成程序
不好
检验模型
好
战略设计
战术设计
试验
不可用
仿真结果可用否
可用
使用模型或仿真结果

图 12－3　仿真步骤框图

离散事件系统是指操作和状态变化仅在离散时刻产生的系统。例如交通系统、库存管理系统、生产调度系统、电话系统、通信网络及计算机系统等。这里的“事件”是指系统状态发生变化的行动，而这种状态变化只是在离散时刻发生。也就是说，其系统状态的变化是从一个值跳跃到另一个值的变化，不存在其他中间值，不像连续系统的变化那样平滑和连续。另外，这类系统的状态变化带有随机的特点，比较复杂，它们不可能建立确定的模型，需要用概率方法来描述。

离散事件系统的数字仿真往往是面向事件的。系统变量是反映系统各部分相互作用的一些事件，仿真结果所产生的是处理这些事件的时间历程。

离散事件系统的主要组成部分有两个方面：一是系统中的“活动”部分，称为实体或顾客。例如，加油站前等待加油的汽车，机场上等待起飞的飞机，文件管理系统中等待处理的文件，商店或医院中排队等待的顾客或病人，电话交换系统中等待通话的电话呼叫，等等。二是系统中的“固定”部分，称为设施或服务站。例如，加油站、机场、营业员、医生、电话交换机等等。

离散事件系统的仿真就是按照实体（或顾客）在整个过程中流动的顺序，在规定时间内按顺序改变实体或设施的状态。每发生一个事件（实体进入或离开系统），系统的状态就发生一次变化。要仿真这一系列事件，就必须搞清楚事件发生的确切时间表。实际生活中，事件发生的时间间隔并不是相等的，而是具有某种随机性，例如病人的到达、电话呼叫的间隔等。对于这类变化模型，只有对大量统计结果进行处理后才能得到，这种建模方法称为“概率模型法”或称“蒙特卡罗法”。

二、蒙特卡罗法

蒙特卡罗方法是一种应用随机数来进行仿真试验的方法，它适用于静态离散事件系统。其基本思路是运用一连串随机数来表示一项随机事件的概率分配，然后利用任意取得的随机数从该项概率分配中获得随机变量的值。

例 12－1 有一个商店，根据长期记录统计，每天接待的顾客数在 20 ～ 29 人，30 ～ 39 人，40 ～ 49 人，50 ～ 59 人，60 ～ 69 人的机会各占 1/5，又每个顾客的购货金额为 15 ～ 19 元，20 ～ 24 元，25 ～ 29 元，30 ～ 34 元的机会各占 1/4，计算该店每天的平均营业额。

解 显然，商店每天的营业额是随机变量，计算平均营业额是求该随机变量的期望值。下面用蒙特卡罗方法进行抽样仿真。首先到达该商店的顾客是一个随机数，由于到达人数在五个范围内的可能性相等，因此可以在放有红、黄、蓝、白、黑五种颜色球的罐子中随机地摸一个球。如摸到红球，代表某一天到达顾客数为 20 ～ 29 人（为简化起见，取中间数 25 人，下同），摸到黄球代表到达顾客数为 35 人，蓝球代表 45 人，白球代表 55 人，黑球代表 65 人。又因为每个顾客购货金额的四种可能范围也是等概率的，可以在另一个罐子中放标记甲、乙、丙、丁的四个相同物品。如摸到甲，代表该顾客购货 15 ～ 19 元（为简化起见，取中间数 17 元，下同），摸到乙代表购货 22 元，摸到丙代表购货 27 元，摸到丁代表购货 32 元等。

为了进行仿真抽样统计，需要设计一个仿真的过程。这个过程由图 12－4 的框图来表示。图中 i 表示要仿真的天数，j 代表某一天到达的顾客数，K 为每个顾客的购货金额。该框图中 i 从 1 累计到 30，表示共仿真一个月，SUM 为顾客购货的总金额累计，用 SUM 除以

30 就得到了商店每天的平均营业额。

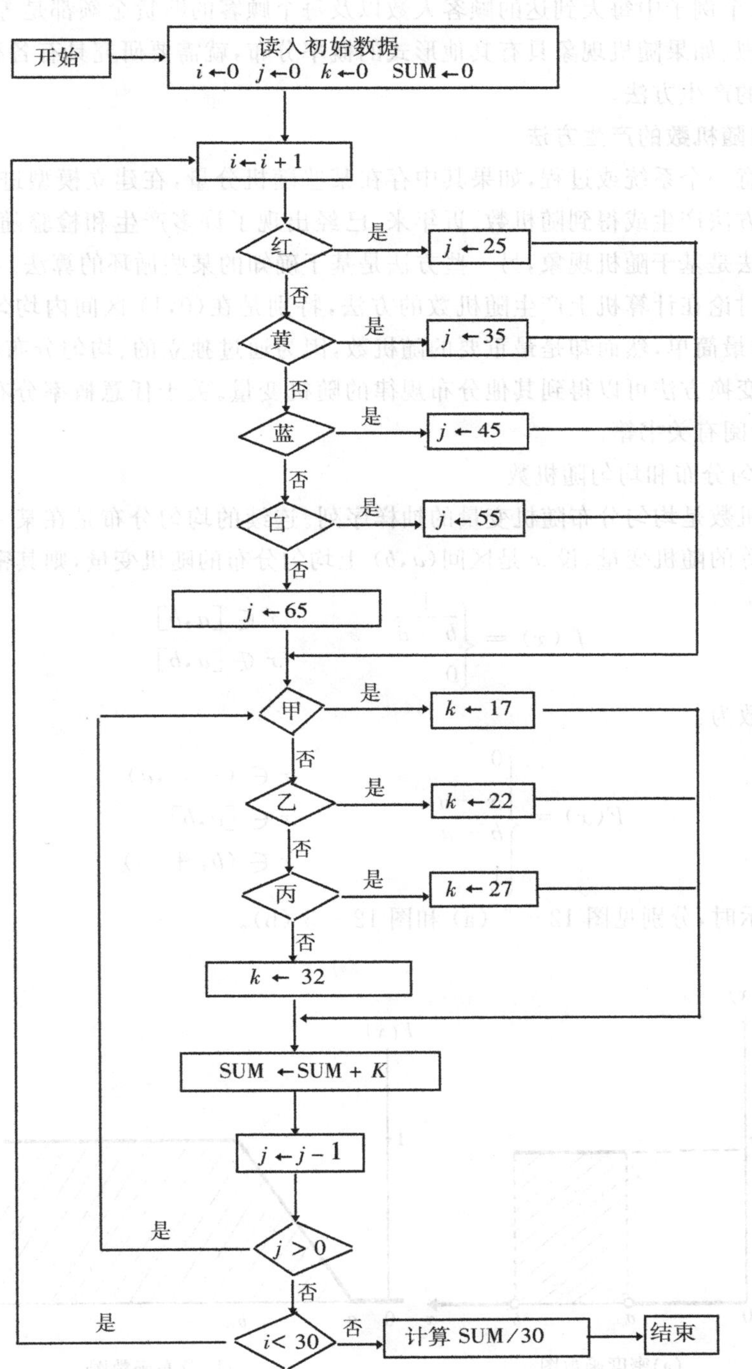

图 12-4　平均营业额仿真框图

通过上面这个例子可以看出，用蒙特卡罗方法进行仿真，首先要设计一个逻辑框图，即仿真模型。这个框图中要正确反应系统各部分运行时的逻辑关系。其次是如何模拟随机现象。由于这个例子中每天到达的顾客人数以及每个顾客的购货金额都是等概率的，可以用摸球来模拟。如果随机现象具有其他形式的概率分布，就需要研究具有各种概率分布的模拟随机数的产生方法。

三、均匀随机数的产生方法

仿真任意一个系统或过程，如果其中存在某些随机分量，在建立模型进行仿真时，就需要用某种方法产生或得到随机数。近年来，已经出现了许多产生和检验随机数的方法，其中一些方法是基于随机现象，另一些方法是基于确知的某些循环的算法。

这里将讨论在计算机上产生随机数的方法，特别是在(0,1)区间内均匀分布的随机数。这是一类最简单，然而却是最重要的随机数，因为通过独立的、均匀分布的(0,1)随机数经过某种变换方法可以得到其他分布规律的随机变量。关于任意概率分布随机数的产生方法，请参阅有关书籍。

(一) 均匀分布和均匀随机数

均匀随机数是均匀分布随机变量的抽样序列。连续的均匀分布是在某一给定区间内概率处处相等的随机变量。设 x 是区间(a,b)上均匀分布的随机变量，则其密度函数为：

$$f(x)=\begin{cases}\dfrac{1}{b-a} & x\in[a,b]\\ 0 & x\notin[a,b]\end{cases}$$

分布函数为：

$$F(x)=\begin{cases}0 & x\in(-\infty,a)\\ \dfrac{x-a}{b-a} & x\in[a,b]\\ 1 & x\in(b,+\infty)\end{cases}$$

用图表示时，分别见图 12－5 (a) 和图 12－5 (b)。

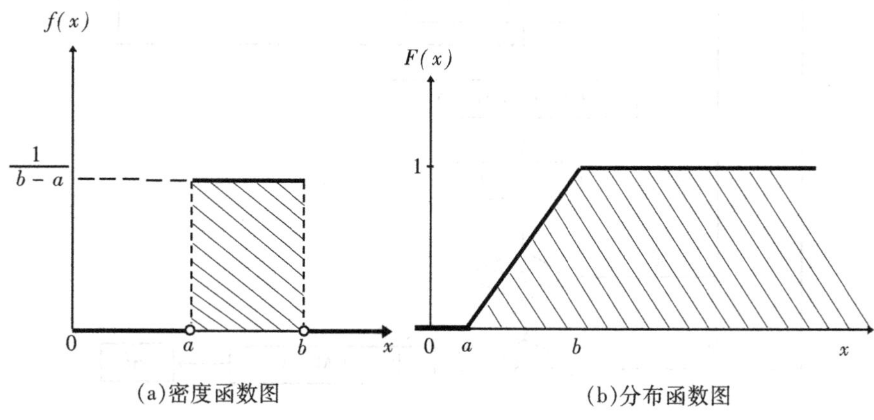

图 12－5 均匀分布图示

(二)(0,1) 区间均匀随机数的产生方法

在系统仿真中常用的是(0,1) 区间均匀分布的随机数，是上述均匀分布随机数在 $a=0,b=1$ 时的特殊情况。(0,1) 区间均匀分布随机数的密度函数为：

$$f(x)=\begin{cases}1 & x\in[0,1]\\0 & x\notin[0,1]\end{cases}$$

它的分布函数是：

$$F(x)=\begin{cases}0 & x\in(-\infty,0)\\x & x\in[0,1]\\1 & x\in(1,+\infty)\end{cases}$$

产生(0,1) 区间均匀随机数的方法主要有两种：

1. 利用物理装置或物理方法。如在质量分布均匀的转盘上等分刻度为 0 ～ 99，让其在摩擦力很小的情况下旋转，用一根固定的指针指示转盘停下来的数值，这样连续多次旋转，就得到了一个含两位数字的均匀随机数数列。也可以制造一个电脉冲发生器，或利用电子噪音发生器或放射性源去激励一个周期为 0 ～ 9 的计数器。由于电子噪音发生器或放射性源产生的脉冲是随机的，如每隔一定时间进行采样计算，多次重复或用几个计数器并联运行，就可以得到任意数字位的随机数。

2. 用数学递推公式产生。一般给定一个初始值，输入递推公式产生第二个数，再将第二个数输入公式产生第三个数，依此类推。由于真实的随机数是客观随机现象的记录反映，用数学递推公式产生的随机数是人为的，只具有某些类似于随机数的统计性质，因此称为伪随机数。

四、蒙特卡罗方法应用举例

下面举例说明应用蒙特卡罗方法建立仿真模型的具体过程。

例 12－2　某企业为改善管理，降低生产成本，准备加强库存控制工作，以降低库存总费用。根据过去的库存统计资料可知，该企业某种贵重原料的需求量和订货到达时间均属随机变量，即每单位时间(周) 的需求量是不确定的，订货后的交货周期(以周为单位) 也长短不一。故可采用蒙特卡罗法建立仿真模型，以决定最佳订货点和订货批量及最佳初始库存量。根据以往管理经验，今制定 5 种库存订货策略(方案)，如表 12－1 所示。

表 12－1　库存订货策略表

策略序号	订货点(单位)	订货批量(单位)	初始库存(单位)
1	15	20	20
2	15	15	20
3	15	10	15
4	20	20	15
5	20	15	15

以策略 1 为例，由表 12－1 可知，其初始库存量为 20 个单位，当库存量降低到 15 个单

位时开始订货(即订货点为 15),每次订货批量为 20 个单位。今分析以往统计资料可知该贵重原料每周需求量的变化情况,在统计了 100 周后可得表 12－2 所示的结果。

表 12－2 需求概率和随机数表

每周需求(单位)	发生次数	累计概率	代表随机数
0	2	0.02	01 ～ 02
1	8	0.10	03 ～ 10
2	22	0.32	11 ～ 32
3	34	0.66	33 ～ 66
4	18	0.84	67 ～ 84
5	9	0.93	85 ～ 93
6	7	1.00	94 ～ 100

同样,可得该贵重原料到货周期变化情况,如表 12－3 所示。

表 12－3 到货概率和随机数表

到货所需周数	发生次数	累计概率	代表随机数
1	23	0.23	01 ～ 23
2	45	0.68	24 ～ 68
3	17	0.85	69 ～ 85
4	9	0.94	86 ～ 94
5	6	1.00	95 ～ 100

根据库存管理部门估算可知,该贵重原料每单位库存费用 C_1 每周需 20 元,订货费用 C_2 每批为 50 元,缺货赔偿损失费用每单位为 200 元。今以策略 1 为例进行仿真,即在初始库存量为 20 个单位,订货点为 15 个单位,每次订货批量为 20 个单位条件下开始仿真,仿真步长(即时间坐标)以周为单位。仿真 20 次,即可将 20 周的需求量、到货时间、库存量及库存总费用的情况以仿真表形式列于表 12－4。

现将仿真过程简要说明如下:由表 12－4 可知,仿真前其库存量余额,即初始库存量为 20 个单位。下面按仿真步长(即每周一次)进行仿真。在第一次时先随意抽取需求量随机数,得 $R_S = 68$,则对照表 12－2 的代表随机数可知,其仿真需求量为 4 个单位,则此时的库存余额为 $20 - 4 = 16$ 单位,尚未达到订货点,故不需订货。而此时的库存总费用 C 即为库存费用 C_1,$C_1 = 20 \times 16 = 320$ 元。第二次仿真开始,再随意抽取需求量随机数,得 $R_S = 52$,则相应的需求量为 3 个单位,此时库存余额为 $16 - 3 = 13$ 单位,降低到订货点 15 单位以下,于是开始订货。先随意抽取到货所需时间随机数,得 $R_T = 50$,对照表 12－3 可知,其到货周期为2周，即要隔2周的时间才能到货。这时库存费用C是库存费用C_1和订货费用C_2之和，即$C = C_1 + C_2 = 20 \times 13 + 50 = 310$。接着依次进行第三次到第二十次的仿真，最后可得每周库存总费用之和为6400元，从而可以求得库存策略1的每周平均库存总费用$C = 320$元。

表12－4　库存策略仿真表

时间坐标（周）	需求量（单位）		到货周期（周）		库存量（单位）		库存费用C_1（元）	订货费用C_2（元）	缺货损失费用C_3（元）	库存总费用C（元）
	随机数R_S	需求量S	随机数R_T	到货周期T	到货量Q	余额Q'				
0						20				
1	68	4				16	320			320
2	52	3	50	2		13	260	50		310
3	90	5				8	160			160
4	08	1			20	27	540			540
5	59	3				24	480			480
6	72	4				20	400			400
7	95	6	95	5		14	280	50		330
8	44	3				11	220			220
9	81	4				7	140			140
10	94	6				1	20			20
11	28	2				0			200	200
12	89	5	61	2	20	15	300	50		350
13	60	3				12	240			240
14	10	1			20	31	620			620
15	96	6				25	500			500
16	87	5				20	400			400
17	91	5	85	3		15	300	50		350
18	65	3				12	240			240
19	98	6				6	120			120
20	51	3			20	23	460			460
			平均总费用 $C = \frac{6400}{20} = 320$							

接着，将其余4个库存策略按上述方法进行仿真，其每周平均库存总费用如表12－5所示。

表12－5 每周平均库存总费用表

序号	订货点	订货批量	期初库存	每周平均库存总费用
1	15	20	20	320
2	15	15	20	302
3	15	10	15	388
4	20	20	15	406
5	20	15	15	398

由表12－5可知，在这5种库存策略中，第二种策略，即订货点为15单位，订货批量为15单位，期初库存量为20单位的策略，每周平均库存总费用$C=302$元为最小，故采用第二种策略为最佳。

一般说来，仿真结果的精度与仿真次数多少有关。仿真次数过少，不足以反映总体情况，这样精度就较低，所以应尽可能增加仿真试验的次数。为此可借助计算机进行大量的仿真试验。

第三节 随机服务系统的仿真技术

一、随机服务系统的仿真步骤

随机服务系统也称排队系统，它们的形式虽千差万别，但都具有一些共同的特征：

1. 有请求服务的人或物，称之为顾客。

2. 有为顾客服务的人或物，称之为服务站。

3. 在随机服务系统中，顾客相继到来的间隔时间以及为每一个顾客服务所需时间都是随机的。一般情况下这些时间是无法确切知道的。

下面通过一个例子来介绍应用仿真技术对随机服务系统进行仿真试验的一般步骤和方法。

例12－3 某一随机服务系统设有一个服务站，根据以往统计资料表明，顾客是按泊松分布来到系统的，平均每小时有7.5个顾客到达，即$\lambda=\frac{7.5}{60}=\frac{1}{8}$，即平均每隔8分钟有一个顾客到达系统。又知服务站服务时间服从负指数分布，平均每小时能为15个顾客进行服务，也就是说$\mu=\frac{15}{60}=\frac{1}{4}$，即平均每个顾客所需服务的时间为4分钟，现要求通过数字机仿真，研究该服务系统顾客到达情况及排队等待服务情况。

解 用数字计算机对该系统进行仿真，其步骤是：

(1) 建立一个仿真模型。设该服务系统是等待制，顾客源为无限，则其模型可以用系统的流程图来表示，如图 12－6 所示。

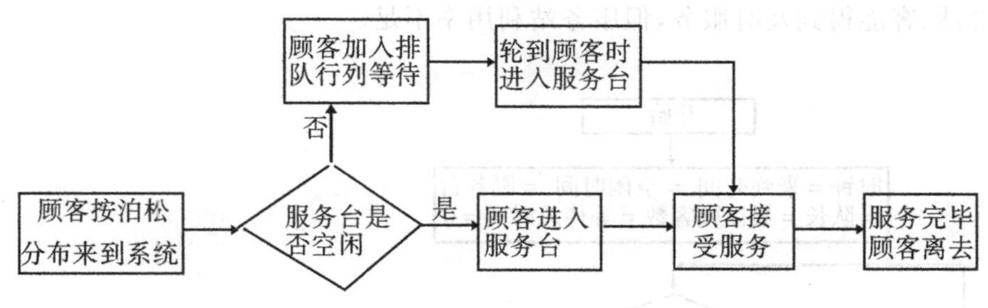

图 12－6　随机服务系统仿真流程图

(2) 确定该随机服务系统的规则。这里采用"先到先服务"的规则来进行仿真。

(3) 要确定仿真时间按何种方式累计的问题。在这里，我们采用以"分钟"为单位时间来累计仿真时间。

(4) 确定仿真试验的最大延续时间 T_{max}，如最大延续时间为 4 小时，则 $T_{max}=240$ 分钟，如最大延续时间为 8 小时，则 $T_{max}=480$ 分钟等等。

(5) 制定进行仿真试验的程序框图，并据此编制源程序，然后上机进行仿真试验。

(6) 根据仿真试验结果，通过分析，写出仿真报告，并附上有关数据和图表资料，以供决策人员进行决策之用。

图 12－7 所示即为用数字计算机进行仿真试验的程序框图。

按照上述仿真试验程序框图编制源程序进行仿真试验，直到预定的最大仿真延续时间 T_{max} 为止。

设 $T_{max}=122$ 分钟，表 12－6 给出了由 $\lambda=\dfrac{1}{8}$ 的负指数分布确定的顾客到达间隔时间随机数，由 $\mu=\dfrac{1}{4}$ 的负指数分布确定的顾客服务时间随机数。

这里用手工仿真计算，开始假定刚开始对一名顾客进行服务，仿真过程的数据见表 12－7。

根据仿真得到的资料进行分析和评价：

每个顾客停留的时间为：$\dfrac{122-70+17}{14}=4.93$(分)

每个顾客平均服务时间 $=\dfrac{122-70}{14}=3.71$(分)

每个顾客平均等待时间 $=\dfrac{17}{14}=1.21$(分)

顾客平均到达时间间隔 $=\dfrac{122}{17}=7.18$(分)

排队等待顾客最大数 $=2$(人)

服务站闲期 $=70$(分)

$$服务站利用率 = \frac{122 - 70}{122} \times 100\% = 42.6\%$$

评价：顾客能得到及时服务，但服务站利用率不足。

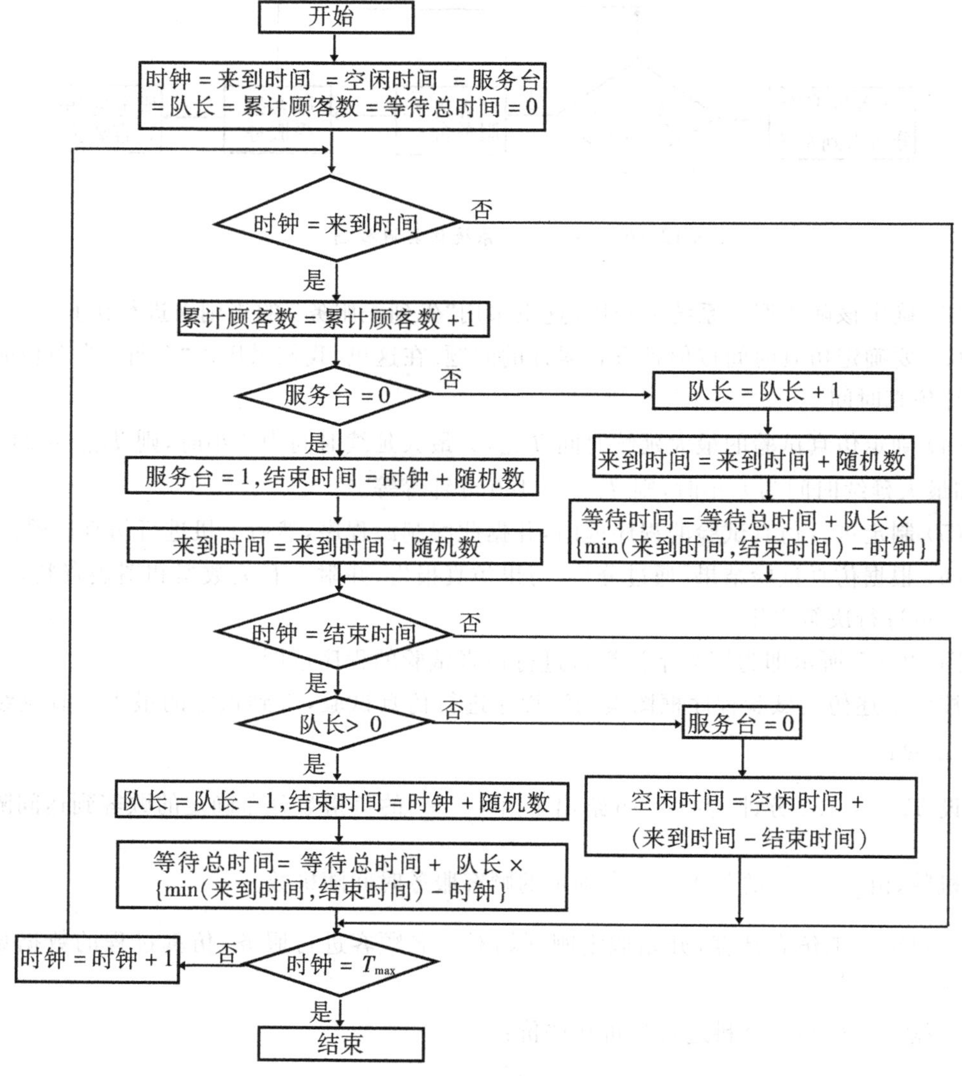

图 12-7 计算机仿真程序框图

表 12－6 随机数表

指数随机数			指数随机数		
$\mu=\frac{1}{4}$	$\mu=\frac{1}{4}$	$\mu=\frac{1}{4}$	$\lambda=\frac{1}{8}$	$\lambda=\frac{1}{8}$	$\lambda=\frac{1}{8}$
5	2	3	11	2	1
1	5	1	1	4	1
1	1	6	2	9	2
2	3	11	2	3	1
5	4	5	9	20	20
3	7	7	6	5	22
1	1	1	8	17	20
1	3	13	3	12	1
1	5	1	9	2	6
6	2	2	19	2	16
14	3	8	5	4	6
2	5	3	7	8	4
1	10	6	22	8	2
2	6	1	11	10	2
13	1	1	2	8	1
4	2	3	5	8	6

表 12－7 仿真过程

时钟值	结束时间	来到时间	已服务顾客数	排队等待顾客数	累计顾客数	排队等待总时间	空闲时间	最大队长
0	5	11			1			
5							6	
11	12	12	1		2			
12	13	14	2		3			
13							7	
14	16	16	3		4			
16	21	25	4		5			
21							11	
25	28	31	5		6			
28							14	
31	32	39	6		7			
32							21	
39	40	42	7		8			
40							23	
42	43	51	8		9			
43							31	
51	57	70	9		10			
57							44	
70	84	75	10		11			
75		82		1	12	7		
82		104		2	13	11		2
84	86		11	1		13		
86	87		12					
87							61	
104	106	115	13		14			
106							70	
115	128	117	14	1	15			
117		122			16	16		
122		124			17	17		

二、随机服务系统的仿真实例

例 12 — 4 露天矿山装运系统的仿真。

1. 问题的提出

在露天矿的开采中，用电铲采掘，然后用卡车将采得的矿石运到卸场。为简单起见，假定系统由 1 台电铲($n=1$)、1 个卸位($s=1$) 和 m 辆卡车组成($m>n$)，电铲的采掘能力和卡车的载重量都是已知的。

装运过程具体描述如下：开始时，m 辆卡车中的一辆由电铲装车，其他 $m-1$ 辆排队等待。待第一辆卡车装完后，排在队首的卡车接受装载，而装完的卡车重车运行到卸场，排入等待卸车的队中。卸完的车空车返回，再次排队等待电铲装车。图 12 — 8 给出了该装运过程的示意图。

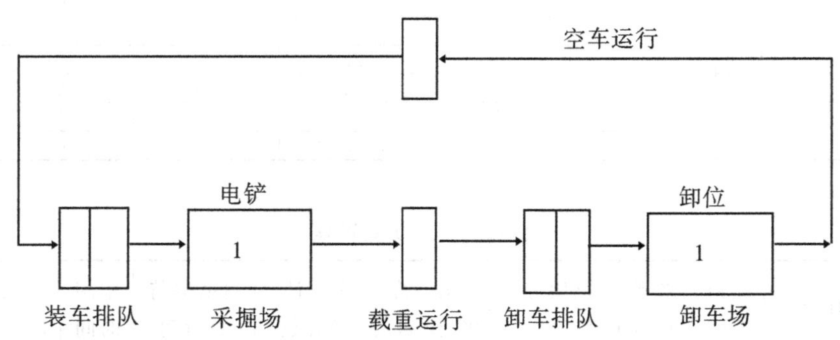

图 12 - 8 装运过程的示意图

显然，当电铲和卸位个数已知后，卡车数量有一个与之对应的匹配关系。卡车数量太少，会影响电铲和卸位的效率的发挥，太多时又会影响卡车效率的发挥。本仿真系统的目的即为在电铲、卸位数量已定的条件下($n=1,s=1$)，确定卡车数 m 的最佳数量。

2. 系统分析

将上述装运过程视为一个排队系统。该系统共分为四级；

(1) 第 1 级为装车子系统。假定电铲的装车时间(服务台的服务时间) 相互独立，且服从均值为 α，方差为 σ^2 的正态分布 $N(\alpha,\sigma^2)$。

(2) 第 2 级为载重运行子系统。假定该子系统包括 m 个服务台，即保证所有 m 辆卡车同时进入该子系统无需等待，且每个服务台的服务时间(每辆车的载重运行时间) 为常数 r_1。

(3) 第 3 级为卸车子系统。假定服务台(卸位) 的服务时间(卸车的时间) 相互独立，且服从参数为 λ 的负指数分布。

(4) 第 4 级为空返子系统，它包括 m 个服务台。假定各服务台的服务时间(空返时间) 均为常数 r_2。

m 个卡车视为 m 个顾客，它们依次接受四级服务，不断循环往复。假定每辆卡车的装载量都相互独立，且服从 $N(b,\delta^2)$。

由排队理论知，刻画系统特征的数量指标为：

(1) 电铲的平均效率

$$f = 1 - \frac{F}{nT}$$

其中：T 为总运行时间，F 为 T 时间内电铲的空闲时间，n 为电铲数量(本例中 $n = 1$)。

(2) 每辆卡车的平均效率

$$\mu = 1 - \frac{U + V}{mT}$$

其中：U 为 T 时间内待装车的等待时间总和，V 为待卸卡车的等待时间之和，m 为卡车的总数。

(3) 平均班产量

假定装卸过程以班为单位进行，每班 6 小时，则平均班产量为：

$$q = \frac{Q}{H}$$

其中：Q 为总时间 T 内所有卡车的运载量总和，$H = T/6$ 为 T 时间折成的总班数。

3. 建立仿真模型

该装运系统的事件可以归纳为以下四种基本事件：

(1) 卡车到达装车点，记为 DD1；

(2) 装车完毕，离开装车场，记为，LK1；

(3) 卡车到达卸场，记为 DD2；

(4) 卸车完毕，离开卸场，记为 LK2。

对应的事件处理子模块为：

(1) DD1 处理子模块，见图 12－9。

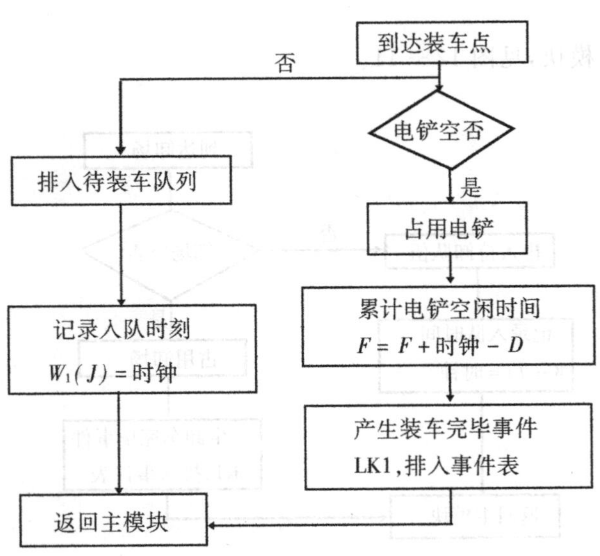

图 12－9

在子模块 DD1 中，“产生装车完毕事件”是通过产生对应分布的随机数来实现的。已知对应的分布为 $N(\alpha,\sigma^2)$，从而 DD1 中包含有正态分布的随机数发生器。

(2) LK1 处理子模块，见图 12－10。

图 12－10 中，要产生两个后继事件，“产生到达卸场事件”的处理比较简单，其对应时间为当前时钟加上常数 r_1 即可；而“产生下一个装车完毕事件”的处理则需运行正态分布 $N(b,\delta^2)$ 的正态分布随机数发生器。

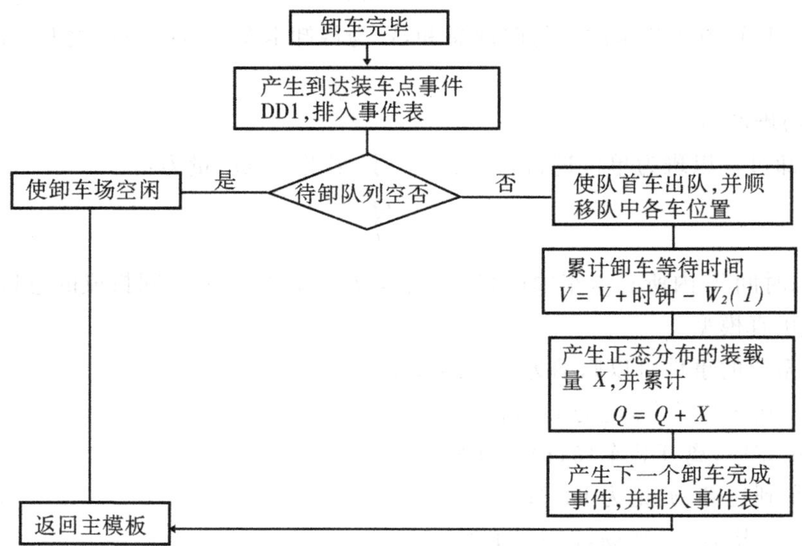

图 12－10

(3) DD2 处理子模块，见图 12－11。

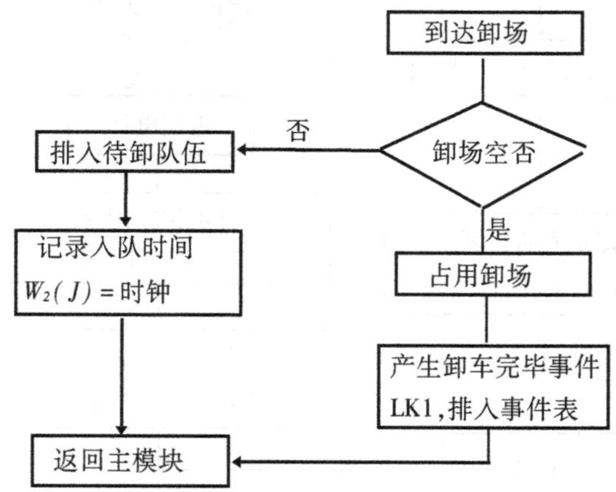

图 12－11

该事件处理子模块中，后继事件“卸车完毕事件”的产生是通过负指数分布的随机数发生器实现的。

(4) LK2 处理子模块，见图 12－12。

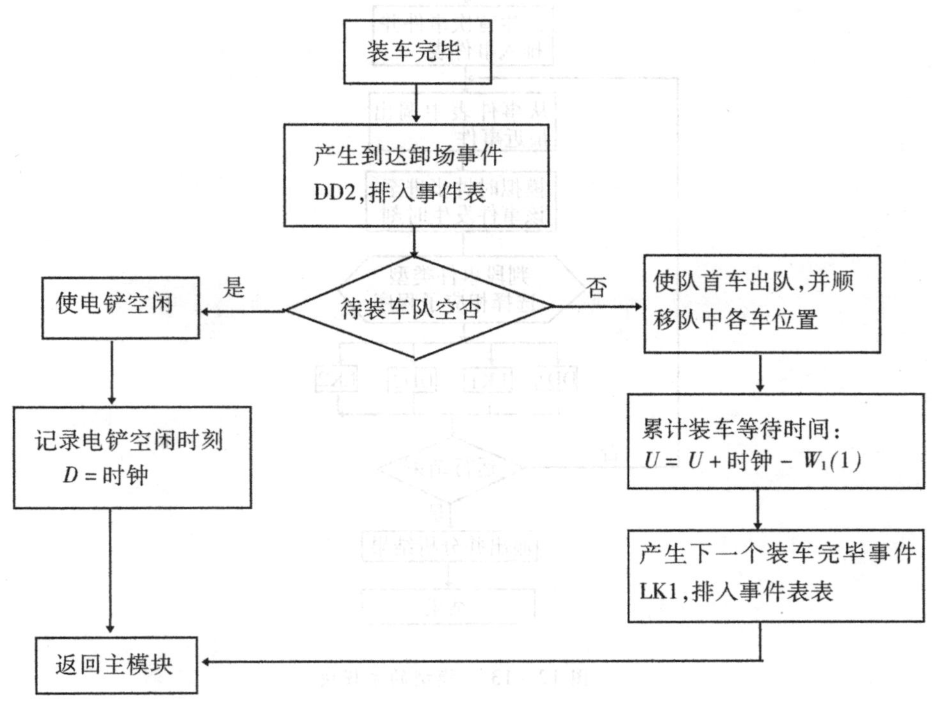

图 12－12

同 LK1 子模块，LK2 子模块也要产生两个后继事件，其中“到达装车点”的处理较简单，其对应时间为当前时钟加上常数 r_2（空车返回的时间），而“产生下一个卸车完毕事件”则需运行负指数分布发生器。此外，该子模块还要产生卡车的载重量，这需运行正态分布随机变量 $N(b,\delta^2)$ 的随机数发生器。

模型的主模块如图 12－13 所示。

4. 根据仿真模型框图，编制相应的计算机程序并上机仿真运行

由于篇幅所限，具体过程在此不作介绍。

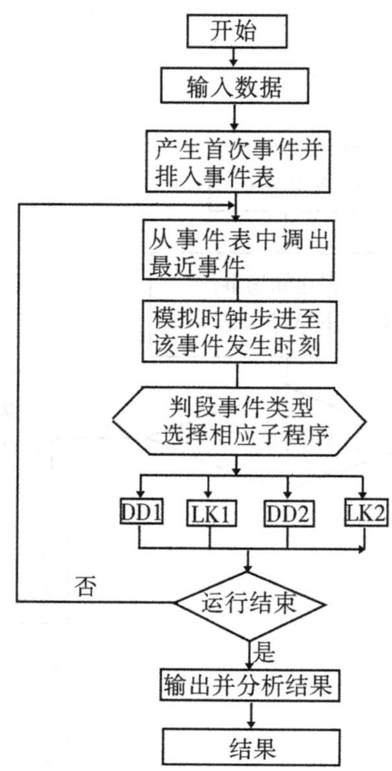

图 12－13　模型的主模块

第四节　系统仿真技术的评价

一、仿真的优点

系统仿真技术之所以得到广泛应用，主要有以下几个方面的原因，这也正是仿真的优点：

1. 很多复杂的、带有随机因素的现实世界系统，不可能准确地用解析方法计算的数学模型来描述，因此，仿真常常是可行的一种研究方式。特别是，社会系统的大多数动态行为，只能用非线性模型表示，且模型复杂得不可能有解析解，也应借助于仿真。

2. 仿真容许人们在假设的一组条件下估计现有系统的性能。

3. 提出的和可供挑选的系统设计可通过仿真进行比较，以便找出最好地满足特定要求的一种设计。

4. 与用系统本身做试验相比，仿真可以更好地控制试验条件。

5. 仿真能使在压缩的时间内研究长时间范围的系统（如经济系统），或在扩展的时间内研究系统的详细运行情况。

二、仿真的缺点

1. 仿真模型一般费用昂贵，而且开发一个仿真模型要花很多时间。

2. 随机仿真模型每运行一次，仅对一组特定的输入参数产生模型真实特性的估计。因此，对每组研究的输入参数，可能需要几组独立的模型运行。另一方面，由于解析模型通常容易产生模型的真实特性(对于各种输入参数组)，因此，如果经过证实的解析模型可以应用且容易开发，则解析模型比仿真模型更为可取。

3. 仿真研究产生的大量数目常使人们产生一种更信任仿真研究结果的趋向。如果模型表示的是没有证实的系统，则仿真结果对实际系统提供的有用信息是很少的。

应当指出，在某些研究中，仿真模型和解析模型均可应用。特别是，仿真可用于检验解析模型中所需的假设是否正确。另一方面，解析模型可对仿真研究提供合理的参数，以便选择使用。

习　题

1. 系统仿真的实质是什么？
2. 简述蒙特卡洛仿真的基本思想。
3. 随机服务系统的特征是什么？
4. 简述系统仿真的优缺点。

第十三章　系统工程可靠性分析

第一节　概　述

一、可靠性的必要性

可靠性问题，是从 20 世纪 40 年代起，随着电子工业生产能力与技术水平的飞跃发展，如雷达、导弹、大容量通信设备的问世而开始产生的。尤其对一些复杂的电子系统和设备，人们对其使用条件的要求越来越苛刻。例如，美国 1951 ～ 1952 年的统计，无线电设备有 14% 的时间均处于故障状态。又如，某些军事设备为维持其可靠工作，每年花的维护费用高达设备原价的 10 倍，某些机载电子装置每飞行 1 小时所需要的维修时间却长达 100 小时。如果系统或设备由若干个子系统或单元组成，一般来说，其可靠性为各单元可靠度的乘积。因此，系统越大，所用的元件越多，则可靠性越差。设每个元器件可靠度为0.99，某一设备由 10 个元器件组成，则设备的可靠度为0.90，如由 100 个元器件组成，则设备的可靠度为0.37。由此可见，随着设备复杂化和大规模系统的出现，促进了可靠性问题的研究。同样，也只有在不断发展可靠性技术的基础上才能保证和促进生产技术向更高阶段发展。

现在，在许多设备的系统设计中都把可靠性作为一个重要的技术指标来考虑。也就是说，可靠性已与性能、成本、时间等技术经济指标同时作为评价系统好坏的主要指标。

可靠性是一种综合性技术，在设计阶段要分析系统或设备所具有的可靠性水平，应从成本、性能、政策、社会、需要等各方面综合来考虑决定，然后确定可靠性目标进行比较，作为以后修订方案的依据。最后还要进一步对组成系统的各种单元进行可靠度分配。

在研制阶段属于可靠性的工作有：对故障类型分析，零件选择，可靠性试验，应用人类工程学进行设备设计和布置，使机器和人互相协调配合，使人在操作时最省力并减少操作时出现差错等。

只是设计得好，但生产方式或工艺方案选择不当，最后也会影响系统或设备使用的可靠性。在制造阶段中质量管理是提高可靠性的最重要的手段。在系统运用阶段，及时修复有故障的产品或零件，也是保证系统有效性的一个重要方面。

可靠性工作贯穿于从系统的规划、设计、制造直至使用和维修的整个过程。对整个过程中所产生的各种数据进行收集和分析，在可靠性工作中有着重要的地位。特别是有关故障的数据，它是提供系统弱点在哪里、应如何改进的重要依据。所有这些都需要有关部门之间进行配合和协调，因此，需要专门建立可靠性组织，制定可靠性计划，进行可靠性管理，并从全局出发，处理有关的可靠性问题。如可靠性分配、冗余系统的采用、设备更新期确定以及备件的数量、人员的培训等等。我们可用图 13 － 1 来描述系统可靠性的工作过程。

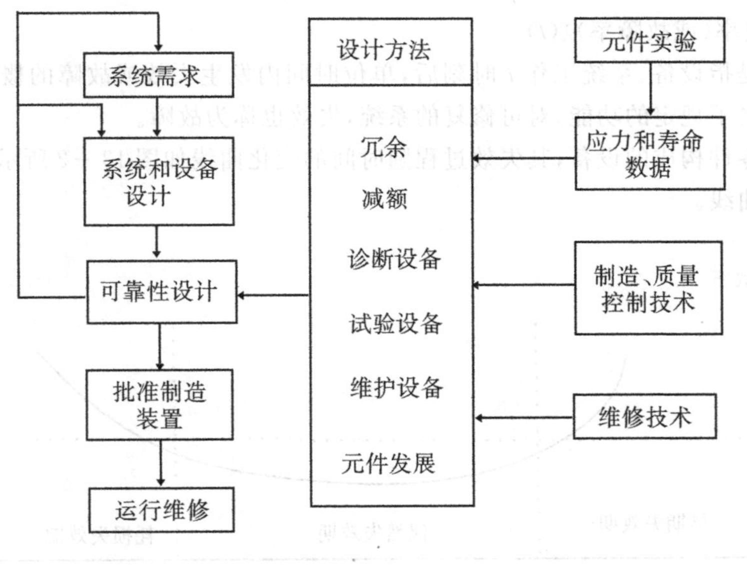

图 13-1 系统可靠性工作过程

二、可靠性的特征量和数学表示

(一) 可靠性的定义以及特征量

1. 可靠性的定义

可靠性是指产品、系统在规定条件下和规定时间内完成规定功能的能力。对于可以进行维修的产品和系统来说,不仅有可靠性问题,而且还有发生故障后的复原能力及复原速度问题。与可靠性相对应的叫做维修性,其含义是可修复的产品、系统在规定条件下和规定时间内的修复能力。系统不损坏固然很重要,但如损坏后能立即修复,并维持良好完善的状态亦很重要。因此,对发生故障的可靠性与排除故障的维修性两者结合考虑,可称为广义的可靠性。

2. 可靠性的特征量

能够对系统可靠性的相应能力作出数量表示的量,称为可靠性的特征量。其主要特征量有:可靠度、失效率、平均失效间隔时间、故障平均修复时间、维修度、有效度等。任一特征量只能表示可靠性的某一特征方面。所以,对于不同系统要使用不同的特征量来描述。

(1) 可靠度 $R(t)$

可靠度是指产品、系统在规定条件下和规定时间内完成规定功能的概率。所谓规定条件就是指系统所处的环境条件、使用条件和维护条件等,这些条件对系统可靠性有很大的影响。所谓规定时间,根据具体情况可以是长期的若干年,短期的时间或一次性动作。所谓规定功能就是指系统应具有的技术指标。例如,电子计算机的主要技术指标有字长、容量、运算速度等。

可靠度是一个定量指标,以 $R(t)$ 表示,则:

$$0 \leqslant R(t) \leqslant 1$$

$$R(t) = P(T > t)$$

(2) 失效率(或故障率)$\lambda(t)$

失效率是指设备、系统工作 t 时刻后,单位时间内发生失效或故障的概率。所谓失效是指系统丧失了规定的功能。对可修复的系统,失效也称为故障。

由许多零件构成的设备,其失效过程随时间的变化曲线如图 13－2 所示,它是一种典型的失效率曲线。

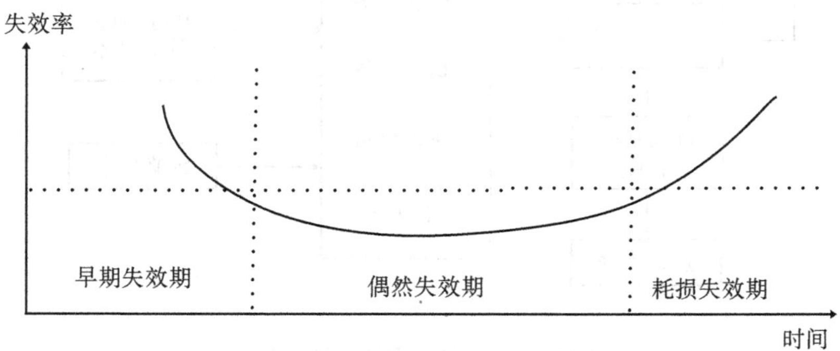

图 13－2 失效率曲线

由图 13－2 可见,失效过程大体分为三个阶段:

① 早期失效期:失效率随着时间的延长由高值迅速下降。这是由于部分元件因内部缺陷在试验初期所造成的大量损坏,基本上在调试过程中予以排除的缘故。所以说这个时期的主要任务是找出不可靠的原因,从而促使失效率下降并渐趋稳定的时期。

② 偶然失效期:这个时期失效率趋向常数,它描写了系统正常工作状况下的可靠性。在这个时期所产生的失效可以认为是随机的和偶然的,相当于泊松分布。此时期是系统的主要工作时间,时间较长,失效率最低,而且稳定。

③ 耗损失效期:在这一时期内失效率又迅速上升。这是由于元件老化耗损,大部分元件丧失了自己的性能所致。因此,若能事先知道元件开始损耗的时间,在此之前就及时更换这些元件,就可以把上升的失效率拉下来,以延长可维修设备或系统的有效寿命。

(3) 平均失效间隔时间($MTBF$)

平均失效间隔时间又称平均故障间隔时间,是指设备或系统在两相邻故障间隔内正常工作时的平均时间。如第一次工作 t_1 时间后出现故障,第二次工作 t_2 时间后出现故障……第 n 次工作 t_n 时间后出现故障,则平均失效间隔时间为:

$$MTBF = \frac{\sum_{i=1}^{n} t_i}{n} \text{(小时)}$$

(4) 故障平均修复时间($MTTR$)

故障平均修复时间是指设备出现故障后到恢复正常工作所需要的时间。

$$MTTR = \frac{\sum_{i=1}^{n} \Delta t_i}{n}$$

其中：Δt_i 为第 i 次故障的修复时间（$i = 1,2,\cdots,n$）。

(5) 维修度 $M(t)$ 和有效度 A

维修度是指可修复的系统、设备、元器件在规定条件下进行维修，并在规定时间内能完成维修的概率。

可靠度是表示故障不易发生的程度，维修度则表示维修的难易程度。利用这两个尺度，就可以对可修复系统的可靠程度作出评价。用可靠度和维修度合起来的尺度对系统的正常工作概率进行综合评价，通常称为有效度。

有效度 A 是指可修复系统、设备、元器件在某特定时刻维持其功能的概率。

（二）可靠性的数学表示

可靠度 $R(t)$，失效率 $\lambda(t)$ 与平均失效间隔时间 $MTBF$（或者用 θ 表示）是可靠性最主要的特征量。它们在可靠性设计和计算中应用得最多。

设不可靠度为 $F(t)$，则：

$$R(t) + F(t) = 1$$

对 $F(t)$ 用时间微分，即为失效发生的时间比率，称为失效密度函数 $f(t)$。

$$f(t) = \frac{\mathrm{d}F(t)}{\mathrm{d}t} = \frac{-\mathrm{d}R(t)}{\mathrm{d}t}$$

失效率 $\lambda(t)$ 的定义可用下式表示：

$$\lambda(t) = \frac{f(t)}{R(t)} = \frac{-\mathrm{d}R(t)}{\mathrm{d}t}/R(t)$$

$\lambda(t)$ 为系统在时间 t 尚未发生失效，而在随后的 $\mathrm{d}t$ 时间里可能发生失效的条件概率密度函数。如 $\lambda(t)$ 已知，将上式变形积分，可求得与 $R(t)$ 的关系如下：

$$R(t) = \mathrm{e}^{-\int_0^t \lambda(t)\mathrm{d}t}$$

当 $\lambda(t)$ 是常数时，$\lambda(t) = \lambda$，则有：

$$R(t) = \mathrm{e}^{-\lambda t}$$

由此可知，$R(t)$ 服从负指数分布。其图形如图 13－3 所示。而平均失效间隔时间 θ 与失效率的关系是：

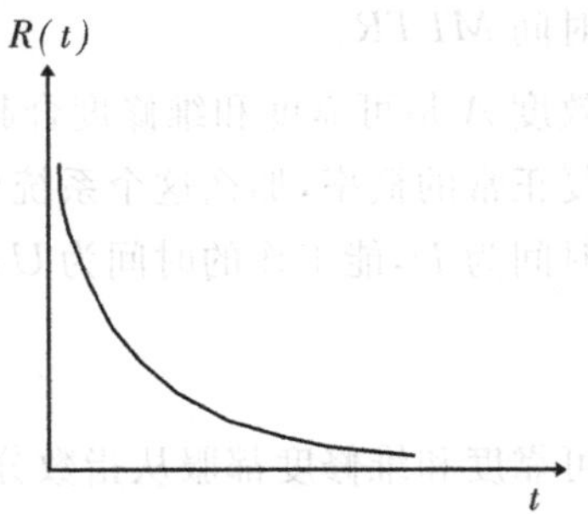

图 13－3 可靠度 $R(t)$的分布图

$$\theta = \int_0^{\infty} R(t)\mathrm{d}t = \int_0^{\infty} \mathrm{e}^{-\int_0^t \lambda(t)\mathrm{d}t}\mathrm{d}t$$

当 $\lambda(t)$ 为常数时，则：

$$\theta = \int_0^{\infty} \mathrm{e}^{-\lambda t}\mathrm{d}t = \frac{1}{\lambda}$$

此时显然有：$R(t)=e^{-\frac{t}{\theta}}$

一般情况下，系统设计人员涉及可靠性的问题之一，是确定一个系统在规定运行时间内没有失效的概率，即确定系统运行的时间长度 t。这里必须注意的是，可靠度与连续工作时间 t 存在着一定的关系。

例如，数字电压表平均工作 500 小时会发生 5 次故障，则其平均失效间隔时间 $\theta=\frac{500}{5}=100$ 小时。若数字电压表一次连续工作时间 $t=100$ 小时，则：

$$R(t)=e^{-\frac{100}{100}}=e^{-1}=36.8\%$$

因此，如要得到较多的可靠度，θ 必须是工作时间的许多倍。例如，若要得到 $R(t)=90\%$，则由 $R(t)=e^{-\frac{t}{\theta}}$ 计算可知，$\theta=10t$，若 $R(t)=99\%$，则 $\theta=100t$，但当 θ 大于 t 一定倍数以后，随着 θ 的增加，$R(t)$ 的增加就比较缓慢，图 13－4 即为可靠度 R 与 $\frac{\theta}{t}$ 的关系。

维修度 $M(t)$ 的分布形态和不可靠度的形态相似，它是时间 t 的单调递增函数。若 $M(t)$ 服从指数分布，则：

$$M(t)=1-e^{-\mu t}$$

式中 μ 为修理率，即单位时间内完成修理的概率，相当于可靠度中的失效率 λ，其倒数为故障平均修复时间 $MTTR$。

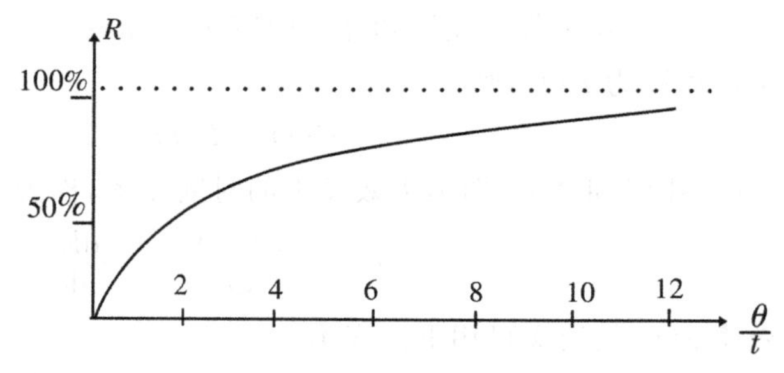

图 13－4　R 与 $\frac{\theta}{t}$ 的关系图示

有效度 A 是可靠度和维修度合起来的尺度。若在可靠度之外还存在发生故障后经过修理恢复正常的概率，那么这个系统处于正常的概率就会增大。如果系统发生故障而不能工作的时间为 D，能工作的时间为 U，则有效度 A 可用下式表示：

$$A=\frac{U}{U+D}$$

若可靠度和维修度都服从指数分布，则上式可改写成：

$$A=\frac{MTBF}{MTBF+MTTR}=\frac{\mu}{\mu+\lambda}$$

由此可见，要使系统有效度增加，就需要增加可靠度的平均失效间隔时间 $MTBF$ 或减少维修度的故障平均修复时间 $MTTR$。

第二节　可靠性技术

可靠性技术是保证实现可靠性目标的重要一环，它包括可靠性设计、可靠性预测、可靠性制造与可靠性试验及检验。通过与可靠性有关的全部工作，全部过程的控制，力求在保证设备或系统性能的条件下，最经济地实现可靠性要求。

一、可靠性设计

通常人们总希望系统和设备在使用过程中故障要尽可能少，即使发生故障也能马上修好，也就是希望系统可靠性高，维护性好。但是，在设备和系统的试制阶段，一般对系统的性能在合同上有明确的要求，并对系统可靠性的要求就不甚具体，所以往往只重视系统的性能要求，并设法给以满足，而容易忽视可靠性的要求。

为了提高系统的可靠性，实现可靠性的目标，要求设计人员在设计开始阶段，就应该考虑可靠性性能要求，把它同系统的性能、机能等一起作为设计的参数来考虑。

对系统要求的条件，可以概括为以下三个方面：

① 关于性能及价值方面的要求，如性能、机能、精确度、重量、尺寸、型号、形状、噪声等。

② 关于实用性方面的要求，如可靠性、维护性、安全性、操作性等。

③ 关于费用及购置方面的要求，如购置费、维护费及交货期等。

在系统设计阶段，要对系统上述三方面的要求作出定量的估计，并取得协调，选用综合效果最好的设计。

上述三项要求有密切的关系。因此，对系统的评价应是三方面要求的函数，即 $E=f(①,②,③)$。

为了设计阶段就考虑可靠性的要求，必须明确用户对可靠性的要求，对各个设备或系统都要确定出故障的定义、故障率、寿命等。可靠性设计分为预备设计和正式设计两步。设计人员首先根据科学技术原理、新技术和设备，制定出几种满足性能要求的方案，然后进行可靠性分析，选择出更能满足可靠性要求的方案。在预备设计阶段，要注意以下几点：

1.研究系统和设备的要求条件，正确确定影响运行的一切参数。系统设计人员要对现状条件有充分的了解。

2.合理地组织各个分系统，并选择适宜的控制方式，尽量使系统简单化。

3.广泛收集技术情报及运用上的情报，尽量选择最经济而又最实际的设计。

4.加强同委托设计单位的联系，特别是当性能已满足要求而可靠性没有达到要求，需要改变性能要求来实现可靠性要求时，更需要同委托单位研究，以便找出比较满意的方案。

5.为了提高可靠性预期的精度，须收集使用零件及构件的可靠性数据。这些数据可以从生产单位和使用单位得到，对特殊的零件，应通过试验取得所需数据。

正式设计阶段，主要是确定系统、分系统、设备、零件的具体结构及要求，把系统的机能及可靠度要求确定下来。为达到设计上的可靠性，在设计时要做到以下几点：

1.尽量减少组成系统的零件数，力求系统结构简单化。

2.要提高组件的可靠性，调整的部分要少。

3.尽量使用经过考验的标准电路。

4.减载使用。在电子系统中称为减额使用，在机械构件中称为安全系数，参照使用时的最大负荷，设计时要留有余地。这样，即使由于某种原因环境条件变坏，也不致影响运行。

5.使用冗余技术。在设计系统时，尽量选用可靠性高的零件，但仍不能达到要求的可靠性时，就要使用冗余技术。它是用两种或两种以上的手段达到同一功能。冗余方式是提高可靠性的一种有效手段。因为采用冗余技术时，重量和尺寸要增大，费用要增加，所以，只有用其他方法均不能使可靠性得到改善时，才使用这种方法。

6.安全寿命法和保证安全法。这两种方法主要用于机械结构的设计。加大横断面以便尽量降低疲劳敏感部分的应力集中和降低最大交变能力，用这种方法所做的安全设计，称为安全寿命法。当结构的一部分已损坏，而在一定期限内仍能耐受相当的设计负荷，继续安全地工作，这种设计方法叫做“保证安全法”。

二、可靠性预测

（一）可靠性预测的概念

可靠性是系统的重要指标之一。在制定设计方案时，就需要考虑可靠性的估计问题。根据失效率估计元器件、子系统或系统可能达到的可靠度，或者计算系统在特定的应用中符合性能和可靠性要求的概率，这一过程称为可靠性预测。可靠性预测的目标是对各种设计方案进行评价，确定所提出的设计方案是否满足系统可靠性的需求，或者从可靠性观点找出系统设计的薄弱环节以便加以改进。

可靠性预测是个比较复杂的问题。为了进行可靠性预测，首先要了解组成该系统的各个子系统的功能及其相互关系，其次要计算或确定各子系统的可靠度值，还要画出其可靠性逻辑框图。

下面介绍串联系统和并联系统可靠度的计算方法 —— 布尔真值表方法。

（二）系统可靠度的计算

1.串联系统可靠度的计算

如果组成系统的任何一个元件发生故障，就会导致整个系统发生故障，那么这种系统称为“串联”系统。应该指出的是，这里所谓“串联”一词，不能同电路中阻容器元件的串联概念混为一谈。如图 13－5(a) 的电路中，电容器虽然是并联的，但反映到图 13－5(b) 中的可靠度方框图上却被画成是串联的。因此，这种系统就被称为“串联”系统。

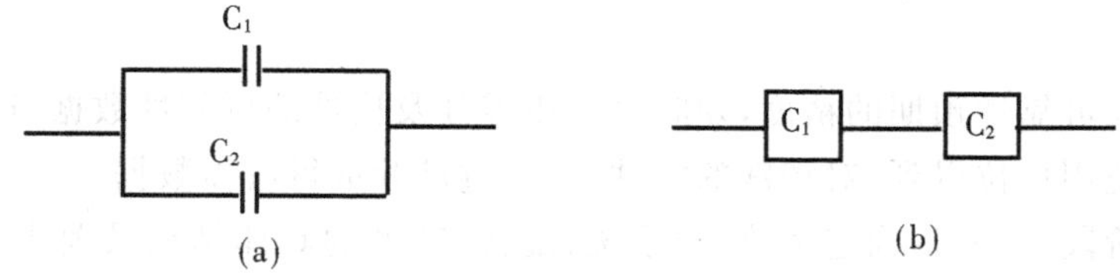

图 13－5 串联示意图

图 13－6 表示由 n 个元件组成的串联系统。

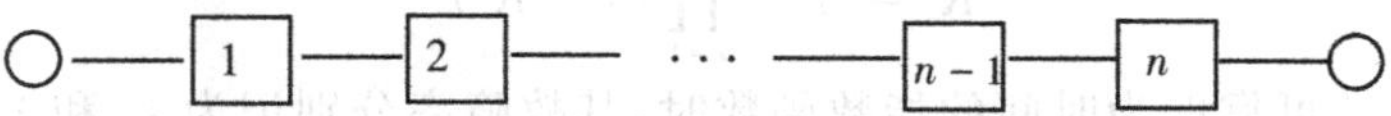

图 13－6　串联系统图

假定各个元件的可靠度为 $R_1, R_2, \cdots, R_n$，则串联系统的可靠度 R，依概率的乘法定理应为：

$$R_s = \prod_{i=1}^{n} R_i$$

上式假定元件发生故障的概率是相互独立的。

如果用元件的失效率表示，则：

$$R_s = e^{-\sum_{i=1}^{n}\lambda_i t} = e^{-\lambda_s t}$$

其中，$\lambda_s = \sum_{i=1}^{n}\lambda_i$ 为系统的总故障率。

一般没有贮备的系统多数属于“串联系统”。在进行可靠性预测时要注意系统设备类型的复杂性。例如，电子计算机系统在整个运行过程中不是全部元件都投入运行，所以在计算时要注意考虑这种因素，以免可靠度的计算结果偏低。另一方面，即使相同的元件，由于其使用条件（或运行环境）不同，其实际失效率和寿命也是不同的。因此获得元器件的合适和准确的失效率是可靠性预测的主要问题之一。元器件的失效率往往需要通过积累试验数据和现场使用数据才能求得。

如果 $\lambda_s(t) = \lambda_s$，系统的可靠性函数便为指数分布，即 $R_s(t) = e^{-\lambda_s t}$。其平均值称为 $MTBF$，如以 θ_s 表示，则有 $\theta_s = \frac{1}{\lambda_s}$，可以用此式进行系统的平均失效间隔时间的预测。

2. 并联系统可靠度的计算

只有当组成系统的元件全部发生故障时，整个系统才出故障，这种系统称为“并联”系统。并联系统的结构形式有许多种类。

(1) 并联冗余（即工作贮备）

如图 13－7 所示，将几个元件并联起来同时工作，执行同一功能，并且只要不是所有元件都发生故障，系统就不会发生故障，这种方式称为并联冗余。

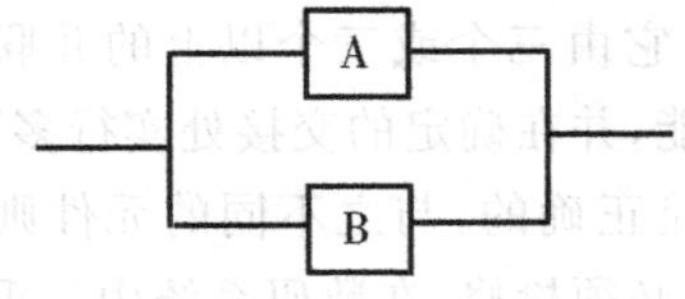

图 13－7　并联冗余示意图

假如两个元件的故障是完全独立的，并设两个元件的可靠度为 R_1 和 R_2，系统可靠度由下式求得：

$$R_s = 1 - (1 - R_1)(1 - R_2) = R_1 + R_2 - R_1 R_2$$

推广为 n 个元件并联系统，其可靠度 R_s 为：

$$R_s = 1 - \prod_{i=1}^{n}(1 - R_i)$$

当两个元件的可靠度为时间的指数函数时，其故障率分别记为 λ_1 和 λ_2，则：

$$R_s(t) = \mathrm{e}^{-\lambda_1 t} + \mathrm{e}^{-\lambda_2 t} - e^{-(\lambda_1+\lambda_2)t}$$

该系统的平均寿命 θ 为：

$$\theta = \int_0^{\infty} R(t)\,\mathrm{d}t = \frac{1}{\lambda_1} + \frac{1}{\lambda_2} - \frac{1}{\lambda_1 + \lambda_2}$$

如果 $R_1 = R_2 = R, \lambda_1 = \lambda_2 = \lambda$，则：

$$R_s = 2R - R^2$$

$$R_s(t) = \mathrm{e}^{-\lambda t}(2 - \mathrm{e}^{-\lambda t})$$

$$\theta = \frac{3}{2\lambda}$$

两个并联冗余系统的平均寿命为单个系统的1.5 倍。

(2) 非工作冗余(非工作贮备)

如图 13－8，当一个元件发生故障时，相同机能的另一元件便立即接上进行工作，使系统功能得以继续维持，这种方式称为非工作冗余，即一个工作，另一个贮备。这种切换的动作可用手动或自动操作，但都需要有检测故障的传感器以及切换开关。

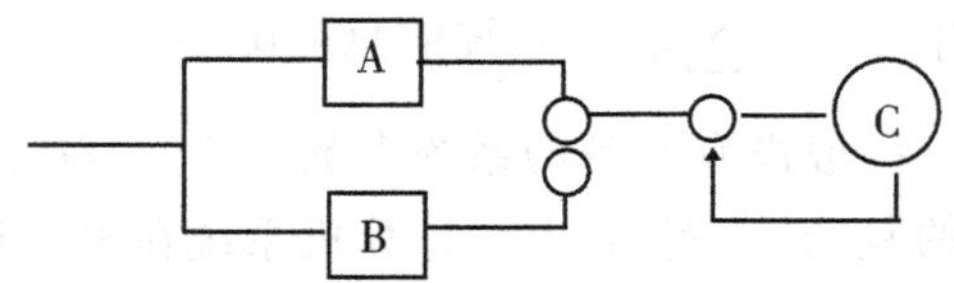

图 13－8 非工作冗余示意图

假定所有元件相同，其故障检验和开关装置 100% 可靠，而且备用失效率又为零，这种两个元件(其中一个元件备用) 的系统可靠度为：

$$R_s(t) = \mathrm{e}^{-\lambda t}(1 + \lambda t)$$

系统的平均寿命为：

$$\theta = \frac{2}{\lambda}$$

(3) 表决冗余

如图 13－9 所示，这是并联冗余的一种特殊情况。它由三个或三个以上的并联元件执行同一机能，并在确定的交接处实行多数表决，认为多数是正确的，与之不同的元件则被认为是错误的，必须检修。在数码系统中三重系统可不需要附加错误检测编码技术。

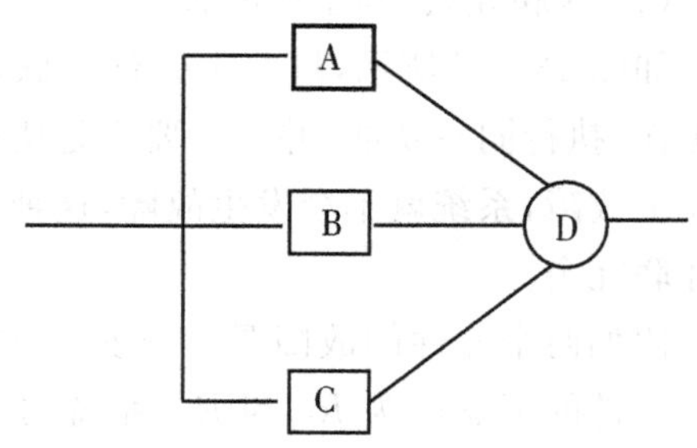

图 13－9 表决冗余示意图

三重冗余表决系统的可靠度为：

$$R_s(t) = 3(\mathrm{e}^{-\lambda_1 t})^2 - 2(\mathrm{e}^{-\lambda_1 t})^3$$

系统的平均寿命为：

$$\theta = \frac{5}{6\lambda}$$

3. 串并联系统的可靠度

串并联系统就是串联部分和并联部分的组合。

例 13－1　有一串联和并联相组合的系统，见图 13－10(a)。求可靠度。

首先将系统分解为串联和并联的子系统，然后计算各子系统的可靠度，再把这些子系统通过串联表达或并联表达组合起来，就可以得到整个系统的可靠度。首先对串联元件A，B求其可靠度 $R_{S_1} = R_A \times R_B$，再分别对串联元件C，D，E，F求出其可靠度为 $R_{S_2} = R_C \times R_D$，$R_{S_3} = R_E \times R_F$，然后求出并联元件G，H的可靠度 $R_{S_4} = R_G + R_H - R_G \times R_H$，则简化成图 13－10(b)，最后 S_2 和 S_3 组成 S_5，则 $R_{S_5} = R_{S_2} + R_{S_3} - R_{S_2} \times R_{S_3}$，再简化成图 13－10(c)。

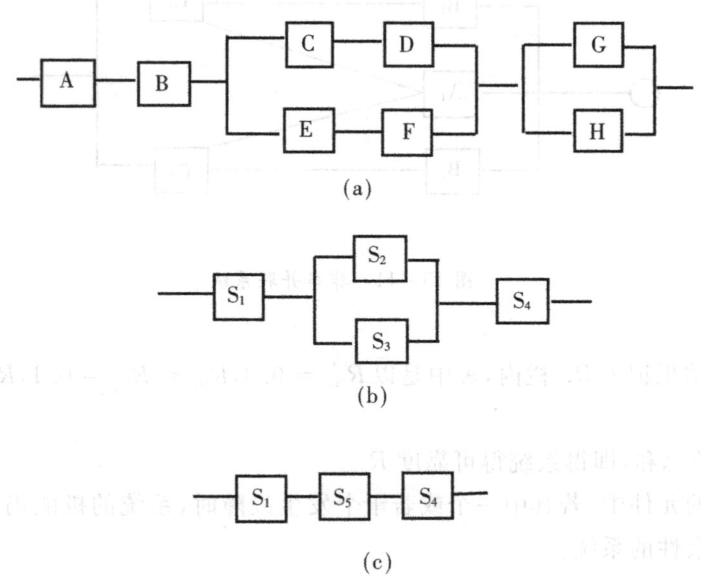

图 13－10　串并联系统可靠度计算过程

系统的可靠度 R_s 为：

$$\begin{aligned} R_s &= R_{S_1} \times R_{S_5} \times R_{S_4} \\ &= R_{S_1} \times (R_{S_2} + R_{S_3} - R_{S_2} \times R_{S_3}) \times R_{S_4} \\ &= R_A \times R_B \times (R_C \times R_D + R_E \times R_F - R_C \times R_D \times R_E \times R_F) \times (R_G + R_H - R_G \times R_H) \end{aligned}$$

设 $R_A = R_B = 0.99$，$R_C = R_D = 0.94$，$R_E = R_F = 0.95$，$R_G = R_H = 0.90$，则得系统的可靠度：

$$R_s = 0.99^2 \times (0.94^2 + 0.95^2 - 0.94^2 \times 0.95^2) \times (0.90 \times 2 - 0.90^2) = 0.959$$

4. 布尔真值表法

对于非串联并联系统，以上系统可靠度的传统计算方法就不适用了，此时可采用布尔真值表的方法计算。如图 13－11 所示的方框图，有 A_1，B_1，B_2，C_1，C_2 五个元件，而每个元件都有“正常”和“故障”两种状态，因此该系统的状态有 $2^5 = 32$ 种，如表 13－1 所示。将该系统正常的概率加起来，即可求出系统的可靠度。

表中系统状态号码从 1 到 32，五个元件下面的数字 0，1 分别对应于此元件的故障和正常状态。如状态号码为 1 时的各元件为 0，全系统属于故障状态，用 F 表示。状态号码为 2，3 时，只有一个元件是 1，其他都不正常，因此记为 F。在状态号码为 4 时，C_2 和 A_1 是 1，系统是正常的，记为 S。在 32 行中，每一行都有 F 或 S 的记载。因此，只需计算 S 的行就可以了，例如，第 4 行中，$B_1 = 0$，$B_2 = 0$，$C_1 = 0$，$C_2 = 1$，$A_1 = 1$，使对应 0 的为 $1-R_j$，对应 1 的为 R_j，则：

$$R_{S_4} = (1-R_{B_1})(1-R_{B_2})(1-R_{C_1}) \times R_{C_2} \times R_{A_1}$$

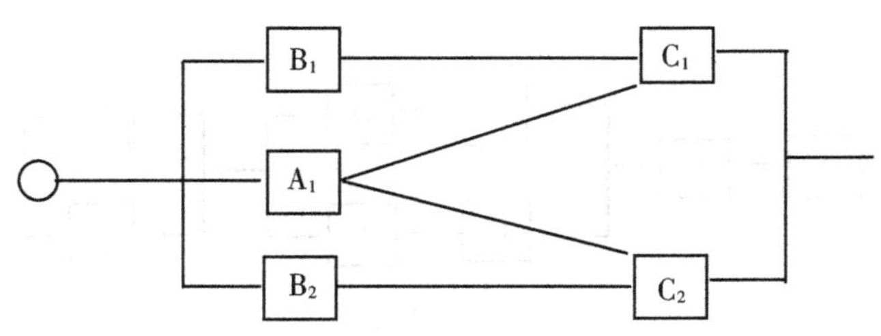

图 13－11　非串并联系统

将其计算结果记入 R_{S_i} 栏内，表中是以 $R_{A_1} = 0.3$，$R_{B_1} = R_{B_2} = 0.1$，$R_{C_1} = R_{C_2} = 0.2$ 来计算的。

求各 R_{S_i} 的总和，即得系统得可靠度 R_s。

构成系统的元件中，若其中一个或若干个发生故障时，系统的机能仍不停止，这种系统就是具有冗余性的系统。

三、可靠性制造

设计质量的好坏仅是保证系统中有充分可靠性的基础，设计质量再好，如果组成系统的协作配套件质量不高，或加工装配方法不当，系统的可靠性也不会高。因此，制造出能够体现可靠性设计的系统，是生产中可靠性活动的目标。在生产中要把人、材料、方法、机器妥善地结合起来，保证制造质量，就要加强质量管理。质量管理不是产品生产所必需的技术设计、良好的生产工艺、严格的检验等的替代手段，而是它们的辅助手段。加强质量管理可在早期发现系统的缺点，及时采取措施来解决问题，保证生产出质量好的系统。所谓质量好，在技术上并不意味着“绝对最好的东西”，而是在经济实用的条件下，满足用户需要的比较好的东西。质量管理是谋求可靠性的前提条件。

按着专业化、协作原则组织生产的要求，企业的专业化、协作化水平在不断提高。以制造工业为例，通常有 50％ 的零件是由协作单位生产的，所以系统配套产品的可靠性直接影响系统的可靠性。要确保系统的可靠性，主机厂应对协作厂进行技术上的审查，审查协作厂过去产品的生产情况、技术水平及质量管理的实施情况等。对有的配套产品机能和要求较复杂、试验时间较长，或需特殊的试验设备时，可在签订合同之前，先通过试验充分审查是否满足技术性能和技术要求，如确认其已满足各项技术要求，在生产时只通过简单的验收试验便可，从而既能节省时间又能节省费用。

$$R_s = \sum_{i=1}^{32} R_{S_i}$$

表 13－1　布尔真值表

系统状态序列号	B_1	B_2	C_1	C_2	A_1	正常或故障	R_{S_i}
1	0	0	0	0	0	F	
2	0	0	0	0	1	F	
3	0	0	0	1	0	F	
4	0	0	0	1	1	S	0.03888
5	0	0	1	0	0	F	
6	0	0	1	0	1	S	0.03888
7	0	0	1	1	0	F	
8	0	0	1	1	1	S	0.00972
9	0	1	0	0	0	F	
10	0	1	0	0	1	F	
11	0	1	0	1	0	S	0.01008
12	0	1	0	1	1	S	0.00432
13	0	1	1	0	0	F	
14	0	1	1	0	1	S	0.00432
15	0	1	1	1	0	S	0.00252
16	0	1	1	1	1	S	0.00108
17	1	0	0	0	0	F	
18	1	0	0	0	1	F	
19	1	0	0	1	0	F	
20	1	0	0	1	1	S	0.00432
21	1	0	1	0	0	S	0.00108
22	1	0	1	0	1	S	0.00432
23	1	0	1	1	0	S	0.00252
24	1	0	1	1	1	S	0.00108
25	1	1	0	0	0	F	
26	1	1	0	0	1	F	
27	1	1	0	1	0	S	0.00112
28	1	1	0	1	1	S	0.00048
29	1	1	1	0	0	S	0.00112
30	1	1	1	0	1	S	0.00048
31	1	1	1	1	0	S	0.00028
32	1	1	1	1	1	S	0.00012

在进行可靠性鉴定时，要在给定的环境条件下进行可靠性试验，故障率应控制在一定

水平上。由于试验的性质不同，试验的产品数量也不相同。如鉴定试制品的数量是很少的，满足不了可靠性试验的所需数量，因此，要在大批生产的连续条件下来鉴定产品的可靠性。

四、可靠性试验

1.可靠性试验的种类

可靠性试验是为了提高产品可靠性而进行的试验的总称。所谓可靠性试验不能全看作是寿命试验。在系统研制的各个阶段，因目的的不同而内容也有所不同。

为了研究产品或材料对各种胁强有多大耐抗力所进行的试验叫做环境试验，即对温度、湿度、震动、冲击、气压、日照、沙土、霉菌、辐射等胁强所做的试验。

根据加在系统上的胁强度可区分为过负荷试验、边际试验、正常动作试验、加速寿命试验。

根据胁强施加时间的不同，可分为固定胁强试验、变动负荷试验、无负荷放置试验等。

根据破坏情况，可分为破坏性试验和非破坏性试验，还可根据抽样方式分为抽样试验和全数试验。

2.可靠性试验的规模和方法

可靠性试验的对象不同，试验的规模和方法也不同。对小的零件，即使抽样数较多，进行寿命试验也不会增加成本。但对成品或系统进行试验，抽样数较少，有时也只允许做非破坏性试验，成品的可靠性保证需要统计验证时，可把问题降低到更低的层次，即降到零件或材料层次，在经济上、时间上都有富余的水平进行试验较为合适。

即使是同样的零件，也因目的的不同，试验的规模、方法、测量的特征值及尺度也不同。

在可靠性试验之前，应确定测量的特征值。要选择在物理上工程上有意义的，容易测量的少量的特征值。为了选出好的零件，材料的筛选试验必须是非破坏性的，要能够在某种程度上预知将来要发生的故障和潜在的缺陷，而且要选择灵敏度高的特征值。突发的完全丧失机能的偶然故障比较容易确认，机能下降的劣化故障不容易测量。

特征值的测量条件、稳定化时间与稳定化处理、测量时间间隔和数据的处理方法等应该清清楚楚。尤其是测量的故障定义、判断标准、缺点分类等必须明确。另外，数据出现异常时，对样本的处理方法也要有所规定。

可靠性试验的目的是保证系统质量，所以试验条件应充分反映实际使用时的条件，必须具有重视故障原因的性质。为了实现这些要求，要充分研究加在产品和材料上的胁强是什么，它们有多大，影响使用的故障原因是什么，测出的特征值对于这类故障原因是否有用等等。

故障发生的方式不同，试验方法也不同。因此，在决定试验条件之前，要先进行胁强的测量、故障方式和故障原因的分析、试验方法的研究等工作。

为了减少试验的时间和费用，应对试验妥善地组织管理，对试验数据要很好地整理，便于有效地反映问题。对测量时间、工作及测量条件、测量仪表的校准、测量方法、人员培训、各种手册的管理、数据的记录方法、样品及数据的管理、报告等项工作，都应妥善地加以管理。

第三节 可靠度分配

可靠度分配是将设计书上给定的系统可靠度指标在构成系统的各个子系统之间进行适当的调配，从而确定子系统的可靠度指标。可靠度的基础是可靠性预测，一个合理的可靠性设计往往需要经过多次预测、分配、再预测、再分配的循环才能实现。对于容易实现高可靠度的子系统，应提出高可靠度的要求，在满足高可靠度目标的条件下，应使整个系统的成本、研究时间、重量、体积等系统参数尽可能小。

可靠度分配的具体方法有：等分配法、加权分配法和动态规划最优分配法等。

一、等分配法

在有 n 个子系统的串联系统中，系统可靠度为各个子系统可靠度之乘积，即：

$$R_s = \prod_{i=1}^{n} R_i$$

等分配法就是为每个子系统都分配以相等的可靠度，即：

$$R_i = \sqrt[n]{R_s}$$

例 13－2 一个系统由五个子系统组成，系统的可靠度为 0.659，求其每个子系统的可靠度。

按等分配法为：

$$R_i = \sqrt[5]{0.659} = 0.92$$

二、加权分配法

加权分配法就是考虑到各个子系统的重要程度，分别确定各个子系统的可靠度。例如，系统由 n 个子系统构成，且各个系统均由独立的标准组件构成，子系统的可靠度服从指数分布。如果不考虑子系统发生故障对整个系统可靠度的影响程度，则第 i 个子系统的可靠度为：

$$R_i = e^{-\frac{t_i}{\theta_i}}$$

式中，t_i 为第 i 个子系统的要求工作时间，θ_i 为第 i 个子系统的平均寿命。

如果各子系统出现故障引起系统发生故障概率不同的话，则可靠度分配就应考虑加权因子这个因素。其第 i 个子系统的实际可靠度为：

$$R'_i = 1 - W_i(1 - R_i)$$

式中，W_i 为加权因子，第 i 个子系统故障而引起系统故障的概率。

因为 $$R_i = e^{-\frac{t_i}{\theta_i}}$$

所以 $$R'_i = 1 - W_i(1 - e^{-\frac{t_i}{\theta_i}})$$

系统的可靠度为：

$$R_s = \prod_{i=1}^{n} R'_i = \prod_{i=1}^{n} \left[1 - W_i(1 - e^{-\frac{t_i}{\theta_i}}) \right]$$

又如第 i 个子系统是由 n_i 个组件所组成，而且这些基本组件不论是用到哪个子系统上，带给整个系统的可靠度都是相等的。即：

$$R_i' = R_s^{\frac{n_i}{N}}$$

式中，N 为系统基本组件总数，$N = \sum n_i$，所以有：

$$1 - W_i(1 - R_i) = R_s^{\frac{n_i}{N}}$$

$$R_i = 1 - \frac{1 - R_s^{\frac{n_i}{N}}}{W_i}$$

将 $R_i = e^{-\frac{t_i}{\theta_i}}$ 代入 $1 - W_i(1 - R_i) = R_s^{\frac{n_i}{N}}$，得：

$$1 - W_i(1 - e^{-\frac{t_i}{\theta_i}}) = R_s^{\frac{n_i}{N}}$$

所以

$$\theta_i = \frac{-t_i}{\ln\left[1 - \frac{1}{W_i}(1 - R_s^{\frac{n_i}{N}})\right]}$$

当 x 很小时，利用近似式 $e^{-x} = 1 - x$，代入 $1 - W_i(1 - e^{-\frac{t_i}{\theta_i}}) = R_s^{\frac{n_i}{N}}$ 得：

$$R_s^{\frac{n_i}{N}} = 1 - W_i(\frac{t_i}{\theta_i}) = e^{-\frac{W_i t_i}{\theta_i}}$$

两边取对数得：

$$\frac{n_i}{N}\ln R_s = -\frac{W_i t_i}{\theta_i}$$

即：

$$\theta_i = \frac{N W_i t_i}{n_i(-\ln R_s)}$$

例 13－3　机载电子设备要求工作 12 小时的可靠度为 0.923，这台设备的各个子系统的有关数据如表 13－2 所示，试对各个子系统作可靠度分配。

表 13－2　系统参数表

子系统 i	子系统的组件数 n_i	工作时间 t_i	加权因子 W_i
1. 发射机	102	12	1
2. 接收机	91	12	1
3. 控制设备	242	12	1
4. 起飞用自动装置	45	3	0.3
5. 电源	40	12	1
共计	570		

解　从系统可靠度 R_s 要求：

$$R_s = 0.923$$

将表 13－2 中的数据代入公式 $\theta_i=\dfrac{NW_it_i}{n_i(-\ln R_s)}$ 得：

$$\theta_1=\frac{570\times1.0\times12}{102\times(-\ln 0.923)}=838\text{ 小时}$$

$$\theta_2=\frac{570\times1.0\times12}{91\times(-\ln 0.923)}=939\text{ 小时}$$

$$\theta_3=\frac{570\times1.0\times12}{242\times(-\ln 0.923)}=353\text{ 小时}$$

$$\theta_4=\frac{570\times0.3\times3}{95\times(-\ln 0.923)}=868\text{ 小时}$$

$$\theta_5=\frac{570\times1.0\times12}{40\times(-\ln 0.923)}=2138\text{ 小时}$$

再利用公式

$$R_i(t_i)=1+\frac{R_s^{\frac{n_i}{N}}-1}{W_i}=e^{-\frac{t_i}{\theta_i}}$$

可求出各子系统的可靠度：

$R_1=0.9858$　　$R_2=0.9873$　　$R_3=0.9666$

$R_4=0.9560$　　$R_5=0.9944$

验算系统可靠度：

$$R_s=\prod_{i=1}^{5}R'_i=\prod_{i=1}^{5}[1-W_i(1-R_i)]=0.9232$$

三、动态规划最优分配法简介

动态规划是解决多阶段过程最优化问题的有效方法。有关动态规划的基本概念、数学模型和计算方法在运筹学等有关书籍中已有详尽介绍，在此不加赘述。我们仅说明动态规划方法在可靠度分配中的应用。

设某装置的工作系统由 N 个子系统组成，这些子系统的正常工作关系是串联关系。因此，只要其中任一子系统出现故障，就会导致整个系统不能正常工作。为了提高整个系统工作的可靠性，每个子系统都备有一定的冗余度(构成并联备用的子系统或主要元件数)，使正在工作的子系统或备用元件来替换，从而保证系统工作具有较高的可靠性。显然，各个子系统的备用数越多，整个系统维持正常工作的可靠性就越大。但另一方面，备用子系统多了，装置的成本、重量、体积等就会增加。于是，在上述各种因素限制条件下，必须搞清楚：如何选择各子系统的备用数目，使整个系统的工作可靠性达到最大；或者在保证系统工作具有一定的可靠度、一定的重量、体积等限制条件下，如何选择各子系统的备用数，使它的成本最小。这类问题可以用动态规划模型来求解。

第四节　维修性技术

一、可靠度、维修度与有效度

可靠度可以说是衡量系统损坏状态的尺度。对于一旦损坏不能再用的系统，用这种意义的可靠度就足够了。但对可进行修理和维护的系统，不仅要考虑是怎么坏的，还要考虑修复的方法。

系统设计人员必须充分认识到维修的重要性。因为一个系统的维修费可能大于投资费用，有些设备如果不能继续运行需要维修时，还可能需要后备设备。一个系统的运转时间与维修质量、操作者的技术水平、是否正确使用有很大关系。因此，加强维修可提高系统的有效性和降低系统的费用。

二、缩短维修时间的方法

为了增大有效度，一方面要缩小故障率的数值，一方面还要提高维修方式，应考虑系统随着时间增长而引起的劣化状态。如果系统是处于初期故障期内，越使用则故障的比率就越少，这意味着希望经过充分的老化，调整和熟悉之后再使用。如果是在偶然故障期内，则发生故障完全是偶然的，与时间变化没有关系，因此采用预防维修方式是没有意义的。如果系统的劣化状态呈耗损故障期的状况，就应在耗损故障期开始之前，采取全部更换等预防维修措施，延长偶然故障期。

三、提高维修度的措施

维修度是指在规定条件下进行维修时，在规定时间内修复一个故障系统达到操作条件的概率。提高维修度的措施是很多的，概括起来不外两个方面：其一是加强维修人员培训，提高维修人员的责任心和技术水平；其二是及时发现故障和排除故障。故障修理所需的时间，包括发现故障所需时间、修理及更换零件所需时间和修后检验所需时间。在上述三类时间中，判断故障所需时间较长，一般占维修时间的 80% 左右。为了正确而迅速地完成故障判断和及时排除故障，应采用各种自动检验判断装置，提高修理的机械化水平。

习　题

1. 什么是可靠性？简述系统可靠性的重要性。

2. 简述系统的失效规律。

3. 假设卫星线路由 10^4 个电子器件串联组成，其寿命服从负指数分布，要求工作三年的可靠性为0.75，求元器件的平均失效率。

4. 电子系统采用五类元器件，数量及权重如下表所示，如果要求工作 50 小时的可靠性为0.9，试进行可靠性分配。

元器件名称	A	B	C	D	E
数量	1	16	200	300	50
权重	40	20	20	10	10

下篇　系统工程定量模型与应用

第十四章　线性规划问题

第一节　系统模型技术概述

模型在系统工程中占有很重要的地位。我们首先要了解什么是模型、模型的作用以及模型的分类，这对于构造和使用模型是十分重要的。

一、模型的定义及特征

模型可以认为是实际系统的代替物。模型应反映出系统的主要组成部分和各部分的相互作用以及在运行条件下因果的作用和反作用的相互关系。根据模型，我们可以用较少的风险、时间和费用来对实际系统作研究和试验，更好地观察系统的行为。开发一个模型是科学和艺术的结合，因此，模型是实际系统理想化的抽象或简化表示。它描绘了现实世界的某些主要特点，是为了客观地研究系统而发展起来的。

模型有三个特征：

1. 它是实现世界一部分的抽象或模仿；

2. 它由那些与分析的问题有关的因素构成；

3. 它表明了有关因素之间的相互关系。

模型是对现实世界的一个抽象。因此，模型必须反映实际，同时由于它的抽象性，又要高于实际。在构造模型时，要兼顾到它的现实性和易处理性。考虑到现实性，模型必须包括现实系统中的主要因素；考虑到易处理性，模型要采取一些理想化的办法，即去掉一些外在的影响，并对一些过程作合理的简化。

二、模型的种类

对系统工程来说，通过模型可对系统进行了解、观测、计量、变换、试验，研究其中的重要因素及其相互关系，从而作出有关的决策。没有一个好的模型，是不可能作出正确决策的，当被研究的系统十分复杂且难于接近时，模型就显得更为重要。

一般来说，模型可按表 14－1 所示进行分类。

三、模型的作用和用途

模型的作用和用途有以下几个方面：

1. 模型比现实容易操作，尤其是一些参数值的改变在模型中操作比在现实中操作要容易；

2. 有时在现实中很难或不能做试验，通过建立模型就可以解决这些困难，而且模型比现实更容易理解；

3. 有些变量在现实情况中要很长时间才能看出其变化情况，但用模型研究时可以很快看出变化规律，从而最迅速地抓住其本质特征；

4. 用模型研究变量（可控的和不可控的）之间的关系，通过用可控变量得出一定的结果；

5.通过灵敏度分析，可看出哪些因素对系统影响更大。

表 14－1　模型的分类

	分类原则	模型种类
1	按建模材料不同	抽象、实物
2	按与实体的关系	形象、类似、数学
3	按模型表征信息的程度	概念性、数学、物理
4	按模型的构造方法	理论、经验、混合
5	按模型的功能	结构、性能、评价、最优化、网络
6	按与时间的依赖关系	静态、动态
7	按是否描述系统内部特性	黑箱、白箱
8	按模型的应用场合	通用、专用
9	数学模型的分类：	
	（1）按变量形式分	确定性、随机性、连续型、离散型
	（2）按变量之间的关系分	代数方程、微分方程、概率统计、逻辑

四、建立模型的一般要求

1.有足够的精确度。就是把本质的东西和关系反映进去，把非本质的东西去掉而又不影响反映现实系统的真实程度。精确度不仅与研究的对象有关，而且与它所处的时间、状态和条件有关，所以，有时同一个对象在不同情况下可以提出不同精确度的要求。

2.简单。模型既要精确，又要简单。因为有时太复杂的模型难以求解，这时就只好降低一些精度。此外，如果一个简单的模型能使某些实际问题得到满意解决，那我们就不一定非要去搞一个复杂模型，因为要构造一个复杂模型及其求解都要付出较高的代价。

3.数据要准确，依据要充分。就是要根据科学规律、经济规律来建立关系式和图表。

4.尽量借鉴标准形式。在仿真某些实际对象时，如果已经有些标准形式的模型可借鉴，不妨先试用一下，因为它们已经有一些现有的数学方法或其他方法可用，所以尽量往标准形式靠拢。

5.模型中所表示的系统要能够操纵和控制，否则建立的模型就毫无意义。

6.模型要有一定的适应性和可靠性。

五、构造模型的一般原则

1.建立方框图。一个系统是由许多子系统组成的。建立方框图的目的是简化对系统内部相互作用的说明。用一个方框代表一个子系统。系统作为一个整体，可用子系统的联结来表示，这样系统的结构就很清晰。

2.考虑信息相关性。模型中只应包括系统中与研究目的有关的那些信息。

3.考虑准确性。构模时，对所收集的、用以构模的信息应考虑其准确性。

4.考虑结集性。构模时需要进一步考虑的因素是能把一些个别的实体组成更大实体的程度。

六、构模的基本步骤

对于构模，很难给出一个严格的步骤。构模主要取决于对问题的理解、洞察力、训练和技巧。构模的基本步骤可归纳为：

1. 明确构模的目的和要求，以使模型满足实际需要，不致产生太大的偏差；
2. 对系统进行一般语言描述，这是进一步确定模型结构的基础；
3. 弄清楚系统中的主要因素及其相互关系以使模型准确表示现实系统；
4. 确定模型的结构，这一步决定了模型定量方面的内容；
5. 估计模型中的参数，用数量表示系统中的因果关系；
6. 对模型进行试验研究；
7. 根据试验结果，对模型作必要的修改。

七、模型的简化和近似

由于实际情况的复杂和变化多样，我们往往不能简单地套用现有的模型，甚至对一些具有简单结构的模型也是如此。这时只有改用其他形式的模型。有时通过模型的构造才发现必须拥有哪些数据，或者模型该往哪个方向修正。还有的时候，虽然复杂的模型已构造出来，但是做试验和求解太困难，我们就改用较为简单的近似模型。在对实际情况进行适当简化或修正时，常采用的方法有下列几种：

1. 去掉一些变量。

2. 合并或细分一些变量，即把有些性质相同的变量合并成少数有代表性的变量。

3. 改变变量的性质。常用的改变变量性质的办法有三种：① 把有的变量看成是常量；② 把有的连续变量看成是离散变量；③ 把有的离散变量看成是连续变量。

4. 改变变量之间的函数关系。在数学中最常用的方法是把非线性的关系用线性关系来逼近，这可使模型大大简化。在随机问题中，我们也常用一些熟知的概率分布或函数，例如正态分布、指数分布等去代替不太好处理的其他概率分布函数。

5. 改变约束条件。为了简化模型，还可对变量的约束条件加以改变：① 增加一些约束；② 去掉一些约束；③ 对约束进行一些修改。

显然，增加约束后求得的系统指标一般偏低，有时把这样求得的解称为保守的或悲观的解。而去掉一些约束后求得的系统指标一般偏高，这时求得的解称为冒进的或乐观的解。虽然它们都不一定是真正的解，但可以指出解的范围，这对系统进行初步估计是很有用的。

另外，有些实际问题建立数学模型很困难，甚至不可能；还有些问题即使建立起模型来也很复杂，求解也很困难。在这种情况下，我们就要用另外一种手段 —— 仿真技术。一种是物理仿真方法，另一种是电子计算机仿真方法，而后者最常用也最有效。

第二节　线性规划问题的数学模型

线性规划是运筹学的一个重要分支。它所研究的问题：一是在资源（如钢材、电力等）受限制的前提下，研究如何合理使用这些资源，以完成更多的任务；二是在任务一定的前提下，研究如何合理安排，用最少的资源来完成给定的任务。实际上，它们是一个问题的两个方面，前者是扩大生产、增加利润，后者是减少消耗、降低成本。如果以数学的形式来表示的话，线性规划就是求具有线性约束条件的线性目标函数的极值问题。

一、问题的提出

通过下面一些具体例题，可以说明线性规划所研究的问题和它的数学模型。

例 14－1 生产计划问题

设某工厂生产 A_1,A_2,A_3,A_4 四种产品，生产时需用甲、乙、丙三种原料。每月可供应该厂原料甲 350 吨、乙 300 吨、丙 250 吨。生产每吨的不同产品可得的利润以及生产每吨不同产品所消耗的原料数量如表 14－2 所示，问工厂每月应如何安排生产计划，才能使总利润最大？

表 14－2 各种产品所得利润及所耗原料

消耗量 产品 / 原料	A_1	A_2	A_3	A_4	每月原料供应量(吨)
甲	1	1	2	2	350
乙	0	1	1	3	300
丙	1	2	1	0	250
利润(元／吨)	200	250	300	150	

设该厂每月安排生产产品 A_i 为 x_i 吨($i=1,2,3,4$)，则该厂的生产计划问题就可表示为：

求解 $x_i(i=1,2,3,4)$，使满足下列条件：

$$\begin{cases} x_1+x_2+2x_3+2x_4\leqslant 350 \\ x_2+x_3+3x_4\leqslant 300 \\ x_1+2x_2+x_3\leqslant 250 \\ x_1\geqslant 0,x_2\geqslant 0,x_3\geqslant 0,x_4\geqslant 0 \end{cases}$$

并使总利润 $Z=200x_1+250x_2+300x_3+150x_4$ 取得最大值。

例 14－2 原材料合理利用问题

设有一批长为 7.4m 的钢管，需要截成长为 2.9m，2.1m 和 1.5m 三种规格的坯料，这三种坯料需要量分别不少于 100 根、150 根、100 根，问如何合理下料使消耗钢管数量最少？

为完成下料任务，最简单的办法是单一下料，即在每一根 7.4m 的钢管上只截一种规格的坯料，因为钢管的长度与坯料的长度不成比例(假设切口长度忽略不计)，所以采用单一下料法会产生较大的边角余料，影响原材料的利用率。为提高原材料的利用率，可采用套裁法。根据过去的经验，在一根 7.4m 长的钢管上有六种不同的套裁下料方案，见表 14－3。

表 14－3　下料方案

下料根数 / 方案 / 坯料长度	一	二	三	四	五	六
2.9	1	2	0	1	0	1
2.1	0	0	2	2	1	1
1.5	3	1	2	0	3	1
总长度(m)	7.4	7.3	7.2	7.1	6.6	6.5
余料(m)	0	0.1	0.2	0.3	0.8	0.9

设 x_1,x_2,x_3,x_4,x_5,x_6 分别表示六种下料方案切割的钢管根数，则截出：

(1) 长 2.9m 的坯料为 $x_1+2x_2+x_4+x_6$ 根；

(2) 长 2.1m 的坯料为 $2x_3+2x_4+x_5+x_6$ 根；

(3) 长 1.5m 的坯料为 $3x_1+x_2+2x_3+3x_5+x_6$ 根。

从而得原材料合理利用问题的数学表达式为：

求解 x_1,x_2,x_3,x_4,x_5,x_6，使满足条件：

$$\begin{cases} x_1+2x_2+x_4+x_6 \geqslant 100 \\ 2x_3+2x_4+x_5+x_6 \geqslant 150 \\ 3x_1+x_2+2x_3+3x_5+x_6 \geqslant 100 \\ x_1,x_2,x_3,x_4,x_5,x_6 \geqslant 0 \end{cases}$$

并使余料总长 $Z=0.1x_2+0.2x_3+0.3x_4+0.8x_5+0.9x_6$ 取得最小值。

二、数学模型的建立

上述例题，虽然有着不同的实际意义，但它们具有以下的共同特性：

1. 求一组变量的值，它是决策者可以控制的一组变量，这组变量称为决策变量。决策变量每取定一组值就表示一个具体的方案，而这个方案是可供决策者选择的若干个方案中的一个。通常要求决策变量的取值是非负的。

2. 决策变量要满足一定的限制条件，正因为有了这些限制条件，才约束了方案的任意性，这组限制条件称为约束条件。约束条件往往是由各决策变量之间存在的相互关系来表达，要求这种相互关系能够表示为决策变量的线性不等式或线性等式。

3. 决策者都有一个明确的目标，如总运费、总利润等达到最小值或最大值，并且这个目标可以表示为决策变量的线性函数，称为目标函数。

具有上述共同特性的问题称为线性规划问题。因此，一般线性规划问题是具有下述形式的数学问题：

求决策变量：$x_1,x_2,\cdots,x_n$

满足约束条件：

$$\begin{cases} a_{11}x_1 + a_{12}x_2 + \cdots + a_{1n}x_n \leqslant (\text{或} = \geqslant) b_1 \\ a_{21}x_1 + a_{22}x_2 + \cdots + a_{2n}x_n \leqslant (\text{或} = \geqslant) b_2 \\ \quad \cdots \\ a_{m1}x_1 + a_{m2}x_2 + \cdots + a_{mn}x_n \leqslant (\text{或} = \geqslant) b_m \\ x_1 \geqslant 0, x_2 \geqslant 0, \cdots, x_n \geqslant 0 \end{cases}$$

使目标函数

$$\max(\text{或} \min) Z = c_1x_1 + c_2x_2 + \cdots + c_nx_n$$

这就是线性规划问题的数学模型。

在线性规划问题的数学模型中，对不同的问题，约束条件可以是线性方程组，也可以是线性不等式组，目标函数可以是求最大值，也可以是求最小值，这种形式上的不同，给讨论线性规划问题的求解带来不便。为了讨论方便起见，规定线性规划问题的数学模型的标准形式为：

求：$x_1, x_2, \cdots, x_n$ 满足

$$\begin{cases} a_{11}x_1 + a_{12}x_2 + \cdots + a_{1n}x_n = b_1 \\ a_{21}x_1 + a_{22}x_2 + \cdots + a_{2n}x_n = b_2 \\ \quad \cdots \\ a_{m1}x_1 + a_{m2}x_2 + \cdots + a_{mn}x_n = b_m \\ x_j \geqslant 0 (j = 1, 2, \cdots, n) \end{cases}$$

使

$$\max Z = c_1x_1 + c_2x_2 + \cdots + c_nx_n$$

这里假定 $b_i \geqslant 0 (i = 1, 2, \cdots, m)$。

对于各种非标准形式的线性规划数学模型，可以通过下面的方法将它转化成标准形式。

(1) 目标函数为求最小值，即：

$$\min Z = c_1x_1 + c_2x_2 + \cdots + c_nx_n$$

为把目标函数化为求最大值，只需令：

$$Z_1 = -Z$$

于是

$$\min Z = -\max(-Z) = -\max Z_1$$

即

$$\max Z_1 = -\min Z = -c_1x_1 - c_2x_2 - \cdots - c_nx_n$$

(2) 约束条件为不等式。化不等式约束条件为等式约束条件，只需引入新的非负变量以表示不等式左、右两端间的差额就可以了。这些新变量统称为松弛变量，它在目标函数中所对应的系数为零。

例如，当第 i 个约束条件为

$$a_{i1}x_1 + a_{i2}x_2 + \cdots + a_{in}x_n \leqslant b_i$$

时，可在不等式左端加上松弛变量 $x_{n+i} \geqslant 0$，使它成为等式：

$$a_{i1}x_1 + a_{i2}x_2 + \cdots + a_{in}x_n + x_{n+i} = b_i$$

当第 s 个约束条件为

$$a_{s1}x_1 + a_{s2}x_2 + \cdots + a_{sn}x_n \geqslant b_s$$

时，可在不等式左端减去松弛变量 $x_{n+s} \geqslant 0$，使之成为等式：

$$a_{s1}x_1 + a_{s2}x_2 + \cdots + a_{sn}x_n - x_{n+s} = b_s$$

此处的松弛变量也称为剩余变量。

(3) 决策变量 x_k 无非负限制，这样的变量称为自由变量。比如 x_k 为自由变量，为了将它化为标准形式，有两种方法：

① 引进新的非负变量 $x'_k \geqslant 0, x''_k \geqslant 0$，令

$$x_k = x'_k - x''_k$$

代入约束条件和目标函数中，于是原问题就化为用 $n+1$ 个非负变量来描述的线性规划问题。

② 从约束条件中，选自由变量 x_k 的系数不为零的等式，解出 x_k 并代入其他 $m-1$ 个约束方程和目标函数中，于是原问题就化为含 $n-1$ 个非负变量，满足 $m-1$ 个约束方程的线性规划问题。

(4) 约束条件右端常数 $b_i < 0$ 时，对于等式约束，只需在等式两边同乘以 -1；对于不等式约束，只需在不等式两边同乘以 -1，同时改变不等号方向。

例 14－3　将线性规划问题的数学模型

$$\min Z = -3x_1 + 4x_2 - 2x_3 + 5x_4$$

$$\text{s. t.} \begin{cases} 4x_1 - x_2 + 2x_3 - x_4 = -2 \\ x_1 + x_2 + 3x_3 - x_4 \leqslant 14 \\ -2x_1 + 3x_2 - x_3 + 2x_4 \geqslant 2 \\ x_1, x_2, x_3 \geqslant 0, x_4 \text{无约束} \end{cases}$$

化为数学模型的标准形式。

解　(1) 将目标函数转化为求最大值：

$$\max Z_1 = 3x_1 - 4x_2 + 2x_3 - 5x_4$$

(2) 将第一个约束条件两端乘以 -1，得：

$$-4x_1 + x_2 - 2x_3 + x_4 = 2$$

(3) 引进松弛变量 $x_5 \geqslant 0$，将第二个约束条件转化为等式约束：

$$x_1 + x_2 + 3x_3 - x_4 + x_5 = 14$$

(4) 引进剩余变量 $x_6 \geqslant 0$，将第三个约束条件转化为等式约束：

$$-2x_1 + 3x_2 - x_3 + 2x_4 - x_6 = 2$$

(5) 因为 x_4 是自由变量，为此，令：

$$x_4 = x'_4 - x''_4 \quad (x'_4 \geqslant 0, x''_4 \geqslant 0)$$

代入目标函数 Z_1 及上述三个等式约束，得数学模型的标准形式：

$$\max Z_1 = 3x_1 - 4x_2 + 2x_3 - 5x'_4 + 5x''_4$$

$$\text{s. t.} \begin{cases} -4x_1 + x_2 - 2x_3 + x'_4 - x''_4 = 2 \\ x_1 + x_2 + 3x_3 - x'_4 + x''_4 + x_5 = 14 \\ -2x_1 + 3x_2 - x_3 + 2x'_4 - 2x''_4 - x_6 = 2 \\ x_1, x_2, x_3, x'_4, x''_4, x_5, x_6 \geqslant 0 \end{cases}$$

三、线性规划问题数学模型的向量表达式与矩阵表达式

用向量来描述线性规划问题的数学模型的标准形式为：

$$\max Z = \boldsymbol{CX}$$

$$\text{s.t.} \begin{cases} \sum_{j=1}^{n} \boldsymbol{P}_j x_j = \boldsymbol{b} \\ \boldsymbol{X} \geqslant 0 \end{cases}$$

其中

$$\boldsymbol{C} = (c_1, c_2, \cdots, c_n)$$

$$\boldsymbol{X} = \begin{bmatrix} x_1 \\ x_2 \\ \vdots \\ x_n \end{bmatrix}, \boldsymbol{b} = \begin{bmatrix} b_1 \\ b_2 \\ \vdots \\ b_m \end{bmatrix}, \boldsymbol{P}_j = \begin{bmatrix} a_{1j} \\ a_{2j} \\ \vdots \\ a_{mj} \end{bmatrix}, \quad (j = 1, 2, \cdots, n)$$

向量 $\boldsymbol{P}_j$ 是对应变量 x_j 的系数列向量。

用矩阵来描述线性规划问题的数学模型的标准形式为

$$\max Z = \boldsymbol{CX}$$

$$\text{s.t.} \begin{cases} \boldsymbol{AX} = \boldsymbol{b} \\ \boldsymbol{X} \geqslant 0 \end{cases}$$

其中

$$\boldsymbol{A} = \begin{bmatrix} a_{11} & a_{12} & \cdots & a_{1n} \\ a_{21} & a_{22} & \cdots & a_{2n} \\ \vdots & \vdots & \vdots & \vdots \\ a_{m1} & a_{m2} & \cdots & a_{mn} \end{bmatrix}$$

目标函数中的系数 c_j 称为目标函数系数，也可按其经济意义称为价值系数、费用系数或利润系数。约束条件右端的常数 b_i 称为约束常数。约束条件中决策变量的系数 a_{ij} 称为约束系数，也可称为消耗系数或工艺系数。矩阵 $\boldsymbol{A}$ 称为约束系数矩阵。

第三节　线性规划问题的图解法

图解法是用作图的方法来求线性规划问题的解，它适用于仅含两个决策变量的线性规划问题的数学模型。虽然这种方法的应用范围受到很大的限制，但这种方法简单、直观，而且有助于理解线性规划问题求解的基本原理。

下面以例题来说明图解法。

例 14—4　某工厂生产两种产品 A，B，每件 A 产品要消耗钢材 2kg、煤 3kg，其产值为 20 元。每件 B 产品要消耗钢材 2kg，煤 1kg，其产值为 15 元。该厂现有钢材 600kg，煤 400kg，问 A，B 两种产品各生产多少件，才能使总产值最大。

解　设 x_1，x_2 分别表示 A，B 产品的产量，Z 表示总产值，则该问题的数学模型为：

$$\max Z = 20x_1 + 15x_2$$

$$\text{s.t.} \begin{cases} 2x_1 + 2x_2 \leqslant 600 \\ 3x_1 + x_2 \leqslant 400 \\ x_1 \geqslant 0, x_2 \geqslant 0 \end{cases}$$

这是一个仅含两个决策变量的线性规划问题，我们用图解法来求解。

在以 x_1 为横轴，x_2 为纵轴的 x_1Ox_2 平面上，四个约束条件分别确定四个半平面，如在

直线 $2x_1+2x_2=600$ 的左下半平面(见图 14－1 中箭头所示)上所有点的坐标都满足约束条件：

$$2x_1+2x_2\leqslant 600$$

而其余的点都不满足这个约束条件。同理可确定满足其他约束的半平面。因此,同时满足全部约束的点必然落在这四个半平面的公共部分,即图 14－1 中的阴影区域 $OABCO$(包括边界线)。

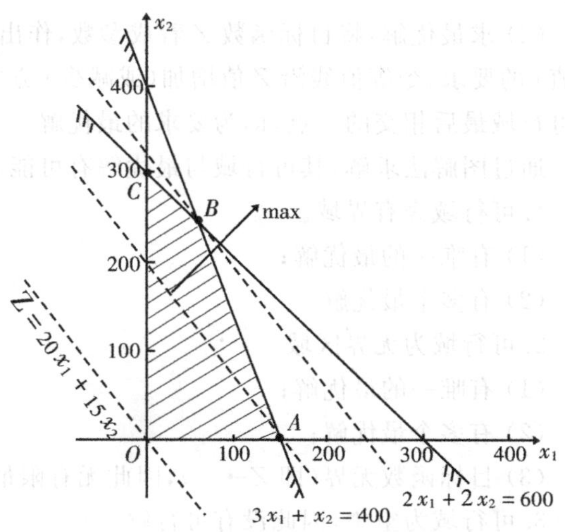

图 14－1　线性规划问题的图解法

在上述区域上任意一点的坐标 (x_1,x_2),就代表一组决策变量的值,也就代表了一个具体的决策方案。这样得到的决策变量值

$$\boldsymbol{X}=(x_1,x_2)^T$$

称为线性规划问题的可行解;全体可行解的集合,称为可行解集或可行域;使目标函数取得最大值或最小值的可行解,称为最优解;最优解对应的目标函数值,称为最优值。

现在的问题是,要在所给问题的可行域上找一点,使目标函数

$$Z=20x_1+15x_2$$

取得最大值。为此,将 Z 视为参数,例如,令 $Z=0,\dfrac{8000}{3},4500$,分别作直线:

$$20x_1+15x_2=0$$

$$20x_1+15x_2=\frac{8000}{3}$$

$$20x_1+15x_2=4500$$

则在同一条直线上的点都具有相同的目标函数值,称这一直线为等值线(见图 14－1 中的虚线)。从图 14－1 中可以看到,当等值线离坐标原点越远,相应的目标函数值 Z 就越大。因此,求线性规划问题的最优解,只需令等值线朝远离原点方向作平行移动,最后找到离原点最远而又与可行域至少交于一点的等值线就可以了。从图 14－1 可以看出,经过 B 点的等值线就符合要求,求出 B 点的坐标

$$x_1=50,\quad x_2=250$$

即为所求的最优解,对应的目标函数值

$$Z=20\times 50+15\times 250=4750$$

为最优值。也就是说,当生产 A 产品 50 件,B 产品 250 件时,获得最大产值 4750 元。

如果线性规划问题是求最小值时,只需令等值线朝目标函数值 Z 减少的方向平行移动,就可找到相应的最优解。

由例 14－4 可知，利用图解法求解含有两个决策变量的线性规划问题，可按以下步骤进行：

(1) 求可行域：在平面直角坐标系中，可行域是各约束条件所表示的半平面的公共部分。

(2) 求最优解：将目标函数 Z 看成参数，作出等值线，然后根据原问题求最大值(或最小值)的要求，令等值线沿 Z 值增加(或减少)方向在可行域内平行移动，直到找到等值线与可行域最后相交的一点，即为要求的最优解。

通过图解法求解，其可行域与最优解有可能出现下列情况：

1. 可行域为有界域。

(1) 有唯一的最优解；

(2) 有多个最优解。

2. 可行域为无界区域。

(1) 有唯一的最优解；

(2) 有多个最优解；

(3) 目标函数无界(即 $Z \to \infty$)，因此无有限最优解。

3. 可行域为空集，因此没有可行解。

以上情况示于图 14－2 中。图中的虚线表示等值线，虚线上的箭头表示等值线的移动方向，阴影部分为可行域。

综合上述讨论，可以看到：

1. 线性规划问题的解有四种可能：唯一最优解，多个最优解，无界解(即无有限最优解)和无可行解。

2. 线性规划问题的可行域如果存在，其可行域一般是凸多边形。

3. 线性规划问题的最优解如果存在，则最优解一定在凸多边形的某一个顶点上取得。

上述结论，都可以推广到 n 个决策变量的线性规划问题上去。

第四节　线性规划问题的基本理论

一、线性规划问题的解

对于线性规划问题：

$$\max Z = \sum_{j=1}^{n} c_j x_j$$

$$\text{s. t.}\begin{cases} \sum_{j=1}^{n} a_{ij} x_j = b_i & (i = 1,2,\cdots,m) \\ x_j \geqslant 0 & (j = 1,2,\cdots,n) \end{cases}$$

假定系数矩阵 $\boldsymbol{A}$ 的秩为 m，且 $m < n$。

先定义几个解的概念：

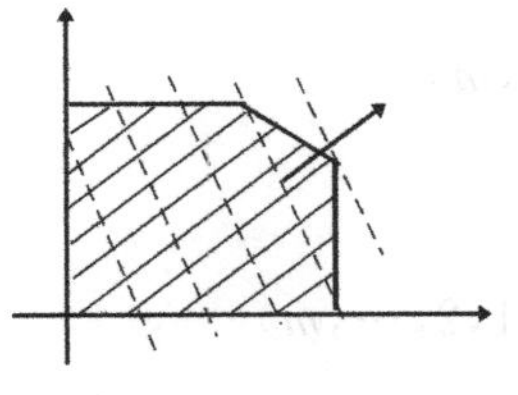

(a)可行域有界,唯一最优解

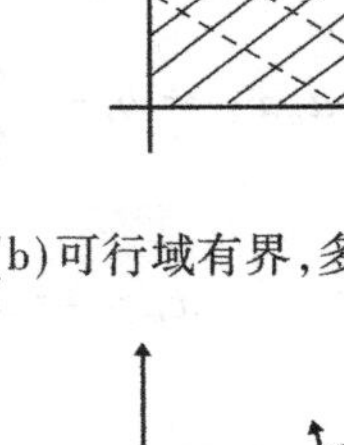

(b)可行域有界,多个最优解

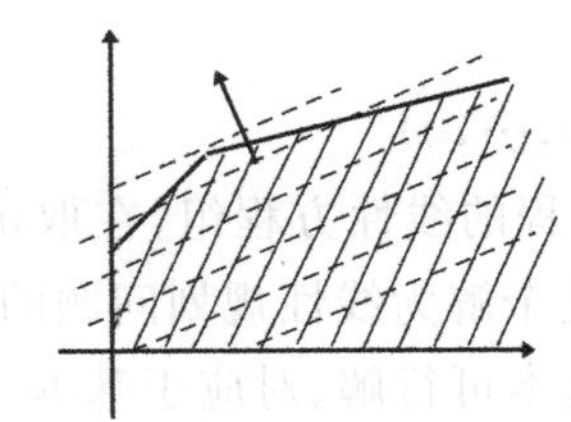

(c)可行域无界,唯一最优解

(d)可行域无界,多个最优解

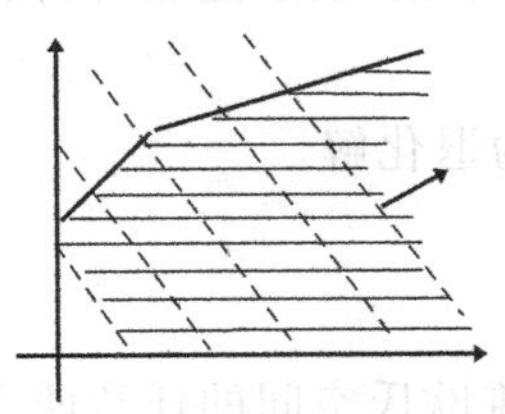

(e)可行域无界,目标函数无界

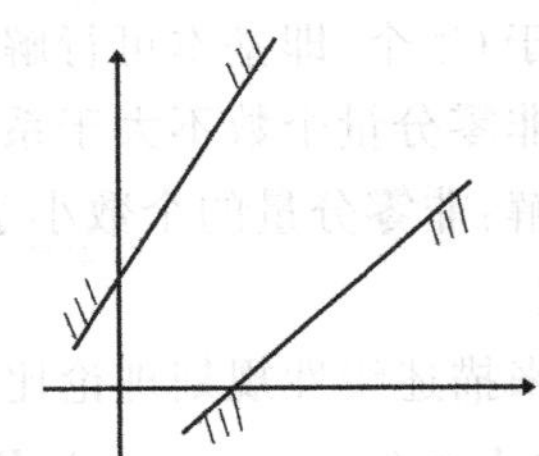

(f)可行域为空集,无可行解

图 14－2　解的几种情况

1. 可行解:满足线性规划问题约束条件和非负约束的一组值

$$\boldsymbol{X}=(x_1,x_2,\cdots,x_n)^T$$

称为线性规划问题的可行解。全体可行解的集合,称为线性规划问题的可行集或可行域。

2. 最优解:使目标函数 Z 取得最大(小)值的可行解,称为最优解。最优解对应的目标函数值,称为最优值。

3. 基、基变量、非基变量:系数矩阵 $\boldsymbol{A}$ 中任意一个非奇异 m 阶子矩阵 $\boldsymbol{B}$,称为线性规划问题的一个基。如果决策变量 x_j 所对应的系数列向量 $\boldsymbol{P}_j$ 包含在 $\boldsymbol{B}$ 中,则称 x_j 为基变量;否则,称 x_j 为非基变量。显然,当基改变时,相应的基变量,非基变量也随之改变。

不妨设:

$$\boldsymbol{B}=\begin{bmatrix}a_{11} & a_{12} & \cdots & a_{1m}\\ \vdots & \vdots & \cdots & \vdots\\ a_{m1} & a_{m2} & \cdots & a_{mm}\end{bmatrix}=(\boldsymbol{P}_1,\boldsymbol{P}_2,\cdots,\boldsymbol{P}_m)$$

则 $x_1,x_2,\cdots,x_m$ 为基变量，$x_{m+1},x_{m+2},\cdots,x_n$ 为非基变量，由假设 $m<n$，所以约束方程组

$$\sum_{j=1}^{n} a_{ij}x_j = b_i \quad (i=1,2,\cdots,m)$$

有无穷多解。假设 $\boldsymbol{B}$ 为一个基，则在方程组

$$\sum_{j=1}^{m} a_{ij}x_j = b_i - \sum_{j=m+1}^{n} a_{ij}x_j \qquad (i=1,2,\cdots,m)$$

中，令非基变量

$$x_{m+1}=x_{m+2}=\cdots=x_n=0$$

得一个解：

$$\boldsymbol{X}=(x_1,x_2,\cdots,x_m,0,\cdots,0)^T$$

4. 基本解：对于有 n 个决策变量和 m 个约束方程的线性方程组，在取定基的情况下，令 $n-m$ 个非基变量等于零，求得方程组的解，称这个解为线性规划问题的基本解。

5. 基本可行解：满足非负约束的基本解，称为基本可行解。对应于基本可行解的基 $\boldsymbol{B}$，称为可行基。

显然，一个线性规划问题的基本解的个数不超过 C_n^m 个，因此，基本可行解的个数，一般说来要小于 C_n^m 个。即基本可行解的个数要小于基本解的个数，最多是相等，而且每个基本可行解的非零分量个数不大于系数矩阵 $\boldsymbol{A}$ 的秩 m。

6. 退化解：非零分量的个数小于 m 的基本可行解，称为退化解。

二、凸集

用集合来描述线性规划理论比较方便，为此，先定义：

线段：设 $\boldsymbol{A}=(a_1,a_2,\cdots,a_n)$，$\boldsymbol{B}=(b_1,b_2,\cdots,b_n)$ 是 n 维欧氏空间的任意两点，所有满足下列条件的点 $\boldsymbol{X}=(x_1,x_2,\cdots,x_n)$ 的集合

$$\boldsymbol{X}=\alpha\boldsymbol{A}+(1-\alpha)\boldsymbol{B} \qquad (0\leqslant\alpha\leqslant 1)$$

称为以 $\boldsymbol{A}$，$\boldsymbol{B}$ 为端点的线段，$\boldsymbol{A}$，$\boldsymbol{B}$ 称为线段的端点，其余的点称为线段的内点。

凸集：设 D 为 n 维欧氏线性空间的一个点集。如果对任意的 $\boldsymbol{X}_1\in D$，$\boldsymbol{X}_2\in D$，有：

$$\boldsymbol{X}=\alpha\boldsymbol{X}_1+(1-\alpha)\boldsymbol{X}_2\in D \quad (0<\alpha<1)$$

则称 D 为凸集。

例如，图 14－3 中(a)，(b)，(c) 是由平面上任意两点连线上所有点组成的集合、四边形内所有点组成的集合、空间四面体内所有点组成的集合，都是凸集合；而图 14－3 的(d)就不是凸集合。

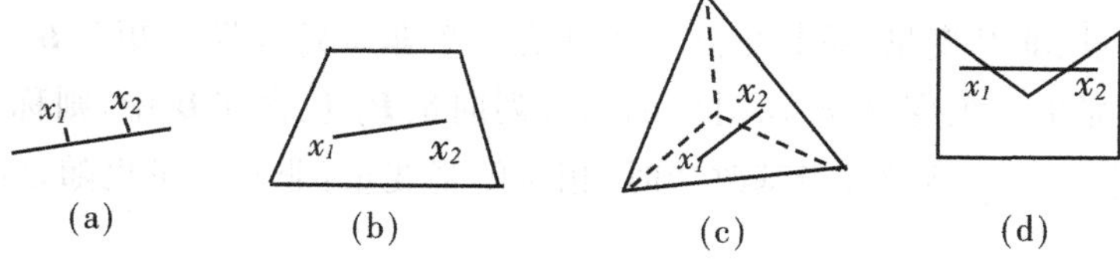

图 14－3 凸集合与非凸集合

顶点：设 D 是凸集，$\boldsymbol{X} \in D$，如果 D 中不存在不同的两点 $\boldsymbol{X}_1, \boldsymbol{X}_2$，使：

$$\boldsymbol{X} = \alpha \boldsymbol{X}_1 + (1-\alpha)\boldsymbol{X}_2 \qquad (0 < \alpha < 1)$$

则称 $\boldsymbol{X}$ 是 D 的一个顶点(或称极点)。即一个凸集的顶点，它不能是该凸集的任何线段的内点。

凸组合：设 $\boldsymbol{X}_1, \boldsymbol{X}_2, \cdots, \boldsymbol{X}_k$ 是 n 维欧氏空间 V_n 中的 k 个点。如果存在 $\lambda_1, \lambda_2, \cdots, \lambda_k$，且 $0 \leqslant \lambda_i \leqslant 1, (i = 1, 2, \cdots, k)$，$\sum_{i=1}^{k} \lambda_i = 1$，使：

$$\boldsymbol{X} = \lambda_1 \boldsymbol{X}_1 + \lambda_2 \boldsymbol{X}_2 + \cdots + \lambda_k \boldsymbol{X}_k$$

则称 $\boldsymbol{X}$ 为 $\boldsymbol{X}_1, \boldsymbol{X}_2, \cdots, \boldsymbol{X}_k$ 的凸组合。

三、线性规划问题的基本定理

定理 1　线性规划的可行解集合

$$D = \{\boldsymbol{X} \mid A\boldsymbol{X} = \boldsymbol{b}, \boldsymbol{X} \geqslant 0\}$$

一定是凸集。

定理 2　线性规划问题的可行解为基本可行解的充分与必要条件是它的正分量所对应的系数列向量线性无关。

定理 3　设 $D = \left\{\boldsymbol{X} \middle| \sum_{j=1}^{n} \boldsymbol{P}_j x_j = \boldsymbol{b}, x_j \geqslant 0\right\}$，则 $\boldsymbol{X}$ 是 D 的顶点的充分与必要条件，$\boldsymbol{X}$ 为线性规划问题的基本可行解。

定理 4　设 D 为有界凸集，则对任意 $\boldsymbol{X} \in D$，可表示为 D 的顶点的凸组合。

定理 5　设可行域 D 有界，则线性规划问题的最优值一定在 D 的某个顶点达到。

例 14－5　讨论第三节例 14－4 所给的线性规划问题的基本解、基本可行解，并从中选出最优解。

解　引入松弛变量 x_3, x_4，使数学模型化为标准形式：

$$\max Z = 20x_1 + 15x_2$$

$$\text{s.t.} \begin{cases} 2x_1 + 2x_2 + x_3 = 600 \\ 3x_1 + \ x_2 + x_4 = 400 \\ x_j \geqslant 0, (j = 1, 2, 3, 4) \end{cases}$$

由于

$$\boldsymbol{A} = (\boldsymbol{P}_1, \boldsymbol{P}_2, \boldsymbol{P}_3, \boldsymbol{P}_4) = \begin{pmatrix} 2 & 2 & 1 & 0 \\ 3 & 1 & 0 & 1 \end{pmatrix}$$

显然，$\boldsymbol{A}$ 的秩为 2，则线性规划问题的所有基本解、基本可行解如表 14－4 所示。

由于最优解一定在可行域的顶点取得，而顶点又一定是基本可行解，且其个数是有限的，所以如例 14－5，只需求出该问题的所有基本可行解，将其对应目标函数值一一进行比较，就可得到最优解(见表 14－4)。然而，当决策变量的个数 n，约束方程的个数 m 比较大时，上述方法是行不通的，正确的方法是构造一个逐步改进的基本可行解的序列，使其对应的目标函数值逐步向最优值接近，最终取得最优解。

表 14－4 线性规划问题的基本解与基本可行解

基	基变量	非基变量	基本解	基本可行解	目标函数值	最优解	图 14－1
(P_1, P_2)	x_1, x_2	x_3, x_4	(50,250,0,0)	是	4750	是	B 点
(P_1, P_3)	x_1, x_3	x_2, x_4	$(\frac{400}{3}, 0, \frac{1000}{3}, 0)$	是	$\frac{8000}{3}$		A 点
(P_1, P_4)	x_1, x_4	x_2, x_3	(300,0,0,－500)				
(P_2, P_3)	x_2, x_3	x_1, x_4	(0,400,－200,0)				
(P_2, P_4)	x_2, x_4	x_1, x_3	(0,300,0,100)	是	4500		C 点
(P_3, P_4)	x_3, x_4	x_1, x_2	(0,0,600,400)	是	0		O 点

第五节 单纯形法

G. B. Dantzig 在 1947 年提出的单纯形法，是求解线性规划问题的一种行之有效的一种方法。

一、单纯形法原理

（一）纯形法的基本思路

单纯形法的基本思路是：从一个基本可行解出发，转移到另一个基本可行解，每一次转移都使目标函数值得到改善，这在数学上称为从一个基本可行解到另一个基本可行解的迭代。因为基本可行解反映在几何上就是可行域的一个顶点，而可行域的顶点个数是有限的，因此，经过有限次迭代后，就可取得最优解。先用一个例子来说明上述基本思路。

例 14－6 求解第三节例 14－4 的线性规划问题。

$$\max Z = 20x_1 + 15x_2$$

$$\text{s. t.} \begin{cases} 2x_1 + 2x_2 \leqslant 600 \\ 3x_1 + \ \ x_2 \leqslant 400 \\ x_1, x_2 \geqslant 0 \end{cases}$$

第一步 将数学模型化为标准形式，并确定初始基本可行解。引入非负松弛变量 x_3，x_4，得：

$$\max Z = 20x_1 + 15x_2 + 0x_3 + 0x_4 \tag{14－1}$$

$$\text{s. t.} \begin{cases} 2x_1 + 2x_2 + x_3 \qquad = 600 \\ 3x_1 + \ \ x_2 \qquad + x_4 = 400 \\ x_1, x_2, x_3, x_4 \geqslant 0 \end{cases} \tag{14－2}$$

约束方程组(14－2) 的系数矩阵为：

$$\boldsymbol{A} = (\boldsymbol{P}_1, \boldsymbol{P}_2, \boldsymbol{P}_3, \boldsymbol{P}_4) = \begin{pmatrix} 2 & 2 & 1 & 0 \\ 3 & 1 & 0 & 1 \end{pmatrix}$$

显然，$\boldsymbol{P}_3$ 与 $\boldsymbol{P}_4$ 线性无关，因此，取

$$\boldsymbol{B} = (\boldsymbol{P}_3, \boldsymbol{P}_4) = \begin{pmatrix} 1 & 0 \\ 0 & 1 \end{pmatrix}$$

为基，于是，x_3,x_4 为基变量，x_1,x_2 为非基变量。

把(14－2)式改写成由非基变量表示基变量并代入(14－1)，得：

$$Z = 0 + 20x_1 + 15x_2 \tag{14-3}$$

$$\begin{cases} x_3 = 600 - 2x_1 - 2x_2 \\ x_4 = 400 - 3x_1 - x_2 \end{cases} \tag{14-4}$$

令非基变量 $x_1 = x_2 = 0$，得初始基本可行解：

$$\boldsymbol{X}_0 = (0,0,600,400)^T$$

代入(14－3)式，得相应的目标函数值

$$Z_0 = 0$$

从经济意义上讲，基本可行解 $\boldsymbol{X}_0$ 表示一个可行方案，即工厂不安排生产 A，B 产品，原材料也未动用，所以总产值 Z_0 为零。

第二步　检验初始基本可行解是否为最优解。

从(14－3)式可以看到，目标函数 Z 中非基变量 x_1,x_2 的系数均为正数。如果将非基变量 x_1 或 x_2 转变为基变量，即 x_1 或 x_2 的取值由零增大为正值，则总产值 Z 就会相应增加，这表明 Z 中非基变量的系数可以作为 $\boldsymbol{X}_0$ 是否为最优解的检验数，当检验数为正数时，找到的基本可行解就不是最优解。因此 $\boldsymbol{X}_0$ 不是最优解。

第三步　基本可行解的改进 —— 迭代过程。

当初始基本可行解 $\boldsymbol{X}_0$ 不是最优解时，我们就要寻求新的基本可行解 $\boldsymbol{X}_1$，使 $\boldsymbol{X}_1$ 对应的目标函数值 $Z_1 > Z_0$，这就要重新找基变量。

将原基本可行解中某个非基变量 x_k 转变成基变量，则称 x_k 为换入变量。将原基本可行解中某个基变量 x_s 转变成非基变量，则称 x_s 为换出变量。

在(14－3)式中，因为 x_1 的系数比 x_2 的系数大，所以先让 x_1 增大，这对增大产值更为有利，所以选 x_1 为换入变量，即选择目标函数中正系数最大的非基变量为换入变量。x_1 由零变为一个正值，此时 x_2 仍为非基变量，其值为零，但 x_1 的增大，必须保证 x_3,x_4 保持非负，因此，(14－4)式应满足：

$$\begin{cases} x_3 = 600 - 2x_1 \geqslant 0 \\ x_4 = 400 - 3x_1 \geqslant 0 \end{cases} \quad \text{或} \quad \begin{cases} x_1 \leqslant \dfrac{600}{2} \\ x_1 \leqslant \dfrac{400}{3} \end{cases}$$

解此不等式组，得：

$$x_1 \leqslant \min\left\{\frac{600}{2},\frac{400}{3}\right\} = \frac{400}{3}$$

当 $x_1 = \dfrac{400}{3}$ 时，则 $x_4 = 0$，所以选基变量 x_4 为换出变量。于是经过这一转换，新的基变量为 x_3,x_1，非基变量为 x_4,x_2。

为了求出以 x_3,x_1 为基变量的基本可行解，把(14－4)式改写成由新的非基变量 x_4，x_2 来表示新的基变量 x_3,x_1，并代入(14－3)式，得：

$$Z = \frac{8000}{3} + \frac{25}{3}x_2 - \frac{20}{3}x_4 \tag{14-5}$$

$$\begin{cases} x_3 = \dfrac{1000}{3} - \dfrac{4}{3}x_2 + \dfrac{2}{3}x_4 \\ x_1 = \dfrac{400}{3} - \dfrac{1}{3}x_2 - \dfrac{1}{3}x_4 \end{cases} \tag{14-6}$$

令非基变量 $x_2 = x_4 = 0$,得新的基本可行解

$$\boldsymbol{X}_1 = \left(\frac{400}{3}, 0, \frac{1000}{3}, 0\right)^T$$

代入(14－5)式,得相应的目标函数值:

$$Z_1 = \frac{8000}{3}$$

这一结果表明,安排生产 A 产品$\dfrac{400}{3}$件时,可使总产值由零上升为$\dfrac{8000}{3}$元。

由 $\boldsymbol{X}_0$ 到 $\boldsymbol{X}_1$ 的过程,称为第一次迭代过程,然后对 $\boldsymbol{X}_1$ 重复第二步、第三步的工作。

由(14－5)式,因为 x_2 的系数为正数,所以 $\boldsymbol{X}_1$ 不是最优解。现在在 Z 的表达式中,只有 x_2 的系数为正数,因此选 x_2 为换入变量。为保证 $x_1 \geqslant 0, x_3 \geqslant 0$, x_2 的取值必须满足:

$$\begin{cases} x_3 = \dfrac{1000}{3} - \dfrac{4}{3}x_2 \geqslant 0 \\ x_1 = \dfrac{400}{3} - \dfrac{1}{3}x_2 \geqslant 0 \end{cases} \quad \text{或} \quad \begin{cases} x_2 \leqslant \dfrac{1000/3}{4/3} = 250 \\ x_2 \leqslant \dfrac{400/3}{1/3} = 400 \end{cases}$$

解此不等式组,得:

$$x_2 \leqslant \min\{250, 400\} = 250$$

当 $x_2 = 250$ 时, $x_3 = 0$,因此选 x_3 为换出变量。

以新的非基变量 x_3, x_4 来表示新的基变量 x_1, x_2,改写(14－5)、(14－6)式,得:

$$Z = 4750 - \frac{25}{4}x_3 - \frac{5}{2}x_4$$

$$\begin{cases} x_2 = 250 - \dfrac{3}{4}x_3 + \dfrac{1}{2}x_4 \\ x_1 = 50 + \dfrac{1}{4}x_3 - \dfrac{1}{2}x_4 \end{cases}$$

令非基变量 $x_3 = x_4 = 0$,得基本可行解:

$$\boldsymbol{X}_2 = (50, 250, 0, 0)^T$$

相应的目标函数值为:

$$Z_2 = 4750$$

此时,目标函数中非基变量 x_3, x_4 的系数非正,故目标函数值已无法改善,于是 $\boldsymbol{X}_2$ 是最优解,Z_2 为最优值。从经济意义上讲,当安排生产 A 产品 50 件,B 产品 250 件时,能获得最大产值 4750 元,此时 $x_3 = x_4 = 0$,它表示钢和煤这两项资源已全部用完。

上述解法与第三节图解法进行比较可以看到:第一个基本可行解 $x_1 = 0, x_2 = 0$,对应于可行域中的顶点 O,此时相应的目标函数值 $Z_0 = 0$;第二个基本可行解 $x_1 = \dfrac{400}{3}$, $x_2 = 0$,对应于可行域中的顶点 A,此时 $Z_1 = \dfrac{8000}{3}$;第三个基本可行解,也就是最优解

$x_1 = 50, x_2 = 250$，对应于可行域中的顶点 B，此时最优值 $Z_2 = 4750$。这种从一个可行域的顶点，转移到可行域中相邻的另一个顶点，而相应的目标函数值转移一次改善一次，经过有限次的转移，就取得最优解，这正是单纯形法的基本思路。

（二）一般线性规划问题的单纯形法

1. 确定初始基本可行解

设线性规划问题

$$\max Z = \sum_{j=1}^{n} c_j x_j \tag{14-7}$$

$$\text{s. t.} \begin{cases} \sum_{j=1}^{n} a_{ij} x_j = b_i & (i = 1,2,\cdots,m) \\ x_j \geqslant 0 & (j = 1,2,\cdots,n) \end{cases} \tag{14-8}$$

的约束方程组的系数矩阵 $\boldsymbol{A}$ 中含有 m 阶单位矩阵，不失一般性，不妨设 m 阶单位矩阵位于系数矩阵的前 m 列，因此它就组成一个基

$$\boldsymbol{B} = (\boldsymbol{P}_1, \boldsymbol{P}_2, \cdots, \boldsymbol{P}_m) = \begin{pmatrix} 1 & 0 & \cdots & 0 \\ 0 & 1 & \cdots & 0 \\ \cdots & \cdots & \vdots & \cdots \\ 0 & 0 & \cdots & 1 \end{pmatrix}$$

此时，约束方程组为：

$$\begin{cases} x_1 \qquad\quad + a_{1,m+1} x_{m+1} + \cdots + a_{1n} x_n = b_1 \\ \quad x_2 \qquad + a_{2,m+1} x_{m+1} + \cdots + a_{2n} x_n = b_2 \\ \qquad\qquad \cdots \\ \qquad x_m + a_{m,m+1} x_{m+1} + \cdots + a_{mn} x_n = b_m \\ \qquad x_j \geqslant 0 (j = 1,2,\cdots,n) \end{cases} \tag{14-9}$$

其中：$x_1, x_2, \cdots, x_m$ 为基变量；$x_{m+1}, \cdots, x_n$ 为非基变量。

把（14－9）式改写为用非基变量来表示基变量的形式：

$$\begin{cases} x_1 = b_1 - (a_{1,m+1} x_{m+1} + \cdots + a_{1n} x_n) \\ x_2 = b_2 - (a_{2,m+1} x_{m+1} + \cdots + a_{2n} x_n) \\ \qquad \cdots \\ x_m = b_m - (a_{m,m+1} x_{m+1} + \cdots + a_{mn} x_n) \end{cases}$$

简写为

$$x_i = b_i - \sum_{j=m+1}^{n} a_{ij} x_j \quad (i = 1,2,\cdots,m) \tag{14-10}$$

令非基变量

$$x_{m+1} = x_{m+2} = \cdots = x_n = 0，\text{则得基本初始可行解：}$$

$$\boldsymbol{X}_0 = (b_1, b_2, \cdots, b_m, 0, \cdots, 0)^T$$

2. 最优性检验

将目标函数 Z 中的基变量也用非基变量表示出来，则：

$$
\begin{aligned}
Z &= \sum_{i=1}^{m} c_i x_i + \sum_{j=m+1}^{n} c_j x_j \\
&= \sum_{i=1}^{m} c_i \left(b_i - \sum_{j=m+1}^{n} a_{ij} x_j\right) + \sum_{j=m+1}^{n} c_j x_j \\
&= \sum_{i=1}^{m} c_i b_i + \sum_{j=m+1}^{n} \left(c_j - \sum_{i=1}^{m} c_i a_{ij}\right) x_j
\end{aligned}
$$

令 $Z_0 = \sum_{i=1}^{m} c_i b_i, \lambda_j = c_j - \sum_{i=1}^{m} c_i a_{ij}$，则：

$$
Z = Z_0 + \sum_{j=m+1}^{n} \lambda_j x_j \tag{14-11}
$$

最优解判别定理 设 $\boldsymbol{X}_0 = (b_1, b_2, \cdots, b_m, 0, \cdots, 0)^T$ 为对应于基 $\boldsymbol{B}$ 的基本可行解，且 $\lambda_j \leqslant 0 (j = m+1, \cdots, n)$，则 $\boldsymbol{X}_0$ 为最优解。

无界解的判别定理 设 $\boldsymbol{X}_0 = (b_1, b_2, \cdots, b_m, 0, \cdots, 0)^T$ 为基本可行解，如果有某个非基变量检验数 $\lambda_k > 0$，且所有 $a_{ik} \leqslant 0 (i = 1, 2, \cdots, m)$，则该线性规划问题没有有限最优解。

3. 基本可行解的改进

在最优性检验中，如果 $\boldsymbol{X}_0$ 不是最优解，也不属于无界解的情况，那么就应进行基变换，寻找新的可行基及其对应的基本可行解。为此，我们分三步来完成。

(1) 确定换入变量：检验数 $\lambda_k > 0$ 所对应的非基变量 x_k 都可作为换入变量。当有一个以上检验数大于零时，从中找出一个最大的 λ_k：

$$
\lambda_k = \max_{m+1 \leqslant j \leqslant n} \{\lambda_j \mid \lambda_j > 0\}
$$

对应的非基变量 x_k 为换入变量。

(2) 确定换出变量：确定换出变量的原则是保持解的可行性，就是说，要使原基本可行解 $\boldsymbol{X}_0$ 中某一个正分量变为零，而其余分量均为非负，这时就选正分量变为零的那个基变量为换出变量。

为保证 $\boldsymbol{X}_1$ 的可行性，选择：

$$
\theta_l = \min_{1 \leqslant i \leqslant m} \left\{ \frac{b_i}{a_{ik}} \middle| a_{ik} > 0 \right\} = \frac{b_l}{a_{lk}}
$$

对应的基变量 x_l 为换出变量。这一选择的原则，称为最小比值原则。

换入变量所在的列，称为主元列。换出变量所在的行，称为主元行。主元列与主元行交叉位置所在的元素，称为主元素。

(3) 将换入变量 x_k 所对应的系数列向量 $\boldsymbol{P}_k$ 变成单位向量。为此，只要对系数矩阵的增广矩阵进行“行”的初等变换。具体步骤是对第 l 行元素除以 a_{lk} 使主元素位置上变为 1，然后对第 l 行乘以 $-a_{ik} (i = 1, 2, \cdots, m$，且 $i \neq l)$，加到第 l 行的对应元素上，使第 k 列的其他元素变为零，即：

$$\boldsymbol{P}_k = \begin{pmatrix} a_{1k} \\ \vdots \\ a_{lk} \\ \vdots \\ a_{mk} \end{pmatrix} \xrightarrow{\text{转换为}} \begin{pmatrix} 0 \\ \vdots \\ 0 \\ 1 \\ 0 \\ \vdots \\ 0 \end{pmatrix}$$

这一运算过程,称为旋转运算。

4. 重复第 2 步与第 3 步,直到求得最优解为止。

（三）单纯形表

用单纯形法求解线性规划问题的全过程,以表格的形式来表示,既简明又方便,这种计算表格称为单纯形表。

对给定的线性规划问题,首先将它化为标准形式,如(14－7)式与(14－9)式所示,然后建立初始单纯形表(表 14－5)。

表 14－5　单纯形表

$c_j \rightarrow$		c_1	…	c_l	…	c_m	c_{m+1}	…	c_k	…	c_n	$\boldsymbol{b}$
C_B	X_B	x_1	…	x_l	…	x_m	x_{m+1}	…	x_k	…	x_n	
c_1	x_1	1					$a_{1,m+1}$	…	a_{1k}	…	a_{1n}	b_1
$\vdots$	$\vdots$		$\ddots$				…	…	…	…	…	…
c_l	x_l			1			$a_{l,m+1}$	…	a_{lk}	…	a_{ln}	b_l
$\vdots$	$\vdots$				$\ddots$		$\vdots$	…	$\vdots$	$\vdots$	$\vdots$	$\vdots$
c_m	x_m					1	$a_{m,m+1}$	…	a_{mk}	…	a_{mn}	b_m
λ_j		0	…	0	…	0	λ_{m+1}	…	λ_k	…	λ_n	$-Z_0$

表中:c_j 行 —— 填入原目标函数中各决策变量 x_j 的价值系数。

C_B 列 —— 填入基变量对应的价值系数,它随基变量的改变而变化。

X_B 列 —— 填入目前的基变量,它将随每次迭代而变化。

$\boldsymbol{b}$ 列 —— 填入约束方程右端的常数。

x_j 行下方 —— 依次填入相应约束方程中各变量的系数 a_{ij}。

λ_j 行 —— 检验数行,基变量检验数必为零,非基变量的检验数填入 $\lambda_j = c_j - \sum_{i=1}^{m} c_i a_{ij}$。

$-Z_0$ 格 —— 表的右下角,填入该基本可行解对应的目标函数值的相反数 $\left(-\sum_{i=1}^{m} c_i b_i\right)$。

在单纯形法计算过程中,每迭代一次,找出一个新的可行基时,就要重填一张单纯形表。

还是以例 14－6 中的线性规划问题为例,来说明单纯形表的运用。

先列出初始单纯形表(表 14－6)：

表 14－6 初始单纯形表

c_j		20	15	0	0	$\boldsymbol{b}$
C_B	X_B	x_1	x_2	x_3	x_4	
0	x_3	2	2	1	0	600
0	x_4	(3)	1	0	1	400
λ_j		20	15	0	0	0

从表中可以看到：因为检验数 $\lambda_1 > 0, \lambda_2 > 0$，所以基本可行解 $\boldsymbol{X}_0 = (0,0,600,400)^T$ 不是最优解，然后选 x_1 为换入变量，x_4 为换出变量，3 为主元素，进行一次迭代，得新的单纯形表。重复上述步骤，再进行一次迭代，就获得最终单纯形表(表 14－7)。从最终单纯形表中看到，因为所有检验数 $\lambda_j \leqslant 0$，所以基本可行解 $\boldsymbol{X}_2 = (50,250,0,0)^T$ 为最优解，最优值为 $Z = 20 \times 50 + 15 \times 250 = 4750$。

表 14－7 迭代后的单纯形表

$c_j \to$		20	15	0	0	$\boldsymbol{b}$
C_B	X_B	x_1	x_2	x_3	x_4	
0	x_3	0	$(\frac{4}{3})$	1	$-\frac{2}{3}$	$\frac{1000}{3}$
20	x_1	1	$\frac{1}{3}$	0	$\frac{1}{3}$	$\frac{400}{3}$
λ_j		0	$\frac{25}{3}$	0	$-\frac{20}{3}$	$-\frac{8000}{3}$
15	x_2	0	1	$\frac{3}{4}$	$-\frac{1}{2}$	250
20	x_1	1	0	$-\frac{1}{4}$	$\frac{1}{2}$	50
λ_j		0	0	$-\frac{25}{4}$	$-\frac{5}{2}$	-4750

例 14－7 用单纯形法求解线性规划问题：

$$\max Z = 2x_1 + x_2 - 3x_3 + 5x_4$$

$$\text{s. t.}\begin{cases} x_1 + 7x_2 + 3x_3 + 7x_4 \leqslant 46 \\ 3x_1 - x_2 + x_3 + 2x_4 \leqslant 8 \\ 2x_1 + 3x_2 - x_3 + x_4 \leqslant 10 \\ x_j \geqslant 0 (j = 1,2,3,4) \end{cases}$$

解 引进松弛变量 x_5, x_6, x_7，将原问题化为标准形：

$$\max Z = 2x_1 + x_2 - 3x_2 + 5x_4 + 0x_5 + 0x_6 + 0x_7$$

$$\text{s. t.}\begin{cases} x_1 + 7x_2 + 3x_3 + 7x_4 + x_5 = 46 \\ 3x_1 - x_2 + x_3 + 2x_4 + x_6 = 8 \\ 2x_1 + 3x_2 - x_3 + x_4 + x_7 = 10 \\ x_j \geqslant 0 (j = 1,2,\cdots,7) \end{cases}$$

由初始可行基$\boldsymbol{B} = (\boldsymbol{P}_5, \boldsymbol{P}_6, \boldsymbol{P}_7)$建立初始单纯形表，并进行迭代(表14－8)。因为所有检验数$\lambda_j \leqslant 0$，所以得最优解：

$$\boldsymbol{X} = \left(0, \frac{12}{7}, 0, \frac{34}{7}\right)^T$$

最大值为：

$$Z = 1 \times \frac{12}{7} + 5 \times \frac{34}{7} = 26$$

表 14－8

$c_j \to$		2	1	−3	5	0	0	0	$\boldsymbol{b}$
C_B	X_B	x_1	x_2	x_3	x_4	x_5	x_6	x_7	
0	x_5	1	7	3	7	1	0	0	46
0	x_6	3	−1	1	(2)	0	1	0	8
0	x_7	2	3	−1	1	0	0	1	10
λ_j		2	1	−3	5	0	0	0	0
0	x_5	$-\frac{19}{2}$	$\frac{21}{2}$	$-\frac{1}{2}$	0	1	$-\frac{7}{2}$	0	18
5	x_4	$\frac{3}{2}$	$-\frac{1}{2}$	$\frac{1}{2}$	1	0	$\frac{1}{2}$	0	4
0	x_7	$\frac{1}{2}$	$(\frac{7}{2})$	$-\frac{3}{2}$	0	0	$-\frac{1}{2}$	1	6
λ_j		$-\frac{11}{2}$	$\frac{7}{2}$	$-\frac{11}{2}$	0	0	$-\frac{5}{2}$	0	−20
0	x_5	−11	0	4	0	1	−2	−3	0
5	x_4	$\frac{11}{7}$	0	$\frac{2}{7}$	1	0	$\frac{3}{7}$	$\frac{1}{7}$	$\frac{34}{7}$
1	x_2	$\frac{1}{7}$	1	$-\frac{3}{7}$	0	0	$-\frac{1}{7}$	$\frac{2}{7}$	$\frac{12}{7}$
λ_j		−6	0	−4	0	0	−2	−1	−26

例 14－8 求解线性规划问题：

$$\min Z=-2x_2+5x_4+x_6$$

$$\text{s. t.}\begin{cases}x_1-2x_2+x_4+x_5=2\\ -3x_2+4x_4+2x_5+x_6=4\\ x_2+x_3+2x_4-3x_5=3\\ x_j\geqslant 0(j=1,2,3,4,5,6)\end{cases}$$

解 因为系数矩阵中列向量 $\boldsymbol{P}_1,\boldsymbol{P}_3,\boldsymbol{P}_6$ 为单位向量，可作为可行基，所以 x_1,x_3,x_6 为基变量，将目标函数化为标准形式：

$$\max Z_1=-Z=2x_2-5x_4-x_6$$

约束条件已经是等式约束，所以保持不变。列初始单纯形表时，需要指出的是，检验数行的系数可以通过公式：

$$\lambda_j=c_j-\sum_{i=1}^{m}c_ia_{ij}$$

计算后填入，也可以将目标函数中的基变量用非基变量表示后的系数填入，如本例，应先将目标函数 Z_1 中的基变量 x_6 用非基变量表示后

$$\begin{aligned}Z_1&=2x_2-5x_4-(4+3x_2-4x_4-2x_5)\\&=-4-x_2-x_4+2x_5\end{aligned}$$

的系数填入检验数行(表 14－9)。

表 14－9

$c_j\to$		0	2	0	－5	0	－1	b
C_B	X_B	x_1	x_2	x_3	x_4	x_5	x_6	
0	x_1	1	－2	0	1	(1)	0	2
－1	x_6	0	－3	0	4	2	1	4
0	x_3	0	1	1	2	－3	0	3
λ_j		0	－1	0	－1	2	0	4
0	x_5	1	－2	0	1	1	0	2
－1	x_6	－2	(1)	0	2	0	1	0
0	x_3	3	－5	1	5	0	0	9
λ_j		－2	3	0	－3	0	0	0
0	x_5	－3	0	0	5	1	2	2
2	x_2	－2	1	0	2	0	1	0
0	x_3	－7	0	1	15	0	5	9
λ_j		4	0	0	－9	0	－3	0

因为$\lambda_1 = 4 > 0$，而它对应的 x_1 系数列向量中各系数均小于零，所以原问题无有限最优解，即为无界解。

（四）计算中可能遇到的几个问题

1. 求目标函数最小值的线性规划

对于处理这类问题的第一种方法是将它化为等价的求目标函数最大值的线性规划问题，应用单纯形法求解，两个问题的最优解是一样的，但它们的最优值相差一个符号。处理这类问题的另一种方法是，由(14－11)式知，如果所有检验数 $\lambda_j \geqslant 0$，则：

$$Z = Z_0 + \sum_{j=m+1}^{n} \lambda_j x_j \geqslant Z_0$$

而基本可行解 X_0 使上式等号成立，故 X_0 是最优解，且：

$$\min Z = Z_0$$

所以求解目标函数为最小值的线性规划问题也可直接用单纯形法，所不同的只是当所有检验数 $\lambda_j \geqslant 0$ 时，则相应的基本可行解 $\boldsymbol{X}_0$ 为最优解。如果当 $\boldsymbol{X}_0$ 不是最优解还需进一步迭代时，应选负检验数中取绝对值为最大者所对应的非基变量为换入变量进行迭代。

2. 选换入变量时，出现多种可能的情况

在对检验数行求 $\max\left\{\lambda_j \mid \lambda_j > 0\right\}$时，出现有两个或两个以上相同的最大正检验数，同它们所对应的非基变量都可以作为换入变量。但按决策变量、松弛变量、剩余变量的排列顺序，下标小的往往是决策变量，因此习惯于取下标小的非基变量为换入变量。

3. 选换出变量时，出现多种可能的情况

在应用最小比值法则时：

$$\min\left\{\frac{b_i}{a_{ik}} \mid a_{ik} > 0\right\} = \theta$$

出现两个或两个以上相同的比值 θ，同它们对应的基变量都可以作为换出变量。那么究竟选哪一个为换出变量呢?下面通过例 14－9 予以说明。

例 14－9　这是一张求目标函数最大值的单纯形表(表 14－10)。

表 14－10　单纯形表

$c_j \rightarrow$		4	0	3	0	0	0	$\boldsymbol{b}$
C_B	X_B	x_1	x_2	x_3	x_4	x_5	x_6	
0	x_4	1	－1	0	1	0	0	3
0	x_5	2	0	1	0	1	0	6
0	x_6	1	1	1	0	0	1	5
λ_j		4	0	3	0	0	0	0

从表 14－10 可以看出，非基变量 x_1 为换入变量，按最小比值法则，有两个相等的最小比值：

$$\theta_1 = \theta_2 = 3$$

与之对应的基变量 x_4，x_5 都可作为换出变量进行迭代(见表 14－11、表 14－12)。

表 14－11 迭代表

$c_j \rightarrow$		4	0	3	0	0	0	**b**
C_B	X_B	x_1	x_2	x_3	x_4	x_5	x_6	
0	x_4	0	－1	$-\frac{1}{2}$	－1	$-\frac{1}{2}$	0	0
4	x_1	1	0	$\frac{1}{2}$	0	$\frac{1}{2}$	0	3
0	x_6	0	1	$(\frac{1}{2})$	0	$-\frac{1}{2}$	1	2
λ_j		0	0	1	0	－2	0	－12
0	x_4	0	0	0	－1	－1	1	2
4	x_1	1	－1	0	0	1	－1	1
3	x_3	0	2	1	0	－1	2	4
λ_j		0	－2	0	0	－1	－2	－16

表 14－12 迭代表

$c_j \rightarrow$		4	0	3	0	0	0	**b**
C_B	X_B	x_1	x_2	x_3	x_4	x_5	x_6	
4	x_1	1	－1	0	1	0	0	3
0	x_5	0	(2)	1	－2	1	0	0
0	x_6	0	2	1	－1	0	1	2
λ_j		0	4	3	－4	0	0	－12
4	x_1	1	0	$\frac{1}{2}$	0	$\frac{1}{2}$	0	3
0	x_2	0	1	$(\frac{1}{2})$	－1	$\frac{1}{2}$	0	0
0	x_6	0	0	0	1	－1	1	2
λ_j		0	0	1	0	－2	0	－12
4	x_1	1	－1	0	1	0	0	3
3	x_3	0	2	1	－2	1	0	0
0	x_6	0	0	0	(1)	－1	1	2
λ_j		0	－2	0	2	－3	0	－12
4	x_1	1	－1	0	0	1	－1	1
3	x_3	0	2	1	0	－1	2	4
0	x_4	0	0	0	1	－1	1	2
λ_j		0	－2	0	0	－1	－2	－16

从表 14－11 与表 14－12 可以看到，x_4 同 x_5 无论哪一个作为换出变量，当换入变量 x_1 由 0 增加到 3 时，x_4，x_5 的值都将同时减少到 0，但只能让其中一个成为非基变量，其值自然为零，而另一个作为基变量其值也等于零，这就出现了退化解。如果选 x_4 为换出变量，那么经过四次迭代后，取得最优解；如果选 x_5 为换出变量，那么经过两次迭代就取得最优解。因此，从相同的最小比值对应的基变量中一般选下标最大的基变量为换出变量。

4. 多重最优解

在单纯形表的最终表中，如果非基变量对应的检验数为零时，则所讨论的线性规划问题一般来说有无穷多个最优解。

例 14－10 解线性规划问题：

$$\max Z = 3x_1 + x_2$$

$$\begin{cases} x_1 + x_2 + x_3 = 4 \\ -x_1 + x_2 + x_4 = 2 \\ 6x_1 + 2x_2 + x_5 = 18 \\ x_j \geqslant 0(j = 1,2,\cdots,5) \end{cases}$$

解 由初始可行基 $\boldsymbol{B} = (\boldsymbol{P}_3, \boldsymbol{P}_4, \boldsymbol{P}_5)$ 建立初始单纯形表，并进行迭代（表 14－13）。

表 14－13 迭代表

$c_j \rightarrow$		3	1	0	0	0	b
C_B	X_B	x_1	x_2	x_3	x_4	x_5	
0	x_3	1	1	1	0	0	4
0	x_4	−1	1	0	1	0	2
0	x_5	(6)	2	0	0	1	18
λ_j		3	1	0	0	0	0
0	x_3	0	$(\frac{2}{3})$	1	0	$-\frac{1}{6}$	1
0	x_4	0	$\frac{4}{3}$	0	1	$\frac{1}{6}$	5
3	x_1	1	$\frac{1}{3}$	0	0	$\frac{1}{6}$	3
λ_j		0	0	0	0	$-\frac{1}{2}$	−9

由于所有检验数 $\lambda_j \leqslant 0$，所以基本可行解

$$\boldsymbol{X}_1^* = (3,0,1,5,0)^T$$

为最优解，相应的最大值为：

$$Z^* = 9$$

在最终表中，注意到除基变量的检验数为零外，还有非基变量 x_2 的检验数也为零，这

说明存在着可选择的另一可能，令 x_2 为换入变量，则 x_3 为换出变量，再进行一次迭代(表 14－14)。

从表 14－14 知，又得到一个最优解：

$$\boldsymbol{X}_2^* = \left(\frac{5}{2},\frac{3}{2},0,3,0\right)^T$$

最大值仍为：

$$Z^* = 9$$

表 14－14　迭代表

$c_j \rightarrow$		3	1	0	0	0	$\boldsymbol{b}$
C_B	X_B	x_1	x_2	x_3	x_4	x_5	
1	x_2	0	1	$\frac{3}{2}$	0	$-\frac{1}{4}$	$\frac{3}{2}$
0	x_4	0	0	-2	1	$\frac{1}{2}$	3
3	x_1	1	0	$-\frac{1}{2}$	0	$\frac{1}{4}$	$\frac{5}{2}$
λ_j		0	0	0	0	$-\frac{1}{2}$	-9

由于可行域是凸集合，凸集合中两个不同的最优解 $\boldsymbol{X}_1^*$ 和 $\boldsymbol{X}_2^*$ 的连线上的点都是最优解，因此例 14－10 有无穷多个最优解，即有多重最优解。

二、大 M 法与两阶段法

在前面的讨论中，约束方程组系数矩阵明显地含有 m 阶单位矩阵，因此很快地找到初始可行基与初始基本可行解。但是，一般来讲，约束方程组的系数矩阵中所含的单位向量的个数往往不足 m 个。这时，就要引进人工变量，以人工变量对应的系数列向量作为单位列向量，构成一个初始可行基，进而应用单纯形法求解。

(一) 大 M 法

设线性规划问题：

$$\max Z = \sum_{j=1}^{n} c_j x_j$$

$$\text{s.t.}\begin{cases}\sum_{j=1}^{n} a_{ij}x_j = b_i & (i = 1,2,\cdots,m)\\ x_j \geqslant 0 & (j = 1,2,\cdots,n)\end{cases} \tag{14－12}$$

如果约束方程组的系数矩阵中不含单位列向量，则分别给每一个约束方程加一个新的非负变量 $x_{n+1},x_{n+2},\cdots,x_{n+m}$，使(14－12)式扩充为：

$$\text{s.t.}\begin{cases}\sum_{j=1}^{n}a_{ij}x_j+x_{n+i}=b_i & (i=1,2,\cdots,m)\\ x_j\geqslant 0 & (j=1,2,\cdots,n,n+1,\cdots,n+m)\end{cases}\tag{14-13}$$

我们称新的变量 $x_{n+1},x_{n+2},\cdots,x_{n+m}$ 为人工变量。因为(14－13)式的系数矩阵中含有 m 阶单位矩阵，作为初始可行基，则 $x_{n+1},x_{n+2},\cdots,x_{n+m}$ 为基变量，相应的基本可行解为：

$$\boldsymbol{X}_0=(0,\cdots,0,b_1,b_2,\cdots,b_m)^T$$

但是，我们不能用新的约束条件(14－13)式简单地代替原来的约束条件，因为人工变量是虚拟的变量，没有任何实际意义。然而，它的引进却扩大了原问题的范围，也就是将 n 维空间的问题扩充为 $m+n$ 维空间的问题了。为了使(14－12)式与(14－13)式在最优解方面互相提供信息，应考虑修改目标函数。由于原问题的最优解中不能有人工变量出现，即限定人工变量的取值必须为零，为此引入新的 $n+m$ 维目标函数：

$$\max Z=\sum_{j=1}^{n}c_jx_j-M(x_{n+1}+x_{n+2}+\cdots+x_{n+m})$$

其中 M 是很大的正数。对此应用单纯形法在改善(即增大)目标函数值的过程中，如果原问题有最优解，则必然要在迭代中尽快地将人工变量从基变量替换成非基变量，或使其值为零。否则，目标函数将是一个负的很大的值，这就不可能实现最大值。从中可以看出引入大 M 的作用，所以称为大 M 法，也称为惩罚法。

下面通过例题来说明大 M 法的具体计算过程。在这里，需要指出的是，在计算过程中，M 不必表示具体的数，它只表示比任何确定的正数都大的一个正数。

例 14－11 用大 M 法解线性规划问题：

$$\max Z=40x_1+60x_2$$

$$\text{s.t.}\begin{cases}2x_1+4x_2\leqslant 180\\ 3x_1+2x_2\leqslant 150\\ x_1+x_2=57\\ x_2\geqslant 22\\ x_1,x_2\geqslant 0\end{cases}$$

解 在第一与第二个约束条件中加松弛变量 x_3,x_4，第四个约束条件中减剩余变量 x_5，得数学模型的标准形式：

$$\max Z=40x_1+60x_2$$

$$\text{s.t.}\begin{cases}2x_1+4x_2+x_3=180\\ 3x_1+2x_2+x_4=150\\ x_1+x_2=57\\ x_2-x_5=22\\ x_j\geqslant 0(j=1,2,\cdots,5)\end{cases}$$

为了使约束方程组的系数矩阵中含有四阶单位矩阵，所以在第三个与第四个约束条件中引入人工变量 x_6,x_7，则原问题化为：

$$\max Z = 40x_1 + 60x_2 - Mx_6 - Mx_7$$

$$s.t.\begin{cases} 2x_1 + 4x_2 + x_3 = 180 \\ 3x_1 + 2x_2 + x_4 = 150 \\ x_1 + x_2 + x_6 = 57 \\ x_2 - x_5 + x_7 = 22 \\ x_j \geqslant 0 (j = 1,2,\cdots,7) \end{cases}$$

取初始可行基$\boldsymbol{B} = (\boldsymbol{P}_3, \boldsymbol{P}_4, \boldsymbol{P}_6, \boldsymbol{P}_7)$，则$x_3, x_4, x_6, x_7$为基变量，$x_1, x_2, x_5$为非基变量，建立初始单纯形表，并进行迭代（表14－15）。

表14－15 迭代表

$c_j \to$		40	60	0	0	0	$-M$	$-M$	$\boldsymbol{b}$
C_B	X_B	x_1	x_2	x_3	x_4	x_5	x_6	x_7	
0	x_3	2	4	1	0	0	0	0	180
0	x_4	3	2	0	1	0	0	0	150
$-M$	x_6	1	1	0	0	0	1	0	57
$-M$	x_7	0	(1)	0	0	-1	0	1	22
λ_j		$40+M$	$60+2M$	0	0	$-M$	0	0	$79M$
0	x_3	2	0	1	0	(4)	0	-4	92
0	x_4	3	0	0	1	2	0	-2	106
$-M$	x_6	1	0	0	0	1	1	-1	35
60	x_2	0	1	0	0	-1	0	1	22
λ_j		$40+M$	0	0	0	$60+M$	0	$-60-2M$	$-1320+35M$
0	x_5	$\frac{1}{2}$	0	$\frac{1}{4}$	0	1	0	-1	23
0	x_4	2	0	$-\frac{1}{2}$	1	0	0	0	60
$-M$	x_6	$(\frac{1}{2})$	0	$-\frac{1}{4}$	0	0	1	0	12
60	x_2	$\frac{1}{2}$	1	$\frac{1}{4}$	0	0	0	0	45
λ_j		$10+\frac{1}{2}M$	0	$-15-\frac{1}{4}M$	0	0	0	$-M$	$-2700+12M$
0	x_5	0	0	$\frac{1}{2}$	0	1	-1	-1	11
0	x_4	0	0	$\frac{1}{2}$	1	0	-4	0	12
40	x_1	1	0	$-\frac{1}{2}$	0	0	2	0	24
60	x_2	0	1	$\frac{1}{2}$	0	0	-1	0	33
λ_j		0	0	-10	0	0	$-20-M$	$-M$	-2940

因为所有 $\lambda_j \leqslant 0$，所以得最优解：

$$X = (24,33,0,12,11,0,0)^T$$

此时，人工变量 x_6，x_7 为非基变量，其值为零，故原问题有最优解：

$$x_1 = 24,\quad x_2 = 33$$

相应的最大值为：

$$Z = 2940$$

例 14－12　用大 M 法解线性规划问题：

$$\max Z = x_1 + x_2$$

$$\text{s.t.}\begin{cases} x_1 + x_2 \leqslant 10 \\ 2x_1 + x_2 \geqslant 30 \\ x_1 \geqslant 0, x_2 \geqslant 0 \end{cases}$$

解　引进松弛变量 x_3，x_4 使之标准化：

$$\max Z = x_1 + x_2$$

$$\text{s.t.}\begin{cases} x_1 + x_2 + x_3 = 10 \\ 2x_1 + x_2 - x_4 = 30 \\ x_j \geqslant 0, (j = 1,2,3,4) \end{cases}$$

再引进人工变量 x_5，则原问题化为：

$$\max Z = x_1 + x_2 - Mx_5$$

$$\text{s.t.}\begin{cases} x_1 + x_2 + x_3 = 10 \\ 2x_1 + x_2 - x_4 + x_5 = 30 \\ x_j \geqslant 0, (j = 1,2,3,4,5) \end{cases}$$

取 $B = (P_3, P_5)$ 为初始可行基，建立初始单纯形表，并进行迭代(表 14－16)。

表 14－16　迭代表

$c_j \to$		1	1	0	0	$-M$	b
C_B	X_B	x_1	x_2	x_3	x_4	x_5	
0	x_3	(1)	1	1	0	0	10
$-M$	x_5	2	1	0	-1	1	30
λ_j		$1+2M$	$1+M$	0	$-M$	0	$30M$
1	x_1	1	1	1	0	0	10
$-M$	x_5	0	-1	-2	-1	1	10
λ_j		0	$-M$	$-1-2M$	$-M$	0	$-10+10M$

由最终表上可以看到，虽然所有检验数 $\lambda_j \leqslant 0$，然而人工变量 x_5 仍为基变量，且 $x_5 = 10 \neq 0$，所以原问题无可行解。用图解法来求解原问题。从图 14－4 可知，约束条件 $x_1 + x_2 \leqslant 10$ 与 $2x_1 + x_2 \geqslant 30$ 在平面的第一象限上没有公共部分，即可行域为空集，所以

无可行解。

根据上述讨论，在用大 M 法解线性规划问题，当其全部检验数 $\lambda_j \leqslant 0$ 时，出现两种可能：

(1) 在基变量中已不包含人工变量时，则原问题有最优解；

(2) 在基变量中仍含有取正值的人工变量时，则原问题无可行解。

对于第 2 种可能，如果作为基变量的人工变量其值为零(即出现退化解)，则原问题仍有最优解。

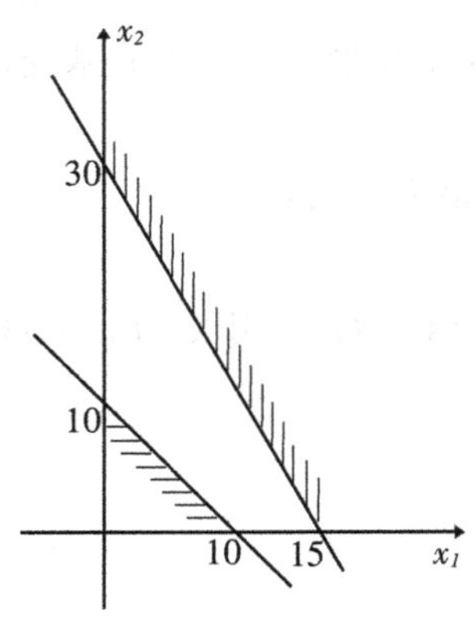

图 14－4

(二) 两阶段法

两阶段法是处理人工变量的另一种方法。这种方法是把增加人工变量后的线性规划问题分成两个阶段来求解。

第一阶段：求原线性规划问题的一个基本可行解。为此，构造一个辅助线性规划问题，它以所有人工变量之和求最小值为目标函数，即：

$$\min f = \sum_{i=1}^{m} x_{n+i}$$

$$\text{s. t.} \begin{cases} \sum_{j=1}^{n} a_{ij} x_j + x_{n+i} = b_i & (i = 1,2,\cdots,m) \\ x \geqslant 0 & (j = 1,2,\cdots,n,n+1,\cdots,n+m) \end{cases}$$

用单纯形法求解，若第一阶段问题的最终单纯形表中出现 $f > 0$，这说明至少有一个人工变量仍为基变量，其值大于零，于是原问题无可行解，计算停止；若得到 $f = 0$，则必有 $x_{n+i} = 0(i = 1,2,\cdots,m)$，即所有人工变量都变换成非基变量，这表明原线性规划问题得到一个基本可行解，且它对应的基为一个 m 阶单位矩阵，然后转入第二阶段。

第二阶段：建立原线性规划问题的初始单纯形表，并求其最优解。将第一阶段最终表中的目标函数系数换成原问题的目标函数的系数，然后划去人工变量所在的列，就得到原问题的初始单纯形表，以此为起点，继续用单纯形法进行迭代，求出最优解。

例 14－13 用两阶段法求解例 14－11 中的线性规划问题。

解 第一阶段，求解辅助线性规划问题：

$$\min f = x_6 + x_7$$

$$\text{s. t.} \begin{cases} 2x_1 + 4x_2 + x_3 = 180 \\ 3x_1 + 2x_2 + x_4 = 150 \\ x_1 + x_2 + x_6 = 57 \\ x_2 - x_5 + x_7 = 22 \\ x_j \geqslant 0(j = 1,2,\cdots,7) \end{cases}$$

以 $\boldsymbol{B} = (\boldsymbol{P}_3, \boldsymbol{P}_4, \boldsymbol{P}_6, \boldsymbol{P}_7)$ 为初始可行基，建立初始单纯形表，并进行迭代(表 14－17)。

表 14－17　迭代表

$c_j \rightarrow$		0	0	0	0	0	1	1	**b**
C_B	X_B	x_1	x_2	x_3	x_4	x_5	x_6	x_7	
0	x_3	2	4	1	0	0	0	0	180
0	x_4	3	2	0	1	0	0	0	150
1	x_6	1	1	0	0	0	1	0	57
1	x_7	0	(1)	0	0	-1	0	1	22
λ_j		-1	-2	0	0	1	0	0	-79
0	x_3	2	0	1	0	4	0	-4	92
0	x_4	3	0	0	1	2	0	-2	106
1	x_6	(1)	0	0	0	1	1	-1	35
0	x_2	0	1	0	0	-1	0	1	22
λ_j		-1	0	0	0	-1	0	2	-35
0	x_3	0	0	1	0	2	-2	-2	22
0	x_4	0	0	0	1	-1	-3	1	1
0	x_1	1	0	0	0	1	1	-1	35
0	x_2	0	1	0	0	-1	0	1	22
λ_j		0	0	0	0	0	1	1	0

这是求最小值问题，由于所有检验数 $\lambda_j \geqslant 0$，所以得第一阶段最优解：

$$\boldsymbol{X} = (35,22,22,1,0,0,0)^T$$

又因为人工变量 $x_6 = x_7 = 0$，所以去掉人工变量，得原问题的初始基本可行解：

$$\boldsymbol{X} = (35,22,22,1,0)^T$$

第二阶段，划去表 14－17 中所有人工变量，并引入原问题的目标函数：

$$\max Z = 40x_1 + 60x_2$$

然后用单纯形法进行迭代(表 14－18)。

因为最终表上所有检验数 $\lambda_j \leqslant 0$，所以得最优解：

$$\boldsymbol{X} = (24,33,0,12,11)^T$$

最优值为：

$$Z = 2940$$

最后，还要说明一点，在用大 M 法或两阶段法求初始可行基时，如果原问题约束方程组的系数矩阵中原来就包含有 s 个单位列向量，则只需加上 $m-s$ 个人工变量就够了，如例 14－11 中 x_3，x_4 的系数向量已经是单位向量，所以只需再加上两个人工变量。

三、单纯形法的计算步骤

对给定的线性规划问题首先是将它化为标准形式，选取或构造一个单位矩阵作为基，求出初始基本可行解，并列出初始单纯形表，具体计算步骤见框图(图 14－5)。

表 14－18 迭代表

$c_j \rightarrow$		40	60	0	0	0	b
C_B	X_B	x_1	x_2	x_3	x_4	x_5	
0	x_3	0	0	1	0	(2)	22
0	x_4	0	0	0	1	－1	1
40	x_1	1	0	0	0	1	35
60	x_2	0	1	0	0	－1	22
λ_j		0	0	0	0	20	－2720
0	x_5	0	0	$\frac{1}{2}$	0	1	11
0	x_4	0	0	$\frac{1}{2}$	1	0	12
40	x_1	1	0	$-\frac{1}{2}$	0	0	24
60	x_2	0	1	$\frac{1}{2}$	0	0	33
λ_j		0	0	－10	0	0	－2940

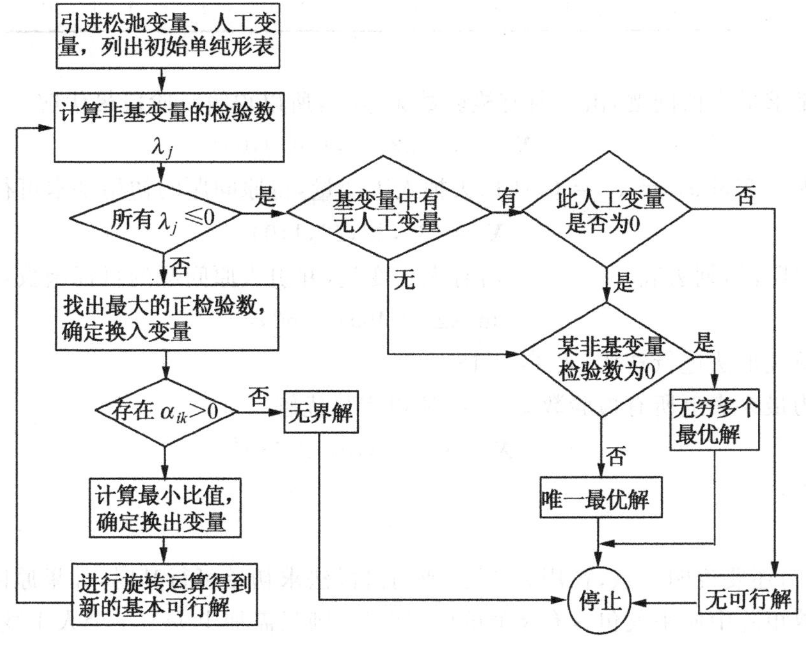

图 14-5 单纯形法的计算步骤

四、单纯形法的矩阵形式

为了加深对单纯形法的理解，我们将单纯形法的整个迭代过程用矩阵来加以描述。

设线性规划问题的数学模型：

$$\max Z = \boldsymbol{CX}$$

$$\begin{cases} \boldsymbol{AX} \leqslant \boldsymbol{b} \\ \boldsymbol{X} \geqslant \boldsymbol{0} \end{cases}$$

引进松弛变量：

$$\boldsymbol{X}_s = (x_{n+1}, x_{n+2}, \cdots, x_{n+m})^T$$

化为标准形式：

$$\max Z = \boldsymbol{CX} + \boldsymbol{0X}_s$$

$$\begin{cases} \boldsymbol{AX} + \boldsymbol{IX}_s = \boldsymbol{b} \\ \boldsymbol{X} \geqslant \boldsymbol{0}, \boldsymbol{X}_s \geqslant \boldsymbol{0} \end{cases}$$

其中 $\boldsymbol{I}$ 为 m 阶单位矩阵。

设 $\boldsymbol{B}$ 是一个可行基，于是可将线性规划问题数学模型中的 $\boldsymbol{A},\boldsymbol{X},\boldsymbol{C}$ 分别用分块矩阵表示为：

$$\boldsymbol{A} = (\boldsymbol{BN}), \boldsymbol{X} = \begin{pmatrix} \boldsymbol{X}_B \\ \boldsymbol{X}_N \end{pmatrix}, \boldsymbol{C} = (\boldsymbol{C}_B \boldsymbol{C}_N)$$

其中 $\boldsymbol{N}$ 为非基变量对应的系数列向量组成的矩阵；$\boldsymbol{X}_B,\boldsymbol{X}_N$ 分别为基变量与非基变量组成的向量；$\boldsymbol{C}_B,\boldsymbol{C}_N$ 分别为基变量与非基变量的价值系数组成的行向量。因此，线性规划问题的标准形式可改写成：

$$\max Z = \boldsymbol{C}_B\boldsymbol{X}_B + \boldsymbol{C}_N\boldsymbol{X}_N + \boldsymbol{0X}_s \qquad (14-14)$$

$$\begin{cases} \boldsymbol{BX}_B + \boldsymbol{NX}_N + \boldsymbol{IX}_s = \boldsymbol{b} \\ \boldsymbol{X}_B \geqslant \boldsymbol{0}, \boldsymbol{X}_N \geqslant \boldsymbol{0}, \boldsymbol{X}_s \geqslant \boldsymbol{0} \end{cases} \qquad (14-15)$$

因为 $\boldsymbol{B}$ 为基，所以 $|\boldsymbol{B}| \neq 0$，从而 $\boldsymbol{B}^{-1}$ 存在，以 $\boldsymbol{B}^{-1}$ 左乘(14－15) 式，得：

$$\boldsymbol{X}_B = \boldsymbol{B}^{-1}\boldsymbol{b} - \boldsymbol{B}^{-1}\boldsymbol{NX}_N - \boldsymbol{B}^{-1}\boldsymbol{X}_s \qquad (14-16)$$

(14－16) 式就是非基变量 $\boldsymbol{X}_N,\boldsymbol{X}_s$ 表示基变量 $\boldsymbol{X}_B$ 的矩阵形式。将(14－16) 式代入(14－14) 式，就得到用非基变量表示目标函数的矩阵形式：

$$Z = \boldsymbol{C}_B\boldsymbol{B}^{-1}\boldsymbol{b} + \left(\boldsymbol{C}_N - \boldsymbol{C}_B\boldsymbol{B}^{-1}\boldsymbol{N}\right)\boldsymbol{X}_N + (\boldsymbol{0} - \boldsymbol{C}_B\boldsymbol{B}^{-1})\boldsymbol{X}_s \qquad (14-17)$$

在(14－16) 中，令非基变量 $\boldsymbol{X}_N = \boldsymbol{0}, \boldsymbol{X}_s = \boldsymbol{0}$，得：

$$\boldsymbol{X}_B = \boldsymbol{B}^{-1}\boldsymbol{b}$$

当 $\boldsymbol{B}^{-1}\boldsymbol{b} \geqslant \boldsymbol{0}$ 时，得到对应于可行基 $\boldsymbol{B}$ 的基本可行解。

$$\boldsymbol{X} = \begin{pmatrix} \boldsymbol{X}_B \\ \boldsymbol{X}_N \\ \boldsymbol{X}_s \end{pmatrix} = \begin{pmatrix} \boldsymbol{B}^{-1}\boldsymbol{b} \\ \boldsymbol{0} \\ \boldsymbol{0} \end{pmatrix}$$

相应的目标函数值为：

$$Z = \boldsymbol{C}_B\boldsymbol{B}^{-1}\boldsymbol{b}$$

把(14－17) 再改写成：

$$Z = C_B B^{-1} b + 0 X_B + (C_N - C_B B^{-1} N) X_N + (0 - C_B B^{-1} I) X_s$$
$$= C_B B^{-1} b + (C_B - C_B B^{-1} B) X_B + (C_N - C_B B^{-1} N) X_N + (0 - C_B B^{-1} I) X_s$$

从上式可以看出，系数

$$C_B - C_B B^{-1} B = 0, \quad C_N - C_B B^{-1} N, \quad 0 - C_B B^{-1} I = - C_B B^{-1}$$

分别是基变量 X_B，非基变量 X_N 与 X_S 的检验数。它们还可统一用矩阵形式表示为：

$$C - C_B B^{-1} A$$

将上述讨论纳入单纯形表，则初始单纯形表为表 14－19。

表 14－19　初始单纯形表

初始解	非基变量		基变量
	X_B	X_N	X_S
b	B	N	I
检验数	C_B	C_N	0

经过基变换后的新单纯形表为表 14－20。

表 14－20　基变换后的新单纯形表

基本可行解	基变量	非基变量	
	X_B	X_N	X_s
$B^{-1} b$	I	$B^{-1} N$	B^{-1}
检验数	0	$C_N - C_B B^{-1} N$	$- C_B B^{-1}$

第六节　线性规划问题的对偶问题

一、对偶问题的一般形式

(一) 对偶线性规划问题的提出

在生产实践活动中，往往会遇到类似如下的问题。

例 14－14　某工厂现有 B_1，B_2 两种原材料，其存量分别为 100，160 个单位。今准备生产 A_1，A_2，A_3 三种产品，每种产品每件要消耗原材料的数量及单位产品的销售价如表 14－21 所示，问如何安排生产使收益达到最大？

表 14－21　每种产品每件所消耗的原材料及销售价

产品 / 消耗量 / 原料	A_1	A_2	A_3	存量
B_1	1	2	1	100
B_2	2	2	1	160
销售价(元)	85	100	30	

解　设 x_1,x_2,x_3 分别为生产产品 A_1,A_2,A_3 的数量，Z 为总收益，则得线性规划问题的数学模型：

$$\max Z = 85x_1 + 100x_2 + 30x_3$$

$$\text{s.t.}\begin{cases} x_1 + 2x_2 + x_3 \leqslant 100 \\ 2x_1 + 2x_2 + x_3 \leqslant 160 \\ x_1, x_2, x_3 \geqslant 0 \end{cases}$$

现在假定工厂的决策者经过市场调查，打算进行转产，把现有的原材料转让。这就必须给这些原材料定一个价格，既要使别的工厂愿意购买，又使工厂仍能得到生产这些产品时可以得到的最大收益。为此，需要建立另一个线性规划问题的数学模型。

设 y_1,y_2 表示转让原材料 B_1,B_2 的单位售价，则原来生产产品 A_1 每件需用的原材料按新订的单位售价计算，其收入应不低于原来生产一件产品 A_1 可以得到的收入，因此要求满足约束条件：

$$y_1 + 2y_2 \geqslant 85$$

同样，对产品 A_2 与 A_3，分别列出约束条件：

$$2y_1 + 2y_2 \geqslant 100$$

$$y_1 + y_2 \geqslant 30$$

从卖方工厂角度考虑，当然定价 y_1,y_2 越高越好，但从买方工厂的角度考虑，应使购买这些原材料的总支出尽可能得少，为使双方都能接受，只能取总售价的最小值，即：

$$\min W = 100y_1 + 160y_2$$

综合上述，得新的线性规划问题的数学模型：

$$\min W = 100y_1 + 160y_2$$

$$\text{s.t.}\begin{cases} y_1 + 2y_2 \geqslant 85 \\ 2y_1 + 2y_2 \geqslant 100 \\ y_1 + y_2 \geqslant 30 \\ y_1 \geqslant 0, y_2 \geqslant 0 \end{cases}$$

例 14－15　设有甲、乙、丙、丁四种食品，每种食品的单价和所含的维生素如表 14－22 所示。问在保证每人每天最低需要量的前提下，如何搭配各种食品，才能使支出的费用最少？

表 14－22　各种食品的单价及所含的维生素

含量 \ 食品 \ 维生素	甲	乙	丙	丁	每人每天最低需要量
A(单位)	1	1.5	1.75	3.25	4
B(单位)	0.6	0.27	0.68	0.3	1
C(单位)	17.5	7.5	0	30	30
单价(元)	0.8	0.5	0.9	1.5	

解　设 x_1,x_2,x_3,x_4 分别代表每天购买食品甲、乙、丙、丁的数量，Z 为总支出费用，

则得问题的数学模型：

$$\min Z = 0.8x_1 + 0.5x_2 + 0.9x_3 + 1.5x_4$$

$$s.t.\begin{cases} x_1 + 1.5x_2 + 1.75x_3 + 3.25x_4 \geqslant 4 \\ 0.6x_1 + 0.27x_2 + 0.68x_3 + 0.3x_4 \geqslant 1 \\ 17.5x_1 + 7.5x_2 \qquad + 30x_4 \geqslant 30 \\ x_1, x_2, x_3, x_4 \geqslant 0 \end{cases}$$

若有一家药厂，准备制造一种营养药片，代替上述四种食品，应如何合理拟定药片的单位售价，使每人每天既能满足人体对维生素 A,B,C 的最低需要，又能获得最大的收益。

设 y_1, y_2, y_3 分别表示含一个单位的维生素 A,B,C 的售价。为了能与食品竞争，因此以上述定价所制成药片的单位售价不得超过食品的单价，但又要保证药厂的最大收益，因此得新的数学模型：

$$\max W = 4y_1 + y_2 + 30y_3$$

$$\text{s.t.}\begin{cases} y_1 + 0.6y_2 + 17.5y_3 \leqslant 0.8 \\ 1.5y_1 + 0.27y_2 + 7.5y_3 \leqslant 0.5 \\ 1.75y_1 + 0.68y_2 \qquad \leqslant 0.9 \\ 3.25y_1 + 0.3y_2 + 30y_3 \leqslant 1.5 \\ y_1, y_2, y_3 \geqslant 0 \end{cases}$$

这两个实例，尽管内容完全不同，但是都是一个问题的两种不同的提法，它们之间有着一定的联系。

（二）对称形式的对偶线性规划

定义　具有下列特征的线性规划称为对称形式的线性规划：

(1) 对求目标函数最大值的线性规划数学模型，其约束条件全部为"≤"不等式，对求目标函数最小值的线性规划数学模型，其约束条件全部为"≥"不等式。

(2) 全部决策变量非负。

定义　称线性规划问题：

$$\max Z = c_1x_1 + c_2x_2 + \cdots + c_nx_n$$

$$\text{s.t.}\begin{cases} a_{11}x_1 + a_{12}x_2 + \cdots + a_{1n}x_n \leqslant b_1 \\ a_{21}x_1 + a_{22}x_2 + \cdots + a_{2n}x_n \leqslant b_2 \\ \cdots \\ a_{m1}x_m + a_{m2}x_2 + \cdots + a_{mn}x_n \leqslant b_m \\ x_1, x_2, \cdots, x_n \geqslant 0 \end{cases}$$

与

$$\min W = b_1y_1 + b_2y_2 + \cdots + b_my_m$$

$$\text{s.t.}\begin{cases} a_{11}y_1 + a_{21}y_2 + \cdots + a_{m1}y_m \geqslant c_1 \\ a_{12}y_1 + a_{22}y_2 + \cdots + a_{m2}y_m \geqslant c_2 \\ \cdots \\ a_{1n}y_1 + a_{2n}y_2 + \cdots + a_{mn}y_m \geqslant c_n \\ y_1, y_2, \cdots, y_m \geqslant 0 \end{cases}$$

为对称形式的对偶线性规划问题。若称前者为线性规划的原问题,则称后者为原问题的对偶问题,$y_1, y_2, \cdots, y_m$ 为对偶变量。

用矩阵来表示原问题为:

$$\max Z = \boldsymbol{CX}$$
$$\begin{cases} \boldsymbol{AX} \leqslant \boldsymbol{b} \\ \boldsymbol{X} \geqslant \boldsymbol{0} \end{cases}$$

则对偶问题为:

$$\min \boldsymbol{W} = \boldsymbol{Yb}$$
$$\begin{cases} \boldsymbol{YA} \geqslant \boldsymbol{C} \\ \boldsymbol{Y} \geqslant \boldsymbol{0} \end{cases}$$

其中:$\boldsymbol{A}$ 是原问题的系数矩阵;$\boldsymbol{b}$ 是原问题的常数列向量;$\boldsymbol{C}$ 是原问题目标函数的系数行向量;$\boldsymbol{X}$ 是原问题的决策变量列向量;$\boldsymbol{Y}$ 是对偶问题的决策变量行向量。

从上述定义可以看到,例 14－14、例 14－15 都是对称形式的对偶线性规划问题。同时还可以看到,线性规划原问题与它的对偶问题之间有如下的对偶规则:

1. 原问题求最大(小)值,则对偶问题求最小(大)值。

2. 原问题约束条件个数等于对偶问题决策变量个数,原问题决策变量个数等于对偶问题约束条件个数。

3. 原问题约束条件右端常数作为对偶问题目标函数中的系数,原问题目标函数系数作为对偶问题约束条件的右端常数。

4. 原问题的系数矩阵经转置后作为对偶问题的系数矩阵。

5. 原问题与对偶问题的约束不等式中不等号方向相反。

对偶规则可用表 14－23 来表示。

表 14－23 对偶规则关系

	x_1	x_2	…	x_n	原关系	$\min W$
y_1	a_{11}	a_{12}	…	a_{1n}	$\leqslant$	b_1
y_2	a_{21}	a_{22}	…	a_{2n}	$\leqslant$	b_2
⋮	⋮	⋮	…	⋮	⋮	⋮
y_m	a_{m1}	a_{m2}	…	a_{mn}	$\leqslant$	b_m
对偶关系	$\vee$	$\vee$	…	$\vee$		
$\max Z$	c_1	c_2	…	c_n		

(三) 非对称形式的对偶线性规划

对于非对称形式的对偶线性规划问题,通过下面两个例题来说明。

例 14－16 设线性规划原问题为:

$$\max Z = x_1 + 2x_2 + x_3$$

$$\text{s. t.}\begin{cases} x_1 + x_2 + x_3 \leqslant 2 \\ x_1 - x_2 + x_3 = 1 \\ 2x_1 + x_2 + x_3 \geqslant 2 \\ x_1, x_2, x_3 \geqslant 0 \end{cases}$$

试写出原问题的对偶问题。

解 把原问题中的第二个等式约束改写成：

$$\begin{cases} x_1 - x_2 + x_3 \leqslant 1 \\ -x_1 + x_2 - x_3 \leqslant -1 \end{cases}$$

把原问题中的第三个不等式约束两端乘以 -1，得：

$$-2x_1 - x_2 - x_3 \leqslant -2$$

这样，原问题可写成对称形式：

$$\max Z = x_1 + 2x_2 + x_3$$

$$\text{s. t.}\begin{cases} x_1 + x_2 + x_3 \leqslant 2 \\ x_1 - x_2 + x_3 \leqslant 1 \\ -x_1 + x_2 - x_3 \leqslant -1 \\ -2x_1 - x_2 - x_3 \leqslant -2 \\ x_1, x_2, x_3 \geqslant 0 \end{cases}$$

按对偶规则，取 y, y_2', y_2'', y_3' 为对偶变量，则原问题的对偶问题为：

$$\min W = 2y_1 + y_2' - y_2'' - 2y_3'$$

$$\text{s. t.}\begin{cases} y_1 + y_2' - y_2'' - 2y_3' \geqslant 1 \\ y_1 - y_2' + y_2'' - y_3' \geqslant 2 \\ y_1 + y_2' - y_2'' - y_3' \geqslant 1 \\ y_1, y_2', y_2'', y_3' \geqslant 0 \end{cases}$$

令 $y_2 = y_2' - y_2''$，$y_3 = -y_3'$，故对偶问题为：

$$\min W = 2y_1 + y_2 + 2y_3$$

$$\text{s. t.}\begin{cases} y_1 + y_2 + 2y_3 \geqslant 1 \\ y_1 - y_2 + y_3 \geqslant 2 \\ y_1 + y_2 + y_3 \geqslant 1 \\ y_1 \geqslant 0, y_2 \text{ 无约束}, y_3 \leqslant 0 \end{cases}$$

例 14－17 设线性规划原问题为：

$$\max Z = x_1 + 2x_2 + x_3$$

$$\text{s. t.}\begin{cases} x_1 + x_2 + x_3 \leqslant 2 \\ x_1 - x_2 + x_3 \leqslant 1 \\ 2x_1 + x_2 + x_3 \leqslant 2 \\ x_1 \geqslant 0, x_2 \leqslant 0, x_3 \text{ 无约束} \end{cases}$$

试写出原问题的对偶问题。

解　令 $x_2=-x_2'$，$x_3=x_3'-x_3''$，将原问题写成对称形式：

$$\max Z=x_1-2x_2'+x_3'-x_3''$$

$$\text{s. t.}\begin{cases}x_1-x_2'+x_3'-x_3''\leqslant 2\\ x_1+x_2'+x_3'-x_3''\leqslant 1\\ 2x_1-x_2'+x_3'-x_3''\leqslant 2\\ x_1,x_2',x_3',x_3''\geqslant 0\end{cases}$$

按对偶规则，取 y_1,y_2,y_3 为对偶变量，则原问题的对偶问题为：

$$\min W=2y_1+y_2+2y_3$$

$$\text{s. t.}\begin{cases}y_1+y_2+2y_3\geqslant 1\\ -y_1+y_2-\ \ y_3\geqslant -2\\ y_1+y_2+\ \ y_3\geqslant 1\\ -y_1-y_2-y_3\geqslant -1\\ y_1,y_2,y_3\geqslant 0\end{cases}$$

把第二个约束不等式乘以 -1，把第三、第四个约束不等式合并为一个，故对偶问题为：

$$\min W=2y_1+y_2+2y_3$$

$$\text{s. t.}\begin{cases}y_1+y_2+2y_3\geqslant 1\\ y_1-y_2+y_3\leqslant 2\\ y_1+y_2+y_3=1\\ y_1,y_2,y_3\geqslant 0\end{cases}$$

在例 14－16 与例 14－17 中，将原问题与它的对偶问题进行对照，可以看到变量的符号限制与约束条件中不等号（或等号）之间的变换规律，将它与前面的对偶规则一起列成下表（表 14－24）。

表 14－24　原问题与对偶问题对照表

原问题（或对偶问题）	对偶问题（原问题）
目标函数 $\max Z$	目标函数 $\min W$
目标函数系数为 $\boldsymbol{C}$ 约束条件右端常数为 $\boldsymbol{b}$ 约束条件的系数矩阵为 $\boldsymbol{A}$	约束条件右端常数为 $\boldsymbol{C}$ 目标函数的系数为 $\boldsymbol{b}$ 约束条件系数矩阵为 $\boldsymbol{A}^T$
约束变量的个数为 n 个 第 j 个决策变量 x_j $\begin{cases}\geqslant 0\\ \leqslant 0\\ \text{符号不限}\end{cases}$	约束条件的个数为 n 个 第 j 个约束条件 $\begin{cases}\text{“}\geqslant\text{”型}\\ \text{“}\leqslant\text{”型}\\ \text{“}=\text{”型}\end{cases}$
约束条件的个数为 m 个 第 i 个约束条件 $\begin{cases}\text{“}\leqslant\text{”型}\\ \text{“}\geqslant\text{”型}\\ \text{“}=\text{”型}\end{cases}$	约束变量的个数为 m 个 第 i 个决策变量 y_i $\begin{cases}\geqslant 0\\ \leqslant 0\\ \text{符号不限}\end{cases}$

例 14－18 求非对称形式的线性规划问题的对偶问题：

$$\max Z = 3x_1 - 6x_2 + 5x_3 + x_4$$

$$\text{s.t.}\begin{cases} x_1 + 2x_2 - x_3 - x_4 = -5 \\ 3x_1 - x_2 + x_3 - 7x_4 \leqslant 8 \\ -2x_1 + x_2 - 3x_3 + 4x_4 \geqslant 3 \\ x_1 \geqslant 0, x_2 \leqslant 0, x_3, x_4 \text{ 无限制} \end{cases}$$

解 设 y_1, y_2, y_3，为对偶决策变量，则原问题的对偶问题为：

$$\min W = -5y_1 + 8y_2 + 3y_3$$

$$\text{s.t.}\begin{cases} y_1 + 3y_2 - 2y_3 \geqslant 3 \\ 2y_1 - y_2 + y_3 \leqslant -6 \\ -y_1 + y_2 - 3y_3 = 5 \\ -y_1 - 7y_2 + 4y_3 = 1 \\ y_1 \text{ 无限制}, y_2 \geqslant 0, y_3 \leqslant 0 \end{cases}$$

二、对偶问题的基本性质

设线性规划的原问题为：

$$\max Z = \boldsymbol{CX}$$
$$\begin{cases} \boldsymbol{AX} \leqslant \boldsymbol{b} \\ \boldsymbol{X} \geqslant \boldsymbol{0} \end{cases} \tag{14－18}$$

其对偶问题为：

$$\min W = \boldsymbol{Yb}$$
$$\begin{cases} \boldsymbol{YA} \geqslant \boldsymbol{C} \\ \boldsymbol{Y} \geqslant \boldsymbol{0} \end{cases} \tag{14－19}$$

(1) 对称性：对偶问题的对偶问题是原问题。

(2) 弱对偶性：若 $\overline{\boldsymbol{X}}$ 与 $\overline{\boldsymbol{Y}}$ 分别是原问题(14－18)与对偶问题(14－19)的可行解，则 $\boldsymbol{C}\overline{\boldsymbol{X}} \leqslant \overline{\boldsymbol{Y}}\boldsymbol{b}$。

(3) 最优性准则：设 $\boldsymbol{X}_0$ 与 $\boldsymbol{Y}_0$ 分别为原问题(14－18)与对偶问题(14－19)的可行解，且 $\boldsymbol{CX}_0 = \boldsymbol{Y}_0\boldsymbol{b}$，则 $\boldsymbol{X}_0, \boldsymbol{Y}_0$ 分别是原问题(14－18)与对偶问题(14－19)的最优解。

(4) 对偶定理：若原问题(14－18)有最优解，则对偶问题(14－19)也有最优解，且目标函数值相等。

(5) 互补松弛定理：设 $\boldsymbol{X}, \boldsymbol{Y}$ 分别为原问题(14－18)与对偶问题(14－19)的可行解，$\boldsymbol{X}_s$ 为原问题(14－18)中约束条件的松弛变量，$\boldsymbol{Y}_s$ 为对偶问题(14－19)中约束条件的剩余变量，则 $\boldsymbol{X}, \boldsymbol{Y}$ 分别为原问题(14－18)和对偶问题(14－19)的最优解的充分必要条件是：

$$\boldsymbol{YX}_s = 0, \boldsymbol{Y}_s\boldsymbol{X} = 0$$

例 14－19 设线性规划原问题为：

$$\max Z = x_1 + 2x_2 + 3x_3 + 4x_4$$

$$\text{s.t.}\begin{cases} x_1 + 2x_2 + 2x_3 + 3x_4 \leqslant 20 \\ 2x_1 + x_2 + 3x_3 + 2x_4 \leqslant 20 \\ x_1, x_2, x_3, x_4 \geqslant 0 \end{cases}$$

试应用互补松弛定理求其最优解。

解　原问题的对偶问题为：

$$\min W = 20y_1 + 20y_2$$

$$\text{s. t.}\begin{cases} y_1 + 2y_2 \geqslant 1 \\ 2y_1 + y_2 \geqslant 2 \\ 2y_1 + 3y_2 \geqslant 3 \\ 3y_1 + 2y_2 \geqslant 4 \\ y_1, y_2 \geqslant 0 \end{cases}$$

因为对偶问题只含两个变量，所以用图解法求解，得最优解：

$$y_1 = 1.2,\quad y_2 = 0.2$$

相应的最优值 $W = 28$。

引进松弛变量与剩余变量，将原问题与对偶问题的约束条件改写为：

原问题：

$$\begin{cases} x_1 + 2x_2 + 2x_3 + 3x_4 + u_1 = 20 \\ 2x_1 + x_2 + 3x_3 + 2x_4 + u_2 = 20 \\ x_1, x_2, x_3, x_4, u_1, u_2 \geqslant 0 \end{cases}$$

对偶问题：

$$\begin{cases} y_1 + 2y_2 - v_1 = 1 \\ 2y_1 + y_2 - v_2 = 2 \\ 2y_1 + 3y_2 - v_3 = 3 \\ 3y_1 + 2y_2 - v_4 = 4 \\ y_1, y_2, v_1, v_2, v_3, v_4 \geqslant 0 \end{cases}$$

根据互补松弛定理，在最优情况下：

$$\boldsymbol{YX}_s = (y_1, y_2)\begin{pmatrix} u_1 \\ u_2 \end{pmatrix} = 0，\text{即}\begin{cases} y_1u_1 = 0 \\ y_2u_2 = 0 \end{cases}$$

$$\boldsymbol{Y}_s\boldsymbol{X} = (v_1, v_2, v_3, v_4)\begin{bmatrix} x_1 \\ x_2 \\ x_3 \\ x_4 \end{bmatrix} = 0，\text{即}\begin{cases} v_1x_1 = 0 \\ v_2x_2 = 0 \\ v_3x_3 = 0 \\ v_4x_4 = 0 \end{cases}$$

由 $y_1 = 1.2 > 0$，得 $u_1 = 0$

由 $y_2 = 0.2 > 0$，得 $u_2 = 0$

由对偶约束 $y_1 + 2y_2 = 1.6 > 1$，得 $v_1 = 0.6$，所以 $x_1 = 0$

同理，由 $2y_1 + y_2 = 2.6 > 2$，得 $v_2 > 0$，所以 $x_2 = 0$

将上述结果代入原问题的约束方程，得二元线性方程组：

$$\begin{cases} 2x_3 + 3x_4 = 20 \\ 3x_3 + 2x_4 = 20 \end{cases}$$

解得 $x_3 = x_4 = 4$。

所以原问题的最优解为：

$$\boldsymbol{X}_0 = (0,0,4,4)^T$$

相应的最大值 $Z = 28$。

(6) 原问题(14－18) 检验数的相反数是对偶问题(14－19) 的一个基本解。

例 14－20 以本节例 14－14 中列出的两个互为对偶的线性规划问题，来说明两个问题变量之间的对应关系。

解 先将问题与对偶问题化为标准型。

原问题
$$\max Z = 85x_1 + 100x_2 + 30x_3$$
$$\text{s.t.}\begin{cases} x_1 + 2x_2 + x_3 + x_4 = 100 \\ 2x_1 + 2x_2 + x_3 + x_5 = 160 \\ x_j \geqslant 0, (j = 1,2,\cdots,5) \end{cases}$$

对偶问题
$$\max(-W) = -100y_1 - 160y_2$$
$$\text{s.t.}\begin{cases} y_1 + 2y_2 - y_3 = 85 \\ 2y_1 + 2y_2 - y_4 = 100 \\ y_1 + y_2 - y_5 = 30 \\ y_i \geqslant 0, (i = 1,2,\cdots,5) \end{cases}$$

用单纯形法求得两个问题的最终单纯形表(分别见表 14－25 与表 14－26)。

表 14－25 最终单纯形表

	原问题的决策变量			原问题的松弛变量		
	x_1	x_2	x_3	x_4	x_5	b
x_2	0	1	$\frac{1}{2}$	1	$-\frac{1}{2}$	20
x_1	1	0	0	－1	1	60
λ_j	0	0	－20	－15	－35	
	对偶问题的剩余变量			对偶问题的决策变量		
	y_3	y_4	y_5	y_1	y_2	

表 14－26 最终单纯形表

	对偶问题决策变量		对偶问题的剩余变量			
	y_1	y_2	y_3	y_4	y_5	b
y_2	0	1	－1	$\frac{1}{2}$	0	35
y_1	1	0	1	－1	0	15
y_5	0	0	0	$-\frac{1}{2}$	1	20
λ_j	0	0	－60	－20	0	
	原问题的松弛变量		原问题决策变量			
	x_4	x_5	x_1	x_2	x_3	

从表 14－25 与表 14－26，可以清楚看出两个问题变量之间的关系。在原问题的最终表（表 14－25）中，松弛变量 x_4，x_5 的检验数为：$\lambda_4=-15$，$\lambda_5=-35$；它们的相反数，恰好是对偶问题（表 14－26）的最优解中对偶决策变量的取值：$y_1=15$，$y_2=35$。而原问题决策变量的检验数为：$\lambda_1=0$，$\lambda_2=0$，$\lambda_3=-20$；它们的相反数恰好是对偶问题（表 14－26）最优解中剩余变量的取值：$y_3=0$，$y_4=0$，$y_5=20$。由对偶问题的对称性可知，对偶问题（表 14－26）到原问题（表 14－25）也有类似的对应关系。

在求对偶问题的解时，也可以在已知原问题的最优基的情况下，根据公式 $\boldsymbol{Y}=\boldsymbol{C}_B\boldsymbol{B}^{-1}$ 直接求得。例如，若已知例 14－20 中原问题的最优基为：

$$\boldsymbol{B}=(\boldsymbol{P}_2,\boldsymbol{P}_1)=\begin{pmatrix}2&1\\2&2\end{pmatrix}$$

则

$$\boldsymbol{B}^{-1}=\begin{bmatrix}1&-\dfrac{1}{2}\\-1&1\end{bmatrix}$$

从而得对偶问题的最优解：

$$\boldsymbol{Y}=\boldsymbol{C}_B\boldsymbol{B}^{-1}=(c_2,c_1)\boldsymbol{B}^{-1}=(100,85)\begin{bmatrix}1&-\dfrac{1}{2}\\-1&1\end{bmatrix}=(15,35)$$

三、对偶单纯形法

单纯形法的整个迭代过程是原问题由一个基本可行解转换到另一个基本可行解的过程，直到使所有的检验数都变为非正为止。换句话说，就是在迭代过程中，始终在保持原问题解的可行性（$\overline{b}=\boldsymbol{B}^{-1}\boldsymbol{b}\geqslant\boldsymbol{0}$）的基础上，直到满足解的最优性（所有检验数 $\overline{\lambda_j}=c_j-\boldsymbol{C}_B\boldsymbol{B}^{-1}\boldsymbol{P}_j\leqslant 0$）为止。根据性质 6，原问题检验数变为非正的过程也可解释为：由原问题的对偶问题的一个基本解出发，经过换基迭代，逐步使基本解转换为基本可行解的过程，从而得到原问题的最优解；与此同时，也得到对偶问题的最优解。

根据对偶问题的对称性，把求解原问题的迭代过程建立在保持对偶问题解的可行性（所有 $\overline{\lambda_j}=c_j-\boldsymbol{C}_B\boldsymbol{B}^{-1}\boldsymbol{P}_j\leqslant 0$）的基础上，从原问题的一个基本解出发，经过迭代，逐步使它转变成基本可行解（$\overline{b}=\boldsymbol{B}^{-1}\boldsymbol{b}\geqslant\boldsymbol{0}$），从而在得到对偶问题的最优解的同时，也得到原问题的最优解。这就是对偶单纯形法的基本思路。

下面通过例题来说明对偶单纯形法。

例 14－21　用对偶单纯形法求解本章例 14－14 中的对偶问题。

解　先将例 14－14 中对偶问题作为新的原问题化为标准形式：

$$\max \boldsymbol{W}_1=-\boldsymbol{W}=-100y_1-160y_2$$

$$\text{s.t.}\begin{cases}y_1+2y_2-y_3=85\\2y_1+2y_2-y_4=100\\y_1+y_2-y_5=30\\y_i\geqslant 0,(i=1,2,\cdots,5)\end{cases}$$

若用单纯形法求解上述问题，需要引进三个人工变量，因此计算过程就比较麻烦。现在采用对偶单纯形法来求解，因为一开始原问题不需要是可行解，所以不必引进人工变量，只需将约束等式两端乘以“－1”，得：

$$\max W_1 = -100y_1 - 160y_2$$

$$\text{s. t.}\begin{cases} -y_1 - 2y_2 + y_3 = -85 \\ -2y_1 - 2y_2 + y_4 = -100 \\ -y_1 - y_2 + y_5 = -30 \\ y_i \geqslant 0, (i = 1,2,\cdots,5) \end{cases}$$

列出初始单纯形表(表 14－27)。

表 14－27 初始单纯形表

$c_j \to$		-100	-160	0	0	0	$\boldsymbol{b}$
C_B	X_B	y_1	y_2	y_3	y_4	y_5	
0	y_3	-1	-2	1	0	0	-85
0	y_4	(-2)	-2	0	1	0	-100
0	y_5	-1	-1	0	0	1	-30
λ_j		-100	-160	0	0	0	0

现在所有检验数$\lambda_j \leqslant 0$，但$\boldsymbol{b}$列各项均为负值，说明原问题的解不可行，因此需要进行基变换。因为基变量 y_3，y_4，y_5 都可以作为出基变量，一般选取具有最小负值对应的基变量出基，所以取 y_4 为出基变量。此时，应检查出基变量 y_4 所在的行的系数，若该行所有的系数均为非负，则原问题无可行解，否则，按照能使进基变量的值变为正值的原则和能保持全部检验数 $\lambda_j \leqslant 0$ 的原则选取进基变量，因此在 y_4 所在的行中选负值系数与检验数比值最小者所对应的非基变量作为进基变量。由

$$\min\left\{\frac{-100}{-2}, \frac{-160}{-2}\right\} = 50$$

应选 y_1 为进基变量，在确定 y_4 出基和 y_1 进基后，经过旋转运算，得新的单纯形表(表 14－28)。

表 14－28 新单纯形表

$c_j \to$		-100	-160	0	0	0	$\boldsymbol{b}$
C_B	X_B	y_1	y_2	y_3	y_4	y_5	
0	y_3	0	(-1)	1	$-\frac{1}{2}$	0	-35
-100	y_1	1	1	0	$-\frac{1}{2}$	0	50
0	y_5	0	0	0	$-\frac{1}{2}$	1	20
λ_j		0	-60	0	-50	0	5000

表 14－28 中保持全部检验数 $\lambda_j \leqslant 0$，因为 **b** 列中只有一个负值，所以选 y_3 出基，再由

$$\min\left\{\frac{-60}{-1}, \frac{-50}{-1/2}\right\} = 60$$

选 y_2 进基，经过旋转运算，得新的单纯形表（表 14－29）。

表 14－29 新单纯形表

$c_j \rightarrow$		-100	-160	0	0	0	**b**
C_B	X_B	y_1	y_2	y_3	y_4	y_5	
-160	y_2	0	1	-1	$\frac{1}{2}$	0	35
-100	y_1	1	0	1	-1	0	15
0	y_5	0	0	0	$-\frac{1}{2}$	1	20
λ_j		0	0	-60	-20	0	7100

现在所有 $b_i \geqslant 0$，说明基本解可行，所有 $\lambda_j \leqslant 0$，说明该解为最优解，所以最优解为：

$$y_1 = 15, y_2 = 35$$

相应的最优值为 $W_1 = -7100$，即 $W = -W_1 = 7100$。

从例 14－21 可以看出，用对偶单纯形法求解可以避免引进人工变量，使计算简化。但是要在一开始建立的单纯形表做到使全部检验数为非正是比较困难的。因此，对偶单纯形法一般很少单独使用，而主要用于灵敏度分析出现原问题为非可行解而对偶问题为可行解的情况。

例 14－22 求解线性规划问题：

$$\max Z = -x_1 - 2x_2$$

$$\text{s.t.}\begin{cases} -x_1 + 2x_2 - x_3 \geqslant 1 \\ -x_1 - 2x_2 + x_3 \geqslant 6 \\ x_1, x_2, x_3 \geqslant 0 \end{cases}$$

解 先将问题化为标准形式：

$$\max Z = -x_1 - 2x_2$$

$$\text{s.t.}\begin{cases} x_1 - 2x_2 + x_3 + x_4 \quad = -1 \\ x_1 + 2x_2 - x_3 \quad + x_5 = -6 \\ x_j \geqslant 0, (j = 1, 2, \cdots, 5) \end{cases}$$

建立初始单纯形表，用对偶单纯形法求解（表 14－30）。

表 14－30　初始单纯形表

$c_j \to$		-1	-2	0	0	0	$\boldsymbol{b}$
C_B	X_B	x_1	x_2	x_3	x_4	x_5	
0	x_4	1	(-2)	1	1	0	-1
0	x_5	1	2	-1	0	1	-6
λ_j		-1	-2	0	0	0	0
-2	x_2	$-\frac{1}{2}$	1	$-\frac{1}{2}$	$-\frac{1}{2}$	0	$\frac{1}{2}$
0	x_5	2	0	0	1	1	-7
λ_j		-2	0	-1	-1	0	1

表 14－30 的最终表中，全部检验数 $\lambda_j \leqslant 0$，但是 $\boldsymbol{b}$ 列中有一个负值，且对应的基变量 x_5 所在的全部系数为非负，所以该问题无可行解。事实上，基变量 x_5 所在的行表示方程

$$2x_1 + x_4 + x_5 = -7$$

由于 x_1, x_4, x_5 均为非负值，所以这是一个矛盾方程。

对偶单纯形法的计算步骤：

1. 线性规划问题的数学模型化为标准形式，列出初始单纯形表，检查 $\boldsymbol{b}$ 列与 λ 行的数字，若 $\boldsymbol{b}$ 列的数全为非负，λ 行的数全为非正，则已经是最优解，计算结束；若 $\boldsymbol{b}$ 列数字中至少有一个是负数，则转入下一步计算。

2. 确定换出变量，按

$$\min\left\{ (\boldsymbol{B}^{-1}\boldsymbol{b})_i \mid (\boldsymbol{B}^{-1}\boldsymbol{b})_i < 0 \right\} = (\boldsymbol{B}^{-1}\boldsymbol{b})_l$$

对应的基变量 x_l 为换出变量。检查 x_l 所在行的系数 a_{lj} $(j = 1, 2, \cdots, n)$，若所有 $a_{lj} \geqslant 0$，则无可行解，计算结束；若至少有一个 $a_{lj} < 0$，则转入下一步计算。

3. 确定换入变量，按

$$\theta = \min_j \left\{ \frac{\lambda_j}{a_{lj}} \mid a_{ij} < 0 \right\} = \frac{\lambda_k}{a_{lk}}$$

对应的非基变量 x_k 为进基变量。

4. 以 a_{lk} 为主元素，按原单纯形法中旋转运算进行计算得新的单纯形表。

5. 重复上述 $1 \sim 4$ 的步骤，直到求出最优解。

对偶单纯形法在简化计算上，除了上面提到的可以避免引进人工变量这一情况外，还有，对变量个数多于约束条件个数的线性规划问题，一般用对偶单纯形法也可减少计算工作量，因此，对变量较少，而约束条件很多的线性规划问题，可以先将它变换成对偶问题，然后用对偶单纯形法进行计算。

四、对偶问题的经济解释——影子价格

由对偶定理知，当 $\boldsymbol{X}, \boldsymbol{Y}$ 分别表示原问题与对偶问题的最优解时，它们对应的目标函数值相等。

$$Z = \sum_{j=1}^{n} c_j x_j = \sum_{i=1}^{m} b_i y_i$$

式中 b_i 是线性规划原问题约束条件的常数项，它代表第 i 种资源的拥有量；y_i 是对偶问题的决策变量，它代表对一个单位第 i 种资源的估价。这种估价不是资源的市场价格，这是针对具体企业具体产品而存在的一种特殊价格，它随着企业生产任务、产品结构、工艺条件等情况的改变而变化。为区别起见，称这种估价为影子价格。

1. 影子价格是一种边际价格

设线性规划问题在非退化情况下有唯一解 $\boldsymbol{X}$，则它的对偶问题也有唯一解 $\boldsymbol{Y}$，由

$$Z = W = b_1 y_1 + b_2 y_2 + \cdots + b_m y_m$$

得：

$$\frac{\partial Z}{\partial b_i} = y_i \qquad (i = 1,2,\cdots,m)$$

这就是在最优决策下，第 i 种资源影子价格的数学表达形式。它表示第 i 种资源的变化引起目标函数值的变化率。也就是说，影子价格是约束条件常数项增加一个单位而引起的目标函数最优值的变化值，因此它是一种边际价格。

例如本章例 14－14 中提到的 B_1，B_2 两种原材料，由表 14－25 可以知道：

资源 B_1 的影子价格：$y_1 = -\lambda_4 = 15$

资源 B_2 的影子价格：$y_2 = -\lambda_5 = 35$

如果资源 B_1 增加一个单位，从原来的 100 个单位增加到 101 个单位，则目标函数值

$$Z = \boldsymbol{C_B B^{-1} b} = (100,85)\begin{bmatrix} 1 & -\frac{1}{2} \\ -1 & 1 \end{bmatrix}\begin{pmatrix} 101 \\ 160 \end{pmatrix} = (15,35)\begin{pmatrix} 101 \\ 160 \end{pmatrix} = 7115$$

与原来最优值 7100 元比较，增加的值正好等于资源 B_1 的影子价格。

如果资源 B_2 增加一个单位，则目标函数值

$$Z = \boldsymbol{C_B B^{-1} b} = (100,85)\begin{bmatrix} 1 & -\frac{1}{2} \\ -1 & 1 \end{bmatrix}\begin{pmatrix} 100 \\ 161 \end{pmatrix} = (15,35)\begin{pmatrix} 100 \\ 161 \end{pmatrix} = 7135$$

与原来最优值 7100 元比较，增加的值正好等于资源 B_2 的影子价格。

假若某种资源的影子价格为零，这说明增加这种物资将不会增加总的收入。

因此，当某种资源的市场价格低于影子价格时，企业就可以在其生产条件允许的情况下，购进这种资源，扩大生产，以提高企业的总收益；反之，当某种资源的市场价格高于影子价格时，企业就可以考虑转卖这种资源，以获得更大的利润。

2. 根据对偶问题的互补松弛定理

当　$\sum_{j=1}^{n} a_{ij} x_j < b_i$ 时，$y_i = 0$

当　$y_i > 0$ 时，$\sum_{j=1}^{n} a_{ij} x_j = b_i$

这表明，在生产过程中，如果第 i 种资源没有得到充分利用时，则第 i 种资源的影子价格等于零；当第 i 种资源的影子价格大于零时，表明这种资源在生产中已经用完。因此，影

子价格大于零的资源，都是增加总收益的紧缺资源，特别是影子价格最大的那一种资源尤为重要，这就需要通过生产工艺改革等途径，降低这一类资源的消耗。对于影子价格等于零的长线资源，其剩余资源是进一步发展生产的潜在优势，这给企业决策者提供生产以长线资源为主要资源的新产品的可能性。

3. 影子价格可提供调整企业最优生产方案的信息

根据检验数的计算公式：

$$\lambda_j = c_j - \boldsymbol{C}_B\boldsymbol{B}^{-1}\boldsymbol{P}_j = c_j - \boldsymbol{YP}_j = c_j - \sum_{i=1}^{m} a_{ij} y_i$$

式中 c_j 表示第 j 中产品的产值，$\sum_{i=1}^{m} a_{ij} y_i$ 是生产第 j 中产品所消耗的资源以影子价格计算的费用总和，称它为产品的隐含成本。当产品价格大于隐含成本，即 $\lambda_j > 0$ 时，表明生产这种产品是有利的，因此决策者可在计划中安排生产，否则，即 $\lambda_j < 0$ 时，就不在计划中安排，这就是检验数的经济意义。由于市场价格是经常发生波动的，因此企业决策者要根据市场的变化情况来调整生产计划、改换产品，使企业始终处于最优生产方案下的生产状态之中。

4. 利用影子价格预测产品价格

预测价格的方法很多，而用影子价格进行预测，有它独到之处。作为卖方当然希望产品价格尽量得高，至少要高于生产成本，否则就要亏本；但作为买方希望价格尽量得低，必须低于该产品作为自己生产的产品时资源的影子价格，否则就无利可得。因此，产品价格必然在成本与影子价格之间。可见，在经济管理中，若能计算出某产品在不同经济结构中的影子价格，就可以从资源利用的角度为产品的价格预测出上限与下限。

第七节　灵敏度分析

求解一个线性规划问题，是在其数学模型中的价值系数 c_j，资源限制常数 b_i，工艺系数 a_{ij} 确定的基础上进行的，而事实上这些数据往往是统计、预测和估计的数字，程度不同地存在着误差。同时，由于市场的变化，原材料供应上的变动，工艺技术条件的改进等因素的影响，使这些数据也不断地跟着变化。因此，当这些参数中一个或几个发生变化时，就要解答两个问题：

1. 参数在什么范围内变动，使原来求出的最优解保持不变。

2. 参数超出上述范围时，如何用最简便的方法，调整出新的最优解。

这就是灵敏度分析研究的内容，所以灵敏度分析就是线性规划数学模型中某些参数的变化对最优解的影响及程度的分析。由于这项工作是在有了最优解以后进行的，因而也称为优化后分析。

解决上面两个问题，可以用单纯形法重新进行计算，但是这样既麻烦也不必要，我们可以利用表 14－19、表 14－20 中的关系式：

$$\overline{\boldsymbol{P}}_j = \boldsymbol{B}^{-1}\boldsymbol{P}_j \qquad \overline{\boldsymbol{b}} = \boldsymbol{B}^{-1}\boldsymbol{b}$$

$$\overline{\lambda_j} = c_j - \boldsymbol{C}_B\boldsymbol{B}^{-1}\boldsymbol{P}_j \qquad Z_0 = \boldsymbol{C}_B\boldsymbol{B}^{-1}\boldsymbol{b}$$

将参数的变化直接反映到最终单纯形表上，修改原来最终单纯形表上的某些数字。在修正后的最终单纯形表中，对所得到的基本解，检验其是否满足：

1. 可行性：$\boldsymbol{X}_B = \boldsymbol{B}^{-1}\boldsymbol{b} \geqslant \boldsymbol{0}$

2. 最优性：$\boldsymbol{\lambda} = \boldsymbol{C} - \boldsymbol{C}_B\boldsymbol{B}^{-1}\boldsymbol{A} \leqslant \boldsymbol{0}$

如果可行性要求与最优性要求都得到满足，则所得解为最优解；如果可行性要求被满足，而最优性要求不满足，即至少有一个非基变量的检验数大于零，则用单纯形法继续迭代求出新的最优解；如果最优性要求被满足，而可行性要求不满足，即 $\boldsymbol{b}$ 列中至少有一个基变量取负值，则用对偶单纯形法继续迭代求出新的最优解；如果可行性要求、最优性要求都不满足，则要引进人工变量，编制新的单纯形表继续进行迭代求出最优解。

为了便于说明问题，将本章例 14－14 的求解过程列表如下，然后分别针对各个参数的变化进行讨论。

例 14－23　求解例 14－14 中给出的线性规划问题。

解　用单纯形法列表求解（表 14－31）。

表 14－31　单纯形表

c_j →		85	100	30	0	0	$\boldsymbol{b}$
C_B	X_B	x_1	x_2	x_3	x_4	x_5	
0	x_4	1	(2)	1	1	0	100
0	x_5	2	2	1	0	1	160
λ_j		85	100	30	0	0	0
100	x_2	$\frac{1}{2}$	1	$\frac{1}{2}$	$\frac{1}{2}$	0	50
0	x_5	(1)	0	0	－1	1	60
λ_j		35	0	－20	－50	0	－5000
100	x_2	0	1	$\frac{1}{2}$	1	$-\frac{1}{2}$	20
85	x_1	1	0	0	－1	1	60
λ_j		0	0	－20	－15	－35	－7100

从而得最优解：

$$x_1 = 60, x_2 = 20, x_3 = 0$$

而最大值为：

$$Z = 7100$$

即工厂应安排生产 A_1 产品 60 件，A_2 产品 20 件，产品 A_3 不安排生产，这样能得到最大收入为 7100 元。

一、目标函数中系数 c_j 的变化

目标函数中的价值系数 c_j 与市场情况有着密切的关系，例如市场供求关系的变化就

会引起 c_j 的变动。但对于线性规划问题已求得的最优解来说，由于

$$X_B = B^{-1}b$$
$$\lambda = C - C_B B^{-1}A$$

所以，c_j 的变动不影响解的可行性，只影响解的最优性，现在分两种情况进行讨论。

1. c_j 是非基变量所对应的价值系数

以例 14－23 中的 c_3 为例。由于 c_3 是非基变量 x_3 的价值系数，因此 c_3 的变化只影响到检验数 λ_3，所以对于 c_3 的变化，只要能保持 $\lambda_3 \leqslant 0$，则最优解不变。现在将 c_3 作为参数，讨论 c_3 在什么范围内变化，才能保持 $\lambda_3 \leqslant 0$。

由表 14－31 的最终表知：

$$C_B = (100,85),\quad B^{-1} = \begin{pmatrix} 1 & -\frac{1}{2} \\ -1 & 1 \end{pmatrix}$$

则 $\overline{\lambda_3} = c_3 - C_B B^{-1} P_3 = c_3 - (100,85)\begin{pmatrix} 1 & -\frac{1}{2} \\ -1 & 1 \end{pmatrix}\begin{pmatrix} 1 \\ 1 \end{pmatrix} = c_3 - 50$

令 $\overline{\lambda_3} = c_3 - 50 \leqslant 0$，得 $c_3 \leqslant 50$。

这说明，只要产品 A_3 的单位销售价不大于 50 元，最优解不变，即还是按原最优计划安排生产。

如果 A_3 的单位销售价提高到 60 元，则：

$$\overline{\lambda_3} = 60 - (100,85)\begin{pmatrix} 1 & -\frac{1}{2} \\ -1 & 1 \end{pmatrix}\begin{pmatrix} 1 \\ 1 \end{pmatrix} = 60 - 50 = 10 > 0$$

因此，表 14－31 就不是最终单纯形表，将 $\lambda_3 = 10$ 代替原来的检验数 $\lambda_3 = -20$，继续用单纯形法进行迭代(表 14－32)。

表 14－32 单纯形迭代表

$c_j \rightarrow$		85	100	60	0	0	b
C_B	X_B	x_1	x_2	x_3	x_4	x_5	
100	x_2	0	1	$(\frac{1}{2})$	1	$-\frac{1}{2}$	20
85	x_1	1	0	0	−1	1	60
λ_j		0	0	10	−15	−35	−7100
60	x_3	0	2	1	2	−1	40
85	x_1	1	0	0	−1	1	60
λ_j		0	−20	0	−35	−25	−7500

得最优解为：

$$x_1 = 60,\quad x_2 = 0,\quad x_3 = 40$$

相应的目标函数最大值为：

$$Z = 7500$$

这就是说，如果产品 A_3 的单位销售价提高到60元，则相应的生产计划应修改为产品 A_1 生产60件，产品 A_2 不安排生产，产品 A_3 生产40件，则可使总收入提高到7500元。

2. c_j 是基变量所对应的价值系数

由于 c_j 是基变量对应的价值系数，所以 c_j 的变化引起 $\boldsymbol{C}_B$ 的改变，从而影响原问题最终表上所有非基变量的检验数。以例14－23中的 c_1 为例，将 c_1 作为参数，先讨论如果要使最优解保持不变，c_1 应在什么范围内变化。

由表14－31的最终表知：

$$\boldsymbol{C}_B = (100, c_1), \boldsymbol{B}^{-1} = \begin{pmatrix} 1 & -\frac{1}{2} \\ -1 & 1 \end{pmatrix}$$

则 $$\bar{\lambda}_3 = c_3 - \boldsymbol{C}_B\boldsymbol{B}^{-1}\boldsymbol{P}_3 = 30 - (100, c_1)\begin{pmatrix} 1 & -\frac{1}{2} \\ -1 & 1 \end{pmatrix}\begin{pmatrix} 1 \\ 1 \end{pmatrix} = -20$$

$$\bar{\lambda}_4 = c_4 - \boldsymbol{C}_B\boldsymbol{B}^{-1}\boldsymbol{P}_4 = 0 - (100, c_1)\begin{pmatrix} 1 & -\frac{1}{2} \\ -1 & 1 \end{pmatrix}\begin{pmatrix} 1 \\ 0 \end{pmatrix} = c_1 - 100$$

$$\bar{\lambda}_5 = c_5 - \boldsymbol{C}_B\boldsymbol{B}^{-1}\boldsymbol{P}_5 = 0 - (100, c_1)\begin{pmatrix} 1 & -\frac{1}{2} \\ -1 & 1 \end{pmatrix}\begin{pmatrix} 0 \\ 1 \end{pmatrix} = 50 - c_1$$

令 $\bar{\lambda}_3 \leqslant 0, \bar{\lambda}_4 \leqslant 0, \bar{\lambda}_5 \leqslant 0$

得 $$\begin{cases} c_1 - 100 \leqslant 0 \\ 50 - c_1 \leqslant 0 \end{cases}$$

解不等式组得：$50 \leqslant c_1 \leqslant 100$。

这表明产品 A_1 的单位销售价在50元与100元之间变化，不影响原来的生产计划。

如果 A_1 的单位销售价提高到110元，则：

$$\bar{\lambda}_3 = -20, \quad \bar{\lambda}_4 = 10, \quad \bar{\lambda}_5 = -60$$

由于 $\bar{\lambda}_4 = 10 > 0$，所以表14－31不是最优表，以 $\bar{\lambda}_4 = 10, \bar{\lambda}_5 = -60$ 代替原来的检验数 $\bar{\lambda}_4, \bar{\lambda}_5$，继续用单纯形表进行迭代(表14－33)。

从而得最优解：

$$x_1 = 80, x_2 = 0, x_3 = 0$$

相应的目标函数最大值为：

$$Z = 8800$$

这说明，当 A_1 的单位销售价提高到110元，原生产计划应改变为只生产 A_1 产品80件，产品 A_2，A_3 均不安排生产，这样可使总收入提高到8800元。

表 14－33 单纯形迭代表

$c_j \to$		110	100	30	0	0	b
C_B	X_B	x_1	x_2	x_3	x_4	x_5	
100	x_2	0	1	$\frac{1}{2}$	(1)	$-\frac{1}{2}$	20
110	x_1	1	0	0	-1	1	60
λ_j		0	0	-20	10	-60	-8600
0	x_4	0	1	$\frac{1}{2}$	1	$-\frac{1}{2}$	20
110	x_1	1	1	$\frac{1}{2}$	0	$\frac{1}{2}$	80
λ_j		0	-10	-25	0	-55	-8800

二、方程右端常数 b_i 的变化

资源供应上的变动，往往是引起约束方程右端限制系数 b_i 变化的原因。由于

$$\boldsymbol{X}_B = \boldsymbol{B}^{-1}\boldsymbol{b}, \quad Z = \boldsymbol{C}_B\boldsymbol{B}^{-1}\boldsymbol{b}, \quad \boldsymbol{\lambda} = \boldsymbol{C} - \boldsymbol{C}_B\boldsymbol{B}^{-1}\boldsymbol{A}$$

所以 b_i 的变化，将影响现行最优解的可行性及目标函数值，但不影响检验数。

以例 14－23 中的 b_1 为例，先将 b_1 看作参数，讨论 b_1 在什么范围内变化时不影响现行最优解的可行性。

由表 14－31 的最终表知：

$$\boldsymbol{B}^{-1} = \begin{pmatrix} 1 & -\frac{1}{2} \\ -1 & 1 \end{pmatrix}$$

则 $$\boldsymbol{X}_B = \boldsymbol{B}^{-1}\boldsymbol{b} = \begin{pmatrix} 1 & -\frac{1}{2} \\ -1 & 1 \end{pmatrix}\begin{pmatrix} b_1 \\ 160 \end{pmatrix} = \begin{pmatrix} b_1 - 80 \\ 160 - b_1 \end{pmatrix}$$

为保持现行最优解的可行性，令：

$$\boldsymbol{X}_B \geqslant 0，即 \quad \begin{cases} b_1 - 80 \geqslant 0 \\ 160 - b_1 \geqslant 0 \end{cases}$$

解不等式组，得：

$$80 \leqslant b_1 \leqslant 160$$

这说明，资源 B_1 在[80，160]范围内变动，将不影响原生产计划。

如果资源 B_1 的库存量降为 70 个单位，则影响到解的可行性，以

$$\boldsymbol{X}_B = \boldsymbol{B}^{-1}\boldsymbol{b} = \begin{pmatrix} 1 & -\frac{1}{2} \\ -1 & 1 \end{pmatrix}\begin{pmatrix} 70 \\ 160 \end{pmatrix} = \begin{pmatrix} -10 \\ 90 \end{pmatrix}$$

修改表 14－31，用对偶单纯形法继续迭代(表 14－34)。

得最优解：

$$x_1 = 70, x_2 = 0, x_3 = 0$$

相应的目标函数最大值为：

$$Z = 5950$$

这说明，当原材料 B_1 的库存降到 70 个单位时，生产计划应调整为只生产 A_1 产品 70 件，A_2，A_3 均不安排生产，此时，最大总收入为 5950 元。

表 14－34 单纯形迭代表

$c_j \rightarrow$		85	100	30	0	0	b
C_B	X_B	x_1	x_2	x_3	x_4	x_5	
100	x_2	0	1	$\frac{1}{2}$	1	$(-\frac{1}{2})$	－10
85	x_1	1	0	0	－1	1	90
λ_j		0	0	－20	－15	－35	－6650
0	x_5	0	－2	－1	－2	1	20
85	x_1	1	2	1	1	0	70
λ_j		0	－70	－55	－85	0	－5950

三、系数矩阵增加一行

在实际问题中，一项经济活动，往往涉及多种资源。若考虑在原有基础上多用一种资源，对经济活动就等于增加一个约束，反映到数学模型中来，系数矩阵就增加一行。

例如，在例 14－23 中，为了提高产品 A_1，A_2，A_3 的质量，每件产品在消耗原材料 B_1，B_2 的基础上，还需原材料 B_3 分别为 4 个单位、7 个单位、2 个单位，现在 B_3 的存量为 350 个单位。因此，在原问题中增加一个约束：

$$4x_1 + 7x_2 + 2x_3 \leqslant 350$$

引进松弛变量 $x_6 \geqslant 0$，使成为等式：

$$4x_1 + 7x_2 + 2x_3 + x_6 = 350$$

将它作为一行，添加到表 14－31 的最后一行，此行对应的基变量为 x_6（表 14－35）。

表 14－35

$c_j \rightarrow$		85	100	30	0	0	0	b
C_B	X_B	x_1	x_2	x_3	x_4	x_5	x_6	
100	x_2	0	1	$\frac{1}{2}$	1	$-\frac{1}{2}$	0	20
85	x_1	1	0	0	－1	1	0	60
0	x_6	4	7	2	0	0	1	350
λ_j		0	0	－20	－15	－35	0	－7100

表 14－35 中，x_1，x_2 仍为基变量，因此它所在系数列向量应是单位向量，通过运算，然后根据具体情况，继续用单纯形法或对偶单纯形法进行迭代(表 14－36)。

表 14－36 单纯形迭代表

c_j →		85	100	30	0	0	0	b
C_B	X_B	x_1	x_2	x_3	x_4	x_5	x_6	
100	x_2	0	1	$\frac{1}{2}$	1	$-\frac{1}{2}$	0	20
85	x_1	1	0	0	−1	1	0	60
0	x_6	0	0	$-\frac{3}{2}$	(−3)	$-\frac{1}{2}$	1	−30
λ_j		0	0	−20	−15	−35	0	−7100
100	x_2	0	1	0	0	$-\frac{2}{3}$	$\frac{1}{3}$	10
85	x_1	1	0	$\frac{1}{2}$	0	$\frac{7}{6}$	$-\frac{1}{3}$	70
0	x_4	0	0	$\frac{1}{2}$	1	$\frac{1}{6}$	$-\frac{1}{3}$	10
λ_j		0	0	$-\frac{25}{2}$	0	$-\frac{65}{2}$	−5	−6950

得最优解：

$$x_1 = 70, \quad x_2 = 10, \quad x_4 = 10$$

相应的目标函数最大值：

$$Z = 6\ 950$$

这就是说，在增加一个约束条件的情况下，生产计划应改为：生产 A_1 产品 70 件，A_2 产品 10 件，A_3 不安排生产，这样可得最大总收入为 6950 元。

四、系数矩阵增加一列

在例 14－23 的线性规划问题中，假设新产品 A_4 试制成功，决定投产前需要考虑经济上是否合适。这反映到数学模型中就增加一个决策变量，生产产品 A_4 的原材料消耗相应地在系数矩阵中就增加一列。

对决策变量的增加，可以根据新添的资料计算检验数是否为负值。如果为负值就不影响原来的最优解，否则，现行解不再是最优解，就要用单纯形法继续迭代，找新的最优解。

习　题

1. 某铜厂轧制的薄铜板每卷宽度为100cm，现在要在宽度上进行切割以完成下列订货任务：24cm宽的75卷，40cm宽的50卷和32cm宽的110卷，长度是一样的，试将这个要解决的切割方案问题列成线性规划模型，使切余的边料最少。

2. 某养鸡场养鸡10000只，用大豆和谷物饲料混合喂养，每天每只平均吃混合饲料0.5kg，其中应至少含有0.1kg蛋白质和0.002kg钙。已知1kg大豆中含50%蛋白质和0.5%的钙，价格是1.00元/kg，1kg谷物中含有10%的蛋白质和0.4%的钙，价格是0.30元/kg，粮食部门每周只保证供应谷物饲料25000kg，大豆供应量不限，问应如何搭配两种饲料，才能使喂养成本最低？试建立该问题的数学模型。

3. 一家昼夜服务的饭店，24小时内需要服务员的人数如下表：

起讫时间(时)	2～6	6～10	10～14	14～18	18～22	22～2
服务员的最少人数(人)	4	8	10	7	12	4

每个服务员每天连续工作8小时，且在表中时段开始上班，试求要求满足以上要求的最少上班人数，并建立该问题的数学模型。

4. 设有四个投资机会：

甲：在三年内，投资人应在每年年初投资，每年每元可获利息0.2元，每年取息后可重新将本息投入生息。

乙：在三年内，投资人应在第一年年初投资，每两年每元可获得利息0.5元，两年后取息，可重新将本息投入生息。

丙：在三年内，投资人应在第二年年初投资，两年后每元可获得利息0.6元，这种投资最多不得超过15000元。

丁：投资人应在第三年年初投资，一年内每元投资可获利息0.4元，这种投资不得超过10000元。

假定在这三年为期的投资中，开始时有30000元可供投资，投资人应怎样决定投资，才能在第三年底获得最高的收益？试建立其数学模型。

5. 将下列线性规划问题化为标准形式：

(1) $\max Z = -x_1 + x_2$

$$\text{s.t.}\begin{cases} -3x_1 + x_2 \leqslant 6 \\ x_1 + 2x_2 \leqslant 4 \\ x_2 \geqslant -3 \end{cases}$$

(2) $\min Z = -3x_1 + 4x_2 - 2x_3 + 5x_4$

$$\text{s.t.}\begin{cases} 4x_1 - x_2 + 2x_3 - x_4 = -2 \\ x_1 + x_2 + 3x_3 - x_4 \leqslant 14 \\ -2x_1 + 3x_2 - x_3 + 2x_4 \geqslant 0 \\ x_1, x_2 \geqslant 0, x_3 \leqslant 0, x_4 \text{ 无约束} \end{cases}$$

6. 用图解法求解下列线性规划问题：

(1) $\max Z = x_1 + \frac{3}{2}x_2$

$$\text{s.t.}\begin{cases}2x_1 + 3x_2 \leqslant 6 \\ x_1 + 4x_2 \leqslant 4 \\ x_1, x_2 \geqslant 0\end{cases}$$

(2) $\min Z = 6x_1 + 4x_2$

$$\text{s.t.}\begin{cases}2x_1 + x_2 \geqslant 1 \\ 3x_1 + 4x_2 \geqslant \frac{3}{2} \\ x_1, x_2 \geqslant 0\end{cases}$$

7. 设 X_1 与 X_2 同为某线性规划问题的最优解，证明：在 X_1 与 X_2 的连线上的所有点也是该线性规划问题的最优解。

8. 用单纯形法求解下列线性规划问题：

(1) $\max Z = 3x_1 + 5x_2$

$$\begin{cases}x_1 \leqslant 4 \\ 2x_2 \leqslant 12 \\ 3x_1 + 2x_2 \leqslant 18 \\ x_1, x_2 \geqslant 0\end{cases}$$

(2) $\max Z = 2x_1 - x_2 + x_3$

$$\begin{cases}3x_1 + x_2 + x_3 \leqslant 60 \\ x_1 - x_2 + 2x_3 \leqslant 10 \\ x_1 + x_2 - x_3 \leqslant 20 \\ x_1, x_2, x_3 \geqslant 0\end{cases}$$

9. 用大 M 法或两阶段法求解下列线性规划问题：

(1) $\min Z = 1000x_1 + 800x_2$

$$\begin{cases}x_1 \geqslant 1 \\ 0.8x_1 + x_2 \geqslant 1.6 \\ x_1 \leqslant 2 \\ x_2 \leqslant 1.4 \\ x_1, x_2 \geqslant 0\end{cases}$$

(2) $\max Z = x_1 + 2x_2 + 3x_3 - x_4$

$$\begin{cases}x_1 + 2x_2 + 3x_3 = 15 \\ 2x_1 + x_2 + 5x_3 = 20 \\ x_1 + 2x_2 + x_3 + x_4 = 10 \\ x_1, x_2, x_3, x_4 \geqslant 0\end{cases}$$

10. 某一求目标函数最大值的线性规划问题，用单纯形法求解时得到的某一步的单纯形表如下：

	x_1	x_2	x_3	x_4	x_5	b
x_3	-1	3	1	0	0	4
x_4	a_1	-4	0	1	0	1
x_5	a_2	a_3	0	0	1	d
λ_j	c	-2	0	0	0	

问：a_1, a_2, a_3, c, d 各为何值及变量 x_j 属于那一类性质的变量时，

(1) 现有解为唯一最优解；

(2) 现有解为最优，但最优解有无穷多个；

(3) 存在可行解，但目标函数无界；

(4) 此问题无可行解。

11. 某线性规划问题的初始单纯形表及迭代后的表格如下：

		a	-1	2	0	0	
		x_1	x_2	x_3	x_4	x_5	
初始表		b	c	d	1	0	6
		-1	3	e	0	1	1
	λ_j						
当前表		g	2	-1	$\frac{1}{2}$	0	f
		h	i	1	$\frac{1}{2}$	1	4
	λ_j	0	-7	j	k	l	

求 $a,b,\cdots,k,l$ 各个值。

12. 写出下列线性规划问题的对偶问题：

(1) $\min Z = 3x_1 + 2x_2 - 3x_3 + 4x_4$

$$\text{s.t.}\begin{cases} x_1 - 2x_2 + 3x_3 + 3x_4 \leqslant 3 \\ x_2 + 3x_3 + 4x_4 \geqslant -5 \\ 2x_1 - 3x_2 - 7x_3 - 4x_4 = 2 \\ x_1 \geqslant 0, x_2, x_3 \text{ 无约束}, x_4 \leqslant 0 \end{cases}$$

(2) $\min Z = \sum_{i=1}^{m}\sum_{j=1}^{n} c_{ij}x_{ij}$

$$\text{s.t.}\begin{cases} \sum_{j=1}^{n} x_{ij} = a_i (i = 1,2,\cdots,m) \\ \sum_{i=1}^{m} x_{ij} = b_j (j = 1,2,\cdots,n) \\ x_{ij} \geqslant 0 (i = 1,2,\cdots,m; j = 1,2,\cdots,n) \end{cases}$$

13. 用对偶单纯形法求解下列线性规划问题：

(1) $\min Z = x_1 + x_2$

$$\text{s.t.}\begin{cases} 2x_1 + x_2 \geqslant 4 \\ x_1 + 7x_2 \geqslant 7 \\ x_1, x_2 \geqslant 0 \end{cases}$$

(2) $\min Z = 4x_1 + 12x_2 + 18x_3$

$$\text{s.t.}\begin{cases} x_1 + 3x_3 \geqslant 3 \\ 2x_2 + 2x_3 \geqslant 5 \\ x_1, x_2, x_3 \geqslant 0 \end{cases}$$

14. 设：

$$\min Z = 3x_1 + 5x_2 - x_3 + 2x_4 - 4x_5$$

$$\text{s.t.}\begin{cases} x_1 + x_2 + x_3 + 3x_4 + x_5 \leqslant 6 \\ -x_1 - x_2 + 2x_3 + x_4 - x_5 \geqslant 3 \\ x_1, x_2, x_3, x_4, x_5 \geqslant 0 \end{cases}$$

(1) 写出其对偶问题。

(2) 求解对偶问题。

(3) 从对偶解中求出原问题的解。

15. 根据以下最优单纯形表(最大化问题，约束不等式均为“≤”)：

	x_1	x_2	x_3	x_4	x_5	x_6	
x_1	1	1	0	2	0	1	2
x_3	0	0	1	1	0	4	$\frac{3}{2}$
x_5	0	-2	0	1	1	6	1
λ_j	0	0	0	-4	0	-9	$Z=5$

(1) 写出原问题与对偶问题的最优解。

(2) 求$\frac{\partial Z}{\partial b_1}$,$\frac{\partial Z}{\partial x_6}$,并解释这两个数值的含义。

(3) 如果以代价$\frac{5}{2}$增添第一种资源一个单位,是否值得?

(4) 若有人向你购买第三种资源,应要价多少才合算?

(5) 是否有其他最优解?如果没有,说明为什么;如果有,则求出另一个最优解。

16. 设:

$$\max Z = -5x_1 + 5x_2 + 13x_3$$

$$\text{s.t.}\begin{cases} -x_1 + x_2 + 3x_3 \leqslant 20 & \text{①} \\ 12x_1 + 4x_2 + 10x_3 \leqslant 90 & \text{②} \\ x_1, x_2, x_3 \geqslant 0 \end{cases}$$

先用单纯形法求出最优解,再分析在下列各条件单独变化的情况下最优解的变化:

(1) 约束条件②右端常数由90变为70。

(2) 目标函数中x_3的系数由13变为8。

(3) 增加一个约束条件:

$$2x_1 + 3x_2 + 5x_3 \leqslant 50$$

17. 设:

$$\max Z = 2x_1 + 5x_2 + 8x_3$$

$$\text{s.t.}\begin{cases} 3x_1 + 2x_2 - x_3 \leqslant 610 \\ -x_1 + 6x_2 + 3x_3 \leqslant 125 \\ -x_1 + x_2 + \frac{1}{2}x_3 \leqslant 420 \\ x_1, x_2, x_3 \geqslant 0 \end{cases}$$

(1) 求在不影响最优基的条件下各个c_j的允许变化的范围。

(2) 求在不影响最优基的条件下各个b_i的允许变化的范围。

第十五章　运输问题

用单纯形法可以求解一般线性规划问题，但是并不是所有的线性规划问题用单纯形法来求解都是最简便的，某些特殊的问题用特殊的方法来求解更为方便，本章讨论的运输问题就是属于这样一类性质的线性规划问题。

第一节　运输问题的数学模型

运输问题的含义一般是指：某种物资，有若干个产地和若干个销地，现在要将这种物资从各个产地运到各个销地，假定各个产地到各个销地的单位运价已知，且各产地产量总和等于各销地需求量的总和即产销平衡，那么，从众多的可行调运方案中，总能找到一个使总运费最省的调运方案。

下面就一般的运输问题，建立它的数学模型。

例 15－1　设有一个产销平衡的运输问题，它的产地、产量、销地、销量、单位运价如表 15－1 所示。

表 15－1　产销平衡表及单位运价表

单位运价 \ 销地 / 产地	B_1	B_2	…	B_n	产量
A_1	c_{11}	c_{12}	…	c_{1n}	a_1
A_2	c_{21}	c_{22}	…	c_{2n}	a_2
⋮	⋮	⋮	…	⋮	⋮
A_m	c_{m1}	c_{m2}	…	c_{mn}	a_m
销量	b_1	b_2	…	b_n	$\sum_{i=1}^{m} a_i = \sum_{j=1}^{m} b_i$

设 x_{ij} 表示从产地 A_i 运往销地 B_j 的物资数量。由 A_i 运出的物资的总量应等于 A_i 的产量 a_i（这里的产量理解为供应量），所以 x_{ij} 应满足：

$$\sum_{j=1}^{n} x_{ij} = a_i \quad (i = 1,2,\cdots,m)$$

同样，运到 B_j 的物资总量应等于 B_j 的销量 b_j（需求量），所以 x_{ij} 还应该满足：

$$\sum_{i=1}^{m} x_{ij} = b_j \quad (j = 1,2,\cdots,n)$$

总运费用 Z 来表示，则：

$$Z = \sum_{i=1}^{m} \sum_{j=1}^{n} c_{ij} x_{ij}$$

于是，得到运输问题的数学模型：

$$\min Z = \sum_{i=1}^{m}\sum_{j=1}^{n} c_{ij}x_{ij}$$

$$\text{s. t.}\begin{cases}\sum_{j=1}^{n} x_{ij} = a_i & (i = 1,2,\cdots,m)\\ \sum_{i=1}^{m} x_{ij} = b_j & (j = 1,2,\cdots,n)\\ x_{ij} \geqslant 0 & (i = 1,2,\cdots,m; j = 1,2,\cdots,n)\end{cases}$$

这是一个含有 $m\times n$ 个决策变量，$m+n$ 个约束条件的线性规划问题。如果用单纯形法求解，则要先加上 $m+n$ 个人工变量，可见计算起来是相当繁琐的。为了寻求一个比单纯形法更简便的方法来求解运输问题，我们先考察运输问题数学模型的特征。

运输问题数学模型中约束方程组变量的系数矩阵具有如下的形式：

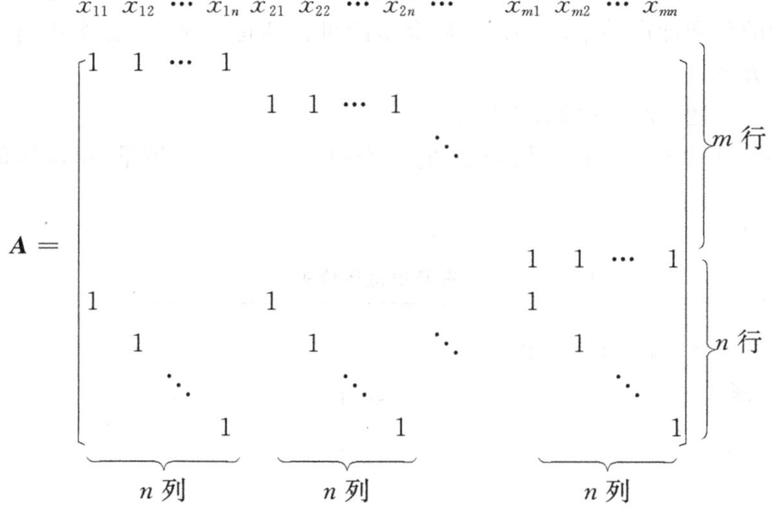

$$\begin{array}{c} \quad x_{11}\ x_{12}\ \cdots\ x_{1n}\ x_{21}\ x_{22}\ \cdots\ x_{2n}\ \cdots\ x_{m1}\ x_{m2}\ \cdots\ x_{mn} \\ \boldsymbol{A} = \left[\begin{array}{cccc|cccc|c|cccc} 1 & 1 & \cdots & 1 & & & & & & & & & \\ & & & & 1 & 1 & \cdots & 1 & & & & & \\ & & & & & & & & \ddots & & & & \\ & & & & & & & & & 1 & 1 & \cdots & 1 \\ 1 & & & & 1 & & & & & 1 & & & \\ & 1 & & & & 1 & & & \ddots & & 1 & & \\ & & \ddots & & & & \ddots & & & & & \ddots & \\ & & & 1 & & & & 1 & & & & & 1 \end{array}\right] \begin{array}{l} \left.\right\} m\text{行} \\ \left.\right\} n\text{行} \end{array} \\ \quad n\text{列} \qquad\qquad n\text{列} \qquad\qquad\qquad n\text{列} \end{array}$$

可以看到，矩阵 **A** 具有如下特点：

1. 稀疏性。元素只有 0 或 1，且多数元素为 0。

2. 排列规律性。每列只有两个 1，且排列有规律。

3. 矩阵的秩为 $m+n-1$。

矩阵 A 的秩等于 $m+n-1$，也就是说，运输问题的每一个基应该由 $m+n-1$ 个基变量组成。那么，$m+n-1$ 个什么样的变量可以组成一个基呢?这也就是问：$m+n-1$ 个什么样的变量，它对应的系数列向量是线性无关的。为此，要引进闭回路的概念，先看例题。

例如，有 $m=3$，$n=4$ 的运输问题，在调运表中取出一组变量，把每个变量所在的格子用一个点表示，并在相邻的两个变量及最后一个变量与第一个变量之间用一条水平线或铅垂线连接起来，构成一个以这些变量为拐角点的回路，称为闭回路。如图 15－1 所示。

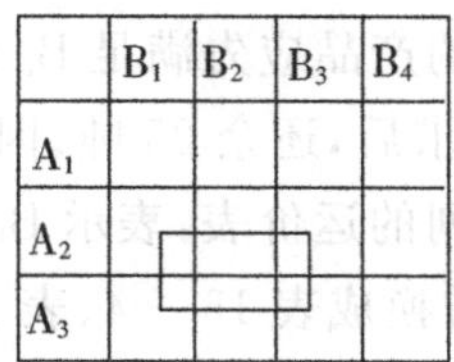

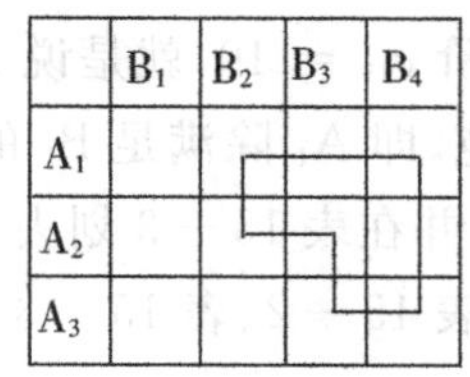

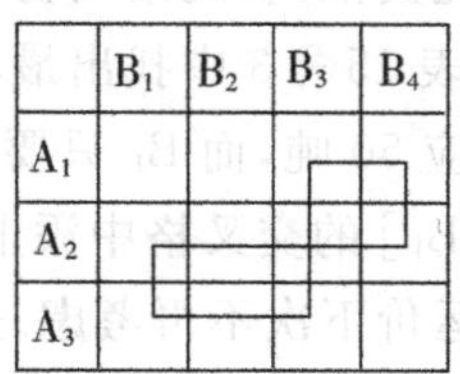

图 15－1　闭回路

定理　运输问题中，一个变量组$\{x_{ij}\}$对应的系数列向量组$\{\boldsymbol{P}_{ij}\}$线性相关的充分必要条件是存在以x_{ij}为顶点的闭回路。

推论　运输问题中$m+n-1$个变量能构成基变量的充要条件是它不含任何闭回路。

用这个推论判断可行解对应的系数列向量组是否为基本可行解，要比直接判断可行解对应的系数列向量组是否线性无关要简单方便。表上作业法就是根据这一特征得到的一个求解运输问题的简便方法。由于这种解法可以在表上进行计算，因此称为表上作业法。

第二节　表上作业法

用表上作业法求解运输问题的步骤与用单纯形法求解线性规划问题一样：第一步是制定初始调运方案，对线性规划问题来讲，就是求一个基本可行解；第二步是检验初始方案是否为最优方案，如果初始方案不是最优方案，则进行调整，得到一个新的调运方案；第三步是重复第二步的工作，直到求得最优调运方案为止。

例 15－1　设某种物资要从产地 A_1,A_2,A_3 运往销地 B_1,B_2,B_3,B_4,B_5，产量、销量、单位运价如表 15－2、表 15－3 所示，求总运费最省的调运方案。

表 15－2

产地＼销地	B_1	B_2	B_3	B_4	B_5	产量
A_1						50
A_2						100
A_3						150
销量	25	115	60	30	70	300

表 15－3

产地＼销地	B_1	B_2	B_3	B_4	B_5
A_1	10	15	20	20	40
A_2	20	40	15	30	30
A_3	30	35	40	55	25

第一步　确定初始调运方案

编制初始调运方案的方法很多，这里介绍两种常用的方法。

1. 最小元素法

最小元素法的基本想法是“就近供应”。就是从单位运价表中最小运价处开始确定供销关系，以此类推，直到给出初始调运方案为止。

(1) 在表 15－3 中找出最小运价 $c_{11}=10$，就是说 A_1 的产品应先满足 B_1 的需要。由于 A_1 可供应 50 吨，而 B_1 只要 25 吨。即 A_1 除满足 B_1 的需求后，还余 25 吨。因此在表 15－2 的[A_1，B_1]的交叉格中添上 25，并在表 15－3 划去 B_1 列的运价表，表示 B_1 已满足要求，这一列运价下次不再考虑。这样表 15－2、表 15－3 就转换成表 15－4、表 15－5。

表 15－4

产地 \ 销地	B_1	B_2	B_3	B_4	B_5	产量
A_1	25					50
A_2						100
A_3						150
销量	25	115	60	30	70	300

表 15－5

产地 \ 销地	B_1	B_2	B_3	B_4	B_5
A_1	10	15	20	20	40
A_2	20	40	15	30	30
A_3	30	35	40	55	25
	(1)				

(2) 在表 15－5 未划去的运价中，找出最小运价 $c_{12}=15$（有两个相同的最小运价时，任选其中一个），即优先将 A_1 剩下的 25 吨全部运给 B_2，因此在表 15－4 的[A_1，B_2]交叉格填上 25，并在表 15－5 划去 A_1 行的运价，表示 A_1 的产品已供应完毕，这一行运价下次不再考虑。这样，表 15－4、表 15－5 就转换到表 15－6、表 15－7。

表 15－6

产地 \ 销地	B_1	B_2	B_3	B_4	B_5	产量
A_1	25	25				50
A_2						100
A_3						150
销量	25	115	60	30	70	300

表 15－7

产地 \ 销地	B_1	B_2	B_3	B_4	B_5	
A_1	10	15	20	20	40	(2)
A_2	20	40	15	30	30	
A_3	30	35	40	55	25	
	(1)					

(3) 在表 15－7 未被划去的运价中，找出最小运价 $C_{23}=15$，现在 A_2 处有 100 吨，B_3 处只需要 60 吨，所以从 A_2 运 60 吨到 B_3，在表 15－6 的[A_2，B_3]交叉处填上 60，并划去表 15－7 中 B_3 列的运价，得到相应的表 15－8、表 15－9。

表 15－8

产地 \ 销地	B_1	B_2	B_3	B_4	B_5	产量
A_1	25	25				50
A_2			60			100
A_3						150
销量	25	115	60	30	70	300

表 15－9

产地 \ 销地	B_1	B_2	B_3	B_4	B_5	
A_1	10	15	20	20	40	(2)
A_2	20	40	15	30	30	
A_3	30	35	40	55	25	
	(1)			(3)		

(4) 重复上述步骤，在表15－8中填一个数，同时在表15－9中划去一行或一列，直到运价表上所有的运价划完为止(表15－10)，这样，就得到一个调运方案(表15－11)，表中空格，表示调运量为零，这个调运方案的总运费为7375元。

表15－10

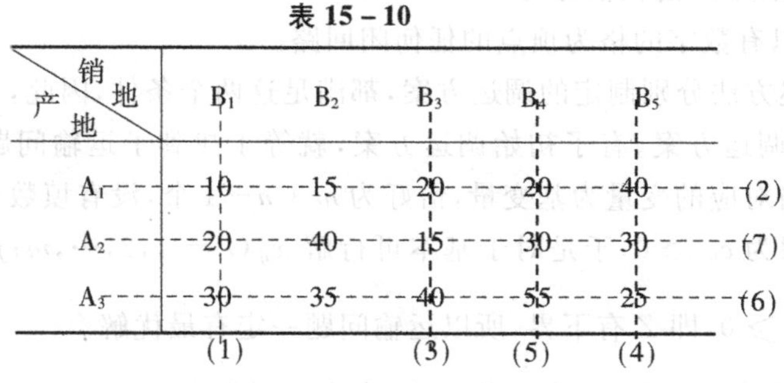

表15－11

产地＼销地	B_1	B_2	B_3	B_4	B_5	产量
A_1	25	25				50
A_2		10	60	30		100
A_3		80			70	150
销量	25	115	60	30	70	300

2. 西北角法(左上角法)

这是一个较为方便的方法，它不考虑运价，而直接从产销平衡表的西北角位置开始编排调运方案。现仍以例15－1来说明编制过程。

(1) 从表15－3的"西北角"x_{11}开始，给x_{11}以尽可能大的数值，表15－2中A_1可以运出50吨，而B_1只需25吨，因此在x_{11}对应的空格里填上25，并划去B_1列，表示B_1的需要已经满足。

(2) 在划去B_1列后表15－3中重复(1)的工作，即尽量满足"西北角"上的x_{12}，此时，A_1还可运出25吨，而B_2需要115吨，所以在x_{12}对应的空格上填25，并划去A_1行，表示A_1全部50吨货物外调完毕。

(3) 在划去B_1列、A_1行后的表15－3中重复上述步骤，直到全部空格划完为止。这样，就得到一个调运方案(表15－12)，表中空格表示运量为零，这个调运方案的总运费为9775元。

表15－12

产地＼销地	B_1	B_2	B_3	B_4	B_5	产量
A_1	25	25				50
A_2		90	10			100
A_3			50	30	70	150
销量	25	115	60	30	70	300

由上述方法找到的调运方案，能否作为表上作业法的初始方案，还要看它是否满足下列条件：

(1) 表中填有数字的格为 $m+n-1$ 个。这是由于产销平衡运输问题的数学模型中，约束方程组的系数矩阵 $\boldsymbol{A}$ 的秩恰好为 $m+n-1$。

(2) 不存在以有数字的格为顶点的任何闭回路。

显然，用上述方法分别制定的调运方案，都满足这两个条件，因此，它们都可以作为表上作业法的初始调运方案。有了初始调运方案，就等于找到了运输问题的一个基本可行解，其中填数的格对应的变量为基变量，恰好为 $m+n-1$ 个，没有填数的空格对应的变量为非基变量。又因为 $c_{ij} \geqslant 0$，于是对于基本可行解 $x_{ij}(i=1,2,\cdots,m;j=1,2,\cdots,n)$，有 $Z=\sum_{i=1}^{m}\sum_{j=1}^{n}c_{ij}x_{ij} \geqslant 0$，即 Z 有下界，所以运输问题一定有最优解。

在制定初始方案时，还有一点必须指出：在产销平衡表（表 15－2）填上一个数后，只允许划去运价表相应的行或列上的单位运价，而不允许同时划去相应的行与列上的单位运价。例如，求下述运输问题的初始调运方案，已知产销平衡表、单位运价表如表 15－13、表 15－14 所示。

表 15－13

产地 \ 销地	B_1	B_2	B_3	产量
A_1				4
A_2				5
A_3				6
销量	6	3	6	15

表 15－14

产地 \ 销地	B_1	B_2	B_3	
A_1	8	5	7	(5)
A_2	9	4	6	(4)
A_3	1	3	2	(2)
	(1)	(3)		

按最小元素法来来确定供销关系时，应优先考虑最小元素 $c_{31}=1$ 对应的 $[A_3, B_1]$ 格，取运量 $x_{31}=6$，按规定只允许划去 A_3 行的运价或划去 B_1 列的运价，比如说，划去 B_1 列的运价，然后在剩下的未被划掉运价的任一空格中填上 0，比如 $x_{33}=0$。依次进行下去，最后得初始调运方案（表 15－15）。

表 15－15

产地 \ 销地	B_1	B_2	B_3	产量
A_1			4	4
A_2		3	2	5
A_3	6		0	6
销量	6	3	6	15

它作为一个基本可行解，就是一个退化解。假若在 $x_{31}=6$ 取定后，因为 A_3 的全部货物已外调完毕，同时 B_1 的需求量也已得到满足，从而在运价表上同时划去 A_3 行与 B_1 列的运价的话，则必导致方案中填数的格只有 $m+n-2=4$ 个，这一结果将使下一步检验调整无法进行。

第二步　方案的检验与调整

初始调运方案确定以后，就要检验该方案是否为最优方案，这实质上就是检验一个基本可行解是否为一个最优解，单纯形法是根据对应的单纯形表的最后一行的检验数来检验的，在运输问题的表上作业法也完全类似。我们知道，初始调运方案对应的平衡表中的每一个空格表示调运量为零，它对应一个非基变量，因此要检验初始调运方案是否为最优方案，就首先要计算各个空格对应的检验数。由于运输问题是求目标函数的最小值，所以每个空格对应的检验数如果为非负，则该方案就是最优方案。否则，就不是最优方案需要进行调整。下面以例 15－1 中用最小元素法求得的初始调运方案（表 15－11）为例，介绍两个求检验数的方法。

1.闭回路法

考察初始方案任一空格，比如非基变量 x_{21} 对应的空格$[A_2,B_1]$，按初始方案，A_2 生产的货物是不调运给 B_1 的，现在如果改变初始方案，将 A_2 产的货物 1 吨运往 B_1 处，为了保持产销平衡，就要依次在$[A_1,B_1]$格减少 1 吨，$[A_1,B_2]$格增加 1 吨，$[A_2,B_2]$格减少 1 吨，也就是寻找一条以空格$[A_2,B_1]$为起点的闭回路，这条闭回路的其他顶点均为填数的格（对应为基变量），如表 15－16 中虚线所示，记为：

$$x_{21}\to x_{11}\to x_{12}\to x_{22}\to x_{21}$$

表 15－16

销地 / 产地	B_1	B_2	B_3	B_4	B_5	产量
A_1	25	25				50
A_2		10	60	30		100
A_3		80			70	150
销量	25	115	60	30	70	300

初始调运方案，通过这样的调整，总运费随之改变。因为$[A_2,B_1]$处增加 1 吨，运费增加 20 元；$[A_1,B_1]$处减少 1 吨，运费减少 10 元；$[A_1,B_2]$处增加 1 吨，运费增加 15 元；$[A_2,B_2]$处减少 1 吨，运费减少 40 元；增减相抵，总运费减少 15 元。这说明原方案不是最优方案。－15 就定义为空格$[A_2,B_1]$对应的检验数，也就是非基变量 x_{21} 的检验数 λ_{21}。

$$\lambda_{21}=c_{21}-c_{11}+c_{12}-c_{22}=20-10+15-40=-15$$

可以证明，初始调运方案中的每一个空格存在唯一的闭回路。找出空格对应的闭回路后，我们规定，空格为闭回路的第一个顶点，其余依次（顺时针方向或逆时针方向均可）为第二个顶点、第三个顶点 …… 再查出闭回路上各顶点的单位运价，则根据前面的讨论空格

$[A_i, B_j]$ 的检验数：

$$\lambda_{ij} = (\text{第一个顶点的单位运价}) - (\text{第二个顶点的单位运价}) + (\text{第三个顶点的单位运价}) - (\text{第四个顶点的单位运价}) + \cdots$$

即：$\lambda_{ij} = $（闭回路上所有第奇数个顶点单位运价之和）

$-$（闭回路上所有第偶数个顶点单位运价之和）

由表 15－11 给出的初始调运方案中，其余七个空格的闭回路为：

$$x_{13} \to x_{23} \to x_{22} \to x_{12} \to x_{13}$$
$$x_{14} \to x_{24} \to x_{22} \to x_{12} \to x_{14}$$
$$x_{15} \to x_{35} \to x_{32} \to x_{12} \to x_{15}$$
$$x_{25} \to x_{35} \to x_{32} \to x_{22} \to x_{25}$$
$$x_{31} \to x_{11} \to x_{12} \to x_{32} \to x_{31}$$
$$x_{33} \to x_{32} \to x_{22} \to x_{23} \to x_{33}$$
$$x_{34} \to x_{32} \to x_{22} \to x_{24} \to x_{34}$$

相应的检验数为：

$$\lambda_{13} = c_{13} - c_{23} + c_{22} - c_{12} = 30$$
$$\lambda_{14} = c_{14} - c_{24} + c_{22} - c_{12} = 15$$
$$\lambda_{15} = c_{15} - c_{35} + c_{32} - c_{12} = 35$$
$$\lambda_{25} = c_{25} - c_{35} + c_{32} - c_{22} = 0$$
$$\lambda_{31} = c_{31} - c_{11} + c_{12} - c_{32} = 0$$
$$\lambda_{33} = c_{33} - c_{32} + c_{22} - c_{23} = 30$$
$$\lambda_{34} = c_{34} - c_{32} + c_{22} - c_{24} = 30$$

填数的格对应的是基变量，它的检验数为零（表 15－17）。

表 15－17

销地 / 产地	B_1	B_2	B_3	B_4	B_5
A_1	0	0	30	15	35
A_2	－15	0	0	0	0
A_3	0	0	30	30	0

如果所有的检验数 $\lambda_{ij} \geqslant 0$，则表明对所给的调运方案作任何调整将会导致运费增加，所以原始的方案为最优方案。在表 15－17 中，因为 $\lambda_{21} = -15 < 0$，所以由表 15－11 确定的初始调运方案不是最优方案，因此需要调整。调整从检验数为负的格开始（如果有两个或两个以上负检验数，则应从绝对值最大的那个负检验数所在的格开始），做一条除该空格外其他顶点都是有数的格的闭回路（做法同前）。如本例，应从 x_{21} 对应的空格出发，做闭回路：$x_{21} \to x_{11} \to x_{12} \to x_{22} \to x_{21}$（如表 15－16 中虚线所示）。在这条闭回路上，对调运量作尽可能大的调整，从表 15－16 可以看出，最大调整量为 10 吨，即在 $[A_2, B_1]$ 格与

$[A_1, B_2]$格各增加10吨，在$[A_1, B_1]$格与$[A_2, B_2]$格各减少10吨，通过调整后得到新的调运方案(表15－18)，在新的调运方案中 x_{21} 由原来的非基变量转换成基变量，而 x_{22} 由原来的基变量转换成非基变量，所以 x_{22} 对应的$[A_2, B_2]$成为空格。

表15－18

产地＼销地	B_1	B_2	B_3	B_4	B_5	产量
A_1	15	35				50
A_2	10		60	30		100
A_3		80			70	150
销量	25	115	60	30	70	300

设 θ 为调整量，根据上面的讨论，则：

$$\theta = \min\{\text{闭回路中各第偶数个顶点的调运量}\}$$

然后按以下规定进行调整：

(1) 对闭回路上第奇数个顶点的调运量加上 θ；

(2) 对闭回路上第偶数个顶点的调运量减少 θ；

(3) 对非闭回路顶点的调运量保持不变。

在求调整量时，如果出现有两个第偶数个顶点的调运量相同且等于 θ，则在这两个顶点也就是在两个填数的格中，将其中一个调整为空格，另一个格调整后填上"0"，仍作为有数的格，这样使新方案中有数的格保持 $m+n-1$ 个，以保证表上作业法继续进行。实际上，这也是单纯形法每经过一次迭代，只能将一个基变量转化为非基变量这一过程在运输问题表上作业法上的体现，这一个填"0"的有数的格仍作为基变量，不过这个基本可行解是一个退化解。

2. 位势法

用闭回路检验、调整运输问题的初始方案时，思路比较直观、明显。但是当产地、销地的个数较多时，用闭回路法就显得比较麻烦，特别是计算工作量比较大。下面仍以表15－11的初始调运方案为例来介绍位势法。它与闭回路法相比，相对来说要简单一些。

表15－19

产地＼销地	B_1	B_2	B_3	B_4	B_5	
A_1	10	15				u_1
A_2		40	15	30		u_2
A_3		35			25	u_3
	v_1	v_2	v_3	v_4	v_5	

首先将初始方案(表15－11)中填数的格的位置上换成相应格的单位运价(表15－19)，并在其右面加上一列数，记为 u_1, u_2, u_3；在其下面也加上一行数，记为 v_1, v_2, v_3, v_4，

v_5。称 $u_i(i=1,2,3)$ 为行位势，$v_j(j=1,2,\cdots,5)$ 为列位势，u_i 与 v_j 的值由

$$u_i+v_j=c_{ij}$$

来确定。根据表 15－19，得方程组：

$$\begin{cases}u_1+v_1=10\\u_1+v_2=15\\u_2+v_2=40\\u_2+v_3=15\\u_2+v_4=30\\u_3+v_2=35\\u_3+v_5=25\end{cases}$$

这个方程组有 $m+n$ 个未知量，$m+n-1$ 个方程式，因此有一个变量可以作为自由变量。针对本例，取自由变量为 $v_1=0$，则：

由 $u_1+v_1=10$　得 $u_1=10$

由 $u_1+v_2=15$　得 $v_2=5$

由 $u_2+v_2=40$　得 $u_2=35$

由 $u_2+v_3=15$　得 $v_3=-20$

由 $u_2+v_4=30$　得 $v_4=-5$

由 $u_3+v_2=35$　得 $u_3=30$

由 $u_3+v_5=25$　得 $v_5=-5$

然后，求各个空格对应的检验数。

按闭回路法计算检验数 λ_{21}，并代入 u_i 与 v_j 的值：

$$\begin{aligned}\lambda_{21}&=c_{21}-c_{11}+c_{12}-c_{22}\\&=c_{21}-(u_1+v_1)+(u_1+v_2)-(u_2+v_2)\\&=c_{21}-(u_2+v_1)\\&=-15\end{aligned}$$

这里，c_{21} 是空格$[A_2,B_1]$对应的单位运价，u_2+v_1 恰好是该空格所在的行位势与列位势之和。又如

$$\begin{aligned}\lambda_{31}&=c_{31}-c_{11}+c_{12}-c_{32}\\&=c_{31}-(u_1+v_1)+(u_1+v_2)-(u_3+v_2)\\&=c_{31}-(u_3+v_1)\\&=0\end{aligned}$$

类似地，可得任一空格$[A_i,B_j]$对应的检验数：

$$\lambda_{ij}=c_{ij}-(u_i+v_j)$$

所以，把表 15－19 中所有空格处填上对应的行位势 u_i 与列位势 v_j 之和即得表 15－20。为区别起见，空格处的位势加上括号。

表 15 — 20

产地＼销地	B_1	B_2	B_3	B_4	B_5	行位势
A_1	10	15	(−10)	(5)	(5)	10
A_2	(35)	40	15	30	(30)	35
A_3	(30)	35	(10)	(25)	25	30
列位势	0	5	−20	−5	−5	

用单位运价表上的数减位势表上的对应格的数，就得到相应变量的检验数。用矩阵运算法则可以表示为：

$$\begin{pmatrix}\lambda_{11} & \cdots & \lambda_{15}\\ \lambda_{21} & \cdots & \lambda_{25}\\ \lambda_{31} & \cdots & \lambda_{35}\end{pmatrix}=\begin{pmatrix}c_{11} & \cdots & c_{15}\\ c_{21} & \cdots & c_{25}\\ c_{31} & \cdots & c_{35}\end{pmatrix}-\begin{pmatrix}u_1+v_1 & \cdots & u_1+v_5\\ u_2+v_1 & \cdots & u_2+v_5\\ u_3+v_1 & \cdots & u_3+v_5\end{pmatrix}$$

$$=\begin{pmatrix}10 & 15 & 20 & 20 & 40\\ 20 & 40 & 15 & 30 & 30\\ 30 & 35 & 40 & 55 & 25\end{pmatrix}-\begin{pmatrix}10 & 15 & -10 & 5 & 5\\ 35 & 40 & 15 & 30 & 30\\ 30 & 35 & 10 & 25 & 25\end{pmatrix}$$

$$=\begin{pmatrix}0 & 0 & 30 & 15 & 35\\ -15 & 0 & 0 & 0 & 0\\ 0 & 0 & 30 & 30 & 0\end{pmatrix}$$

这一结果与用闭回路法求得的检验数完全一致。由于检验数中出现了负的检验数，因此需要调整，调整的方法与闭回路法一样。

第三步　求最优调运方案

对经过一次调整后的调运方案，重复第二步的工作，直到求得最优方案为止。

本例通过第一次调整后得到新的调运方案如表 15 — 18 所示，对表 15 — 18 的空格求检验数得表 15 — 21。

表 15 — 21

产地＼销地	B_1	B_2	B_3	B_4	B_5
A_1	0	0	15	0	35
A_2	0	15	0	0	15
A_3	0	0	15	15	0

由于所有检验数 $\lambda_{ij}\geqslant 0$，所以表 15 — 18 就是一个最优调运方案，该方案总运费为 7225 元。

习　题

1. 已知运输问题的产销平衡表与单位运价表如下，试用表上作业法求最优解。

(1)

产地＼销地	B_1	B_2	B_3	B_4	产量
A_1	3	7	6	4	5
A_2	2	4	3	2	2
A_3	4	3	8	5	3
销量	3	3	2	2	10

(2)

产地＼销地	B_1	B_2	B_3	B_4	产量
A_1	10	6	7	12	4
A_2	16	10	5	9	9
A_3	5	4	10	10	4
销量	5	2	4	6	17

2. 如果产销平衡的单位运价表第 r 行的 c_{ij} 都加上常数 k，问最优解是否发生变化？目标函数值变化多大？

3. 有甲、乙、丙三个蓄水池，每天向四个城市供水，蓄水池每天供水量(单位：立方千米) 分别为 15,20,25，城市 A,B,C,D 每天对水的需求量分别为 8,25,12 和 15，用泵从不同蓄水池送水到不同城市时，每 1 立方千米的费用如表：

产地＼销地	A	B	C	D
甲	2	3	4	5
乙	3	2	5	2
丙	4	1	2	3

用表上作业法求最佳输水方案。

第十六章　整数规划

第一节　概　述

一、问题的提出

在线性规划数学模型中，决策变量都是连续性变量，可以取分数值或小数值。可是，在许多实际问题中，这种取值方式往往是不符合要求的。例如：代表人（劳动力）的决策变量及其他不可分割物体（集装箱、设备、建筑物等）的决策变量必须要求取整数值才有实际意义。从直观上看，为了得到整数值的解，只要对用单纯形法求出的分数（或小数）形式的最优解进行"舍入化整"的办法即可。但这是不可行的，一则是因为化整后不能保证解的可行性，二是因为化整后即使是可行解但却不能保证它的最优性。

例如，对整数规划问题：

$$\max Z = 20x_1 + 10x_2$$

$$\text{s. t.}\begin{cases} 5x_1 + 4x_2 \leqslant 24 \\ 2x_1 + 5x_2 \leqslant 13 \\ x_1, x_2 \geqslant 0\text{，且为整数} \end{cases}$$

不考虑整数条件，用单纯形法可求得最优解及最优值为：

$$x_1 = 4.8,\quad x_2 = 0,\quad \max Z = 96$$

为了得到整数最优解，若直接对上面的解凑成整数解 $x_1 = 5, x_2 = 0$，则成为非可行解（不满足第一个条件）。若凑成整数解 $x_1 = 4, x_2 = 0$，虽然是可行解，但不是最优解（此时 $Z = 80$，因为若令 $x_1 = 4, x_2 = 1$，则有 $Z = 90 > 80$）。再如，若某问题的线性规划最优解是 $x_1 = 1.5, x_2 = 3.7$，若采取"舍入取整"的方法求整数解，则必须找出与上述 x_1, x_2 相近的整数解的组合，即[1,3]，[1,4]，[2,3]，[2,4]，取其中可行的并且使目标函数值最大的整数解作为近似的整数最优解。如果问题有 10 个取小数值的变量，为求整数解就得计算比较 $2^{10} = 1024$ 个整数解组合。即使如此，也不一定能保证真正找到问题的整数最优解。因此，将其相应的线性规划的最优解进行"舍入"求整数最优解的方法是不能满足要求的。对求最优整数解的问题需要另行研究，这个问题就称为整数规划问题。

二、整数规划的分类

我们可以用下面的关系来说明整数规划的分类：

- 整数规划
  - 一般整数规划
    - 纯整数规划
    - 混合整数规划
  - 0—1 规划
    - 纯 0—1 规划
    - 混合 0—1 规划

所谓纯整数规划就是指问题的所有变量都要求取整数值的整数规划。它的一种特殊情况就是要求问题的所有变量都取 0 或 1，这类问题称为纯 0—1 规划。

所谓混合整数规划就是指问题中只要求一部分变量取整数值，而其余变量可取连续值的整数规划，它的一种特殊情况就是要求问题一部分变量取值为 0 或 1，而其余变量可取连续值，这类问题称为混合 0—1 规划。

显然 0—1 规划是整数规划的一种特殊形式。

三、应用举例

例 16－1　投资问题。

有 N 个投资项目，需连续投资 M 年，某大型企业要制定 M 年的投资规划。每年可投资金额为 $B_i(i=1,2,\cdots,M)$，由 N 个投资项目可供选择，当 j 项目被选中时，其各年的投资额为 $a_{ij}(i=1,2,\cdots,M;j=1,2,\cdots,N)$。已知各个项目在 M 年内的净现值分别为 $P_j(j=1,2,\cdots,N)$，求使所有项目净现值总额最大的投资方案（只列模型）。

解　令：

$$x_j=\begin{cases}1 & j\text{ 项目被选中}\\ 0 & j\text{ 项目未被选中}\end{cases}\quad (j=1,2,\cdots,N)$$

则其数学模型为：

$$\min Z=\sum_{j=1}^{N}P_jx_j$$

$$\text{s.t.}\begin{cases}\sum_{j=1}^{N}a_{ij}x_j\leqslant B_i & (i=1,2,\cdots,M)\\ x_j\text{ 取 0 或 1} & (j=1,2,\cdots,N)\end{cases}$$

这是一个纯 0—1 规划问题。

例 16－2　固定费用问题。

为生产某种产品，可采用 M 种方式，每一方式的最大产量及固定费用分别为 A_i 和 $F_i(i=1,2,\cdots,M)$，产品供给 N 个用户，每一用户的需求量分别为 $B_j(j=1,2,\cdots,N)$，设 c_{ij} 为用第 i 种方式生产出来供给第 j 个用户的单位产品费用（含运费），试决定既满足供需要求，又使总费用最低的生产方式。

解　令 x_{ij} 为用第 i 种方式生产后给 j 用户的供应量：

$$y_i=\begin{cases}1 & (\text{采用第 } i \text{ 种生产方式})\\ 0 & (\text{不采用第 } i \text{ 种生产方式})\end{cases}$$

则其数学模型为：

$$\min Z=\sum_{j=1}^{N}\left(\sum_{i=1}^{M}c_{ij}x_{ij}+F_iy_i\right)$$

$$\text{s.t.}\begin{cases}\sum_{i=1}^{M}x_{ij}\geqslant B_j & (j=1,2,\cdots,N)\\ \sum_{j=1}^{N}x_{ij}\leqslant A_iy_i & (i=1,2,\cdots,M)\\ x_{ij}\geqslant 0 & (i=1,2,\cdots,M;j=1,2,\cdots,N)\\ y_i=0\text{ 或 }1 & (i=1,2,\cdots,M)\end{cases}$$

这是一个混合 0—1 规划问题。

若对某一 i 有 $x_{ij}>0$，则由第二类约束（产量约束）y_i 必须为 1；否则，若 $x_{ij}=0$ $(j=1,2,\cdots,N)$，则第二类约束（产量约束）成为多余约束，又由于是求 f 的最小值，故必有 $y_i=0$。

例 16－3　互相排斥的约束条件。

在一台车床上同时加工两种零件是不可能的，这种情况可以用约束条件来描述。设 x_1,x_2 分别为加工零件 1 和零件 2 的开始时间，a_1,a_2 分别是零件 1 和零件 2 的加工时间长度，则两种零件互不影响的加工过程可表示为：

$$x_1+a_1\leqslant x_2 \text{ 或 } x_2+a_2\leqslant x_1$$

对一个数学模型而言，上面的约束条件是不能同时放入模型的，为了解决这个问题，我们可考虑引入 0—1 变量 y_{12} 将上面的约束条件改写为如下形式：

$$\begin{cases} x_1+a_1\leqslant x_2+My_{12} \\ x_2+a_2\leqslant x_1+M(1-y_{12}) \end{cases}$$

这里 M 为充分大正数，若 $y_{12}=0$，则第一个约束成为实际约束（即零件 1 先于零件 2 加工），第二个约束成为多余约束。若 $y_{12}=1$，则相反。

若有 m 个约束条件，其中只有 K 个$(K<m)$约束必须同时满足，则上述要求可用 0—1 变量来表示：

$$\begin{cases} \sum\limits_{j=1}^{n}a_{ij}x_{ij}\leqslant b_i+My_i \\ \sum\limits_{i=1}^{m}y_i=m-K \\ y_i=0 \text{ 或 } 1 \quad (i=1,2,\cdots,m) \end{cases}$$

另一种特殊情况是，某约束条件的右端常数项只能在 r 个值中取其中一个，这时可表示为：

$$\begin{cases} \sum\limits_{j=1}^{n}a_jx_j=\sum\limits_{k=1}^{r}b_ky_k \\ \sum\limits_{k=1}^{r}y_k=1 \\ y_k=0 \text{ 或 } 1 \quad (k=1,2,\cdots,r) \end{cases}$$

第二节　整数规划常用解法简介

一、分支定界法

一般情况下，假定整数规划问题的解都是有界的（上界或下界），因此，直观上讲，若将变量的所有可行的整数组合都找出来，然后比较它们的目标函数值，就可以求出整数规划的最优解。这是一种穷举法的思想，当问题的变量较少时，这种方法是可以考虑采用的，但是当问题变量较多时（实际问题常常如此），这种方法由于计算量太大往往是行不通的。

分支定界法可用于求解纯整数或混合的整数规划问题，它的基本思想是：先不考虑整数解的限制，将问题当成一般的线性规划问题求最优解。如果求得的解恰好是整数解，则该解就是整数规划问题的最优解，停止计算。否则，就将问题分解成两部分，每一部分都增加一个约束条件，这样就缩小了原来的可行域，然后再用单纯形法求解。由于整数规划是在相应的线性规划中增加了变量为整数的条件，所以可行域的范围要缩小。这说明对求最大值问题的整数规划而言，其相应的线性规划的最优值就是整数规划目标函数值的上界。

二、割平面法

割平面法的基本思想是先不考虑整数条件，用单纯形法求解相应的线性规划问题，若最优解为整数解即得原问题的最优解。否则，增加线性约束条件（称为割平面）将原问题的可形域切割掉一部分，被切割掉的都是非整数解，再用单纯形法求解新的线性规划问题，依次进行下去，直到使切割后最终得到这样一个可行解：它使问题的最优解恰好在某个具有整数坐标的顶点上得到。

三、隐枚举法

隐枚举法是用来求解纯 0—1 规划的有效方法。由于每个变量只有两个可能取值 0 或 1，则当有 n 个变量时，就有 2^n 个取值组合。隐枚举法就是一种通过检查和计算一部分变量取值来求问题最优解及最优值的方法。

隐枚举法的基本思想是首先令所有整数变量都取 0 值，然后使某些变量取值为 1，直到获得一个可行解。将这第一个可行解作为临时最优解，再继续试探某些变量的取值，若可找到另一个可行解优于临时最优解，则将新的可行解作为临时最优解，以此类推。检查整数变量等于 0 或 1 的各种组合，不断寻求新的临时最优解，直到获得问题的最优解为止。由于有许多结果不如临时最优解的可行解组合不必去计算、比较，故该法称为隐枚举法。

第三节　分配问题解法——匈牙利法

匈牙利法是专门用来求解分配问题的一种有效方法。在实际工作中我们常遇到这样的问题：有 n 项任务，恰好有 n 个人可以分别去完成其中每一项。但由于任务的性质和每个人的专长或工作效率不同，就要考虑应指派哪个人去完成哪项任务才能使总的效率为最高，或花费的总时间最少。这一类问题就是分配问题。

一、分配问题的数学模型

设有 n 项工作，由 n 个人去完成，每个人只能完成其中一项工作，而每项工作只能由一个人完成，又知第 i 个人完成第 j 项工作的效率（如时间、成本等）为 c_{ij}。我们先引入 0—1 变量，令：

$$x_{ij}=\begin{cases}1 & \text{（当派第 } i \text{ 个人去完成第 } j \text{ 项任务时）}\\ 0 & \text{（当不派第 } i \text{ 个人去完成第 } j \text{ 项任务时）}\end{cases}$$

若研究求最小值问题，则分配问题的数学模型可写成：

$$\min Z=\sum_{i=1}^{n}\sum_{j=1}^{n}c_{ij}x_{ij}$$

$$\text{s.t.}\begin{cases}\sum_{j=1}^{n} x_{ij} = 1 \quad (i = 1,2,\cdots,n) \\ \sum_{i=1}^{n} x_{ij} = 1 \quad (j = 1,2,\cdots,n) \\ x_{ij} \text{ 取 } 0 \text{ 或 } 1 \quad (i,j = 1,2,\cdots,n)\end{cases}$$

从数学模型可以看出，它类似于运输问题的数学模型，当然可以用表上作业法进行求解。但是由于它的约束条件系数矩阵的特殊性，我们可以寻求更简单、更有效的方法来解决这一类问题，就像我们使用表上作业法而不是单纯行法求解运输问题一样。这就是匈牙利法。

二、匈牙利法的基本思想

在分配问题的数学模型中，目标函数系数 c_{ij} 可以写成一个 $n \times n$ 的矩阵：

$$\boldsymbol{C} = \begin{bmatrix} c_{11} & c_{12} & \cdots & c_{1n} \\ c_{21} & c_{22} & \cdots & c_{2n} \\ \vdots & \vdots & \cdots & \vdots \\ c_{n1} & c_{n2} & \cdots & c_{nn} \end{bmatrix}$$

该矩阵称为效率矩阵，匈牙利法要求所有 $c_{ij} \geqslant 0$。

匈牙利法是从这样一个明显的事实出发的，如果效率矩阵的所有元素 $c_{ij} \geqslant 0$，而其中又存在一组（n 个）位于不同行、不同列的零元素，则只要令对应于这些零元素位置的 $x_{ij} = 1$，其余 $x_{ij} = 0$，就可得最优分配方案。此时，最优值即为：

$$Z = \sum_{i=1}^{n}\sum_{j=1}^{n} c_{ij} x_{ij}$$

但是，一般分配问题给出的效率矩阵中是没有或很少有零元素的。因此，就要用一定的方法来产生并寻找这一组位于不同行、不同列的零元素。

下面我们先来介绍一个定理，这是匈牙利数学家克尼格首先发现的，它为解决上面的问题奠定了基础，故由此而建立起来的求解分配问题的计算方法就称为匈牙利法。

定理　如果从效率矩阵 (c_{ij}) 中的每一行元素中分别减去一个数 u_i，从每一列元素中分别减去一个数 v_j，得到一个新的效率矩阵 (c'_{ij})，其中每个元素 $c'_{ij} = c_{ij} - (u_i + v_j)$，则 (c'_{ij}) 的最优解和 (c_{ij}) 的最优解相同。

推论　如果从效率矩阵 (c_{ij}) 的每一行（或每一列）各元素分别减去该行（或该列）的最小元素，得一新效率矩阵 (c'_{ij})，则 (c'_{ij}) 的最优解和 (c_{ij}) 的最优解相同。

下面我们就根据上述基本思想及定理来讨论匈牙利法的步骤。

三、匈牙利法的步骤及举例

例 16－4　某企业用四种设备加工四种不同的零件，由于各种设备的性能、新旧程度等不同，所加工时间也各不相同，已知各种设备加工各种零件所需时间（台时）如表 16－1 所示。问应如何分配才能使总的加工时间最少？

表 16－1

时间 c_{ij} 零件 / 设备	Ⅰ	Ⅱ	Ⅲ	Ⅳ
A	2	10	9	7
B	15	4	14	8
C	13	14	16	11
D	4	15	13	9

解　第一步　使效率矩阵每行每列出现零元素。

(1) 从效率矩阵的每行元素减去该行的最小元素。

(2) 从所得矩阵的每列元素减去该列的最小元素。

若某行(列) 已有零元素，则不必再减。

$$(c_{ij}) = \begin{pmatrix} 2 & 10 & 9 & 7 \\ 15 & 4 & 14 & 8 \\ 13 & 14 & 16 & 11 \\ 4 & 15 & 13 & 9 \end{pmatrix} \begin{matrix} -2 \\ -4 \\ -11 \\ -4 \end{matrix} \rightarrow \begin{pmatrix} 0 & 8 & 7 & 5 \\ 11 & 0 & 10 & 4 \\ 2 & 3 & 5 & 0 \\ 0 & 11 & 9 & 5 \end{pmatrix} \rightarrow \begin{pmatrix} 0 & 8 & 2 & 5 \\ 11 & 0 & 5 & 4 \\ 2 & 3 & 0 & 0 \\ 0 & 11 & 4 & 5 \end{pmatrix}$$

$$\qquad\qquad\qquad\qquad -5$$

第二步　最优性检验。

此时，矩阵的每行每列都有零元素，但我们的目的是寻找 n 个位于不同行不同列的零元素。方法是：

由有零元素最少的行或列开始，圈出一个零元素，用 △ 表示，然后划掉同行同列的其他零元素，用×表示，这样依次做完各行或各列，已划去的就不能再圈了，若能找到 n 个带 △ 的零元素，则令相应的 $x_{ij}=1$，其他 $x_{ij}=0$，即得最优解；否则转第三步。

在该例则为：

$$\begin{pmatrix} \triangle 0 & 8 & 2 & 5 \\ 11 & \triangle 0 & 5 & 4 \\ 2 & 3 & \triangle 0 & \times 0 \\ \times 0 & 11 & 4 & 5 \end{pmatrix}$$

由此可见，该矩阵只圈出了三个带 △ 的零元素，还少一个，故这不是最优方案，还应进行下一步。

第三步　变换矩阵。

步骤 1　作能覆盖所有零元素的最少直线。

(1) 对没有 △ 的行打 √；

(2) 对打 √ 行上的所有有零元素的列打 √；

(3) 对打 √ 列上有 △ 的行打 √；

(4) 重复(2),(3),直到无法打 √ 为止;

(5) 对打 √ 的列画纵线,未打 √ 的行画横线,这就是能覆盖所有零元素的最少直线。

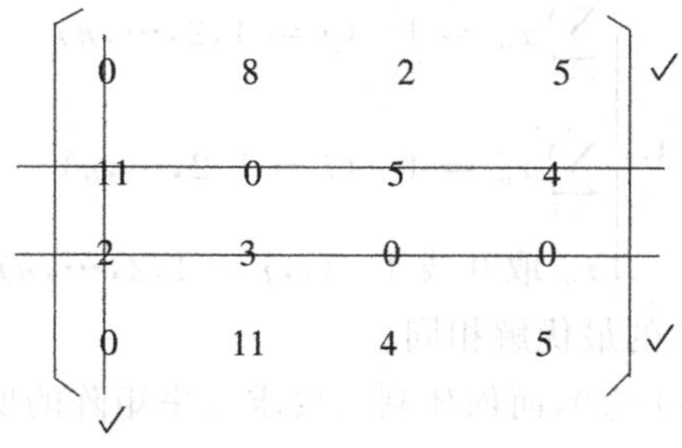

步骤 2　变换矩阵,使零元素移动。

(1) 在未被直线覆盖的部分中找最小元素 Q;

(2) 打 √ 行的所有元素都减去 Q;

(3) 打 √ 列的所有元素都加上 Q。

结果得一新的效率矩阵,返回第二步。

对该例而言,在上面的矩阵中,$Q=2$,于是让第一行和第四行都减 2,第一列加 2 得:

$$\begin{pmatrix} \triangle\!\!\!\!0 & 8 & 2 & 5 \\ 11 & \triangle\!\!\!\!0 & 5 & 4 \\ 2 & 3 & \triangle\!\!\!\!0 & 0 \\ 0 & 11 & 4 & 5 \end{pmatrix}\begin{matrix} -2 \\ \\ \\ -2 \end{matrix} \rightarrow \begin{pmatrix} -2 & 6 & 0 & 3 \\ 11 & 0 & 5 & 4 \\ 2 & 3 & 0 & 0 \\ -2 & 9 & 2 & 3 \end{pmatrix} \rightarrow \begin{pmatrix} 0 & 6 & \triangle\!\!\!\!0 & 3 \\ 13 & \triangle\!\!\!\!0 & 5 & 4 \\ 4 & 3 & 0 & \triangle\!\!\!\!0 \\ \triangle\!\!\!\!0 & 9 & 2 & 3 \end{pmatrix}$$
$$\quad +2$$

对变换后的矩阵用第二步的方法进行检验,可以看出已得到四个带 △ 的零元素,于是得最优解为:

$$x_{13}=x_{22}=x_{34}=x_{41}=1$$

最优值为:

$$\min Z = 9+4+11+4=28(\text{台时})$$

最优分配方案为:A—Ⅲ;B—Ⅱ;C—Ⅳ;D—Ⅰ。

四、特殊情况的处理 —— 最大值问题

匈牙利法只限于求最小值的分配问题,对求最大值问题须经过处理后才能用匈牙利法求解。设有:

$$\max Z = \sum_{i=1}^{n}\sum_{j=1}^{n} c_{ij}x_{ij}$$

$$\text{s.t.}\begin{cases} \sum_{i=1}^{n} x_{ij} = 1 \quad (j=1,2,\cdots,n) \\ \sum_{j=1}^{n} x_{ij} = 1 \quad (i=1,2,\cdots,n) \\ x_{ij}\ \text{取 0 或 1} \quad (i,j=1,2,\cdots,n) \end{cases}$$

令 $Z'=-Z$,于是化成求最小值问题:

$$\min Z' = \sum_{i=1}^{n}\sum_{j=1}^{n}(-c_{ij})x_{ij}$$

$$\text{s.t.}\begin{cases}\sum_{i=1}^{n}x_{ij}=1 & (j=1,2,\cdots,n)\\ \sum_{i=1}^{n}x_{ij}=1 & (i=1,2,\cdots,n)\\ x_{ij}\ \text{取 0 或 1} & (i,j=1,2,\cdots,n)\end{cases}$$

显然，Z' 的最优解与 Z 的最优解相同。

由于 $c_{ij}\geqslant 0$，所以 $(-c_{ij})\leqslant 0$，而匈牙利法要求效率矩阵的所有元素都大于等于零，因此，可做一新矩阵：

可令 $b_{ij}=M-c_{ij}$，其中 $M=\max\{c_{ij}\}$，因此有：

$$b_{ij}\geqslant 0$$

此时，新的目标函数为：

$$\min Z''=\sum_{i=1}^{n}\sum_{j=1}^{n}b_{ij}x_{ij}=\sum_{i=1}^{n}\sum_{j=1}^{n}(M-c_{ij})x_{ij}$$

由前面的定理知，(b_{ij}) 的最优解与 $(-c_{ij})$ 的最优解相同，从而与 (c_{ij}) 的最优解相同，并且当 Z'' 取得最小值时，Z 必取得最大值。

习 题

1. 用 0—1 变量将下述条件转化为线性约束条件：

(1) 非 $x_1+x_2+x_3\leqslant 10$，即 $3x_1-x_2-x_3\leqslant 20$；

(2) 或者 $x_1+x_2\leqslant 2$，或者 $2x_1+3x_2\geqslant 8$；

(3) 变量 $x=2$ 或 3 或 4；

(4) $|x_1-x_2|=0$ 或 6 或 9；

(5) 若 $x_4\leqslant 4$ 则 $x_5\geqslant 6$，否则 $x_5\leqslant 3$。

2. 将下列条件用 0—1 变量转化为线性约束条件：

(1) 下列不等式至少有一个成立：

$$2x_1+x_2\geqslant 15$$
$$x_1+x_2\geqslant 15$$
$$x_1+2x_2\geqslant 15$$

(2) 下列不等式至少有两个成立：

$$x_6+x_7\leqslant 12$$
$$x_6+x_7\geqslant 3$$
$$x_6\leqslant 12$$
$$x_7\leqslant 5$$

3. 有五辆卡车，需派往五个不同目的地。不同指派方案的运送成本见右表。试求使总成本最少的指派方案和最低总成本。

车辆＼目的地	A	B	C	D	E
1	9	4	6	8	5
2	8	5	9	10	6
3	9	7	3	5	8
4	4	8	6	9	5
5	10	5	3	6	8

第十七章　目标规划

目标规划是解决多目标问题的一种方法。本节阐述的目标规划是线性目标规划，它是在线性规划的基础上发展起来的。目标规划是一种数学方法，它是在决策者所规定的若干指标值及要求实现这些指标的先后顺序后，并在给定有限资源条件下，求得总的偏离指标值为最小的满意方案。利用目标规划法进行多目标决策的步骤是：首先，确定决策变量；其次，列出所有需要决策的目标，并对这些目标的重要程度排出优先顺序；再次，建立具有线性约束条件和线性目标函数的数学模型；最后，利用单纯形法求最优解。求解过程是按规定的优先顺序去逐个满足目标。下一级的目标只能在上一级的目标得到满足后才予考虑，通过有限次的迭代过程，最终可找到一个“满意解”。

目标规划的数学模型与线性规划相似。在线性规划的约束方程中，被称作“松弛”变量和“剩余”变量的偏差变量，在目标规划中被称为目标的正偏差变量 d^+（表示目标的超额量）和负偏差变量 d^-（表示目标的不足量）。其目标函数也不像线性规划那样表示为由决策变量构成的目标函数最大化或最小化表达式，而是按重要程度排序的目标的偏差变量之和为最小的表达式。

第一节　目标规划问题的建模步骤

1. 根据要研究问题所提出的各目标与条件，列出目标优先等级顺序及目标约束和系统约束。

2. 根据决策者需要，也可将全部系统约束转化为目标约束。这时，只需给系统约束加上偏差变量即可（系统约束是指硬约束，目标约束是指软约束）。

3. 给目标顺序赋予相应的优先因子 $P_k(k=1,2,\cdots,K)$，并规定 $P_1>P_2>\cdots>P_K$。

4. 若有必要，可对同一优先因子级中的各偏差变量按其重要程序不同，赋予相应的加权系数。

5. 根据决策者要求，对希望恰好达到指标值的目标，取 $\min(d^-+d^+)$；对希望超过指标值的目标，取 $\min(d^-)$；对希望不超过指标值的目标，取 $\min(d^+)$。最后构造一个由优先因子和偏差变量组成的，要求实现最小值的目标函数表达式。

第二节　一般目标规划问题的数学模型

设有 L 个目标，K 个优先级（$K \ll L$）的一般目标规划问题。在同一个优先级别中的不同目标的重要性若仍有差别，可给该级的偏差变量赋予不同的权数 W_k^- 和 W_k^+。这时，一般目标规划问题的数学模型可表示为：

目标函数：　$\min Z=\sum_{k=1}^{K}P_k\sum_{l=1}^{L}(W_{kl}^-d_l^-+W_{kl}^+d_l^+)$

目标约束： $\sum_{j=1}^{n} c_{lj}x_j + d_l^- - d_l^+ = g_l \qquad (l = 1,2,\cdots,L)$

系统约束： $\sum_{j=1}^{n} a_{ij}x_j \leqslant (=,\geqslant) b_i \qquad (i = 1,2,\cdots,m)$

非负约束： $x_j \geqslant 0 \qquad (j = 1,2,\cdots,n)$

$d_l^-, d_l^+ \geqslant 0 \qquad (l = 1,2,\cdots,L)$

式中：P_k 为第 k 级优先因子($k = 1,2,\cdots,K$)；W_{kl}^-，W_{kl}^+ 分别为赋予 P_k 优先因子的第 l 个目标约束正、负偏差变量的加权系数；g_l 为第 l 个目标约束的预期指标值($l = 1,2,\cdots,L$)；其他符号的含义与线性规划问题相同。

第三节　应用举例

例 17－1　某车间计划生产 A，B 两种产品。决策者首先考虑要充分利用供电部门分配的电量限额指标为每天 62.5 千瓦时，然后考虑每天完成或超额完成利润指标 1000 元，每天可给车间供应所需原料 8 吨。其他有关数据汇总于表 17－1。

表 17－1

产品	耗电量 千瓦时／件	材料消耗 （吨／件）	利润 元／件
A	10	2	100
B	12	1	200

问应如何确定产品 A，B 的产量？

解　设 x_1，x_2 表示 A，B 的日产量。由已知，“充分利用供电量指标”为首要指标，赋予优先因子 P_1，“充分利用”可用 $\min(d_1^- + d_1^+)$ 表示。“超额完成利润”为次要指标，赋予优先因子 P_2，要求超额完成利润，可用 $\min(d_2^-)$。由此可列出相应的目标规划数学模型：

$$\min Z = P_1(d_1^- + d_1^+) + P_2 d_2^-$$

$$\text{s. t.}\begin{cases} 10x_1 + 12x_2 + d_1^- - d_1^+ = 62.5 \\ 100x_2 + 200x_2 + d_2^- - d_2^+ = 1000 \\ 2x_1 + x_2 \leqslant 8 \\ x_1, x_2, d_1^-, d_1^+, d_2^-, d_2^+ \geqslant 0 \end{cases}$$

一、图解法

可通过例题来说明求解目标规划模型的图解法。

例 17－2　用图解法求解例 17－1。

解　图解结果见图 17－1。

由图可得基本满意解为 AB 线段上的所有点，通常可选 A 点和 B 点，其坐标分别为：

$$A:[0.625, 4.68] \qquad B:[0, 5.2]$$

特别应该注意的是，B 点是能超额完成利润的点。

例 17－3　若在例 17－1 中，P_3 为希望尽可能利用原料，则可得如下的数学模型。试用图解法求解。

$$\min Z = P_1(d_1^- + d_1^+) + P_2 d_2^- + P_3 d_3^-$$

$$\text{s.t.}\begin{cases}10x_1+12x_2+d_1^- - d_1^+ = 62.5\\100x_1+200x_2+d_2^- - d_2^+ = 1000\\2x_1+x_2+d_3^- - d_3^+ = 8\\x_1,x_2,d_i^-,d_i^+ \geqslant 0 \quad (i=1,2,3)\end{cases}$$

解　用图解法求解结果见图 17－2 所示。

基本满意解为 A 点，即：$x_1 = 0.628, x_2 = 4.68$，此时得到：

电量指标：$10 \times 0.628 + 12 \times 4.68 = 62.5$

利润指标：$100 \times 0.628 + 200 \times 4.68 = 1000$

原料剩余：$d_3^- = 2.064$

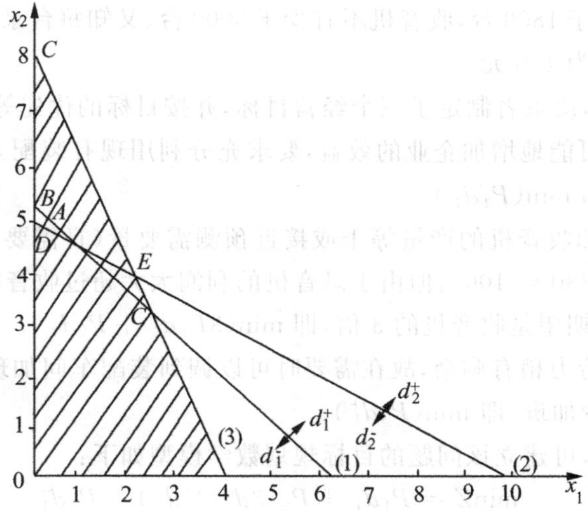

图 17-1　图解法求解例 17－1

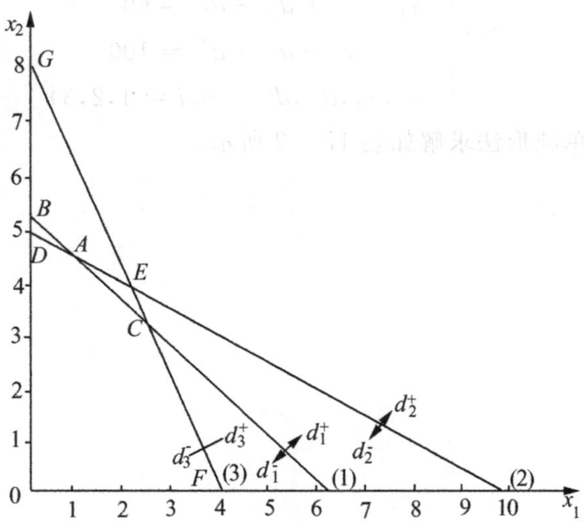

图 17-2　图解法求解例 17－2

二、单纯形法

目标规划单纯形法的迭代过程与线性规划单纯形法基本相同，只是在单纯形表下方的判别行（即检验数行）的数目随目标函数中优先因子的多少而定，并按目标重要程度依次排列，即高优先级的检验数行在上。迭代过程中，只有上一级目标的检验数行中所有检验数都为正时，才开始下一级目标的迭代过程。同时为了避免在考虑下一级目标时有可能影响上一级目标已取得的优解，因此，在下一级的迭代过程中，其进基变量的另一必要条件是与所有高优先级相应的检验数均为零时才可进基。

例 17－4 某企业生产录音机和收音机两种产品。该企业的装配车间共有工人 140 名。今已知装配一台录音机需 2 个工日，装配一台收音机需 1 个工日。根据市场预测，每月生产录音机不宜少于 1800 台，收音机不宜少于 3000 台。又知每台录音机的利润为 300 元，每台收音机的利润为 120 元。

针对上述情况，决策者制定了三个经营目标，并按目标的优先等级排列如下：

P_1：考虑到尽可能地增加企业的效益，要求充分利用现有装配人力来从事产品生产，避免人力的空闲，即 $\min(P_1d_1^-)$。

P_2：使录音机和收音机的产量等于或接近预测需要量（日需要量为：录音机 $1800/30=60$，收音机 $3000/30=100$）。但由于录音机的利润大大超过收音机的利润，故决策者确定对生产录音机的期望是收音机的 3 倍，即 $\min(3P_2d_2^-+P_2d_3^-)$。

P_3：鉴于企业劳力稍有剩余，故在需要时可以调到装配车间加班装配，但需支付加班费，故希望尽量减少加班，即 $\min(P_3d_1^+)$。

依据上述题意，可建立该问题的目标规划数学模型如下：

$$\min Z=P_1d_1^-+P_2(3d_2^-+d_3^-)+P_3d_1^+$$

$$\text{s. t}\begin{cases}2x_1+x_2+d_1^--d_1^+=140\\ x_1+d_2^--d_2^+=60\\ x_2+d_3^--d_3^+=100\\ x_1,x_2,d_i^-,d_i^+\geqslant 0(i=1,2,3)\end{cases}$$

应用目标规划单纯形法求解如表 17－2 所示。

表 17－2

$c_j \rightarrow$		0	0	P_3	0	0	P_1	$3P_2$	P_2	b
C_B	X_B	x_1	x_2	d_1^+	d_2^+	d_3^+	d_1^-	d_2^-	d_3^-	
P_1	d_1^-	2	1	-1	0	0	1	0	0	140
$3P_2$	d_2^-	(1)	0	0	-1	0	0	1	0	60
P_2	d_3^-	0	1	0	0	-1	0	0	1	100
λj	P_1	-2	-1	1	0	0	0	0	0	-140
	P_2	-3	-1	0	3	1	0	0	0	-280
	P_3	0	0	1	0	0	0	0	0	0
P_1	d_1^-	0	1	-1	(2)	0	1	-2	0	20
0	x_1	1	0	0	-1	0	0	1	0	60
P_2	d_3^-	0	1	0	0	-1	0	0	1	100
λ_j	P_1	0	-1	1	-2	0	0	2	0	-20
	P_2	0	-1	0	0	1	0	3	0	-100
	P_3	0	0	1	0	0	0	0	0	0
0	d_2^+	0	(1/2)	$-1/2$	1	0	1/2	-1	0	10
0	x_1	1	1/2	$-1/2$	0	0	1/2	0	0	70
P_2	d_3^-	0	1	0	0	-1	0	0	1	100
λ_j	P_1	0	0	0	0	0	1	0	0	0
	P_2	0	-1	0	0	1	0	3	0	-100
	P_3	0	0	1	0	0	0	0	0	0
0	x_2	0	1	-1	2	0	1	-2	0	20
0	x_1	1	0	0	-1	0	0	1	0	60
P_2	d_3^-	0	0	(1)	-2	-1	-1	2	1	80
λ_j	P_1	0	0	0	0	0	1	0	0	0
	P_2	0	0	-1	2	1	1	1	0	-80
	P_3	0	0	1	0	0	0	0	0	0
0	x_2	0	1	0	0	-1	0	0	1	100
0	x_1	1	0	0	-1	0	0	1	0	60
P_3	d_1^+	0	0	1	-2	-1	-1	2	1	80
λ_j	P_1	0	0	0	0	0	1	0	0	0
	P_2	0	0	0	0	0	0	3	1	0
	P_3	0	0	0	2	1	1	-2	-1	-80

习　题

1. 电器集团某公司装配销售彩电、录像机。据市场预测，每月最大销售彩电量为3000台，录像机为1800台，彩电的利润为100元/台，录像机的利润为200元/台。该公司有装配工100人，装配每台彩电需两个人工，录像机需三个人工，该公司制定目标为：(1) 利润目标20000元/日；(2) 人工、产量、利润均不超过最大限量。试确定其数学模型。

2. 某农场有3万亩农田，欲种植玉米、大豆和小麦三种农作物。各种作物每亩需施化肥分别为0.12吨、0.15吨、0.2吨。预计秋后玉米每亩可收获500千克，售价为0.24元/千克，大豆每亩可收获200千克，售价为1.20元/千克，小麦每亩可收获300千克，售价为0.70元/千克。农场年初规划时考虑如下几个方面：

P_1：年终收益不低于350万元；

P_2：总产量不低于1.25万吨；

P_3：小麦产量以0.5万吨为宜；

P_4：大豆产量不少于0.2万吨；

P_5：玉米产量不超过0.6万吨；

P_6：农场现能提供5000吨化肥；若不够，可在市场高价购买，但希望高价采购量愈少愈好。

试就该农场生产计划建立数学模型。

3. 某电子公司有A,B,C三种产品在同一生产线上制造、装配及检验。三种产品每部在生产过程中所消耗的时间分别为5小时，8小时，12小时。生产线每月正常运转时间是170小时。三种产品的单位利润，A为100千元，B为144千元，C为252千元。该公司确定的经营目标为：

P_1：充分利用工时；

P_2：为满足主要客户的需求，A,B,C的产量必须分别达到5,5,8部，并依产品单位工时的利润比例确定权数；

P_3：生产线的加班时间每月不宜超过16小时；

P_4：A,B,C的月销售指标分别定为10,12,10部，并依其单位工时的利润比例确定权数；

P_5：尽量减少生产线的加班时间。

试建立数学模型。

4. 某商场有职工140人，销售甲、乙两种生活用品，销售每箱商品甲需两个人工，商品乙需一个人工，由于货源的限制，商品甲的销售量不超过60箱/日，商品乙不超过100箱/日；甲、乙商品的利润分别为300元/箱和120元/箱。其经营目标依次为：(1) 利润大于25000元；(2) 劳动量、销售量不超出限制数量。试建立其数学模型，并确定商品甲、乙的销售量。

5. 图解下列目标规划：

(1) $\min Z = d_1^-$

$$
\text{s.t}\begin{cases}3x_1+3x_2+d_1^- -d_1^+=18\\2x_1+7x_2\leqslant 21\\7x_1+2x_2\leqslant 21\\x_1\geqslant 0,x_2\geqslant 0,d_1^-,d_1^+\geqslant 0\end{cases}
$$

(2) $\min Z=P_1d_3^+ +P_2d_2^- +P_3(d_1^- +d_1^+)$

$$
\text{s.t}\begin{cases}6x_1+2x_2+d_1^- -d_1^+=24\\x_1+x_2+d_2^- -d_2^+=5\\5x_2+d_3^- -d_3^+=15\\x_1,x_2\geqslant 0,d_i^-,d_i^+\geqslant 0\quad (i=1,2,3)\end{cases}
$$

(3) $\min Z=P_1d_1^+ +P_2d_2^-$

$$
\text{s.t}\begin{cases}2x_1+x_2\leqslant 6\\x_1+2x_2\leqslant 6\\2x_1+3x_2+d_1^- -d_1^+=12\\3x_1+2x_2+d_2^- -d_2^+=12\\x_1,x_2\geqslant 0,d_i^-,d_i^+\geqslant 0\quad (i=1,2)\end{cases}
$$

(4) $\min Z=P_1d_1^- +P_2(d_2^- +d_2^+)$

$$
\text{s.t}\begin{cases}2x_1+x_2+d_1^- -d_1^+=60\\x_1+2x_2+d_2^- -d_2^+=20\\0.5x_1+0.25x_2\leqslant 9\\x_1+x_2\leqslant 22\\x_1,x_2\geqslant 0,d_i^-,d_i^+\geqslant 0\quad (i=1,2)\end{cases}
$$

第十八章　图与网络

图论是应用十分广泛的数学分支。早期的图论与“数学游戏”有着密切的联系，例如著名的哥尼斯堡“七桥问题”：哥尼斯堡城有一条普雷格尔河，河中有两个小岛，河上有七座桥将小岛与两岸连接起来，如图 18－1 所示。有人提出这样一个问题，从一个地方出发，能否通过每座桥一次，而且仅仅通过一次，最后回到出发的地方。这问题的提出虽然是一个游戏，但是它的数学模型有着实际意义。数学家欧拉解决了这一个问题，欧拉用 A，B，C，D 四个点分别表示两岸和两个小岛，而桥则用两点间的连线表示，于是问题归结为如图 18－2 所示的图形的一笔画问题。即能否从某一点开始一笔画出这个图形，最后回到始点，而不重复。从直观上不难发现，为了要回到原来的地方，必须从一条边进入，从另一条边出去，只有一进一出，才能保证一笔画不重复。这就要求与每个点相关联的边数均为偶数。从图 18－2 可以看到，这个图的所有的点均不与偶数条边相关联，所以“七桥问题”无解。

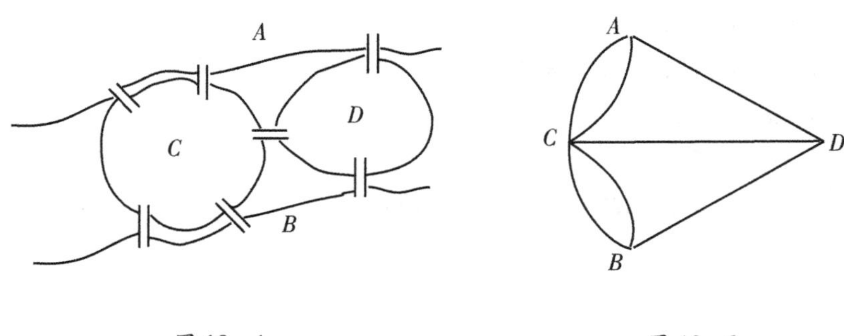

图 18－1　　　　图 18－2

随着科学技术的发展及电子计算机的广泛应用，促进了图论的发展，特别是网络理论的引进，更加丰富了图论的内容。在生产实践中，有许多网络问题，如电力网、通信网、铁路网、煤气管道网 …… 研究这些网络的管理决策问题已成为运筹学中一个重要内容。

第一节　图的基本概念

图论中所研究的图与通常熟悉的图是完全不同的。如“七桥问题”，四个点表示四块陆地，七条边表示七座桥（图 18－2）；又如图 18－3 是一张铁路示意图，其中点表示城市，连线表示铁路。在这些图中，点的相对位置，线的长短、曲直，是否符合地理实际情况是无关紧要的，重要的是这些点与线之间的特定联系。可见，图论是一门研究事物之间相互关系或联系的学科，它用一组点来代表事物，用一组边来代表不同事物之间的关系，形成一个抽象图形来研究点与边之间的特性。

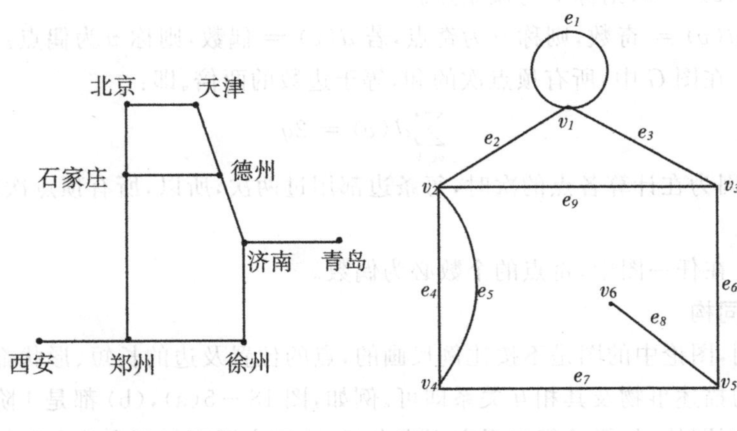

图 18－3　　图 18－4

一、图的定义

定义　图是由点与边组成的集合，记为$G=(V,E)$，其中V表示图G中点的集合，是一个非空集合，记为$V(G)$，这些点称为顶点，E表示图G中边的集合，记为$E(G)$。

例 18－1　图 18－4 中的图可表示为$G=(V,E)$，其中：

$V=\{v_1,v_2,v_3,v_4,v_5,v_6\}$

$E=\{e_1,e_2,e_3,e_4,e_5,e_6,e_7,e_8,e_9\}$

$e_1=[v_1,v_1],e_2=[v_1,v_2],e_3=[v_1,v_3],e_4=[v_2,v_4]$

$e_5=[v_2,v_4],e_6=[v_3,v_5],e_7=[v_4,v_5],e_8=[v_5,v_6],e_9=[v_2,v_3]$

定义　设$G=(V,E)$

(1) 图G中含顶点的个数，记为$p(G)$，称为图G的阶；图G中含边的条数，记为$q(G)$，称为图的边数。

(2) 若$e=[u,v]\in E$，则称u,v是边e的端点，称e为u,v的关联边。

(3) 若u和v是同一条边相关联，则称u和v是相邻的，若e_i和e_j有一个公共端点，同称e_i和e_j是相邻的。

(4) 若e的两个端点重合，则称e为环。

(5) 若两点之间多于一条边，称之为多重边。

(6) 含多重边的图，称为多重图，无环也无多重边的图，称为简单图。

例如在图 18－4 中，e_1是一个环，e_4与e_5构成多重边，因此图 18－4 是一个多重图。以后，除特殊说明外，一般讨论的图都指的是简单图。

(7) 以顶点v为端点的边的条数，称为点v的次(或称度)，记为$d(v)$。在图 18－4 中，有：

$d(v_1)=4,d(v_2)=4,d(v_3)=3,d(v_4)=3,d(v_5)=3,d(v_6)=1$

(8) 若$d(v)=1$，则称v为悬挂点，如图 18－4 中的v_6，与悬挂点相关联的边称为悬挂边，如e_8。

(9) 若 $d(v)=0$,则称 v 为孤立点。

(10) 若 $d(v)=$ 奇数,则称 v 为奇点,若 $d(v)=$ 偶数,则称 v 为偶点。

定理 1 在图 G 中,所有顶点次的和,等于边数的两倍。即:

$$\sum_{v\in V} d(v)=2q$$

这是显然的,因为在计算各点的次时,每条边都用过两次,所以,所有顶点次的和等于边数的两倍。

定理 2 在任一图中,奇点的个数必为偶数。

二、图的同构

前面提到,图论中的图是不按比例尺画的,点的位置及边的长短、形状都具有随意性,只要能正确的描述事物及其相互关系即可。例如,图 18－5(a),(b) 都是 4 阶图,从表面上看,这是两个不同的图,但是仔细观察不难发现,这两个图不仅顶点的个数相同,而且顶点和边的关联关系也是一样的。事实上,存在下列对应关系。

顶点:$v_1\leftrightarrow v_1',v_2\leftrightarrow v_2',v_3\leftrightarrow v_3',v_4\leftrightarrow v_4'$

边:$e_1\leftrightarrow e_1',e_2\leftrightarrow e_2',\cdots,e_6\leftrightarrow e_6'$

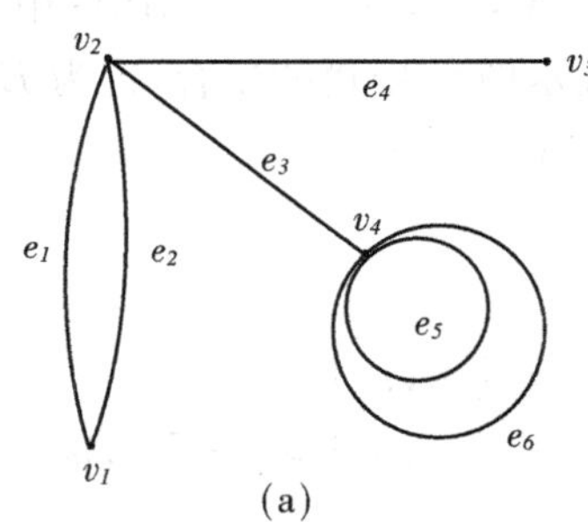

(a)

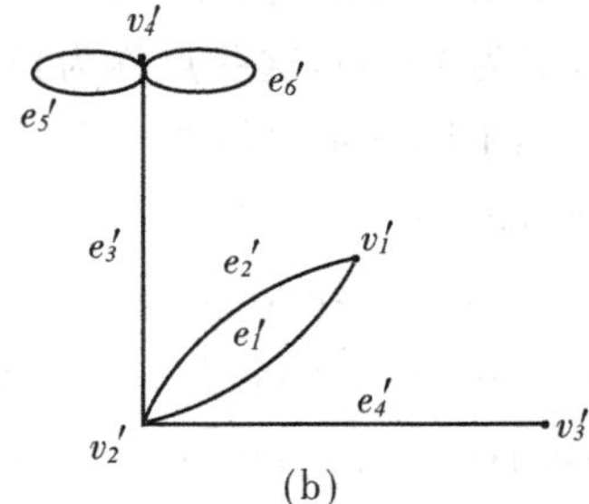

(b)

图 18－5

这种现象,称两个图同构。

定义 设 $G_1=(V_1,E_1),G_2=(V_2,E_2)$ 是两个图,如果顶点集合 V_1 与 V_2 之间以及边的集合 E_1 与 E_2 之间都建立了一一对应关系,并且图形的两顶点之间的边对应于另一图形对应顶点的边,则称图 G_1 与图 G_2 是同构的。

一般说来,同构的图被认为是相同的。

三、子图

定义 设 $G_1=(V_1,E_1),G_2=(V_2,E_2)$,如果 $V_1\subseteq V_2,E_1\subseteq E_2$,则称 G_1 是 G_2 的子图。

应当指出,从图 G_2 的顶点集合 V_2 中任选一些顶点,从图 G_2 的边集合 E_2 中任选一些边,不一定就能组成 G_2 的子图 G_1。而只有当所有被选入 G_1 的边的端点也都被选入 G_1 时,G_1 才是 G_2 的子图。并且:

(1) 若 $V_1=V_2,E_1\subset E_2$,则称 G_1 是 G_2 的一个部分图。例如图 18－6(b) 就是图 18－6(a) 的一个部分图。

(2) 若 $V_1 \subset V_2, E_1 \subset E_2$，则称 G_1 是 G_2 的真子图。例如图 18－6(c) 就是图 18－6(a) 的一个真子图。

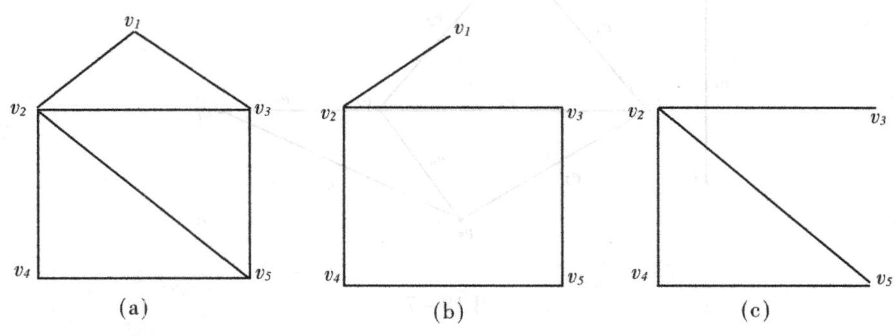

图 18－6

定义 设 $G=(V,E)$ 是一个图，Q 为 G 中一个由部分顶点和边交错组成的非空有限序列：

$$Q=\{v_{i_1},e_{i_1},v_{i_2},e_{i_2},\cdots,e_{i_{k-1}},v_{i_k}\}$$

其中 $e_{i_r}=[v_{i_r},v_{i_{r+1}}]$，$r=(1,2,3,\cdots,k-1)$。则称 Q 为从 v_{i_1} 到 v_{i_k} 的一条链，如果 Q 中 $k>1$，而且 v_{i_1} 与 v_{i_k} 重合，则称 Q 为圈(或称闭链)。如果链(圈)Q 中含的边均不相同，则称 Q 为简单链(圈)。如果链(圈)Q 中含的边与顶点均不相同，则称 Q 为初等链(圈)。

例如在图 18－7 中：

$Q_1=\{v_1,e_1,v_2,e_4,v_4,e_3,v_3,e_2,v_2,e_6,v_5\}$

$Q_2=\{v_1,e_1,v_2,e_2,v_3,e_3,v_4,e_5,v_5\}$

$Q_3=\{v_1,e_1,v_2,e_2,v_3,e_3,v_4,e_5,v_5,e_7,v_1\}$

都是链，其中 Q_2 是初等链，Q_3 是初等圈。

为方便起见，初等链 Q_2 可以简记为：

$$Q_2=\{v_1,v_2,v_3,v_4,v_5\}$$

定义 如果在图 $G=(V,E)$ 中的任何两个顶点之间都至少有一条连接这两个顶点的链，则称图 G 为连通图，否则，称 G 为非连通图。

例如，图18－7就是一个非连通图，因为如 v_1 到 v_7 或 v_4 到 v_6 等都没有连接它们的链。如果将图 18－7 分别看成左图和右图，则左图是连通图，右图也是连通图。

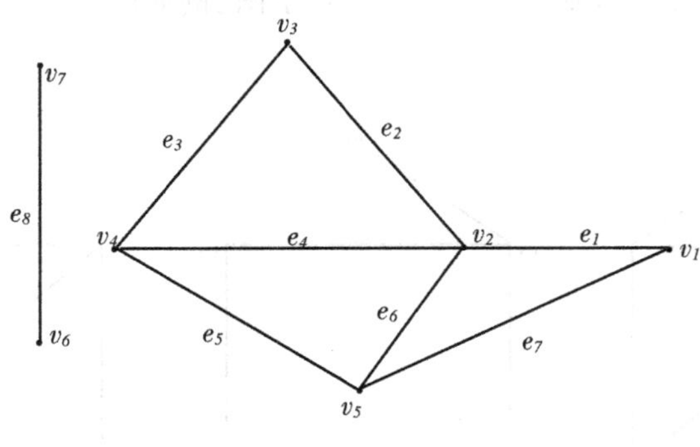

图 18－7

第二节　　树

一、树的概念及性质

树图(简称为树)是图论中一类简单而又十分有用的图。先看一个例题。假设要在五个城市 v_1, v_2, v_3, v_4, v_5 间架设电话线网,使得任何两个城市都可以彼此通话(允许通过其他城市),问怎样架线,才能使电话线用的根数最少?

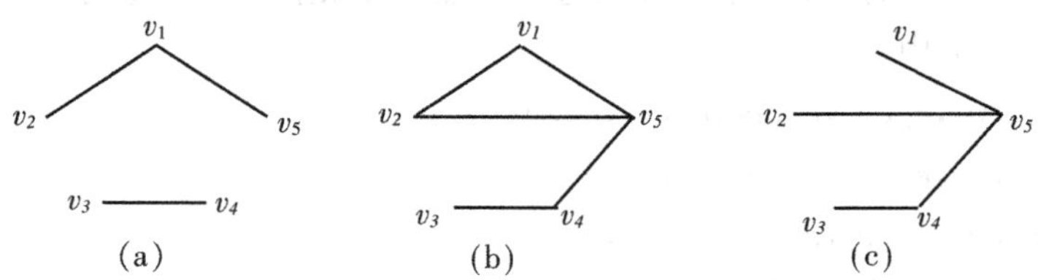

图 18－8

现在来分析图 18－8 所示的三种架线方案。首先方案(a)不满足要求,因为它不是连通图,城市 v_1, v_2, v_5 不能与城市 v_3, v_4 通话。方案(b)是一个连通图,但是这个图包含一个圈:$\{v_1, v_2, v_5, v_1\}$,如果去掉这个圈中的任意一边,则剩下的图仍是连通图。这说明(b)方案所用的电话线根数不是最少的,因而(b)也不满足要求。(c)方案代表一个连通图,而且也不含有圈,那么它能否再节省一根电话线呢?从图上可见,如果再去掉一边,(c)方案就是一个非连通图了。因此,从上面分析可以看出,满足要求的方案应该是一个连通图,而且没有圈。

定义　如果图 G 是一个无圈的连通图,则称 G 为树,记为 T。

这类图与大自然中树的特征相似,因而名为树图,简称为树。铁路专用线、工厂管理组织机构、学科分类等都可以用树图的形式表示。

树具有下列性质:

1. 在树中，任意两个顶点之间必有一条且仅有一条链。

2. 在树中去掉任意一条边，则树成为非连通图。

3. 在树中不相邻的两个顶点之间添上一条边，恰好构成一个圈。

4. 树的边数恰等于树的顶点数减 1。

二、图的部分树

定义　如果图 $G=(V,E)$ 的部分图 $T=(V,E')$ 是树，其中 $E'\subseteq E$，则称 T 为 G 的一个部分树（或生成树）。树中的边称为树枝，如图 18－9 所示。

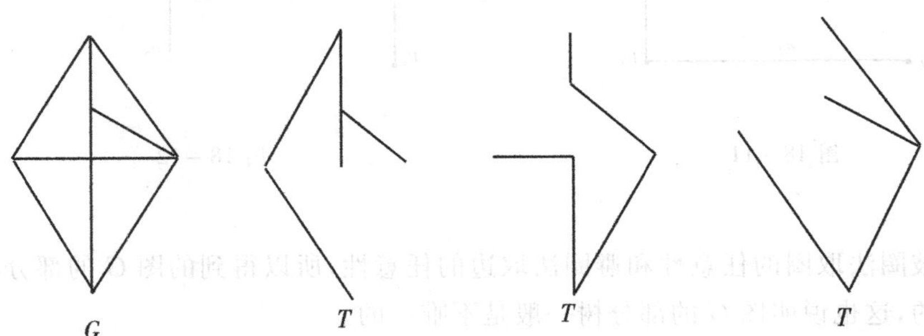

图 18－9

由这个定义，显然可以得到：若图 G 有部分树，则 G 必定是连通图。

反之，若图 G 是连通图，则 G 必有部分树。

事实上，用丢边破圈法，可找出连通图 G 的部分树。所谓丢边破圈法，就是取图 G 中任意一个圈，丢去圈上任意一边，然后重复这一步骤，直到图中无圈为止，则剩下的图为无圈的连通图，就是 G 的一棵部分树。

找 G 的部分树，也可以用避圈法得到。所谓避圈法，就是在连通图 G 中任意取一边 e_1，找一条不与 e_1 构成圈的边 e_2，然后再找一条不与 $\{e_1,e_2\}$ 构成圈的 e_3，这样继续下去，直到这一过程不能进行时为止，这样得到的图，就是连通图 G 的一棵部分树。

例 18－2　求图 18－10 所示的连通图 G 的部分树。

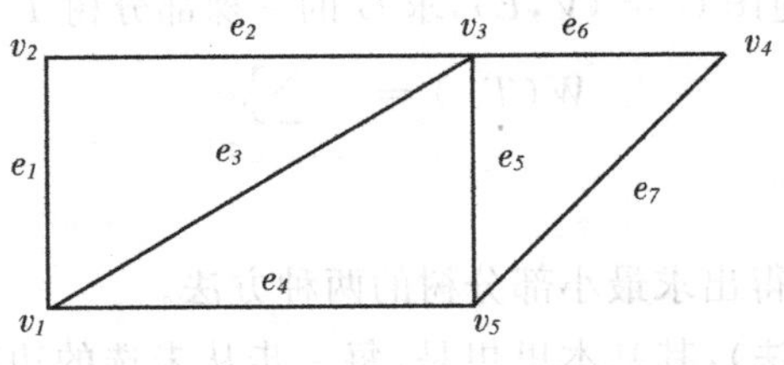

图 18－10

解　破圈法：在图 G 中任取一圈 $\{v_1,v_2,v_3,v_1\}$，去掉圈上一边 e_1，从圈 $\{v_3,v_4,v_5,v_3\}$ 中去掉边 e_7，再从圈 $\{v_1,v_3,v_5,v_1\}$ 中去掉边 e_3，剩下的如图 18－11 所示，就是 G 的部分

树。

避圈法：在图 G 中任取 e_1；由于 e_1 与 e_2 不构成圈，所以再取 e_2；又由于 e_5 与 $\{e_1,e_2\}$ 不构成圈，所以取 e_5；由于 e_6 与 $\{e_1,e_2,e_5\}$ 不构成圈，所以取 e_6。这样就得到如图 18－12 所示的无圈连通图，就是要找的图 G 的部分树。

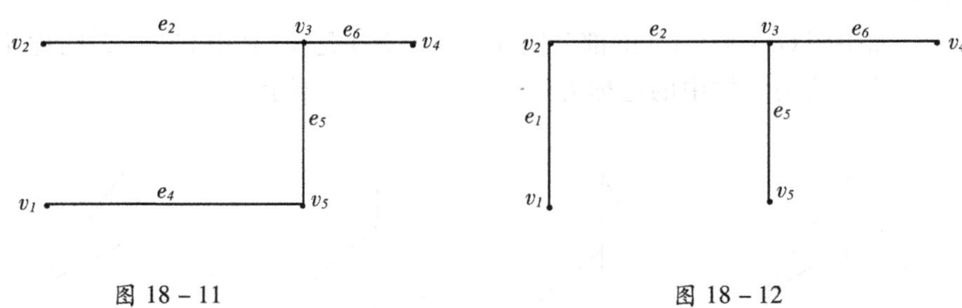

图 18－11　　图 18－12

由于破圈法取圈的任意性和避圈法取边的任意性，所以得到的图 G 的部分树是不会完全相同的，这也说明图 G 的部分树一般是不唯一的。

三、最小部分树

一张图可以代表某一地区的公路分布状况，但是如果要全面了解这一地区的公路交通情况，那么只是一张描述公路分布状况的图是不够的，还需要了解每条公路的长度，运载能力等指标。因此，在图中也需要标出一些与顶点或边有关系的数量指标。例如在交通图中，这些数量指标可以代表距离、运输费用、通过能力等不同含义。

定义　设图 $G=(V,E)$，对 G 中每一条边 $[v_i,v_j]$ 都对应着一个数 w_{ij}，则称 w_{ij} 为边 $[v_i,v_j]$ 的权，图 G 连同在每一条边上的权，称为赋权图。

赋权图在图论的理论和应用方面有着重要的地位。赋权图的边不仅表示图中各点之间的关联关系，同时表示出各点之间的数量关系。所以赋权图被广泛应用在解决工程技术及科学管理等各个领域的优化问题。

我们知道，一个连通图的部分树是不唯一的，现在要求其中使各边权的总和最小的那棵部分树，称它为最小部分树。

设有一个赋权的连通图 $G=(V,E)$，求 G 的一棵部分树 $T^*=(V,E^*)$，使

$$W(T^*)=\sum_{[v_i,v_j]\in T^*} w_{ij}$$

取得最小值。

从上述讨论中，可以得出求最小部分树的两种方法。

算法 Ⅰ（Kruskal **算法**）：其基本思想是，每一步从未选的边中，选一条具有最小权的边，使与已选的边不构成圈，直到每一条边都选查过为止。

例 18－3　某厂沿图 18－13 所示厂内道路网架设电话线，将厂内五个车间连通，已知每条道路的长，求使电话线总长最小的架设方案。

解　这是一个求最小部分树的问题，现在用算法 Ⅰ 来求最小部分树 T^*。

(1) 将图 18－13 中所有的边按权的递增顺序排列起来：

$e_1 = 9, e_2 = 10, e_3 = 12, e_4 = 15, e_5 = 20, e_6 = 25, e_7 = 30$；

(2) 选出权最小的边 $e_1 = 9$；

(3) 在未选出的边中，选权最小的边 $e_2 = 10$，它与 e_1 不构成圈；

(4) 在未选的边中，选权最小的边 $e_4 = 15$，它与已选的边 e_1, e_2 不构成圈；

(5) 在未选的边中，选权最小的边 $e_5 = 20$，它与已选的边 e_1, e_2, e_4 不构成圈；

(6) 已选出的四条边 e_1, e_2, e_4, e_5 构成原图的一棵最小部分树(图 18－14)，其边长总和为 54。因此，架设电话网最少要用 54 个单位长的电话线。

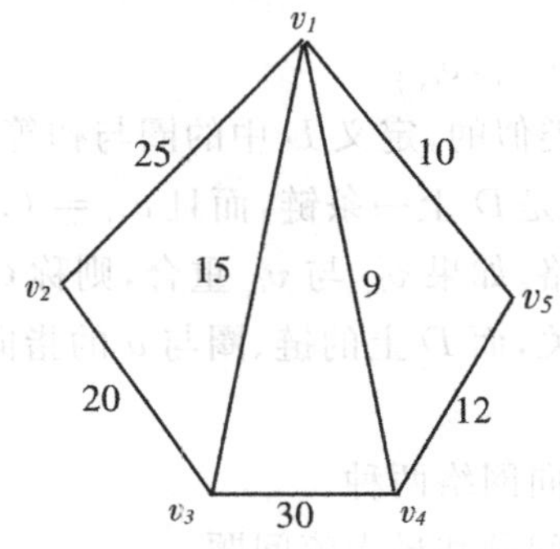

图 18－13

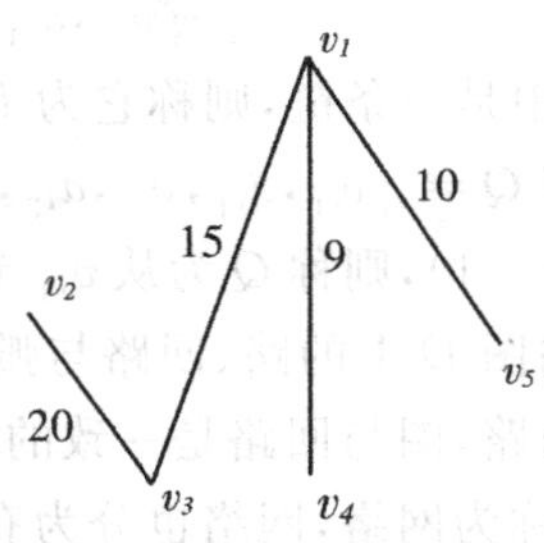

图 18－14

算法 Ⅱ(破圈法)：其基本思想是，从 G 中任选一个圈，去掉圈上权最大的边。然后在余下的图中重复上述过程，直到无圈为止。

以图 18－10 给出图 G 为例，给 G 赋权：$e_1 = 6, e_2 = 3, e_3 = 4, e_4 = 2, e_5 = 1, e_6 = 3, e_7 = 5$。现在用算法 Ⅱ 求最小部分树 T^*。

(1) 取圈 $\{v_1, v_2, v_3, v_1\}$ 去掉权最大的一边 $e_1 = 6$；

(2) 取圈 $\{v_3, v_4, v_5, v_3\}$ 去掉权最大的一边 $e_7 = 5$；

(3) 取圈 $\{v_1, v_3, v_5, v_1\}$ 去掉权最大的一边 $e_3 = 4$；

(4) 剩下的图如图 18－11 所示，就是 G 的最小部分树，最小的权的总和为 9。

在计算过程中，如果遇到权相等的两条边时，对算法 Ⅰ 可任选其一边，对算法 Ⅱ 可任丢其一边。这时，所求出的最小部分树可能不一样，但是最小部分树各边权的总和是一样的。如果图中各边的权均不相等，则最小部分树是唯一的。

第三节　最短路问题

一、有向图

前面讨论的图 $G = (V, E)$ 是无向图，其中任意一条边 $e = [v_i, v_j]$ 没有方向的问题，而在许多实际问题中，往往需要在边上规定一个方向。例如，用 v_1, v_2 表示两个生产工序，v_1 在前，v_2 在后，我们用带箭头的边来表示 $v_1 \to v_2$ 之间的先后关系。又如用 v_1, v_2 表示交通图中单行道的两端，如果只许车辆从 v_1 通向 v_2，我们也用 $v_1 \to v_2$ 来表示这条单行道。

在图论中，称这种带箭头的边为弧。

定义 有向图是由点和有向边组成的集合，记为：

$$D=(V,A)$$

其中，V 为非空点集，这些点称为顶点。A 为有向边的集合，这些有向边，称为弧。记弧 $a=(v_i,v_j)$，称 v_i 为弧 a 的起点，v_j 为弧 a 的终点。

如果从一个有向图 D 中去掉箭头，得到一个无向图 G，这个无向图 G 称为 D 的基础图，记为 $G(D)$。

有向图 D 中点、弧的交错序列：

$$\{v_{i_1},a_{i_1},v_{i_2},a_{i_2},\cdots,a_{i_{s-1}},v_{i_s}\}$$

如果在 $G(D)$ 中是一条链，则称它为 D 的一条链。类似的，定义 D 中的圈与初等链。

定义 若 $Q=\{v_{i_1},a_{i_1},v_{i_2},a_{i_2},\cdots,a_{i_{s-1}},v_{i_s}\}$ 是 D 上一条链，而且 $a_{i_t}=(v_{i_t},v_{i_{t+1}})$，$(t=1,2,\cdots,s-1)$，则称 Q 为从 v_{i_1} 到 v_{i_s} 的一条路。如果 v_{i_1} 与 v_{i_s} 重合，则称 Q 为回路。

注意：有向图 D 上的路、回路与弧 a 的方向有关，而 D 上的链、圈与 a 的指向无关。在无向图上，链与路，圈与回路是一致的。

赋权图又称为网络，网络也分为有向网络与无向网络两种。

下面就讨论网络规划中两类主要问题：最短路问题和最大流问题。

二、最短路问题

最短路问题是指在给定的网络图中，找出任意两点之间距离最短的一条路线。这里的距离只是网络图中权数的代称。有许多实际问题，例如管道的铺设、交通运输、设备更新等，都可以化为最短路问题去解决。

求解最短路问题有多种算法，狄克斯特拉算法是较为常用的算法，它的基本原理是：设 $v_1\to v_2\to\cdots\to v_{n-1}\to v_n$ 是 v_1 到 v_n 的最短路，则 $v_1\to v_2\to\cdots\to v_{n-1}$ 必是 v_1 到 v_{n-1} 的最短路。因为，否则的话，从 v_1 到 v_{n-1} 另有最短路，不妨设为：

$v_1\to v_{i_2}\to v_{i_3}\to\cdots\to v_{i_{n-2}}\to V_{n-1}$，则 v_1 到 v_n 的最短路必为：

$v_1\to v_{i_2}\to v_{i_3}\to\cdots\to v_{i_{n-2}}\to v_{n-1}\to v_n$，此与假设矛盾。

设 d_{ij} 表示网络图中相邻两点 v_i 与 v_j 的距离，如果 v_i 与 v_j 不相邻时，令 $d_{ij}=\infty$。设 L_{si} 表示 v_s 到 v_i 点的最短距离，用狄克斯特拉算法求 v_s 到 v_i 最短路的具体步骤如下：

(1) 对起点 v_s 进行标号。每个标号点的标号包含两部分，前者表示它的标号是从哪一点来的，后者表示从起点 v_s 到该点的最短距离。对起点 v_s，将 $L_{ss}=0$ 填进 v_s 近旁的括号内，表示 v_s 点已标号。

(2) 从 v_s 点出发，找出与 v_s 相邻的顶点中距离最小的一个 v_r，将 $L_{sr}=L_{ss}+d_{sr}$ 的值填入 v_r 近旁圆括号内，表示 v_r 已经标号。

(3) 从已标号的顶点出发，找出与已标号点相邻的所有未标号点。若：

$$L_{sp}=\min_{s,r}\{L_{ss}+d_{sp},L_{sr}+d_{rp}\}$$

式中 v_s，v_r 为已标号点，v_p 为未标号点，则对 v_p 进行标号。

(4) 重复第 3 步，直到 v_n 点得到标号为止。

例 18－4 求如图 18－15 所示的网络图中 v_1 到 v_6 的最短距离及其路线。

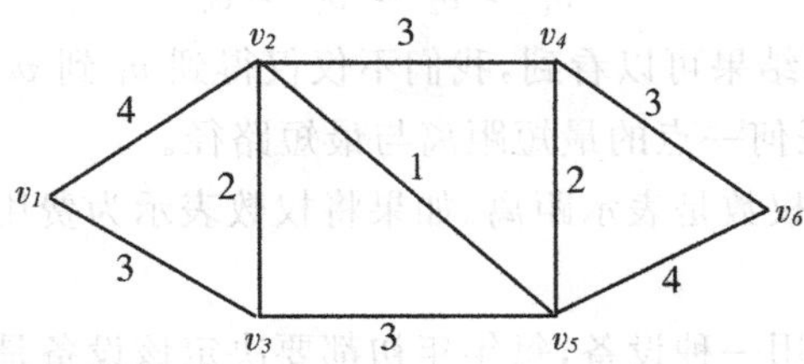

图 18－15

解　用狄克斯特拉算法求解：

(1) 对起点 v_1 标号，因为 $L_{11} = 0$，标号为[0,0]。

(2) 与 v_1 相邻的未标号点有两个：v_2，v_3，因为：

$$\min\{L_{11} + d_{12}, L_{11} + d_{13}\} = \min\{0 + 4, 0 + 3\} = 3 = L_{13}$$

所以，对 v_3 进行标号[v_1,3]，见图 18－16。

(3) 与标号 v_1，v_3 相邻的未标号点有两个：v_2，v_5。因为：

$$\min\{L_{11} + d_{12}, L_{13} + d_{32}, L_{13} + d_{35}\} = \min\{0 + 4, 3 + 2, 3 + 3\} = 4 = L_{12}$$

所以对 v_2 进行标号[v_1,4]，见图 18－16。

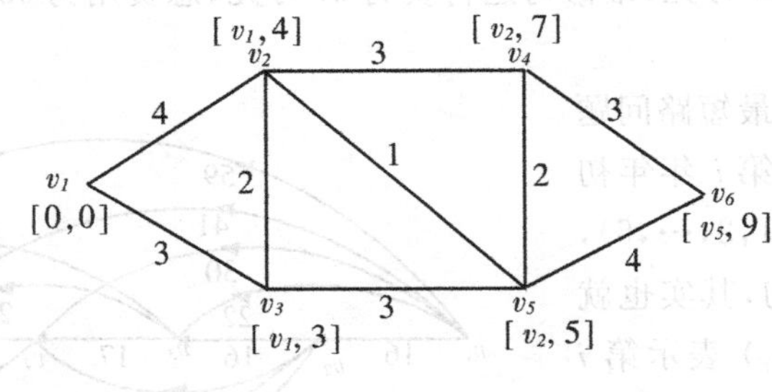

图 18－16

(4) 与标号点 v_1，v_2，v_3 相邻的未标号点有两个：v_4，v_5。因为：

$$\min\{L_{12} + d_{24}, L_{12} + d_{25}, L_{13} + d_{35}\} = \min\{4 + 3, 4 + 1, 3 + 3\} = 5 = L_{15}$$

所以，对 v_5 进行标号[v_2,5]，见图 18－16。

(5) 与标号 v_1，v_2，v_3，v_5 相邻的未标号点有两个：v_4，v_6。因为：

$$\min\{L_{12} + d_{24}, L_{15} + d_{54}, L_{15} + d_{56}\} = \min\{4 + 3, 5 + 2, 5 + 4\} = 7 = L_{14}$$

所以对 v_4 进行标号，由 v_4 的前一个标号点可以是 v_2，也可以是 v_5，因而可标为[v_2,7]或[v_5,7]，见图 18－16。

(6) 对求标点号 v_6 有：

$$\min\{L_{14} + d_{46}, L_{56} + d_{56}\} = \min\{7 + 3, 5 + 4\} = 9 = L_{16}$$

所以对 v_6 标号[v_5,9]。见图 18－16。

终点 v_6 得到标号，算法到此结束，从 v_1 到 v_6 的最短距离为 9，根据标号的前一部分，运用反向追踪法，可找出最短路径为：

$$v_1 \to v_2 \to v_5 \to v_6$$

从例 18－4 的计算结果可以看到，我们不仅仅得到 v_1 到 v_6 的最短距离与最短路径，同时得到从 v_1 到图中任何一点的最短距离与最短路径。

最短路径问题中的权数是表示距离。如果将权数表示为费用，则求最短路问题就变为求最小费用问题。

例 18－5 某厂使用一种设备，每年年初都要决定该设备是否需要更新。若购买新设备，每年需支付购置费用（第 i 年的购置费设为 l_i）；若继续使用旧设备，则要支付维修与运行费用（第 i 年的维修与运行费为 C_i）。计划期（五年）中每年的 l_i 与 C_i 如表 18－1 所示。工厂要制定今后五年的设备更新计划，问采取何种方案才能使总费用最小？

表 18－1

年份(i)	1	2	3	4	5
购置费(l_i)	11	11	12	12	13
维修与运行费(C_i)	5	6	8	11	18

解 本问题可供选择的方案是很多的。例如，每年年初购进一台新设备，则五年间购置费为 59 万元，维修与运行费 25 万元，总费用为 84 万元；若在第一、三、五年初各购进一台新设备，则购置费为 36 万元，维修与运行费为 27 万元，总费用为 63 万元，这比前一方案好。

下面将本问题化为最短路问题求最优方案。设 v_i 代表第 i 年年初购进一台新设备（$i=1,2,\cdots,6$），其中 v_6 表示第六年年初，其实也就是第五年年底。弧（v_i，v_j）表示第 i 年年初购进一台新设备一直使用到第 j 年年初（即第 $j-1$ 年年底），这条弧的权表示这台设备所用的购置费与维修运行费之和，例如（v_1，v_4）表示第一年购进的新设备一直用到第 3 年年底，其购置费为 11 万元，维修及运行费为 $5+6+8=19$ 万元，故弧（v_1，v_4）的权为 30，这样就得到图 18－17，从而使制定一个最优的设备更新计划问题就等价于求从 v_1 到 v_6 的最短路问题。按狄克斯屈拉算法求得最短距离为 53，最短路径是：

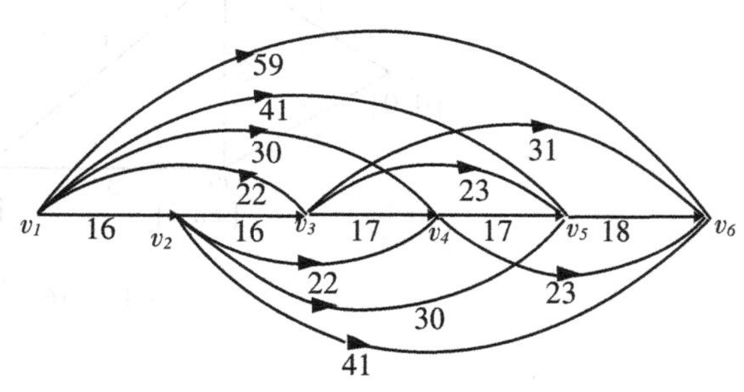

图 18－17

$$v_1 \to v_3 \to v_6 \text{ 或 } v_1 \to v_4 \to v_6$$

即第一年、第三年各购置一台新设备，或第一年、第四年各购置一台新设备，总支付费用最省，均为 53 万元。

第四节 最大流问题

网络所表示的实际问题中往往与流量有关。例如，在公路系统中有车流，运输系统中有物流，供水系统中有水流，金融系统中有现金流，控制系统中有信息流等等。最大流问题，就是在一定条件下要求流过网络的流量为最大的问题。下面以图 18－18 所示的运输网络为例来说明求解过程。

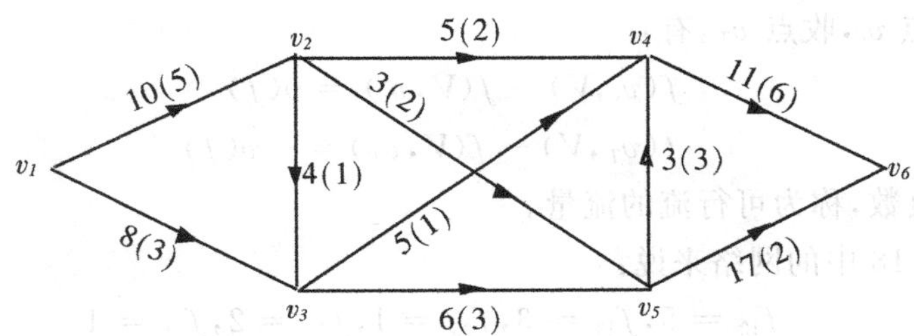

图 18-18

一、基本概念

1. 容量

在 $D=(V,A)$ 上的每条弧 (v_i,v_j)，都规定对应一个正数 C_{ij}，称为弧 (v_i,v_j) 的容量，在运输网络中 C_{ij} 表示弧 (v_i,v_j) 的最大通过能力。定义了容量的图 D，称为容量网络。记 $D=(V,A,C)$。

在容量网络上通常规定一个发点 v_s，一个收点 v_T，其余都是中间点。对于有多个发(收)点的网络，只要假设一个总发(收)点，并分别与各发(收)点连起来，这样多个发(收)点的网络问题就转化为单个发(收)点的网络问题了。因此最大流问题就是，要把发点处的一批货物运到终点去，在每一条弧上通过货物的总量不能超过这条弧的容量。问应该怎样安排运输才能使发点到收点的总运量达到最大？

2. 流

设 $D=(V,A,C)$，则称定义在弧集 A 上的函数

$$f=\{f(v_i,v_j)\mid(v_i,v_j)\in A\}$$

为网络 D 的一个流，其中每一个 $f(v_i,v_j)$，简记为 f_{ij}，称为弧 (v_i,v_j) 上的流量。

例如图 18－18，就是一个网络，指定 v_1 是发点，v_6 是收点，其他点都是中间点，弧旁的数字为容量 C_{ij}，如 $C_{13}=8,C_{35}=6,C_{56}=17$ 等，容量后面圆括号内的数字是流量 f_{ij}，如 $f_{13}=3,f_{35}=3,f_{56}=2$ 等，所有弧上的流量 f_{ij} 的集合 $\{f_{ij}\}$，就是网络 D 上的一个流，它表示一个从 v_1 到 v_6 的运输方案。

在运输网络的实际问题中，很明显，要求每条弧上的流量应不超过容量，每一个中间点上运进这个点的货物总量应等于运出这个点的货物总量。称运出某点的货物总量与运进该点的货物总量之差为该点的净输出量，简称为点的流量。由于中间点只起转运作用，

所以中间点的流量必须为零。因此定义满足下列条件的流 f,称为可行流。

(1) 相容条件:对每一条弧,有:

$$0 \leqslant f_{ij} \leqslant C_{ij}$$

(2) 平衡条件:对每一个中间点 v_i,有:

$$\sum_{(v_i,v_j)\in A} f_{ij} - \sum_{(v_j,v_i)\in A} f_{ji} = 0$$

其中:等式左端第一项表示从点 v_i 流出货物的总量,简记为 $f(v_i,V)$;第二项表示流进 v_i 点的货物的总量,简记为 $f(V,v_i)$。

(3) 对于发点 v_s,收点 v_T,有:

$$f(v_s,V) - f(V,v_s) = v(f)$$

$$f(v_T,V) - f(V,v_T) = -v(f)$$

其中 $v(f)$ 为非负数,称为可行流的流量。

对于图 18－18 中的网络来说:

$$f_{12} = 5, f_{13} = 3, f_{23} = 1, f_{25} = 2, f_{34} = 1$$

$$f_{24} = 2, f_{35} = 3, f_{54} = 3, f_{46} = 6, f_{56} = 2$$

构成的 $f = \{f_{ij}\}$ 是一个可行流,其流量 $v(f) = 8$。

显然,任何网络上必有可行流,例如当所有的 $f_{ij} = 0$ 组成的流 f,它满足相容条件与平衡条件,从而是可行流,称这个流为零流。

在所有可行流中使流量 $v(f^*)$ 最大的可行流 f^*,称为最大流。

把流量 f_{ij} 作为变量,根据可行流的定义及网络最大流问题的提法,可见最大流问题也是一个线性规划问题,其数学模型为:求一组流量 f_{ij} 使

$$\max v(f)$$

$$\text{满足}\begin{cases} \sum f_{ij} - \sum f_{ji} = \begin{cases} v(f) & \text{当 } i = 1\text{(发点)} \\ 0 & i = 2,3,\cdots,n-1 \\ -v(f) & i = n\text{(收点)} \end{cases} \\ f_{ij} \leqslant C_{ij} \quad \text{(对所有的弧)} \\ f_{ij} \geqslant 0 \quad \text{(对所有的弧)} \end{cases}$$

既然最大流问题是线性规划问题,当然可以用单纯行法求解,但是由于这一问题的特殊性,也可以用比单纯形法简单的方法来求解。

3.增广链

定义　设网络 $D = (V,A,C)$ 中有一个流 $f = \{f_{ij}\}$,则称:

$f_{ij} = C_{ij}$ 的弧(v_i,v_j)为饱和弧。

$f_{ij} < C_{ij}$ 的弧(v_i,v_j)为非饱和弧。

$f_{ij} = 0$ 的弧(v_i,v_j)为零流弧。

$f_{ij} \neq 0$ 的弧(v_i,v_j)为非零流弧。

定义　设 μ 是网络 D 中从 v_s 到 v_T 的一条链,这条链上的弧可以分成两类,把弧的方向与链的方向一致的弧,称为前向弧,链 μ 中的全体前向弧记为 μ^+;把弧的方向与链方向相反的弧,称为后向弧,链中的全体后向弧,记为 μ^-。

定义　设有 D 中一条从 v_s 到 v_T 的链 μ，如果 μ 的所有前向弧是非饱和弧，μ 的所有后向弧为非零流弧，则称 μ 为增广链。

例如在图 18－18 中，(v_1,v_2)，(v_2,v_4) 为非饱和弧，(v_5,v_4) 为饱和弧，图中所有弧均为非零流弧。又如，链 $\mu=\{v_1,v_3,v_4,v_6\}$，其中弧 (v_1,v_3)，(v_3,v_4)，(v_4,v_6) 均为前向弧。且为非饱和弧，所以 μ 是增广链。再如，链 $\mu'=\{v_1,v_3,v_2,v_4,v_6\}$，其中前向弧 (v_1,v_3)，(v_2,v_4)，(v_4,v_6) 为非饱和弧，后向弧 (v_2,v_3) 为非零流弧，所以 μ' 也是一条增广链。显然，在增广链中可增加从 v_s 到 v_T 的流量。因此，对于网络 D 上的一个可行流 $f=\{f_{ij}\}$ 来说，如果存在一条增广链，则可将这个可行流调整为流量更大的可行流，换句话说，只有在网络 D 上不存在任何增广链时，才是找到了网络最大流。

4. 截集与截量

截集是指将容量网络中的发点与收点分割开，使 v_s 到 v_T 的流中段的一个弧的集合，例如在图 18－18 所示的网络中，将它分割成两部分，使 v_1 与 v_6 分属于其中的一部分（图 18－19 中虚线为分割）。

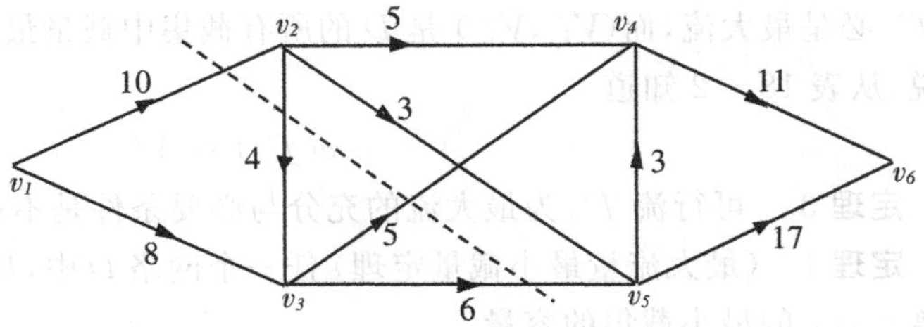

图 18－19

令：

$V_1=\{v_1,v_3\}$

$\overline{V}_1=\{v_2,v_4,v_5,v_6\}$

则称弧的集合 (v_1,v_2)，(v_3,v_4)，(v_3,v_5) 为一个截集，记为 $(V_1,\overline{V}_1)$，即：

$$(V_1,\overline{V}_1)=\{(v_1,v_2),(v_3,v_4),(v_3,v_5)\}$$

称

$$C(V_1,\overline{V}_1)=\sum_{(v_i,v_j)\in(V_1,\overline{V}_1)}C(v_i,v_j)$$

为截量。

对于本例：

$$C(V_1,\overline{V}_1)=10+5+6=21$$

这里弧 (v_2,v_3) 不属于上述截集，因为即使这条弧不割断，从 v_s 到 v_T 的流仍然中断。对于网络（图 18－19）取不同的分割，就得到不同的截集与截量，如表 18－2 所示。

现在取网络 D 的任意一个截集 $(V_1,\overline{V}_1)$ 和 D 上任意一个可行流 $f=\{f_{ij}\}$，由于从 v_s 到 v_T 必须经过 $(V_1,\overline{V}_1)$，所以可行流 $\{f_{ij}\}$ 也必须经过 $(V_1,\overline{V}_1)$，从而它的流量不超过 $(V_1,\overline{V}_1)$ 的截量，即：

$$v(f)\leqslant C(V_1,\overline{V}_1)$$

由此可知，若对于一个可行流 f^*，网络图中有一个截集 $(V_1^*,\overline{V}_1^*)$，使：

$$v(f^*)=C(V_1^*,\overline{V}_1^*)$$

表 18－2

V_1	$\bar{V}_1$	截　集	截量
v_1	v_2,v_3,v_4,v_5,v_6	$(v_1,v_2),(v_1,v_3)$	18
v_1,v_2	v_3,v_4,v_5,v_6	$(v_1,v_3),(v_2,v_3),(v_2,v_4),(v_2,v_5)$	20
v_1,v_3	v_2,v_4,v_5,v_6	$(v_1,v_2),(v_3,v_4),(v_3,v_5)$	21
v_1,v_2,v_3	v_4,v_5,v_6	$(v_2,v_4),(v_2,v_5),(v_3,v_4),(v_3,v_5)$	19
v_1,v_2,v_4	v_3,v_5,v_6	$(v_1,v_3),(v_2,v_3),(v_2,v_5),(v_4,v_6)$	26
v_1,v_3,v_5	v_2,v_4,v_6	$(v_1,v_2),(v_3,v_4),(v_5,v_4),(v_5,v_6)$	35
v_1,v_2,v_3,v_4	v_5,v_6	$(v_3,v_5),(v_2,v_5),(v_4,v_6)$	20
v_1,v_2,v_3,v_5	v_4,v_6	$(v_2,v_4),(v_3,v_4),(v_5,v_4),(v_5,v_6)$	30
v_1,v_2,v_3,v_4,v_5	v_6	$(v_4,v_6),(v_5,v_6)$	28

则 f^* 必是最大流，而$(V_1^*,\bar{V}_1^*)$是 D 的所有截集中截量最小的一个，即最小截集。对本例来说，从表 18－2 知道：

$$v(f^*) = 18$$

定理 3　可行流 f^* 为最大流的充分与必要条件是不存在关于 f^* 的增广链。

定理 4　（最大流量最小截量定理）任一个网络 D 中，从 v_s 到 v_T 的最大流的流量等于分离 v_s,v_T 的最小截集的容量。

二、求最大流 —— 标号法

标号法的具体步骤如下：

1. 标号过程

标号过程就是寻找增广链的过程。先给发点 v_s 标号，即 $v_s \in V_1$，然后从已标号点 v_i 出发，找出与之相邻的未标号点 v_j，考虑：

(1) 如果连接 v_i 与 v_j 的弧(v_i,v_j)是前向弧，即 $v_i \to v_j$，且 $f_{ij} < C_{ij}$，则给 v_j 标号，即 $v_j \in V_1$。

(2) 如果连接 v_i 与 v_j 的弧(v_i,v_j)是后向弧，即 $v_i \leftarrow v_j$，且 $f_{ji} > 0$，则给 v_j 标号，即 $v_j \in V_1$。

对已标号点重复(1)，(2) 步骤，如果 v_T 得到标号，则找到增广链，转入调整过程；如果标号中断，说明不存在增广链，则现行的可行流即为最大流。

2. 调整过程

由标号过程得到一条增广链 μ，则调整量为：

$$\theta = \min_{\mu}\{\min_{\mu^+}(C_{ij} - f_{ij}^*), \min_{\mu^-} f_{ji}^*\}$$

然后在增广链 μ 上的一切前向弧增加 θ，一切后向弧上减少 θ，不在增广链上的弧流量不变。这样得到一个新的可行流，对新的可行流重新转入标号过程。

例 18－6　求图 18－20 所示网络的最大流，弧旁的数字是容量 C_{ij}，弧旁括号内的数字是流量 f_{ij}。

解 第一次迭代：

先给 v_1 标号。前向弧 (v_1,v_3) 上 $f_{13}<C_{13}$，所以给 v_3 标号；后向弧 (v_2,v_3) 上 $f_{23}>0$，所以给 v_2 标号；前向弧 (v_2,v_5) 上 $f_{25}<C_{25}$，所以给 v_5 标号；前向弧 (v_5,v_6) 上 $f_{56}<C_{56}$，所以给 v_6 标号。这样就找到一条增广链 μ，如图 18－20 中虚线所示由于：

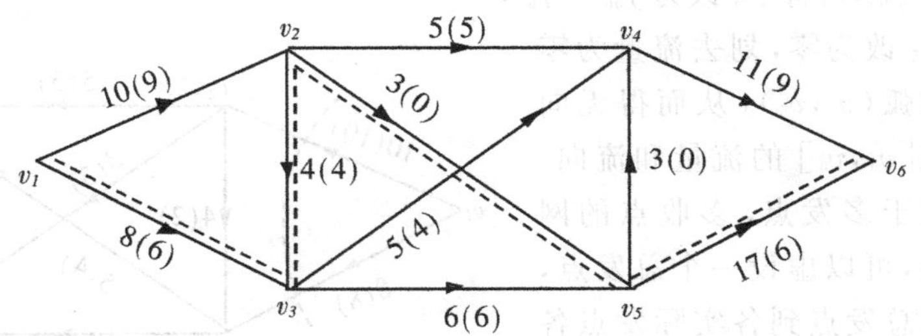

图 18－20

$$\theta=\min_{\mu}\{\min_{\mu^+}(8-6,3-0,17-6),4\}=\min_{\mu}\{2,4\}=2$$

因此，在 μ 的前向弧上加上调整量 $\theta=2$，在后向弧上减去调整量 $\theta=2$，其他弧上流量不变，得图 18－21。

第二次迭代：

先给 v_1 标号。前向弧 (v_1,v_2) 上 $f_{12}<C_{12}$，所以给 v_2 标号；前向弧 (v_2,v_5) 上 $f_{25}<C_{25}$，所以给 v_5 标号；前向弧 (v_5,v_6) 上 $f_{56}<C_{56}$，所以给 v_6 标号。这样又得到增广链 μ_1，如图 18－21 虚线所示。由于：

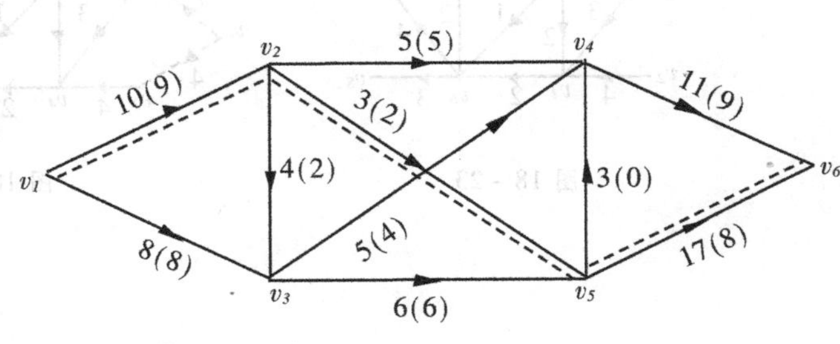

图 18－21

$$\theta=\min\{10-9,3-2,17-8\}=1$$

所以在 μ_1 的所有前向弧上加调整量 $\theta=1$，其他的弧上流量不变，得图 18－22。

第三次迭代：

先给 v_1 标号。与 v_1 相邻的两个为标号点 v_2 与 v_3，由于 (v_1,v_2) 与 (v_1,v_3) 均为饱和弧，即 $f_{12}=C_{12}$，$f_{13}=C_{13}$，因此标号中断，说明对于图 18－22 上的可行流 f，已不存在增广链，故 f 为最大流。在图 18－22 中以虚线作分割，得截集：

$$(V_1,\overline{V}_1)=\{(v_1,v_2),(v_1,v_3)\}$$

故最大流 f 对应的最大流量为：

$$v(f)=10+8=18$$

这种标号法称为福特—福尔克逊(Ford-Fuldkerson) 标号法。它可以推广到含有无向弧的网络，以及多发点与多收点的网络中应用。对于求含有无向弧网络的最大流时，首先将无向弧用一对容量相同的反向弧代替，如图 18－23 中无向弧 $[v_5,v_6]$ 在图 18－24 中用反向弧 (v_5,v_6) 与 (v_6,v_5) 来代替，容量均为 4。然后用标号发进行计算。在求得最大流时，若 f_{56}

$> f_{65}$,可将 f_{56} 改为 $f_{56}-f_{65}$,f_{65} 改为零,划去流量为零的弧(v_6,v_5),从而得无向弧$[v_5,v_6]$的流量和流向。对于多发点,多收点的网络,可以虚设一个总发点,从总发点到各实际发点各虚设一条有向弧,其容量为各实发点的发货物量。如图18－23有两个发点,两个收点,所以在图18－24中设总发点 v_s,总收点 v_T,从而把多端网络转变成单发点、单收点网络,然后用标号法求最大流。

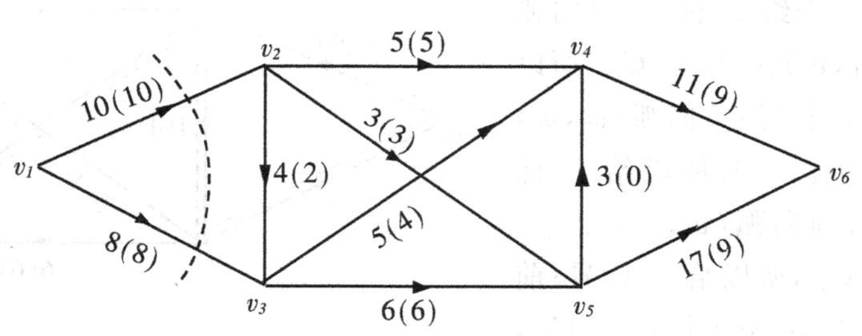

图 18－22

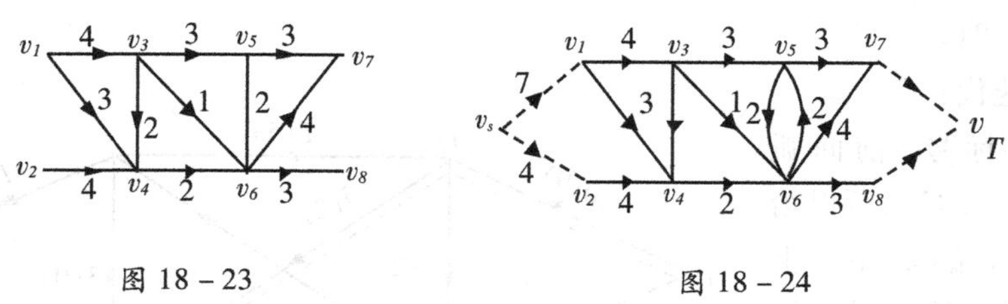

图 18－23　　　　图 18－24

习　　题

1. 用两种算法求下列图的最小部分树。

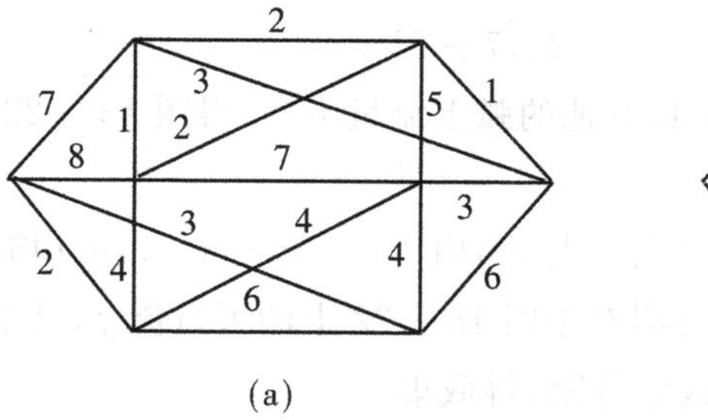

(a)

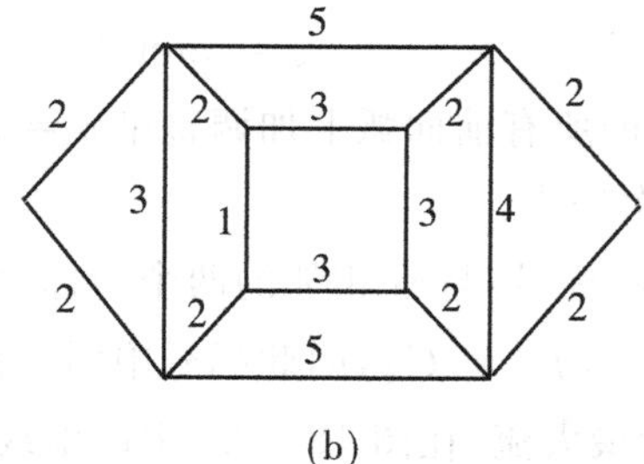

(b)

2. 已知8口海上油井,相互间距离见下表。已知1号井离海岸最近,为5千米。问从海岸经1号井铺设油管将各油井连接起来,应如何铺设输油管长度为最短(油管只准在各井位处交叉)?

从\到	2	3	4	5	6	7	8
1	1.3	2.1	0.9	0.7	1.8	2.0	1.5
2		0.9	1.8	1.2	2.6	2.3	1.1
3			2.6	1.7	2.5	1.9	1.0
4				0.7	1.6	1.5	0.9
5					0.9	1.1	0.8
6						0.6	1.0
7							0.5

3. 求下图中 v_1 到 v_7 的最短距离和路径。

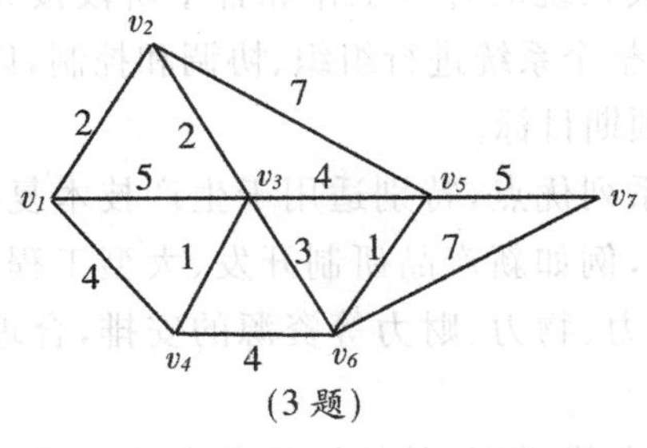

(3 题)

$$\begin{pmatrix} 0 & 500 & \infty & 400 & 250 & 100 \\ 500 & 0 & 150 & 200 & \infty & 250 \\ \infty & 150 & 0 & 100 & 200 & \infty \\ 400 & 200 & 100 & 0 & 100 & 250 \\ 250 & \infty & 200 & 100 & 0 & 250 \\ 100 & 250 & \infty & 250 & 550 & 0 \end{pmatrix}$$

(4 题)

4. 某公司在六个城市 $c_1,\cdots,c_6$ 中有分公司，从 c_i 到 c_j 的直达航程票价记在下述距离的 (i,j) 位置上（∞ 表示无直达航线），试设计一张任意两城市间的票价最便宜的路线表。

5. 设有如下网络图，其中弧旁数字为 (c_{ij},f_{ij})，说明图中给出的流是最大流。

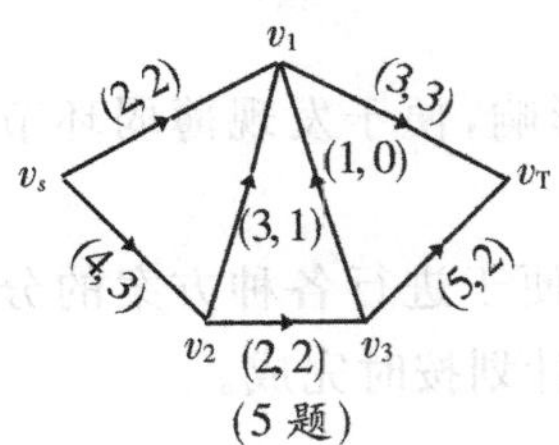

(5 题)

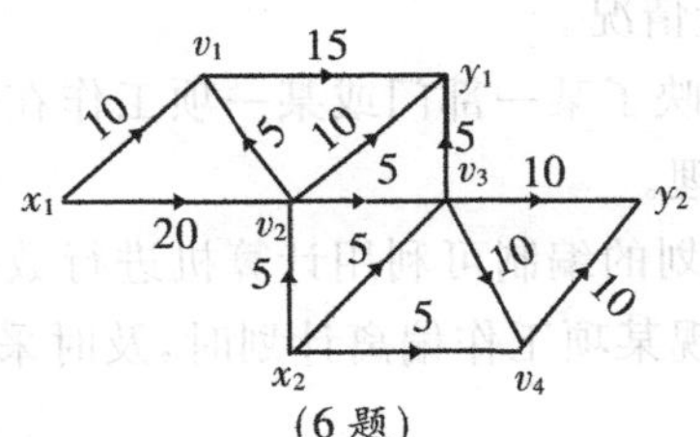

(6 题)

6. 两家工厂 v_1 与 v_2 生产同一种商品，商品通过下述网络图送到 y_1 与 y_2，用标号法确定从工厂到市场的最大运量（弧旁的数字是容量 c_{ij}）。

7. 对下列网络图（弧旁的数字为容量 c_{ij}）：

(1) 用标号法求从 v_s 到 v_t 的最大流；

(2) 确定所有的截集；

(3) 求最小截集的容量。

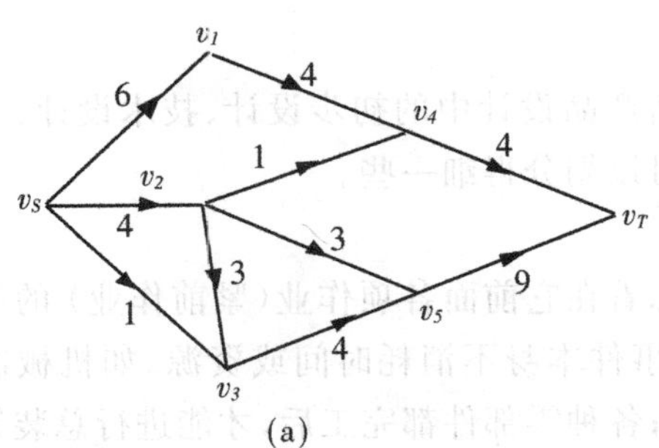

(a)

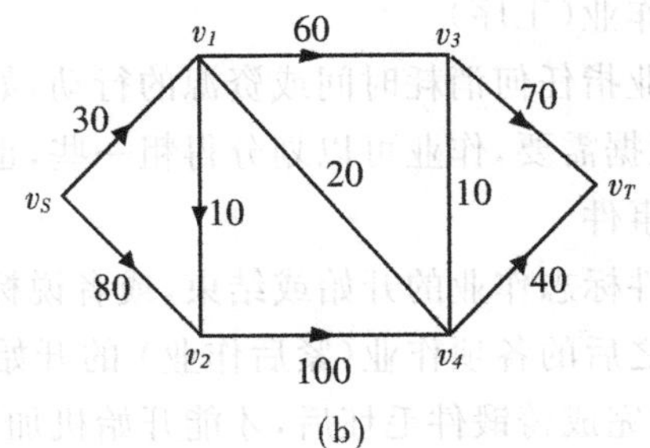

(b)

第十九章　计划评审方法

计划评审方法(PERT) 也称为统筹方法,是系统工程中常用的一种科学管理方法。它是把工程的开发研制当作一个系统来处理,将组成系统的各项工作和各个阶段按先后顺序,通过网络图的形式,统筹规划,全面安排,并对整个系统进行组织、协调和控制,以达到最有效地运用资源,用最少的时间来完成系统的预期目标。

国内外应用网络计划的实践表明,它具有一系列优点,特别适用于生产技术复杂、工作项目繁多且联系紧密的一些跨部门的工作计划,例如新产品研制开发、大型工程项目、生产技术准备、设备大修等计划。还可以应用在人力、物力、财力等资源的安排,合理组织报表、文件流程等方面。

在计划管理中,过去习惯采用的是甘特图,或称横道图。甘特图的最大特点是清楚地展示了计划的递进性,十分有利于日程计划的管理。计划评审方法较之甘特图有明显的优点:

(1) 能够直观清晰地反映计划各部门或各项工作之间的相互联系和制约,便于掌握计划的全盘情况。

(2) 反映了某一部门或某一项工作在全局中的地位和影响,便于发现薄弱环节并进行控制、管理。

(3) 计划的编制可利用计算机进行数据推理运算,因此便于进行各种方案的分析比较。一旦发现某项工作偏离计划时,及时采取措施,保证整个计划按时完成。

第一节　网络图的组成和绘制

一、网络图的基本概念

网络图又称箭线图或统筹图,它用图解形式形象地表示一个生产任务或工程项目中各组成要素之间的逻辑关系,并形成时间的流程图。它可以用来计算时间参数、规划工程任务和确定关键路线。

网络图是由作业、事件和路线组成的。

1. 作业(工序)

作业指任何消耗时间或资源的行动,如新产品设计中的初步设计、技术设计、工装制造等。根据需要,作业可以划分得粗一些,也可以划分得细一些。

2. 事件

事件标志作业的开始或结束,或者说标志着在它前面各项作业(紧前作业) 的结束以及在它之后的各项作业(紧后作业) 的开始。事件本身不消耗时间或资源。如机械制造业中,只有完成铸锻件毛坯后,才能开始机加工;各种零部件都完工后,才能进行总装等。

网络图中,事件通常用圆圈(结点) 表示,作业用箭线表示。一般某项作业若起点事件

为 i，终点事件为 j，就将该作业标记为 (i,j)。作为整个网络图开始的事件称为最初事件，整个网络图结束的事件称最终事件。

3. 路线

路线指网络图中，从最初事件到最终事件由各项作业连贯组成的一条路。从最初事件到最终事件可以有不同的路，路的长度是指完成该路上的各项作业持续时间长度的和。

各项作业累计时间最长的那条路线，称为关键路线。它决定了完成网络图上所有作业所需要的最短时间。如图 19－1 所示。

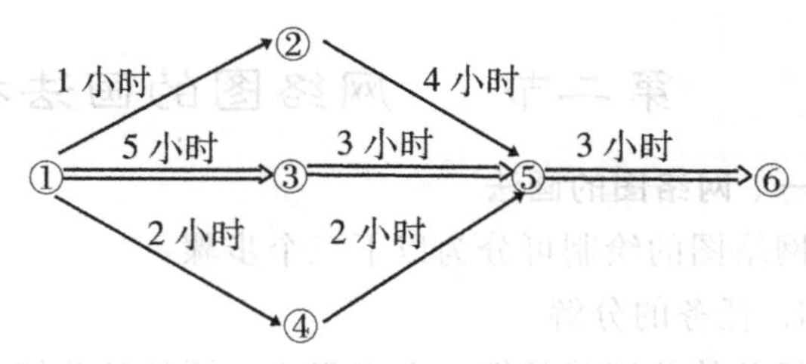

图 19－1

二、建立网络图的准则和注意事项

1. 绘制网络图时，一般从左到右（紧后作业）或从右到左（紧前作业），从上到下。事件的编号箭头处必须大于箭尾处。

2. 两个事件之间只能画一条箭线，表示一项作业。若两项或两项以上作业同时开始或结束，就要引进虚事件和虚作业，虚作业不消耗资源。

3. 各项作业之间的关系及它们在网络图上的表达方式如图 19－2 所示。

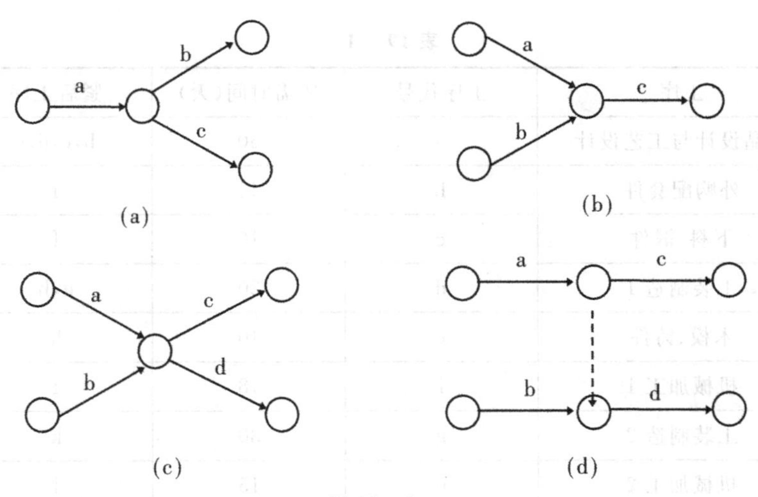

图 19－2

作业 a 结束后可以开始 b 和 c，见图 19－2(a)；

作业 c 在 a 和 b 均结束后才能开始，见图 19－2(b)；

a，b 两项作业均结束后可以开始 c 和 d，见图 19－2(c)；

作业 c 在 a 结束后即可进行，但作业 d 必须同时在 a 和 b 结束后才能开始，见图 19－2(d)。

4. 网络图中不允许出现回路。

5. 网络图中应尽量避免箭线之间的交叉。如图 19－2(a),(b) 所示。

6. 网络图中只允许出现一个最初事件和一个最终事件。

第二节 网络图的画法和时间参数的计算

一、网络图的画法

网络图的绘制可分为以下三个步骤：

1. 任务的分解

任务的分解就是把一个工程或一项任务分解成若干个作业,并确定它们间的关系。作业之间的关系通常有三种:紧前作业、紧后作业和平行作业。网络图中的作业时间可以是年、月、周、天、小时等。

2. 绘图

绘制网络图有顺序和逆序两种。若已知紧后作业,通常用顺序方法;若已知紧前作业,通常用逆序方法。

3. 编号

将事项从左到右、从小到大进行编号,即得到一个完整的网络图。

例 19－1 某项研制新产品工程的各个工序与所需时间以及它们之间的相互关系如表 19－1 所示,试编制该项工程的网络计划。

表 19－1

工序	工序代号	所需时间(天)	紧后工序
产品设计与工艺设计	a	60	b,c,d,e
外购配套件	b	45	l
下料、锻件	c	10	f
工装制造 1	d	20	g,h
木模、铸件	e	40	h
机械加工 1	f	18	l
工装制造 2	g	30	k
机械加工 2	h	15	l
机械加工 3	k	25	l
装配调试	l	35	—

解 根据表 19－1 的已知条件和数据绘制的网络如图 19－3 所示。

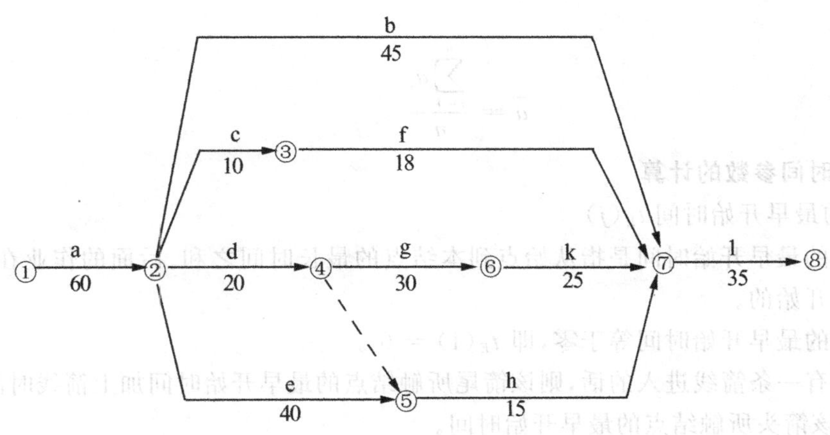

图 19-3

例 19－2　已知一项工作的清单及作业关系(表 19－2),可画出网络图 19－4。

表 19－2

作业代号	作业名称或内容	紧前作业
A	勘察设计	
B	搭架拆旧管	A
C	制新管及零件	A
D	制新阀	A
E	安装新管	B,C
F	焊新管	E
G	装新阀	D,E
H	保温	F,G

二、作业时间的确定

1. 估工法

指在正常情况下,有同类作业所需时间的参考资料,并依据经验估计出的作业时间值。

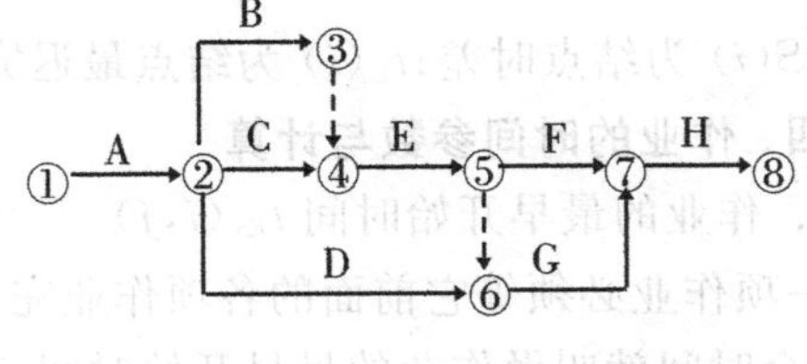

图 19－4

2. 三点估计法

设 a 为乐观时间,b 为悲观时间,c 为最可能时间。则作业时间为:

$$t(i,j)=\frac{a+4c+b}{6}$$

3. 平均值法

设某项工作过去的作业时间分别是:$a_i(i=1,2,\cdots,n)$,则用下式表示作业的平均时间：

$$\bar{a} = \frac{\sum_{i=1}^{n} a_i}{n}$$

三、结点时间参数的计算

1. 结点的最早开始时间 $t_E(j)$

一个结点的最早开始时间是指从始点到本结点的最长时间之和。后面的作业在这时刻之前是不能开始的。

始点结点的最早开始时间等于零，即 $t_E(1) = 0$ 。

若结点只有一条箭线进入的话，则该箭尾所触结点的最早开始时间加上箭线时间(作业时间)即为该箭头所触结点的最早开始时间。

若结点有很多条箭线进入的话，则对每条箭线都作上述计算之后，取其中最大数值为该结点的最早开始时间。用公式表示为：

$$t_E(j) = \max_i\{t_E(i) + t(i,j)\} \qquad (j = 2,3,\cdots,n)$$

2. 结点的最迟完成时间 $t_L(i)$

一个结点的最迟完成时间是指这个结点最迟必须结束的时间，在这个时间里结点事项若不完成，就要影响它的后续作业的按时开工。以 $t_L(i)$ 表示结点 i 的最迟完成时间。

终点结点的最迟完成时间：$t_L(n) =$ 总工期。

若对任务的总工期没有特别规定，为便于计算，我们令：$t_L(n) = t_E(n)$

若结点只有一条箭尾，则该结点最迟完成时间，等于箭头所触结点的最迟完成时间减去该作业的时间。

若结点有很多条箭尾，则对每一条箭线都做上述运算之后，取其中最小值为该结点的最迟完成时间。用公式表示为：

$$t_L(i) = \min_j\{t_L(j) - t(i,j)\} \qquad (i = 1,2,\cdots,n-1)$$

3. 结点的时差 $S(i)$

结点的时差就是结点的最迟完成时间减去其最早开始时间。用公式表示为：

$$S(i) = t_L(i) - t_E(i)$$

式中：$S(i)$ 为结点时差；$t_L(i)$ 为结点最迟完成时间；$t_E(i)$ 为结点最早开始时间。

四、作业的时间参数与计算

1. 作业的最早开始时间 $t_{ES}(i,j)$

一项作业必须等它前面的各项作业完工之后才能开始，在这之前是不具备开工条件的。这个时间就叫做作业的最早开始时间，其意义是该作业最早什么时候可以开始。

一项作业的最早开始时间等于箭尾结点的最早开始时间，或等于它的各项紧前作业最早结束时间的最大值，用 $t_{ES}(i,j)$ 表示。

计算公式为：

$$t_{ES}(i,j) = t_E(i)$$

或 $t_{ES}(i,j) = \max_k\{t_{EF}(k,i)\}$ 其中，$t_{EF}(k,i) = t_{ES}(k,i) + t(k,i)$

2. 作业的最早完成时间 $t_{EF}(i,j)$

一项作业的最早完成时间，就是它的最早开始时间加上本作业所需的时间，其意义是指该作业最早什么时间可以完成，以 $t_{EF}(i,j)$ 表示。

计算公式为：

$$t_{EF}(i,j) = t_{ES}(i,j) + t(i,j)$$

3. 作业的最迟完成时间 $t_{LF}(i,j)$

一项作业，紧接其后有一个或几个作业，为了不影响后续作业的如期开始，每个作业应有一个最迟必须完成时间，其意义就是该作业最迟应该什么时候完成。

一个作业的最迟完成时间等于箭头节点的最迟完成时间，或等于它各项后续作业最迟开始时间中最小的一个，以 $t_{LF}(i,j)$ 表示。

计算公式为：

$$t_{LF}(i,j) = t_L(j)$$

或 $$t_{LF}(i,j) = \min_k\{t_{LS}(j,k)\} \qquad (t_{LS}(j,k) = t_{LF}(j,k) - t(j,k))$$

4. 作业的最迟开始时间 $t_{LS}(i,j)$

一项作业的最迟开始时间等于箭头所触结点的最迟完成时间减去作业时间，其意义是该作业最迟应该什么时间开始，以 $t_{LS}(i,j)$ 表示。

计算公式为：

$$t_{LS}(i,j) = t_L(j) - t(i,j)$$

5. 作业的总时差 $R(i,j)$

在不影响工程最迟结束时间的条件下，作业最早开始（或结束）时间可以推迟的时间称为该作业的总时差。

计算公式为：

$$R(i,j) = t_{LF}(i,j) - t_{EF}(i,j)$$
$$= t_{LF}(i,j) - [\,t_{ES}(i,j) + t(i,j)\,]$$

或 $$R(i,j) = t_{LS}(i,j) - t_{ES}(i,j)$$

当 $R(i,j) = 0$ 时，称作业 (i,j) 为“关键作业”。

作业总时差越大，说明该作业的机动时间越多，可以在一定范围内将该作业的人力、物力资源用到关键工序上去，以达到缩减工期的目的。

6. 作业的自由时差 $r(i,j)$

在不影响后续作业最早开始时间的条件下，作业最早结束时间可以推迟的时间称为该作业的自由时差。

计算公式为：

$$r(i,j) = \min\{\,t_{ES}(j,k)\,\} - t_{EF}(i,j)$$

或 $$r(i,j) = t_E(j) - t_E(i) - t(i,j)$$

7. 关键路线与时差的关系

网络图中，时差为零的结点称为关键结点，总时差为零的作业称为关键作业。

在一张网络图中，从始点到终点，沿箭头方向把总时差为零的作业连接起来所形成的路线称为“关键路线”。关键路线在图上用粗线或双线表示。

要想缩短整个任务的工期，必须在关键路线上想办法，即缩短关键路线上的作业时间。系统网络技术的精华就在于根据网络图找出关键路线，重点保证关键路线；利用非关键路线上作业的时差，调用其中的人力、物力、财力去支援关键路线，使得关键作业（从而使得整个任务）能按期或提前完成。

在一张网络图中，关键路线可以有多条。关键路线越多，表明各项作业的周期都很紧张，要求必须加强管理，严格控制，以保证任务的按期完成。

调用时差时，应该首先调用自由时差，因为它对后续作业不发生影响。总时差与自由时差的关系可以用图 19－5 表示。

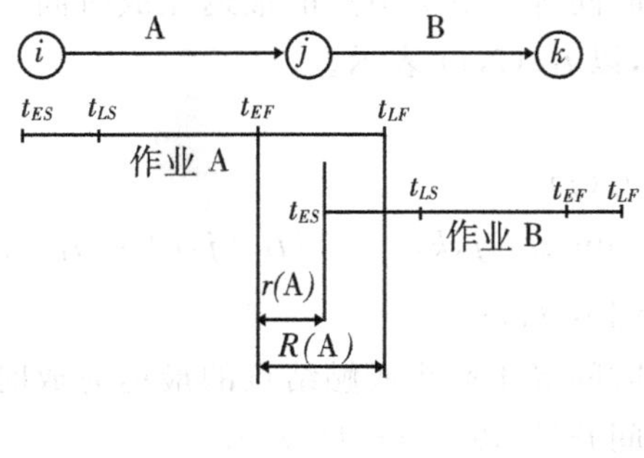

图 19－5

第三节　任务按期完成的概率分析与计算

在前面一节里，我们是从确定的情况出发，对网络图的有关时间参数进行计算的。这里有一个前提，即每个作业所需时间都是确定的数值，因而算出来的总计划所需时间也是确定的数值。在把握比较大的情况下，我们可使总预定完成时间等于总的所需时间，即前面讲的 $t_L(n) = t_E(n)$。这就是说，我们经过科学的计算，一项任务计划完成需要多少时间，就给它多少时间，这样找出的关键路线是以总时差为零来确定的。

在实际工程中，完成某项作业或任务所需的时间是不容易确定为某一数值的，往往只能凭经验或过去的试验研究结果来作一定的估计。

前面讲过，作业时间是用“三时估计法”求出的平均时间，因而用公式算出的最早开始时间，也必然有某些不确定因素在内，并不是非常准确的时间。所以，我们就要研究由于这些不确定因素而引起的计划是否能按期完成的问题，即计划按期完成的可能性有多大。这就是任务按期完成的概率分析的由来。下面对此作一简单的介绍。

一、任务完成时间近似符合正态分布规律

根据概率论中有名的“中心极限定理”，我们可以认为，任何事项的完工时间是近似符合正态分布的。有了这样一个假设后，我们只要计算出每个作业预计完工时间的平均值和方差，就可以用下面公式求出各个事项按期完成的概率，就能对整个任务是否按期完成给予概率评价，并对计划的执行作出预测。

1. 平均值

$$E_t(i,j) = \frac{a + 4c + b}{6}$$

叫做作业的平均时间，它与三个估计时间参数有关。

2. 标准离差与方差

$\sigma_{Et} = \dfrac{b-a}{6}$ 为作业时间的标准离差，它只与作业的最长时间和最短时间有关，是作业时间概率分布离散程度的度量。

方差为：$\sigma_{Et}^2 = (\dfrac{b-a}{6})^2$

3. 任务完成时间

根据中心极限定理，任务最后完成时间（取决于关键路线上的各项作业）呈正态分布。以

$$E_t = \sum_{i=1}^{J} \frac{a_i + 4c_i + b_i}{6}$$

为平均值，以

$$\sigma_{cp} = \sqrt{\sum_{i=1}^{J} (\frac{b_i - a_i}{6})^2}$$

为标准离差。

这是当 J 充分大时的一个渐近估计，也可用概率曲线形象地予以分析。当关键路线上的作业由 10 个以上组成，从均值左侧伸展 $-3\sigma_{cp}$，又从右侧伸展 $+3\sigma_{cp}$（σ_{cp} 为关键事项的标准离差），事项在这一段时间内实现的机会为 99.7%，这可用图 19－6 来说明。

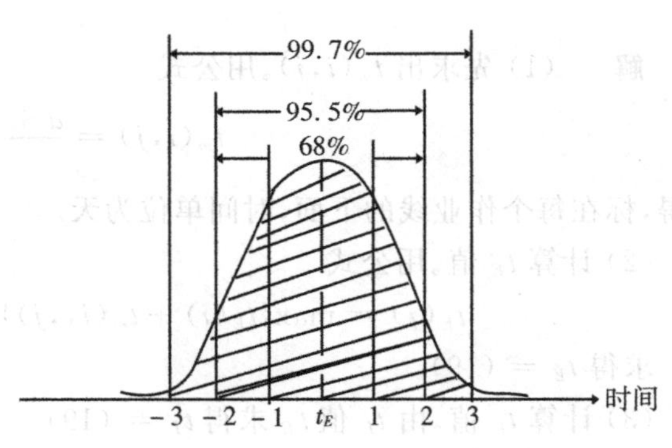

图 19－6

二、任务按期完成的概率计算

1. 计算方法

设 $P = P(z)$，有：

$$z = \frac{t_L - t_E}{\sigma_{cp}} = \frac{t_L - t_E}{\sqrt{\sum \sigma_e^2}}$$

z 服从标准正态分布。

式中：t_L 为结点（事项）的最迟完成时间；t_E 为结点（事项）的最早开始时间；$t_L - t_E$ 为结点的时差。

$$\sigma_{cp} = \sqrt{\sum \sigma_e^2}$$

是关键路线上方差之和的平方根，也叫结点的标准离差。$\sigma_e{}^2$ 是关键路线上作业的方差。

若已经规定了计划的完成时间为 t_S，则 t_L 就用此规定时间。因 $t_E(n)$ 是已知的，σ_{cp} 也是已知的，这样就可以计算出 z 值。用 z 值查标准正态分布表即得概率 P。

2. 应用举例

例 19－3　设某工程的网络图如图 19－7 所示，试计算该工程在 20 天完成的可能性。如果完成的可能性要求达到 94.5%，则工程的工期应规定为多少天？

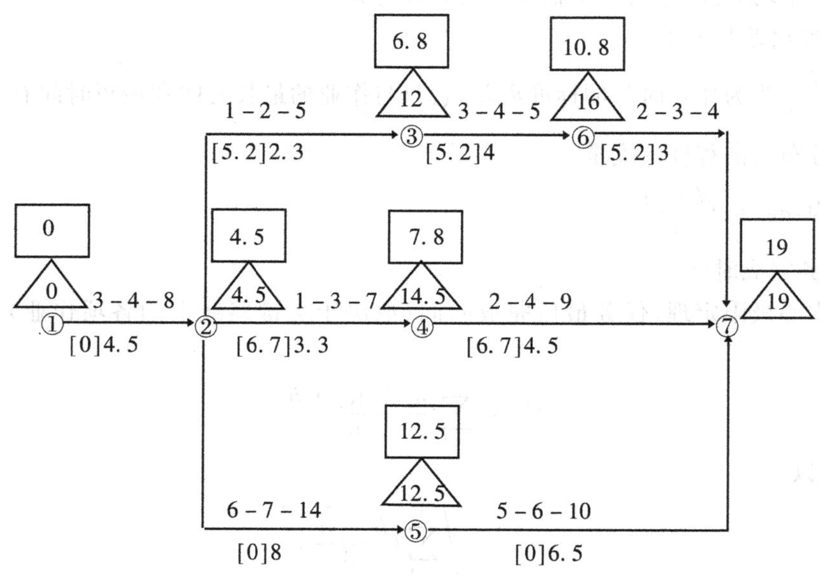

图 19-7

解 (1) 先求出 $t_m(i,j)$。用公式

$$t_m(i,j)=\frac{a+4c+b}{6}$$

求得,标在每个作业线的下面,时间单位为天。

(2) 计算 t_E 值。用公式

$$t_E(j)=\max\{t_E(i)+t_m(i,,j)\}\qquad (j=1,2,3\cdots,n)$$

求得 $t_E=(19)$。

(3) 计算 t_L 值。由 t_L 值 t_E 求得 $t_L=(19)$。

$$z=\frac{t_L(7)-t_e(7)}{\sigma_{cp}}=\frac{19-19}{\sigma_{cp}}=0$$

(4) 计算 $t_L=19$(天)的完成概率。

查表:由 $z=0$ 查得 $P=0.5$,即工程按时完成的可能性为50%。

(5) 计算 $t_L=20$(天)时完成任务的概率。

关键路线上的方差 σ_e^2 分别为:

$$\left(\frac{8-3}{6}\right)^2=\frac{25}{36};\left(\frac{14-6}{6}\right)^2=\frac{64}{36};\left(\frac{10-5}{6}\right)^2=\frac{25}{36}$$

关键路线上方差之和:

$$\sigma_{ce}^2=\sum\sigma_e^2=\frac{25}{36}+\frac{64}{36}+\frac{25}{36}\approx 3.2\quad(\sigma_{ce}=1.8)$$

由此可得概率因子:

$$z=\frac{t_L-t_E}{\sigma_{cp}}=\frac{t_L-t_E}{\sqrt{\sum\sigma_e^2}}=\frac{20-19}{\sqrt{3.2}}\approx 0.56$$

查正态分布表得 $P=0.71$，即该工程在 20 天完成的可能性为 71%。

(6) 如要求按时完成的可能性为 94.5%，计算需要的天数。

由公式：

$$z=\frac{t_L-t_E}{\sigma_{cp}}=\frac{t_L-t_E}{\sqrt{\sum\sigma_e^2}}$$

得：

$$t_L=t_E+z\sqrt{\sum\sigma_e^2}$$

查表 $P=0.945$ 时，$z=1.6$，于是 $t_L=19+1.6\times1.8=22$(天)，即按时完成可能性为 94.5% 时所需天数为 22 天。

3. 讨论

由公式

$$z=\frac{t_L-t_E}{\sigma_{cp}}=\frac{t_L-t_E}{\sqrt{\sum\sigma_e^2}}$$

来看，$t_L-t_E=$ 时差。

若 $t_L-t_E=0$，则完成任务的概率为 50%；若 $t_L-t_E>0$，则完成任务的概率就大于 50%；假设 t_L-t_E 为 σ_{cp} 的三倍，则完工概率为 99%；若 $t_L-t_E<0$，则完成任务的概率就小于 50%；如果 $t_L-t_E<-\sigma_{cp}$ 时，可以判断按时完成任务是成问题的；如果 $t_L-t_E<-2\sigma_{cp}$，则肯定是大有问题了；如果 $t_L-t_E<-3\sigma_{cp}$，则按时完成任务只有千分之一的可能性。

这样，管理人员就可根据时差和标准离差来判断按时完成任务的可能性，也就有了一个标准。这就是置信度的分析与计算。

一般当任务在指定日期完成的概率 $P(z)$ 满足下列条件：

$$0.3\leqslant P(z)\leqslant0.70$$

则表示按此网络图执行计划，在指定日期完成是可能的，比较合适的，计划定得既先进又留有充分余地。

4. 按照上面讨论的几种情况重新评价关键路线的定义

我们是用时间平均值把非确定型化为确定型，从而找出关键路线。这样做是否合适，值得重新考虑。化为确定型而算关键路线的方法，可以看成是以 1/2 的可能性来完成整个任务的条件下确定关键路线。

确切的提法应该是：给每个事项一个预计完成日期，在所有的线路中，依预计日期完成的可能性最小的才是关键路线。不能只把总时差为零的路线称为关键路线，即应从时差为负值、零或正值三种情况综合考虑来定关键路线。

第四节　关键路线和网络计划的优化

在一个网络图中，有时关键路线可能不止一条。此外，除关键路线外，还有持续时间十分接近关键路线、被称为次关键路线的一些路线，它也是各级领导指挥人员应该注意抓的环节。因为一旦采取措施缩短了关键路线上作业的完成时间后，那些次关键路线有可能矛盾突出，转变成关键路线。

缩短网络图上关键路线的持续时间可通过以下途径实现：

(1) 检查关键路线上各项作业的计划时间是否定得恰当，如果定得过长，可适当缩短。

(2) 将关键路线上的作业进一步分细，尽可能安排多工位或平行作业。

(3) 抽调非关键路线上的人力、物力支援关键路线上的作业。

(4) 有时也可通过重新制定工艺流程，也就是用改变网络图结构的办法来达到缩短时间的目的。不过这种方法工作量大，只有对整个工作的持续时间有十分严格的要求，而用其他方法均不能奏效的情况下才采用。

一、时间—成本优化

一项工程的成本包括：

直接成本：包括直接生产工人的工资及附加费、设备、能源、工具及材料消耗等直接与完成工序有关的费用。为缩短工序的作业时间，需要采取一定的技术组织措施，相应地要增加一部分直接费用。在一定条件下和一定范围内，工序的作业时间越短，直接费用就越多。

间接成本：包括管理人员的工资、办公费用等。间接费用通常按照施工时间的长短分摊。在一定生产规模内，工序的作业时间越短，分摊的间接费用就越少。如图 19－8 所示。

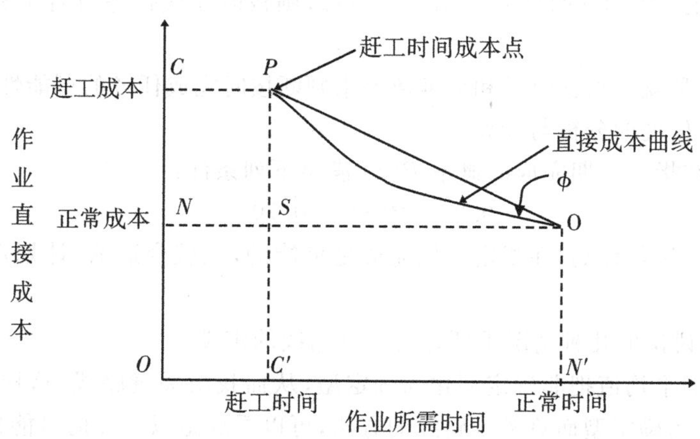

图 19－8

$$赶工费率 = \frac{赶工成本 - 正常成本}{正常时间 - 赶工时间}$$

时间—成本优化的程序：

1. 画出网络图；

2. 确定关键路线及工期；

3. 计算正常时间计划成本；

$$正常总成本 = \sum 各项作业的直接成本 + 整个计划的间接成本$$

4. 计算各项作业的赶工费率；

5. 选取关键路线上赶工费率最小的作业作为赶工对象；

6. 确定新的关键路线及赶工后的计划完成时间；

7. 计算赶工后的总成本：

$$总成本 = 正常直接成本 + 赶工成本 + 间接成本$$

其中：赶工成本 $= \sum$(赶工费率 × 赶工时间)。

8. 若总成本开始增加，则停止计算；否则，重复 5 ～ 7，直至获得最低工程成本的作业计划。

实际上，只要关键路线上需同时赶工的各项作业的赶工费率之和小于单位时间的间接费用，赶工就是有利的。

例 19－4　某工程计划共有四项作业，其成本和作业时间资料见表 19－3，工程间接成本为 4.5 千元 / 天，试进行时间成本优化。

1. 作出网络图(图 19－9)。

2. 找出关键路线(a → c → d)。

由图可知，若按正常作业时间计算，需 12 天(工期) 才能完成计划。

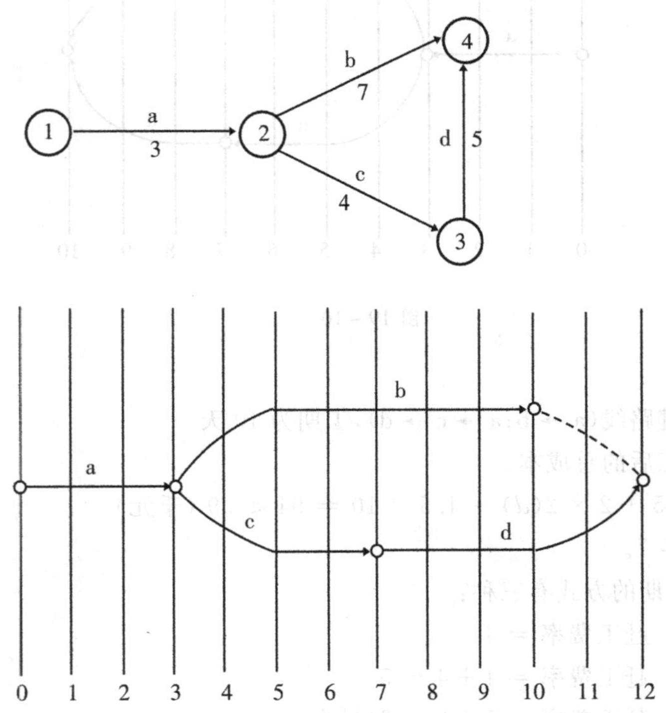

图 19－9

3. 计算按正常作业时间完成时需要的总成本。

正常总成本＝(10＋15＋12＋8)＋4.5×12

＝45＋54＝99(千元)

4. 计算各项作业的成本斜率，见表19－3。

表19－3

作业项目	前项作业	作业时间(天)		作业成本(千元)		成本斜率(千元)(赶工一天成本)
		正常	赶工	正常	赶工	
a	—	3	1	10	18	4
b	a	7	3	15	19	1
c	a	4	2	12	20	4
d	c	5	2	8	14	2

5. 选定赶工对象(关键路线上赶工费率最小的作业d)，可缩短3天，实际只能缩短2天，见图19－10。

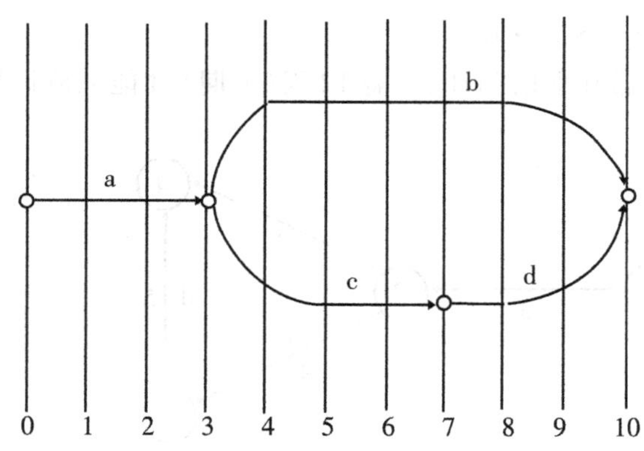

图19－10

6. 新的关键路线(a→b;a→c→d)，工期为10天。

7. 计算赶工后的总成本。

总成本＝45＋2×2(d)＋4.5×10＝94＜99(千元)

8. 重复5～7。

此时缩短工期的方式有三种：

(1)a　　赶工费率＝4

(2)b,c　　赶工费率＝1＋4＝5

(3)b,d　　赶工费率＝1＋2＝3(最小)

可缩短1天(d已经缩短了2天)，见图19－11。

总成本＝45＋1×1(b)＋2×3(d)＋4.5×9

＝92.5＜94(千元)

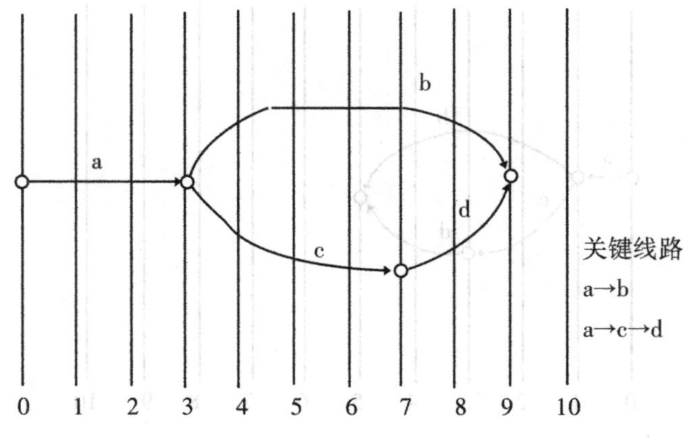

图 19－11

然后再对 a 作业赶工两天，见图 19－12。

总成本＝ 45 ＋4 × 2 (a) ＋ 1 × 1(b) ＋ 2 × 3(d) ＋ 4.5× 7

＝ 91.5＜ 92.5(千元)

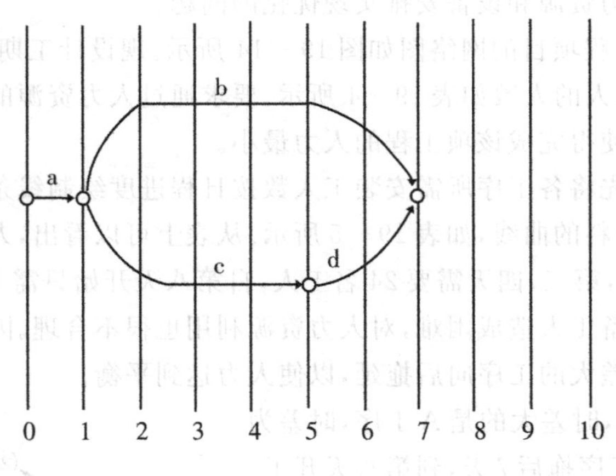

图 19－12

再对 b，c 进行赶工两天，见图 19－13。

总成本＝ 45 ＋ 4 × 2(a) ＋ 1 × 3(b) ＋ 4 × 2 (c) ＋ 2 × 3(d) ＋ 4.5 × 5

＝ 92.5 ＞ 91.5 (千元)

从而得 7 天最优。

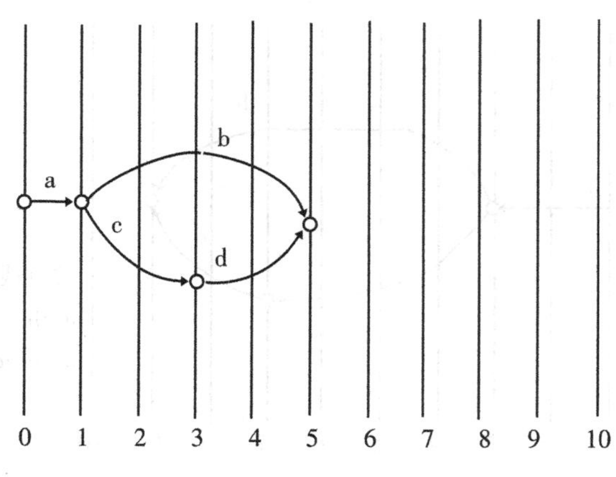

图 19－13

二、时间—资源优化

时间—资源优化就是在一定资源条件下寻求最短的生产周期，或在一定工期条件下力求均衡消耗资源。下面以人力资源和设备平衡为例，说明在相同工种范围内，如何分配劳动力和设备，使人力资源和设备安排实现优化的问题。

例 19－5 某工程项目的网络图如图 19－14 所示。现设计工期为 11 天，各工序的作业时间和需要安装工人的人数如表 19－4 所示。要求通过人力资源的平衡，计算该工程配备安装工人的人数，使得完成该项工程的人力最小。

根据以上资料，先将各工序所需安装工人数按日程进度绘制线条图，并在相应的时间坐标图上绘出人力资料的曲线，如表 19－5 所示。从表上可以看出，人力负荷很不均衡。第一、二天需 22 名工人，第三、四天需要 24 名工人，自第八天开始只需 1 名工人，人员需要量变化很大。这会给配备工人造成困难，对人力资源利用也很不合理。因此，要对人力进行平衡。优化方法是将时差大的工序向后拖延，以使人力达到平衡。

由表 19－5 可见，时差大的是 A 工序，时差为 7 天，这样就需将 A 工序拖后 7 天，到第八天开工。B，C，D 工序时差都是两天，可选其中之一向后拖延两天开工，试将 D 工序向后拖延到第三天开工。工序 G 有两天时差，可以向后拖延到第五天开工。调整后如表 19－6 所示。然后再绘出所需人力资源曲线。

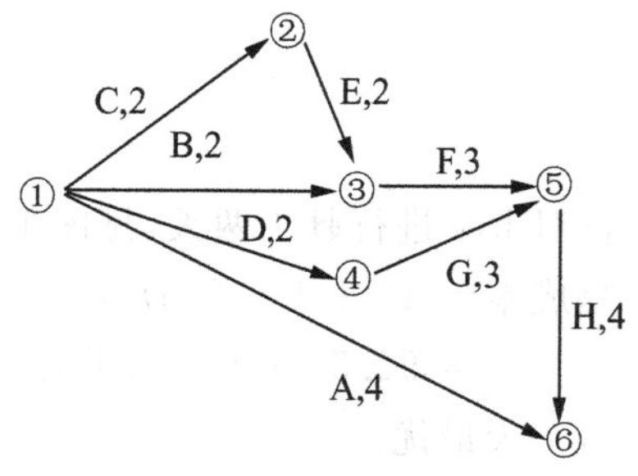

图 19-14

总之，人力平衡的具体方法是优先保证关键路线上关键作业对资源的需要。利用各作业的时差，用错开开工时间的办法平衡资源的负荷。

表 19－4

工序名称	结点编号		作业时间	最早开始时间	最早结束时间	最迟开始时间	最迟结束时间	时差	人数
	i	*j*							
A	1	6	4	0	4	7	11	7	9
B	1	3	2	0	2	2	4	2	4
C	1	2	2	0	2	0	2	0	6
D	1	4	2	0	2	2	4	2	3
E	2	3	2	2	4	2	4	0	7
F	3	5	3	4	7	4	7	0	2
G	4	5	3	2	5	4	7	2	8
H	5	6	4	7	11	7	11	0	1

表 19－5

工序名称	结点编号		作业时间	时差	安装工人数	1	2	3	4	5	6	7	8	9	10	11
	i	*j*														
A	1	6	4	7	9	━	━	━	━							
B	1	3	2	2	4	━	━									
C	1	2	2	0	6	━	━									
D	1	4	2	2	3	━	━									
E	2	3	2	0	7			━	━							
F	3	5	3	0	2					━	━	━				
G	4	5	3	2	8			━	━	━						
H	5	6	4	0	1								━	━	━	━
所需人数合计						22	22	24	24	10	2	2	1	1	1	1

表 19－6

工序名称	结点编号		作业时间	时差	安装工人数	1	2	3	4	5	6	7	8	9	10	11
	i	*j*														
A	1	6	4	7	9								━	━	━	━
B	1	3	2	2	4	━	━									
C	1	2	2	0	6	━	━									
D	1	4	2	2	3			━	━							
E	2	3	2	0	7			━	━							
F	3	5	3	0	2					━	━	━				
G	4	5	3	2	8					━	━	━				
H	5	6	4	0	1								━	━	━	━
所需人数合计						10	10	10	10	10	10	10	10	10	10	10

习　题

1. 判断下列说法是否正确：

(1) 网络图中任何一个结点都表示前一工序的结束和后一工序的开始。(　)

(2) 在网络图中只能有一个始点和一个终点。(　)

(3) 结点最早时间同最迟时间相等的点连接的线路就是关键路线。(　)

(4) 工序的总时差越大，表明该工序在整个网络中的机动时间就越大。(　)

(5) 工序的最早开始时间等于该工序箭头事项最早开始时间。(　)

2. 已知下表所列资料：

工序	紧前工序	工序时间(天数)	工序	紧前工序	工序时间(天数)
a	—	3	f	c	8
b	a	4	g	c	4
c	a	5	h	d,e	2
d	b,c	7	i	h	3
e	b,c	7	j	f,g,h	2

要求：

(1) 绘制网络图；

(2) 计算各结点的最早时间与最迟时间；

(3) 计算各工序的最早开工、最早完工、最迟开工及最迟完工时间；

(4) 计算各工序的总时差；

(5) 确定关键路线。

3. 已知某计划项目的资料如下表所示：

工序	紧前工序	需要天数		
		最乐观时间	最可能时间	最悲观时间
a	—	7	7	7
b	—	6	7	9
c	—	8	10	15
d	b,c	9	10	12
e	a	6	7	8
f	d,e	15	20	27
g	d,e	18	20	24
h	c	4	5	7
I	g,f	4	5	7
j	i,h	7	10	30

要求：

(1) 计算完成这一计划项目需要的天数；

(2) 画出网络图并按平均工序时间计算有关时间，找出关键路线；

(3) 算出该计划项目在60天内完成的概率。

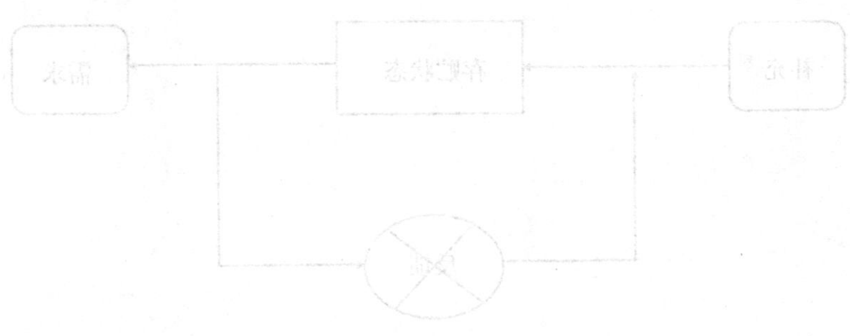

第二十章　存贮模型

第一节　基本概念

在人们的生产活动和日常生活中存在着大量的存贮现象。例如工业企业中各生产环节都有一定数量的原材料、半成品或外购件在仓库中处于存贮状态，以保证生产的均衡性和连续性；各类商店一般都设有商品库以存放待售的商品，以便及时销售，满足顾客的需要；此外还有信息的存贮，人才的储备等等。可见，存贮是生产和生活中不可缺少的一个环节。有人把存贮称为贮存起来的生产能力。这是因为，库存量的多少直接影响到生产和流动资金的周转。库存量过少，可能使供需发生脱节，破坏生产的连续性，或因发生缺货，失去销售机会而减少利润；库存量过多，则会造成积压，影响流动资金的周转，给国家、集体造成损失。因此，制定合理的库存策略具有直接的经济意义。存贮论就是专门研究存贮问题有关理论和方法的一门学科，是运筹学的一个重要分支。它用定量的方法描述存贮物品供求关系的动态过程和存贮状态，描述存贮状态和费用之间的关系，并确定经济合理的供应策略，从而为人们提供定量的决策依据和有价值的定性指导。

最广泛的存贮系统如图 20－1 所示。

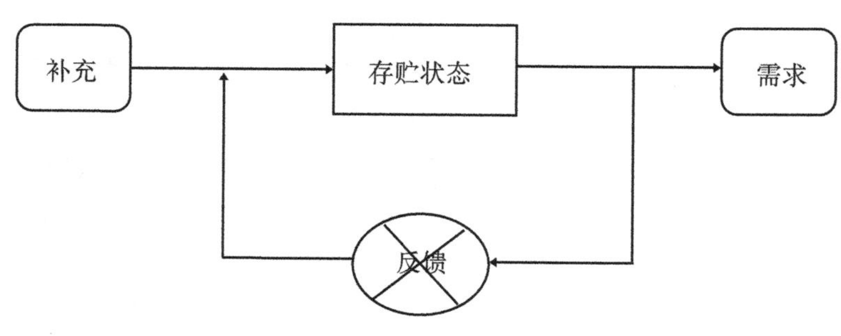

图 20－1　存贮系统图

存贮系统包含三个主要环节：存贮状态、补充与需求。存贮状态是指某物品随时间推移而发生的盘点数量上的变化。其数量随需求过程而减少，又随补充过程而增加，需求是系统的输出，它可以有不同的形式，如：有的需求是间断式的，有的需求是连续均匀的；有的需求是确定的已知的，而有的需求是随机的不确定的。无论哪一种形式，一般说来均不受控制。给定了需求的形式，系统的输出特性也就被唯一地确定了。补充是系统的输入，补充策略是根据系统的目标和需求的方式来确定的。这正是我们要解决的问题，即：多少时间补充一次？每次补充的数量是多少？在为一个实际系统建模时，由于需求和补充的形式不同，建立的模型也各不相同。在存贮论中将分别讨论根据各种不同的情况建立各种不同的模型。具体可分为两大类，即确定性模型和随机性模型。前者补充和需求都是确定的，后者补充或需求是随机的。但无论是哪一种模型，在建模及求解过程中都必须抓住三个主要环节：存贮状态图、费用函数和经济批量公式。这是一般求解存贮问题的三个基本步骤。当然，我们本章介绍的模型及其算法只反映了存贮问题中最基本和最简单的情况。如果将它应用于实际，则必须作出相应的修正，这常常是存贮模型应用中不可缺少的一项工作。

建立存贮模型必须抓住三个主要环节，即存贮状态图、费用函数和经济批量公式。以下将分别加以说明。

一、存贮状态图

在各种具体情况下，由于需求过程和补充过程的形式不同，存贮状态图也是各式各样，只要分析清楚补充过程和需求过程这两个关键因素，就容易得到符合实际的存贮状态图。下面给出三种常见的存贮状态图。

1. T—循环策略

补充过程是每隔时间 T 补充一次，每次补充一个批量 Q。若已知需求量速度是固定不变的，且补充时间为 0，则当存贮量下降到 0 时正好补充下一批量。其存贮状态如图 20－2 所示。

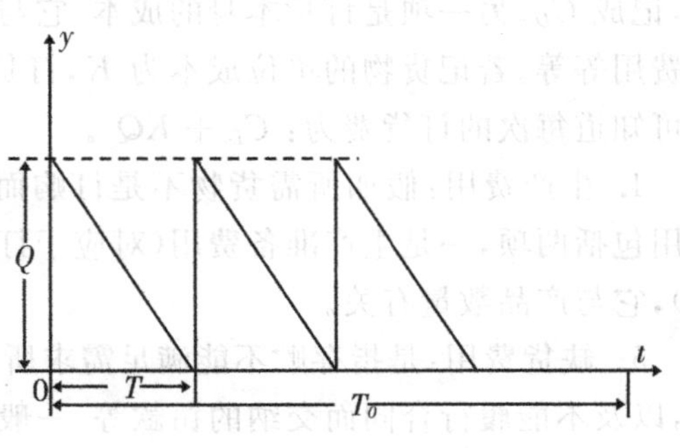

图 20-2　T—循环策略

2. (s,S) 策略

每隔一个时间段 T 盘点一次，并及时补充，补充量 $Q=S-x$。这里，需求速度是变化的，补充时间为 0。这种类型的存贮状态图如图 20－3 所示。

3. (t,s,S) 混合策略

每经过 t 时间检查库存量 x，当库存量 $x>s$ 时不补充，当 $x<s$ 时补充库存，补充量 $Q=S-x$。这里的需求速度是变化的，补充时间为 0。其存贮状态图如图 20－4 所示。

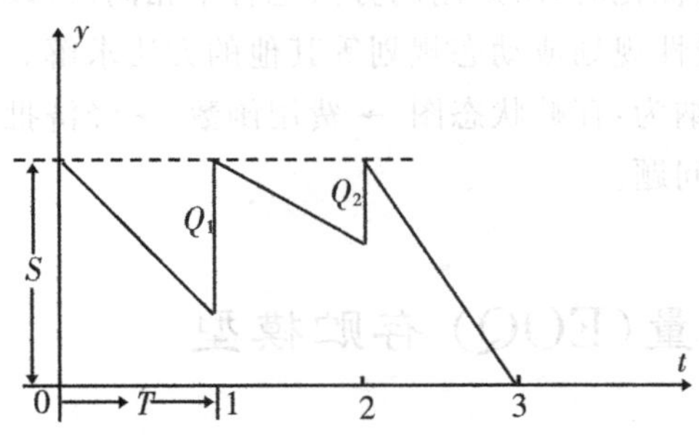

图 20-3　(s, S)策略

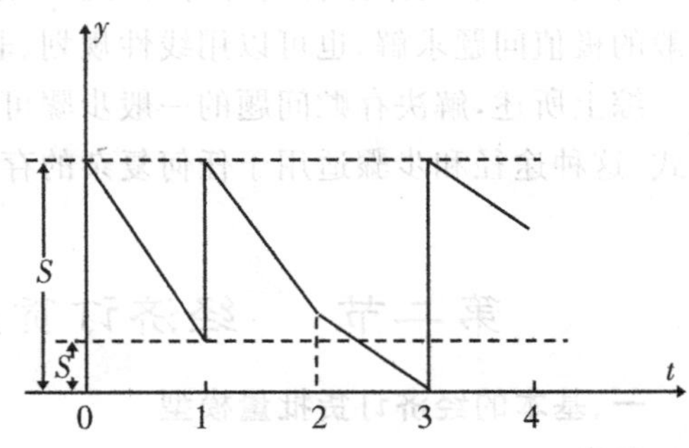

图 20-4　(t, s, S)混合策略

二、费用函数

研究存贮模型的目的是为了选用最优的存贮策略，使得存贮的总费用最小。费用函数便是将存贮状态图中各个参数和费用之间的关系定量地表示出来。在存贮分析中一般考虑以下几项费用：

1. 存贮费：指存货被出售或被使用之前与存贮有关的费用。其中包括仓库管理费、存贮设备的保养与维修的费用、保险费用、存货损坏费用及占用资金所需支付的利息等等。这笔费用可以是某一时期内最大库存量的函数，或平均库存量的函数，或供应超过需求的累积余量的函数。一般给出单位时间单位货物的存贮费，记成 C_p。

2. 存贮费用率 i：单位时间内单位物资存贮费与物资单价之比。显然：

$$C_P = P \times i \qquad (P\text{ 为物资单价})$$

3. 订货费：包括两项费用，一项是订购费(固定费用)，如手续费、电信往来、派人员外出采购的旅差费等，与订货次数有关而与订货数量无关，一般给出的是每次平均订购费用，记成 C_D。另一项是订货本身的成本。它与订货数量有关(可变费用)，如货物的单价、运输费用等等。若记货物的单位成本为 K，订货数量为 Q，则总成本为 KQ。综合以上两项便可知道每次的订货费为：$C_D + KQ$。

4. 生产费用：假如所需货物不是订购而是由本单位自行生产，则自行生产所需的总费用包括两项，一是生产准备费用(对应于订购费用)，另一项是生产成本(对应于订货成本)，它与产品数量有关。

5. 缺货费用：是指存贮不能满足需求所引起的失去销售机会的损失或停工待料的损失，以及不能履行合同而交纳的罚款等。一般给出单位时间单位货物的缺货费，记成 C_S。

上述费用是费用函数中的主要项目，在制定短期存贮方针时，只考虑这四项费用就足够了。但在制定长期存贮方针时，还需要考虑折旧费和贴现率等因素。总之，一旦费用项目确定以后，就可以根据存贮状态图及有关的统计资料建立相应的费用函数。

三、经济批量公式

存贮状态图与费用函数给定之后，下一步就是求出使费用最小情况下的订货批量 Q，称为经济批量公式。经济批量公式是最佳批量 Q 的数学表达式，它是在费用函数的基础上进行优化而得到的。由于所建立的费用函数可能有各种不同的形式，如是线性的、非线性的或是带有约束条件的等等，因此，在进行优化时，所采用的方法也各不相同。可以按一般的极值问题求解，也可以用线性规划、非线性规划或动态规划等其他的方法求解。

综上所述，解决存贮问题的一般步骤可归纳为：存贮状态图 → 费用函数 → 经济批量公式。这种途径和步骤适用于任何复杂的存贮问题。

第二节　经济订货批量(EOQ)存贮模型

一、基本的经济订货批量模型

假设：

1. 库存降为零时，可立即得到补充(瞬时进货)；

2. 每次的订货量 Q 及订购费用 C_D 不变；

3. 年需求率 D 为常数(需求是连续的、均匀的,t 时间内的需求量为 $Q = Dt$);

4. 单位存贮费 C_P(元/件·年)不变;

5. 不允许缺货(缺货费用无穷大)。

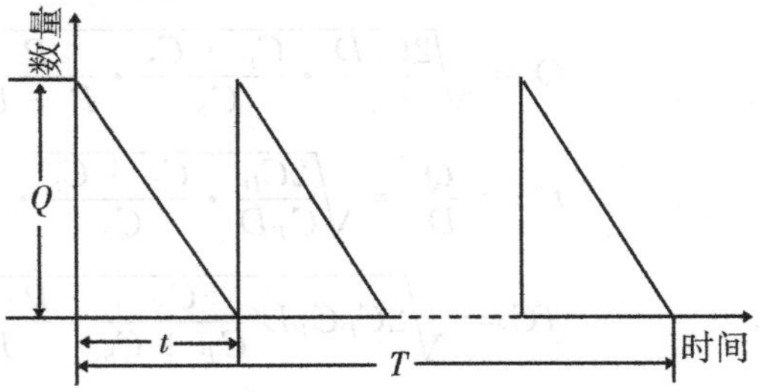

存贮量变化过程见图 20－5。

图 20－5

用 TC 表示全年发生的总费用,TOC 表示全年内用于订货的费用,TCC 表示全年内存贮的费用,n 表示全年的平均订货次数:

$$n = D/Q$$

因此有 $TC = TOC + TCC = C_D(D/Q) + (1/2)\,C_P Q$

下面求 TC 的最小值:令 $\frac{dTC}{dQ} = -\frac{C_D D}{Q^2} + \frac{1}{2}C_P = 0$,得:

$$Q = \sqrt{\frac{2C_D D}{C_P}}$$

$$t = \frac{Q}{D} = \sqrt{\frac{2C_D}{C_P D}}$$

将 Q 代入 TC 得　　$TC = \sqrt{2C_D C_P D}$

例 20－1　某批发站每月需某种产品 100 件,每次订购费为 5 元,每件每月存贮费为 0.4 元,设消耗是均匀连续的,不允许缺货。求最佳订货批量和最低平均费用。

解　由公式得:

$$Q^* = \sqrt{\frac{2C_D D}{C_P}} = \sqrt{\frac{2 \times 5 \times 100}{0.4}} = 50(\text{件})$$

$$t^* = \frac{Q^*}{D} = \frac{50}{100} = 0.5(\text{月})$$

$$TC = \sqrt{2C_D C_P D} = \sqrt{2 \times 5 \times 0.4 \times 100} = 20(\text{元/月})$$

二、一般的 EOQ 模型

假设:

1. 允许缺货,缺货损失为 C_S;

2. 逐渐进货,进货速率为 P(或生产速率为 P);

3. 需求速率为 D;

4. 最大存贮量为 S_1,最大缺货量为 S_2;

5. TC 为单位时间的平均总费用。

存贮量变化过程见图 20－6。

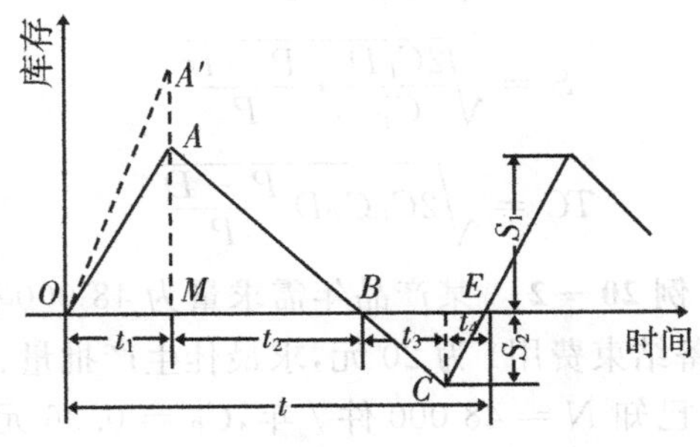

图 20－6

总费用最小的最佳生产(订货)批量公式为(证明过程略):

$$Q=\sqrt{\frac{2C_DD}{C_P}\cdot\frac{C_P+C_S}{C_S}\cdot\frac{P}{P-D}}$$

$$t^*=\frac{Q}{D}=\sqrt{\frac{2C_D}{C_PD}\cdot\frac{C_P+C_S}{C_S}\cdot\frac{P}{P-D}}$$

$$TC=\sqrt{2C_DC_PD\frac{C_S}{C_P+C_S}\cdot\frac{P-D}{P}}$$

$$S_1{}^*=\sqrt{\frac{2C_DD}{C_P}\cdot\frac{C_S}{C_P+C_S}\cdot\frac{P-D}{P}}$$

$$S_2{}^*=\sqrt{\frac{2C_DC_PD}{C_S}\cdot\frac{1}{C_P+C_S}\cdot\frac{P-D}{P}}$$

三、瞬时进货,允许缺货的 EOQ 模型

此时有 $P\to\infty$,因此:$(P-D)/P\to 1$, $P/(P-D)\to 1$。最高库存量为 $Q-S$。见图 20－7。

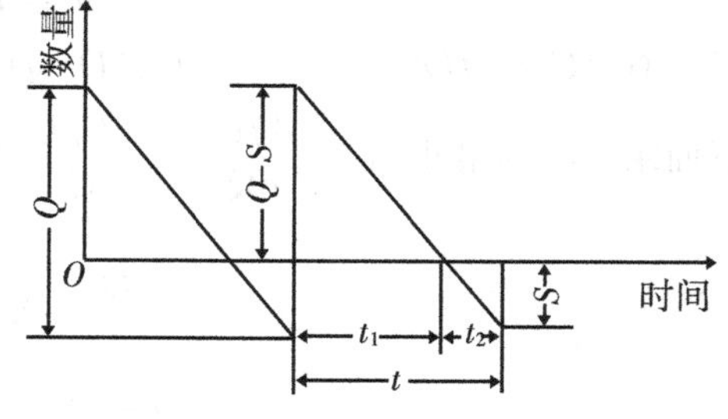

图 20－7

总费用最小的最佳生产(订货)批量公式为:

$$Q=\sqrt{\frac{2C_DD}{C_P}\cdot\frac{C_P+C_S}{C_S}}$$

$$S=\sqrt{\frac{2C_DD}{C_S}\cdot\frac{C_P}{C_P+C_S}}$$

$$TC=\sqrt{2C_DC_PD\frac{C_S}{C_P+C_S}}$$

四、进货速率为 P(或生产速率为 P),不允许缺货的 EOQ 模型

此时有 $C_S\to\infty$,因此:$(C_P+C_S)/C_S\to 1$, $C_S/(C_P+C_S)\to 1$。见图 20－8。

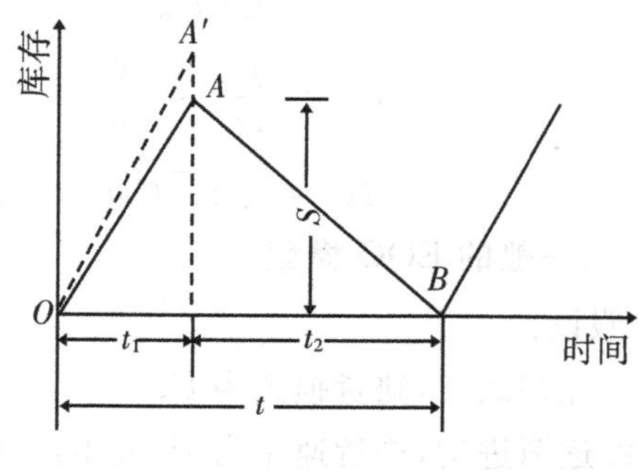

图 20－8

总费用最小的最佳生产(订货)批量公式为:

$$Q=\sqrt{\frac{2C_DD}{C_P}\cdot\frac{P}{P-D}}$$

$$S=\sqrt{\frac{2C_DD}{C_P}\cdot\frac{P-D}{P}}$$

$$TC=\sqrt{2C_DC_PD\frac{P-D}{P}}$$

例 20－2 某产品年需求量为 48 000 件,每件每月的存贮费为 0.36 元,每次装配费(准备结束费用)为 20 元,求最佳生产批量、最小总费用及最佳生产间隔期。

已知 $N=48\ 000$ 件 / 年,$C_P=0.36$ 元 / 件月, $C_D=20$ 元 / 次,求经济批量 Q^*、每月最小总费用及最佳生产间隔期。

解 $D=N/12=4000$(件 / 月),由基本的 EOQ 模型得:

$$Q^* = \sqrt{\frac{2C_D D}{C_P}} = \sqrt{\frac{2 \times 4\ 000 \times 20}{0.36}} = 667(\text{件})$$

每月最小费用：

$$TC^* = \sqrt{2C_D C_P D} = \sqrt{2 \times 20 \times 0.36 \times 4\ 000} = 240(\text{元} / \text{件})$$

最佳生产间隔期：

$$t^* = \sqrt{\frac{2C_D}{C_P D}} = \frac{Q^*}{D} = \frac{667}{4\ 000} = 0.167(\text{月}) = 5.01(\text{天}) \approx 5(\text{天})$$

上例中，假设每月的生产能力为 $P = 16\ 000$ 件，其他条件不变，求最佳批量、最小总费用及最佳生产间隔期。

解　在上题的基础上解出 $\sqrt{\frac{P}{P-D}}$，作为因子代入以上公式即可。

$$\sqrt{\frac{P}{P-D}} = \sqrt{\frac{16\ 000}{16\ 000 - 4\ 000}} = 1.15$$

所以：

$$Q^* = 667 \times 1.15 = 767(\text{件})$$

$$TC^* = 240 \times \frac{1}{1.15} = 209(\text{元} / \text{月})$$

$$t^* = \frac{Q^*}{D} = \frac{767}{4\ 000} = 0.19(\text{月}) = 5.7(\text{天})$$

上例中，假设允许缺货的缺货费用为每月每件 1.1 元，其他条件不变，求最佳批量、最小总费用及最佳生产间隔期。

解　在上题的基础上解出$\sqrt{\frac{C_S}{C_S + C_P}}$，作为因子代入以上公式即可。

$$\sqrt{\frac{C_S}{C_S + C_P}} = \sqrt{\frac{1.1}{1.1 + 0.36}} = 0.87$$

得：

$$Q^* = \sqrt{\frac{2C_D D}{C_P} \cdot \frac{P}{P-D} \frac{C_S + C_P}{C_S}} = 667 \times 1.15 \times \frac{1}{0.87} = 882(\text{件})$$

$$TC^* = \sqrt{2C_C C_P D \frac{P-D}{P} \cdot \frac{C_S}{C_S + C_P}} = 240 \times \frac{1}{1.15} \times 0.87 = 182(\text{元} / \text{月})$$

$$t^* = \frac{Q}{D} = \sqrt{\frac{2C_D}{C_P D} \cdot \frac{P}{P-D} \cdot \frac{C_S + C_P}{C_S}} = 5.01 \times 1.15 \times \frac{1}{0.87} = 6.62(\text{天})$$

第三节　有价格折扣的单品种静态 EOQ 模型

以上我们所讨论货物的单价都是常数，得出的存贮策略都与货物的单价无关。但实际上，对于一种商品常常有所谓的出厂价、批发价和零售价，购买同样一种商品的数量不同，其单价也不同。一般情况下，购买数量越多，商品单价就越低。甚至在少数情况下，某种商品限额供应，超过限额部分的商品单价要提高。这就是所谓的价格有折扣的存贮问题。

假设除去货物单价随订货数量而变化外,其余条件与模型 1 的假设相同,这时我们又如何制定相应的存贮策略呢?

记货物单价为 $K(Q)$,设 $K(Q)$ 按两个数量等级变化,这里我们假设 $K_1 > K_2$(价格分界点)。

但订购量为 Q 时,单位时间内所需要的费用如图 20－9 所示。

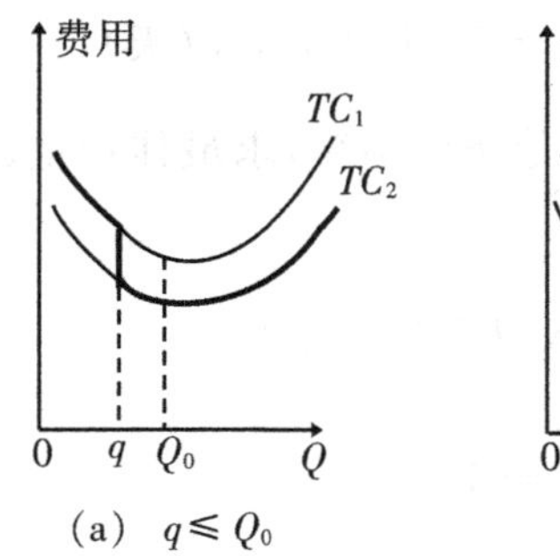

(a) $q \leqslant Q_0$

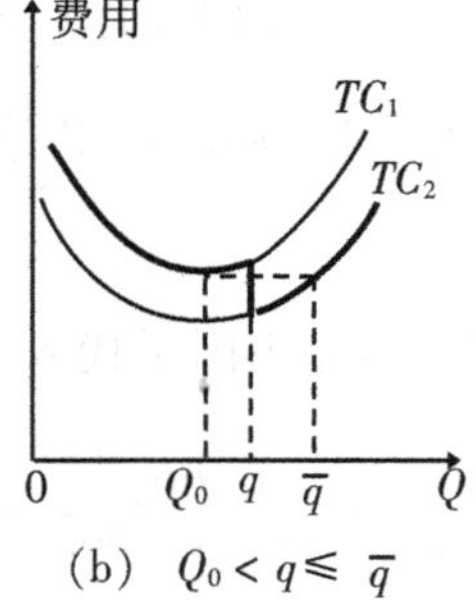

(b) $Q_0 < q \leqslant \bar{q}$

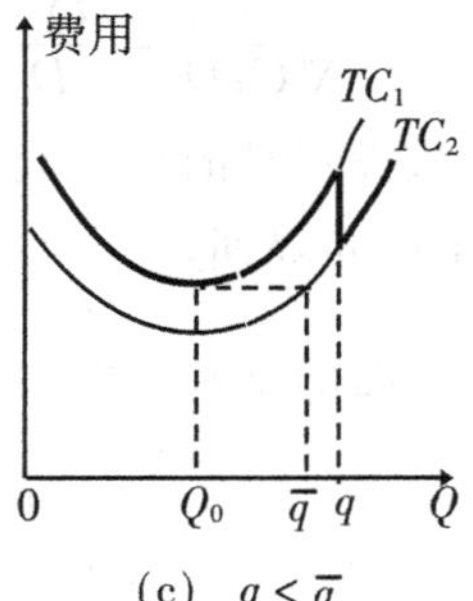

(c) $q < \bar{q}$

图 20－9

$$TC_i(Q) = \frac{Q}{2}C_P + \frac{D}{Q}C_D + K_i(Q)D$$

当 $Q \in [0,q)$ 时有:$TC_1(Q) = \dfrac{Q}{2}C_P + \dfrac{D}{Q}C_D + K_1 D$

当 $Q \in [q,\infty)$ 时有:$TC_2(Q) = \dfrac{Q}{2}C_P + \dfrac{D}{Q}C_D + K_2 D$

$$K(Q) = \begin{cases} K_1 & 0 \leqslant Q < q \\ K_2 & q \leqslant Q \end{cases}$$

若不考虑数量折扣,经济批量为:

$$Q_0 = \sqrt{\frac{2C_D D}{C_P}}$$

若 $Q \in (Q_i, Q_{i+1})$,则单位时间的总费用为:

$$TC(Q_0) = \sqrt{2C_D C_P D} + K_i D$$

设最佳订购批量为 Q^*,下面给出价格有折扣情况下的求解步骤:

(1) 先不考虑 K 的变化情况,按 EOQ 模型求出最佳订购批量,记为 Q_0。

(2) 若 $Q_0 < q$,计算 $TC(Q_0)$, $TC(q)$。由

$$\min\{TC(Q_0), TC(q)\} = Q^*$$

即得到最佳订购批量 Q^*。

例如:若 $\min\{TC(Q_0), TC(q)\} = TC(q)$,则取:

$$Q^* = q$$

(3) 若 $Q_0 > q$,则最佳订购批量就是 $Q^* = Q_0$。

以上步骤易于推广到单价折扣分 m 个等级的情形。

例 20－3　某厂每年需要某种电子元件 5000 个，每次订购费 $C_D = 50$ 元，存贮费每件每年 $C_P = 1$ 元，不允许缺货。元件单价 K 随采购数量不同而不同。具体是：

$$K(Q) = \begin{cases} 2.0 & 0 < Q < 1500 \\ 1.9 & 1500 \leqslant Q \end{cases}$$

试求最佳订货批量 Q^*。

解　利用 EOQ 公式计算：

$$Q_0 = \sqrt{\frac{2C_D D}{C_P}} = \sqrt{\frac{2 \times 50 \times 5000}{1}} = 707(\text{个})$$

由于 $Q_0 = 707 < 1500$，所以单位时间(年)总费用为：

$$TC(Q_0) = \frac{707}{2} \times 1 + \frac{5000}{707} \times 50 + 2 \times 5000 = 10707.1(\text{元}/\text{年})$$

$$TC(1500) = \frac{1500}{2} \times 1 + \frac{5000}{1500} \times 50 + 1.9 \times 5000 = 10416.67(\text{元}/\text{年})$$

因为 $TC(1500) < TC(707)$，最佳订货批量应是：

$$Q^* = 1500(\text{个})$$

例 20－4　设某厂每月需要某种物资 30000 千克，每次的订购费用是 500 元，每月每公斤的存贮费是 0.2 元，数量折扣单价如下：

$0 < Q_1 < 10000$ 时，单价为 1 元；

$10000 \leqslant Q_2 < 30000$ 时，单价为 0.98 元；

$30000 \leqslant Q_3 < 50000$ 时，单价为 0.94 元；

$50000 \leqslant Q_4$ 时，单价为 0.9 元。

求经济订购批量。

解　不考虑折扣的经济订购批量为：

$$Q_0 = \sqrt{\frac{2C_D D}{C_P}} = \sqrt{\frac{2 \times 500 \times 30\,000}{0.2}} \approx 12247(\text{千克}) > 10\,000$$

计算 Q_0, Q_3 单位时间(月)的总费用为：

$$TC(Q_0) = \sqrt{2C_D C_P D} + K_1 D$$
$$= \sqrt{2 \times 500 \times 0.2 \times 30000} + 0.98 \times 30000 = 31849.49(\text{元}/\text{月})$$

$$TC(Q_2) = \frac{30000}{2} \times 0.2 + \frac{30000}{30000} \times 500 + 0.94 \times 30000 = 31700(\text{元}/\text{月})$$

由于：$\min\{31\,849.49, 31700\} = 31700$

故经济订货批量为：$Q^* = 30000(\text{千克})$。

习　题

1. 某厂每月需要甲元件 6500 件，每次订货固定费用为 416 元，每件元件每日保管费 0.8 元。求最优订货量、订货时间、每月订货次数及其费用。

2. 某商店每月平均售出某种商品 9000 件，每次订购费为 240 元，每件每月的保管费用为 3 元。试求：

(1) 经济订购批量；

(2) 若每次订购费为 2400 元。每件每月的保管费用为 0.3 元，每次订购多少？订购时间多长？

3. 某工厂生产某种零件，每年需要量为 21000 个，该厂每月可生产 3000 个，每次生产的装配费 800 元，每个零件的月存贮费 0.4 元。求每次生产的最佳批量、最佳生产周期及最低费用。

4. 某公司每月需要电感器 500 个，每次订购费为 70 元，保管费每个每月 0.35 元。试求：

(1) EOQ 及最低费用；

(2) 若允许缺货且每月每个缺货费 1.4 元，问最大库存量与最大缺货量及最低费用各应是多少？

5. 某公司对某物资的年需求量 D 为 1000 件，每次订购费用为 20 元，存贮费为商品单价为 20%。此种物资进货价格折扣条件为，0 ～ 499 件为每件 5 元，500 ～ 999 件为每件4.5 元，1000 件以上为每件 3.90 元。求该公司对这种物资的最佳订货批量。

第二十一章　系统预测方法

第一节　系统预测概述

一、预测的概念、意义和内容

（一）预测的基本概念

自古以来，预测活动一直伴随着人类的发展而发展，世间也曾流传着数不胜数的神谕灵验、未卜先知的神话和神机妙算预言家的美妙传说。近代历史上，很多有才之士为了探索自然界的奥秘，勇敢地在未知领域摸索前进，提出了数以万计的科学假说，并根据人类当时积累的经验和科学成就，结合当时的历史条件，作出了无数的预测，并且有些预言已经应验。但是预测作为一门研究未来和探索未来的学科，还是在20世纪40年代第二次世界大战期间形成并发展起来的。这一方面是由于大规模军事决策的需要，另一方面是由于应用数学、统计学等学科的发展。战后，这门学科在经济、科学技术、社会领域的广泛应用中取得了丰硕成果，比较实用的预测方法就有数十种，得到了社会各界的重视。西方经济发达国家十分重视预测工作，它们将预测工作视为决定企业命运和国家成败的条件，因此，政府部门都大力资助社会上的科研预测机构，如美国的兰德公司就是一个具有国际威望的咨询公司，可以提供世界各个国家的预测资料。很多企业都建立了专门预测机构，进行市场预测工作，据统计，美国进行长期预测的企业，1947年为20％，到1970年达到100％；据日本1967年对63家企业的调查统计，进行长期经营规划的有60家，占总数的97％。虽然预测经费逐年大幅增长，但由于开展预测工作，企业均获得了十分可观的收益。

综上所述，我们所说的预测既不是幻想，也不是主观臆断，而是用科学的技巧与方法，以变化的、联系的辩证观点，根据事物发展的规律及以往的历史资料，经过一定的科学分析和逻辑推理，对事物未来发展的趋势和状况作出定性或定量的预计和推测，并对这种预计和推测加以评价，以期指导和调节人们的行动。也就是说，预测是根据过去和现在预计未来，根据已知推测未知，根据主观的经验与教训、客观的资料与条件、演变的逻辑与推断寻求事物的未来发展规律。所以，预测的过程就是在调查研究或科学实验基础上的分析过程，简称为预测分析。

预测分析所运用的科学方法与手段，我们把它们统称为预测技术，又称为预测方法。预测的理论与方法就是由预测分析和预测技术组成的。预测重在分析，贵在方法，目的在应用。

（二）预测的意义

我们常说“凡事预则立，不预则废”，这个“预”字就包含有预见预测的意思，讲的是预测的重要作用。我国实行改革开放政策，社会经济活动日益法制化、规范化，没有好的预测就没有好的决策，预测工作的重要性越来越明显，进一步深入探讨如何做好预测工作有着重要的现实意义和深远的历史意义。

搞好预测是经济实现转轨变型、加强经营决策的需要。目前，世界正处于新技术革命时期，新技术的发展，更新换代的速度加快。据统计，新技术的平均生命周期每隔 20 年要缩短 50%。新技术从发明到淘汰，在 20 世纪 20 年代一般为 40 ～ 50 年，40 年代为 20 ～ 25 年，60 年代为 12 ～ 15 年，70 年代到 80 年代只有 8 ～ 9 年，其中个别的电子仪器产品只有 3 ～ 5 年，甚至更短。因此，为了迎头赶上世界先进水平，使企业产品能够适应国内市场的需要，并进一步打入国际市场，必须搞好科学预测。

科学预测是整个计划工作的一个有机组成部分，是制定计划的前提工作。科学的经济预测资料是客观经济规律的反映，分析其走势及新动向，可以为国家和国民经济各部门制定经济政策提供依据和建议。如果不搞预测，不会预测，只凭主观想象和愿望，就会造成瞎指挥，必然要导致决策失误，给国家带来损失。

因此，预测不仅关系到一个公司、工厂和企业的生存与发展，而且已成为一个国家发展国民经济和科学技术而必须研究的领域。预测成败与否，将直接影响国民经济和科学技术的发展。

进行预测，开展预测技术的研究，在我们这样一个发展中国家，更有其特殊的意义。我们国家要逐步实现社会主义现代化，就要求我们制定出切实可行的发展规划，把现有的人力、物力，财力和科学技术力量最有效地用在国民经济和科学技术的发展上，而所有这些都离不开预测。在国外，有的国家已经把预测法律化、规范化，即一切计划的制定都应该建立在科学预测的基础上。

（三）预测的内容

预测所研究的领域极其广泛，它包括：

1. 预测未来科学的新发现、技术的新发明，以及这些新发现和新发明应用的领域。

2. 预测科学技术发展的前景、经济的发展及其相互影响和作用。

3. 预测未来的社会发展、劳动力需求、城市及人口，以及食品、文化、教育、交通运输、电力、通信、医疗保健、环境保护、空间开发等等。

因此，预测所研究的范围包括自然科学、技术科学、社会科学和社会实际应用等广泛领域。它涉及政治、经济、历史、社会、文化以及人们心理、社会道德风貌等方面。而对一个企业来讲，预测的范围主要包括：

1. 对经济指标的预测。包括国民经济对产品的需求量、产品的结构及发展速度、投资构成及分配趋向、产品的成本水平和质量目标等。

2. 对技术进步趋势及方向的预测。包括产品的寿命周期、设备更新速度、最新产品在产品生产中的比重、专业化与协作水平、产品标准化程度、先进的工艺方法及技术经济效果等。

3. 市场预测。如市场销售能力及市场竞争能力、产品的市场占有率、原材料供应、产品价格、设备投资等。

4. 对科学技术开发计划的预测。如技术发明及其应用领域的预测、新技术新产品的发展预测、新术、技术经济效果的预测等。

二、预测的分类和特点

(一)预测的分类

随着预测技术的不断发展,预测技术的种类越来越多。

1.按预测的内容分,有如下几种:

(1)社会预测。这是指有关社会发展问题的预测。预测的目的在于选择社会发展的战略目标,控制和利用社会的发展趋势,预防社会发展的不良后果。因此,社会的发展模式、社会制度、社会的人口构成、生活方式、社会环境、生态变化、社会需求、社会教育和文化生活、社会机构的职能、社会管理、社会福利和公益事业等方面的发展与变化,都是社会预测的对象。

(2)经济预测。这是指经济领域发展变化的预测。预测的目的是研究经济的增长或增长的模式、经济体制和结构的改革、经济发展目标和发展战略、经济资源的配置和流动趋势、计划和管理、市场供求关系、工农业及其他行业的发展前途、提高经济效益的渠道等等。

(3)科学预测。这是指对科学发展的趋势、方向和可能出现哪些成果的预测。预测的目的是研究科学体制结构的变化、可能出现的科学发明与创造、科研的发展方向、科学发展的资金资源和人力物力、科学对人和社会的影响等方面的问题。

(4)技术预测。这是指对技术发展趋势、技术发明、应用效果等问题的预测。预测的目的是研究与技术发明、技术应用和推广有关的问题,如新工艺、新材料、新设备、新技术的推出时间,可能出现的技术发明及其应用领域,技术发明与市场对新产品需求的关系等。

(5)军事预测。军事预测是以国防和战争方面的课题为预测对象。预测的目的是研究国防的途径和措施、应付未来战争的战略战术,未来战争中的战略目标选择、兵力部署、作战计划,武器性能的改造、新式武器的发展及威力、军事力量对比的发展变化、军费开支和预算、未来战争对人和社会的影响等。

2.按预测的时间分,有如下几种:

(1)短期预测。预测程以天数计。

(2)近期预测。预测程以周或月计。

(3)中期预测。预测程 1 ~ 5 年。

(4)长期预测。预测程 5 年以上。

预测的精度是随着预测程的长短不同而变化着。预测的期限越长,预测的误差就越大。预测期限的长短取决于预测对象、性质,内容和要求,并服从于决策的需要。

3.按预测方法分,有如下几种:

(1)定性预测。主要根据事物的性质、特点、过去和现状的延续状况等方面,对事物进行非数量化的分析,然后根据这些分析,对事物的未来发展趋势作出预测和判断。定性预测是依靠人们的主观判断来取得预测的结果。定性预测所用的方法主要有专家预测法、德尔菲法等。

(2)定量预测。通过建立数学模型和应用电子计算机运算,对事物进行定量分析,然后根据这种分析,对事物未来发展趋势作出预测和判断。它往往不直接依靠人们的主观判断,而主要依靠充分的历史资料,计算出未来事件可能出现的结果(数据)。因此,定量预测一般比定性预测精确。定量预测所用的方法主要是各种数学模型。

(3) 综合预测。任何一种预测方法都有一定的适用范围，都有一定的局限性。为了克服这些缺点，往往采用多种预测方法，进行综合预测。综合预测主要指两种以上方法的综合运用。综合预测兼有定性预测和定量预测的长处，因此，预测的精度和可靠性较高。

(二) 预测的特点

预测有如下几方面的特点：

1. 科学性。预测是根据过去的统计资料和经验，通过一定的程序、方法和模型，取得事物诸因素之间相互联系和相互关系的信息，从而对未来事物发展的趋势作出判断。它基本上反映了事物发展的规律性，所以预测具有科学性。

2. 近似性。预测是对未来事件的估量和推测，发生于事物发展变化之前，预测的结果总会与将来事物发生的实际情况存在一定的偏差，预测的数值同未来事物发生的数值不可能完全一致，仅仅是一个近似值，所以预测具有近似性。

3. 局限性。预测对象的许多因素，往往受到外部各种因素变化的影响，带有随机性，加上人们对未来事物的认识，总有一定的局限性，或者由于掌握的资料不准确、不全面，或者对具有许多复杂因素事件进行预测时，为了建立模型而简化了一些因素和条件，以致预测的结果往往不能表达事物发展的全体。因此，预测出来的信息对事物的表达具有一定的局限性。

三、预测的过程和步骤

(一) 预测的基本过程

可以把预测过程看成一个系统，分为输入、处理和输出，如图 21－1 所示。

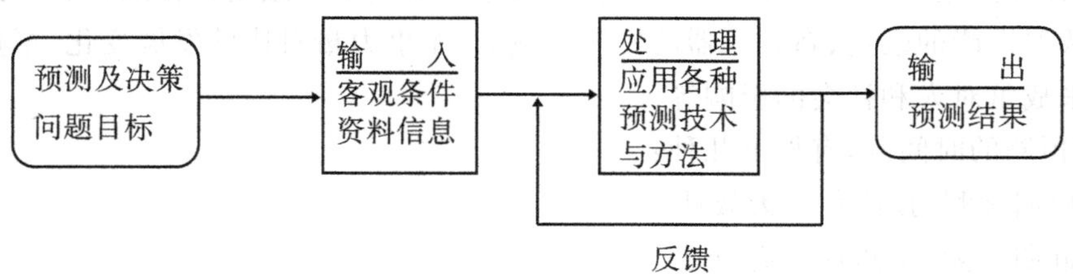

图 21－1　预测的基本过程

如果被预测对象体系复杂，则需进行分解。即把总预测对象看作一个母系统，把它分解为若干个子系统(单元)，子系统再分为若干个小系统进行预测。之后再用系统观点逐级合成，作出整个系统的预测。

(二) 预测的步骤

1. 明确预测目标

确定需要预测的对象，规定通过预测希望达到的目标。目标的类型有：① 期限的长短。如企业中产品的寿命周期，设备更新周期、厂房维修周期等。其预测目标多是为推测出最经济的产品的市场寿命或使用寿命。② 质量差异的界限。如产品中的性能界限，质量管理中的偏差界限，计划管理中的数量界限以及销售管理中的价格界限等。其预测目标往往是要求将经济性与可靠性结合起来，从而寻找出最有利的区间。③ 数量技术的变化。其预测目标一是技术装备，如通过技术预测掌握技术的发展趋势；二是管理项目，如通过需求预测掌握未来一定时期社会对某类产品的需求量及其需求趋势等。

2. 收集资料，分析数据

汇集各种调查研究的情报资料，并注意资料的可靠性。预测资料的来源大致有：

(1) 国家政府部门的计划与统计资料。

(2) 本系统(公司、企业) 的计划、统计和活动资料。

(3) 国外技术经济情报及技术进口项目的资料。

(4) 各研究单位，学术团体的研究成果、刊物资料等。

3. 建立预测模型

预测的核心是建立符合客观实践结果的数学模型。预测模型依据被预测对象及其影响因素之间的关系，可分为四种：

(1) 因果关系模型。用于研究预测目标(Y)与其影响因素(X) 之间的因果关系。用函数表示为 $Y = f(X)$，简称 $Y \leftarrow X$ 型模型。

(2) 结构关系模型。用于研究预测目标之间的结构关系。不同预测目标之间互为函数，简称 $Y \leftrightarrow Y$ 型模型。

(3) 时间关系模型。用于研究预测目标与时间过程之间的演变关系。用函数表示为 $Y = f(t)$，简称为 $Y \leftarrow t$ 型模型。

(4) 随机性模型。用于研究预测目标为影响因素是随机变量函数的演变关系。

4. 分析评价

所谓评价，是指对其预测结果或其主要构成因素之间的函数关系是否符合客观规律而进行检验。分析评价的重点是影响未来发展的新因素，并尽量把这些不同于过去的新因素转化成数量概念，分析这些因素影响范围和程度，找出预测与实际产生的误差大小。

5. 修正预测值

经分析评价，找出预测与实际之间的误差之后，要根据误差大小及其产生的原因，对预测结果进行修正，选出满意的数值，作为决策依据。

第二节　定性预测方法

定性预测方法是利用直观材料，依靠人的经验和综合分析能力，对未来状况作出估计。这一节主要介绍专家预测法、德尔菲法两种常用定性预测方法。

一、专家预测法

专家预测法是以专家为索取信息的对象，是专家运用自己的知识和经验，直观地对过去和现在发生的过程进行分析综合，从中找出规律，并对发展远景作出判断。然后，对专家的意见进行整理、归纳，得出预测。专家预测法包括专家个人判断和组织专家会议两种形式。

(一) 专家个人判断

专家个人判断的主要优点是：可以最大限度地利用个人的创造能力，不受外界影响，没有心理压力。但依靠个人判断容易受到专家知识面、知识深度、各人所占有的资料以及对所预测的问题是否有兴趣等所影响,因而难免带有片面性。

(二)组织专家会议

专家会议同个人判断比较,有如下优点:

1. 专家会议的信息量要比单个成员占有的信息量大。

2. 专家会议考虑的因素要比单个成员考虑的因素多。

3. 专家会议提供的方案要比单个成员提供的具体。

专家会议有助于交换意见,相互启发,集思广益,通过内外反馈把思想集中于战略目标,为重大决策提出预测。然而专家会议代表性可能不够充分,有时易受心理因素影响,如屈服于权威和大多数人的意见、忽视少数人的正确意见以及不愿公开修正已发表的意见等等。

二、德尔菲法(Delphi)

德尔菲法是美国兰德公司于 1964 年首先应用于技术预测的方法。德尔菲是古希腊传说中的神谕之地,城中有座阿波罗神殿可以预卜未来,因而借用其名。

德尔菲法是专家会议预测法的一种发展。它是采取匿名方式通过几轮函询,征求专家们的意见,然后将他们的意见综合、整理、归纳,再反馈给各个专家,供他们分析判断,提出新的论证。如此多次反复,意见逐步趋于一致。下面就德尔菲法的组织领导、专家的选择、预测的问题、预测过程以及结果的处理和表达方式等分别作一介绍。

(一)组织领导

开展德尔菲法预测,需要成立一个预测领导小组。领导小组负责拟定预测主题,编制预测事件一览表,选择专家,以及对预测结果进行分析和处理等。

(二)专家的选择

选择专家是德尔菲法的关键,也是应用德尔菲法进行预测的一项重要工作。所谓专家,是指掌握某一特定领域知识和技能的人。怎样选择专家是由预测任务决定的。如果要求比较深入地了解本部门的历史情况和技术政策,或牵涉到本部门的机密问题,则最好从本部门选取专家。如果预测任务仅仅关系到具体技术发展,则最好同时从部门内外挑选。从外部选择专家,首先要收集比较熟悉的专家名单,然后从已掌握的情况和有关资料中物色一批知名专家。在选择专家过程中,不仅要注意选择精通技术,有一定名望、有学派代表性的专家,同时还需要选择边缘学科、社会学和经济学等方面的专家。专家的人数,一般以 10 ~ 50 人为宜。人数太少,学科代表性有所限制,缺乏权威,影响预测精度;人数太多,难以组织,对结果的处理也比较复杂。然而对于一些重大问题,专家人数也可扩大到 100 人以上。

(三)预测的问题

在开展预测前,首先要根据预测任务拟定调查表。

1. 制定目标—手段调查表

预测领导小组单独或与专家一起,对已掌握的数据进行分析,确定出预测对象的总目标和子目标,以及达到目标的手段。

2. 制定专家应答问题调查表

这个调查表是德尔菲法预测的重要工具，是信息的主要来源。表的质量对预测结果的准确程度影响很大。制表时要对问题进行分类，对回答提出要求。

(1) 问题分类

专家应答问题可分为两类：

① 要求作出定量估价。如就事件完成时间、技术参数值、事件实现的概率、各因素的相互影响(用比分表示)等发表意见。

② 要求作出一定说明。这类问题又分为三种：a. 没有附带条件的肯定回答；b. 推断式回答；c. 有条件的回答。

(2) 对回答的要求

① 标明概率。当预测其事件发生时间时，一般要求专家给出三个概率日期，即10%概率——未必有可能实现，50%概率——实现与否的可能性相当，90%概率——事实上完全可能实现。在其他情况下，也可选取其他概率。

② 对问题作出定量回答。a. 若估价方案的相对重要性时，要求专家按百分制打分；b. 估价各种方案或决策在技术发展中的比重时，要求专家给出各自的百分比；c. 若从事方案选择时，要求专家只选择一种符合他本人观点的方案。

③ 对判断的依据及其对判断的影响程度作出说明。

④ 对预测问题熟悉程度作出估价。

(四) 预测的过程

调查表制定后就可以开始预测，一般分四轮进行。预测过程中要创造条件使专家能够自由地、独立地进行判断。

第一轮，发给专家第一轮调查表，不带任何框框，只提出预测任务。专家根据预测任务，提出需要预测的事件。预测领导小组对专家填写后寄回的调查表进行汇总整理，归并同类事件，排除次要事件，用准确术语提出一个事件一览表，并作为第二轮调查表再发给每个专家。

第二轮，专家对第二轮调查表所列的每个事件作出评价，并阐明理由。领导小组对专家们的意见进行统计。

第三轮，根据第二轮统计材料，专家们再一次进行判断和预测，并充分陈述理由。有些预测在第三轮时仅要求持不同意见的专家陈述理由，因为他们的依据经常是其他专家忽略的一些外部因素或未曾研究过的一些问题。这些依据往往对其他成员重新作出判断产生影响。

第四轮，在第三轮统计结果的基础上，专家们再次进行预测。根据领导小组要求，有的成员要重新作出论证。

通过四轮，专家们的意见一般可以相当协调。然而许多短期预测，通过两轮或三轮，专家们的意见亦可相当一致。

(五) 组织预测应注意的问题

采用德尔菲法时，应注意以下几点：

1. 对德尔菲法要作出充分说明。为了使专家全面了解情况，一般调查表都应有前言，用以说明预测的目的和任务以及专家应答在预测中的作用。同时，还要对德尔菲法作出充分说明。因为德尔菲法目前并不为众人所周知，因而领导小组应阐明德尔菲法的实质、特点，以及轮间反馈对评价的作用。

2. 问题要集中。预测问题要有针对性，不要过于分散，以便使各个事件构成一个有机整体。问题要按等级排队，先综合后局部。在同类问题中，先简单后复杂。这样由浅入深的排列，易于引起专家回答问题的兴趣。

3. 避免组合事件。如果一个事件包括两个方面，一个方面是专家同意的，而另一方面则是不同意的，这时专家就难以作出回答。

4. 领导小组意见不应强加于调查表中。在对某事件的预测过程中，当意见对立的双方都没有把对方的意见给予足够考虑时，有时领导小组就试图把自己的观点加在调查表中，作为反馈材料供下一轮预测时参考。这样处理，势必出现诱导现象，使专家的评价向领导小组靠拢，从而得出迎合领导小组观点的预测结果，其可靠性是值得怀疑的。

5. 轮间时间间隔。不同的预测，轮间间隔差别较大。多数预测完成一轮需要 4 周或 6 周，然而有的预测两轮一共只需 26 天。这除了与问题繁简、难易有关外，还与专家对预测问题的兴趣有关。

上述原则来自于大量的德尔菲法的试验总结和领导小组的经验。研究和遵守这些原则，有助于得到有益的预测。

（六）结果的处理和表达方式

对应答结果进行分析和处理是德尔菲法预测的最后阶段，也是最重要的阶段。处理的方法和表达方式，取决于预测问题的类型和对预测的要求。

德尔菲法应用最广泛的是：要求专家对某事件发生的时间提出评价，对某方案在总体中的比重进行评价，对众多目标和方案相对重要性评价以及多方案选优问题。

对事件完成时间预测结果的处理，是最常用的一种德尔菲法。在对这类预测进行统计处理时，用中位数代表专家们预测的协调结果，用上下四分点代表专家们意见的分散程度。如果专家们预测结果按时间顺序排列，并分成四等分，则中分点值称为中位数，表示专家中有一半人估价的时间早于它，而另一半人估价的时间晚于它。先于中分点的四分点为下四分点，后于中分点的四分点为上四分点。

（七）特点

与一般专家预测法相比较，德尔菲法主要有如下三个特点：

1. 匿名性。应邀参加预测的专家，彼此不知是谁，这就消除了心理因素的影响。专家可以参考前一轮的预测结果，修改自己的意见而无须作出公开说明，无损自己的威望。

2. 轮间反馈沟通情况。德尔菲法是在匿名情况下进行的。为了使参加预测的专家掌握每轮预测的汇总结果和其他专家提出意见的论证，预测领导小组对每一轮的预测结果作出统计，并作为反馈材料发给每个专家，供下一轮预测时参考。

3. 预测结果的统计特性。为了对预测进行定量估价，德尔菲法采用统计方法对预测结果进行处理。

第三节　时间序列预测方法

一、时间序列及模型

所谓时间序列，就是观察或记录到的一组按时间顺序排列起来的数字序列。通常是按一定的时间间隔，比如按天、周、月和年进行观测统计。实际上，时间序列分析这种方法，不仅可以用于按时间观测的统计量，也可以用于如按速度、温度等间隔的观察统计量。但按习惯，仍然使用时间序列这一术语。

时间序列用于预测的基本思想是认为历史将延续到未来，即一种事物过去随时间而变化的趋势，也是今后该事物随时间而变化的趋势。预测的方法就是时间序列的外推。

（一）时间序列模型

时间序列模型是一种描述性方法，它的基本出发点是将一个原始序列分为几个分量，几个分量从不同的方面反映着时间序列。因此，整个时间序列的适宜模型为一复合形式，其模型为：

$$Y = T \cdot S \cdot C \cdot R \qquad (21-1)$$

式中：T 为长期趋势分量；S 为季节性变动分量；C 为周期性变动分量；R 为随机性变动分量。

各分量的含义是：

1. 长期趋势分量，是指拟预测事物在长时间上总的平滑向上或向下的变动趋势。这种趋势可能是由于自然环境的变化、技术的发展等原因所造成的，它对于作长期的较粗略的预测很有用。

2. 季节性变动分量，是指时间序列上每年重复出现的周期变动。这主要是由于季节特点而引起的，它对于短期预测和生产预测有实际意义。

3. 周期性变动分量，是指以数年为周期（各周期长短可能不一）的一种景气变动、经济变动或其他周期性变动。

4. 随机性变动分量，是指由于各种事前无法预料的随机因素而引起的波动，诸如一些偶然因素引起的时间序列变动等。

（二）时间序列模型各分量分析

1. 长期趋势分量

拟合长期趋势分量是为了描述历史，预测未来。其方法有：

(1) 凭借对时间序列散点图的直接观察，用手工方法直接拟合一个大致的趋势线。这种方法可以在要求不很高，只需大致了解变动趋势的情况下使用，其作用是为进一步选择精确的拟合线作参考。

(2) 用最小二乘法拟合时间序列趋势分量。这种拟合可以是直线，也可以是二次曲线、对数曲线等。

(3) 使用移动平均法和指数平滑法，反映时间序列总的趋势。

2. 季节性变动分量

季节性变动分量是表示季节性波动的，对于短期计划和解决生产决策及控制来说，必须予以考虑。分析季节性变动的目的主要是：分析和排除季节性变动，以利于研究非季节性变动；研究季节性变动本身，以便根据时间序列预测未来。

3. 周期性变动分量

周期性变动分量又称循环性变动。它比季节性波动的周期要长，但有相当的规律性。例如，经济繁荣和经济危机交替发生的经济现象，销售随季节变化的淡季旺季，就属于周期性变动。

4. 随机性变动分量

随机性变动分量又称偶然性波动，包括各种自然事故引起的变动。例如故障、意外事故、灾害、气候、战争和测度误差等。

二、平均数预测方法

平均数法一般不独立用于预测，只用它来求出平均值，然后用最小二乘法求出长期趋势。如独立地用来预测，则只适用于某些对象的近期和短期预测。下面介绍常用的算术平均数、加权平均数和调和平均数三种方法。

（一）算术平均数法

算术平均数预测法是将总体的各个数据之和除以总体数据点的个数，所得算术平均数，作为未来的预测值。此种方法简单、直观，当预测事物变化较小时，平均值代表平均水平，应用比较普遍。

设 $x_1, x_2, \cdots, x_n$ 为几个观察值，则算术平均数为：

$$\bar{x} = \frac{x_1 + x_2 + \cdots x_n}{n} = \frac{\sum_{i=1}^{n} x_i}{n} \tag{21-2}$$

式中：$\bar{x}$ 为算术平均数，即未来的预测值；x_i 为观察值($i = 1, 2, \cdots, n$)；n 为总体中的数据点个数。

例 21－1 某公司有若干家生产同一种产品的工厂，现抽样调查了 10 家工厂去年生产该产品的成本，分别为 220 元，270 元，225 元，225 元，280 元，210 元，250 元，235 元，240 元，250 元。试求出这 10 家工厂生产此种产品的平均成本。

$$\bar{x} = \frac{220 + 270 + 225 + 225 + 280 + 210 + 250 + 235 + 240 + 250}{10} = 240.5(\text{元})$$

平均数 240.5 元是 10 家工厂代表性成本，它代表了中心趋势的测度值。我们如果要预测第 11 家工厂该产品的成本情况，在未调查前，240.5 元即可作为预测值。

为进一步说明平均数观察值的均匀程度，可用标准差表示。其公式如下：

$$s = \sqrt{\frac{\sum_{i=1}^{n} (x_i - \bar{x})^2}{n}} \tag{21-3}$$

式中，s 表示标准差，它代表观察值的均匀程度。s 越小越均匀，s 越大其均匀程度越差。例 21－1 中的标准差为：

$$s = \sqrt{\frac{\sum_{i=1}^{n} (x_i - \bar{x})^2}{n}} = \sqrt{\frac{4,472.5}{10}} = 21.15(\text{元})$$

(二) 加权平均数法

当给定一组观察值欲求平均数时，有时各观察值的重要性不尽相同，于是应对每个观察值的重要性估计一个权数，然后求每个观察值与之对应的权数之积求和，再把此和除以诸权数之和。这种计算平均数的程序称为加权平均数法。

设 $x_1, x_2, \cdots, x_n$ 为 n 个观察值，$w_1, w_2, \cdots, w_n$ 为已知对应的权数，则有：

$$y = \frac{\sum_{i=1}^{n} w_i x_i}{\sum_{i=1}^{n} w_i} \tag{21-4}$$

式中：y 为加权平均数；x_i 为观察值($i = 1, 2, \cdots, n$)；n 为总体中的数据点数；w_i 为各观察值对应的权数。

相应的标准差为：

$$s = \sqrt{\frac{\sum_{i=1}^{n} (x_i - y)^2 \cdot w_i}{\sum_{i=1}^{n} w_i}} \tag{21-5}$$

例 21－2 某工厂生产一种民用产品，上半年每月销售量分别为 650 件，680 件，700 件，750 件，850 件和 900 件。若销售量的权数依次为 0.01，0.04，0.08，0.12，0.25，0.5，试求上半年各月加权平均数，并判断此数能否作为 7 月份的销售预测值。

$$y = \frac{650 \times 0.01 + 680 \times 0.04 + 700 \times 0.08 + 750 \times 0.12 + 850 \times 0.25 + 900 \times 0.5}{0.01 + 0.04 + 0.08 + 0.12 + 0.25 + 0.5}$$

$$= \frac{842.2}{1.00} = 842.2(\text{件})$$

从所给的资料可以看出，销售量是逐月上升的，第 7 个月的销售量可能接近 1000 件，而现在的加权平均数只有 842 件，这主要是采取加权系数不合理造成的。因此，此数不能作为 7 月份的销售预测值。但是，若能获得正确的加权系数，则加权平均数法是一种很实用的预测方法。

(三) 调和平均数法

调和平均数法是先求出每个观察值的倒数，然后计算这些倒数的算术平均数，最后取此平均数倒数，即得所求调和平均数。

设 $x_1, x_2, \cdots, x_n$ 为 n 个观察值，则调和平均数为：

$$H = \frac{1}{\frac{\sum_{i=1}^{n} \frac{1}{x_i}}{n}} = \frac{n}{\sum_{i=1}^{n} \frac{1}{x_i}} \tag{21-6}$$

调和平均数可视为一种特殊的加权平均数。同一组观察值求平均数时，调和平均数小于算术平均数。

当所给观察值是预测目标的子项比重(比率)数值时，多应用调和平均数法进行预测。它要求所有观察值均不为零，其作为一种数值平均数较之算术平均数受极端值的影响较小。

三、移动平均数预测法

移动平均数法是在算术平均数法基础上发展起来的。当所给观察值含有季节性变动、周期性变动和随机性变动时，可用移动平均数法来消除这些变动因素的影响，对时间序列的长期趋势进行预测。

(一) 一次移动平均法

算术平均数法是用来说明一般情况的，它反映不出数据变化的最大值和最小值，更看不出发展过程和演变趋势。图 21－2 中的横虚线就是根据表 21－1 中数据的平均值画出来的。

$$\bar{x} = \frac{\sum_{i=1}^{n} x_i}{n} = \frac{1692}{25} = 67.68$$

在图 21－2 中，我们也看到了另外一种情况，数据点的自然分布虽然最能反映出已经过去了的真实情况，可是，这些点非常散乱，如果点数很多时，也很难分辨出有什么规律性。

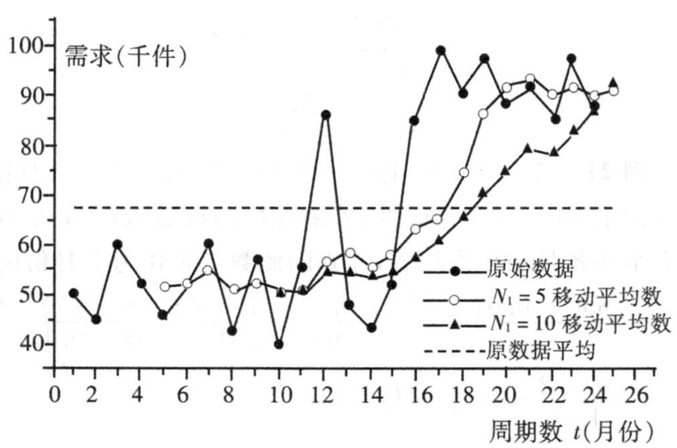

图 21－2

如果把表 21－1 中的数据分为五段，每段五个数据点，分别计算出的每段的平均值为 50.4，50.2，57.4，91.2，89.2。用这些数据作图，就比平均线好多了。但是，也出现了新的问题，就是数据点减少得过多，图线不精确。如果把这种分段平均法不是固定在某一段上，而是按数据点的顺序，逐点推移，将大有改进。

例如：第一段是 1，2，3，4，5 数据点；第二段是 2，3，4，5，6 数据点；第三段是 3，4，5，6，7 数据点。以此类推，可以找出 $n - N_1 + 1$ 段数据点。

这种方法叫做移动平均法，它的基本思想是：每次取一定数量周期的时间序列数据平均，逐次推进。而每次推进一个周期时，舍去上一段第一个周期数据，增加一个新周期的数据，再行平均。依次不断向前推进，并以这种平均值作为下一周期的预测值。用公式表示为：

$$M_t^{(1)} = \frac{x_t + x_{t-1} + \cdots + x_{t-N_1+1}}{N_1} \quad (t \geqslant N_1) \qquad (21-7)$$

式中：t 为周期数；M_t 为第 t 周期的平均数；(1) 为一次(移动平均数)；x_t 为第 t 周期的数据；N_1 为平均数的各分段数据个数。

表 21－1　一次移动平均法数据

周期数 t(月份)	需求 x_t(千件)	$M_t^{(1)}(N_1=5)$	$M_t^{(1)}(N_1=10)$
1	50	—	—
2	45	—	—
3	60	—	—
4	52	—	—
5	45	50.4	—
6	51	50.6	—
7	60	53.6	—
8	43	50.2	—
9	57	51.2	—
10	40	50.2	50.3
11	56	51.2	50.9
12	87	56.6	55.1
13	49	57.8	54.0
14	43	55.0	53.1
15	52	57.4	53.8
16	85	63.2	57.2
17	98	65.4	61.0
18	90	73.6	65.7
19	97	84.4	69.7
20	86	91.2	74.3
21	91	92.4	77.8
22	83	89.4	77.4
23	97	90.8	82.2
24	86	88.6	86.5
25	89	89.2	90.2

当 $N_1=1$ 时，$M_t^{(1)}=x_t$，相当于数据点的自然分布，没有平均的意义。当 N_1 等于数据点的总点数时，$M_t^{(1)}=\bar{x}$。

公式(21－7)也可以改写成如下递推形式：

$$M_t^{(1)}=\frac{x_t+x_{t-1}+\cdots+x_{t-N_1+1}+x_{t-N_1}-x_{t-N_1}}{N_1}$$

$$=\frac{x_{t-1}+x_{t-2}+\cdots+x_{t-N_1}}{N_1}+\frac{x_t-x_{t-N_1}}{N_1}$$

$$=M_{t-1}^{(1)}+\frac{x_t-x_{t-N_1}}{N_1} \qquad (21-8)$$

例 21－3　已知某产品过去 25 个月实际需求的统计数据(见表 21－1)，取 N_1 等于 5 和 10，分别求出其一次移动平均预测值。

解　按公式(21－7)，得：

$$M_5^{(1)}=\frac{x_5+x_{5-1}+x_{5-2}+x_{5-3}+x_{5-5+1}}{5}$$

$$=\frac{x_5+x_4+x_3+x_2+x_1}{5}$$

$$=\frac{45+52+60+45+50}{5}$$

$= 50.4$

按公式(21－8),得：

$$M_6^{(1)} = M_5^{(1)} + \frac{x_6 - x_{6-5}}{5} = 50.4 + \frac{51-50}{5} = 50.6$$

同理,可计算出 $M_7^{(1)}, M_8^{(1)}, \cdots, M_{25}^{(1)}$,将所计算的数据列入表 21－1 。将计算 $N_1 = 10$ 时的全部一次移动平均值也列入表 21－1 中。

为直观分析,将上述计算结果绘在图 21－2 中,图中的连线就是数据处理之后的分析线。$N_1 = 5, N_1 = 10$ 这两条分析线的延伸或者重复,即是定量预测的一种根据。

从上述计算结果及作图可以看出,N_1 取值不同,结果不同。N_1 取值较小时,预测结果较灵敏,能较快地反映数据变动的趋势;相反,N_1 取值较大时,灵敏度较差,"趋势性"平稳,但能淹没季节性,"滞后现象"显著增加。在一般情况下,N_1 究竟取何值适宜,不仅要从灵敏度考虑,还要与产品生产的具体条件等一起综合考虑。

(二) 二次移动平均法

前面介绍了一次移动平均法,其灵敏度的高低与移动平均所取的周期数 N 有关,这种方法对于较平稳的即变动不太剧烈的时间序列吻合较好,否则较差。为了提高吻合程度,在第一次移动平均数据的基础上,再进行一次移动平均,称二次移动平均法。二次移动平均法的目的不是直接用于预测,而是为了求出趋势系数,当时间序列数据具有线性趋势时,用来修正第一次移动平均值的"滞后现象"。

二次移动平均法的公式为：

$$M_t^{(2)} = \frac{M_t^{(1)} + M_{t-1}^{(1)} + \cdots + M_{t-N_2+1}^{(1)}}{N_2} \qquad (t \geqslant N_2) \qquad (21-9)$$

式中:$M_t^{(2)}$ 为二次移动平均数;N_2 为二次移动平均数的各分段数据个数;$M_t^{(1)}$ 为 t 周期一次移动平均数。

在一次移动平均法的预测中,由于是分段求平均数,因此当数据具有线性趋势时,分析线无法与实际线相符合,总要落后于数据的演变,而形成一种滞后偏差。二次移动平均法正是利用这种滞后偏差的演变规律,建立线性时间关系模型：

$$Y_{t+T} = a_t + b_t T \qquad (21-10)$$

式中:t 为目前周期数;T 为由目前周期 t 到需要预测的周期数;Y_{t+T} 为由 t 到 T 周期的预测值;b_t 为斜率,即单位周期变化量;a_t 为截距,即目前周期数据水平。

取 $N_1 = N_2 = N$,设偏差 $x_t - M_t^{(1)} = M_t^{(1)} - M_t^{(2)}$,所以：

$$a_t = x_t = M_t^{(1)} + (M_t^{(1)} - M_t^{(2)}) = 2M_t^{(1)} - M_t^{(2)}$$

又设 $x_t - M_t^{(1)} = \frac{N-1}{2} b_t$,因 $M_t^{(1)} - M_t^{(2)} = x_t - M_t^{(1)}$,所以：

$$\frac{N-1}{2} b_t = M_t^{(1)} - M_t^{(2)}$$

$$b_t = \frac{2}{N-1}(M_t^{(1)} - M_t^{(2)})$$

故求 a_t, b_t 的公式为：

$$a_t = 2M_t^{(1)} - M_t^{(2)} \qquad (21-11)$$

$$b_t = \frac{2}{N-1}(M_t^{(1)} - M_t^{(2)}) \qquad (21-12)$$

例 21－4 以上例一次移动平均所列的数据，进行二次移动平均，并求出第 30 周期的预测值。

解 第一步，根据公式(21－9)计算出二次移动平均数，计算结果列入表 21－2。

第二步，计算系数。

按公式(21－11)，则：

$$a_{25} = 2M_{25}^{(1)} - M_{25}^{(2)} = 2 \times 89.2 - 87.7 = 90.7$$

按公式(21－12)，则：

$$b_{25} = \frac{2}{5-1}(89.2 - 87.7) = \frac{1}{2} \times 1.5 = 0.75$$

第三步，进行预测。

当 $t = 25$ 时，按公式(21－10)，则：

$$Y_{25+T} = 90.7 + 0.75T$$

现求第 30 周期，即 $T = 30 - 25 = 5$，所以：

$$Y_{25+5} = 90.7 + 0.75 \times 5 = 94.45$$

即第 30 周期预测值为 94.45 单位。

表 21－2 二次移动平均法数据

周期数 t(月份)	需求 x_t(千件)	$M_t^{(1)}(N_1 = 5)$	$M_t^{(2)}(N_2 = 5)$
1	50	—	—
2	45	—	—
3	60	—	—
4	52	—	—
5	45	50.4	—
6	51	50.6	—
7	60	53.6	—
8	43	50.2	—
9	57	51.2	51.2
10	40	50.2	51.2
11	56	51.2	51.3
12	87	56.6	51.9
13	49	57.8	53.4
14	43	55.0	51.8
15	52	57.4	53.2
16	85	63.2	55.6
17	98	65.4	57.4
18	90	73.6	60.6
19	97	84.4	66.5
20	86	91.2	73.3
21	91	92.4	79.1
22	83	89.4	83.9
23	97	90.8	87.3
24	86	88.6	88.1
25	89	89.2	87.7

四、指数平滑预测法

应用移动平均法预测时，加进新的数据点比较容易。但这种方法需要较多的历史数据，数据存贮量比较大，有时显得不够方便，因此发展了一种存贮数据较少的改进方法，即指数平滑法。

（一）一次指数平滑法

指数平滑法的数学模型为：

$$S_t^{(1)} = \alpha x_t + (1-\alpha)S_{t-1}^{(1)} \qquad (21-13)$$

式中：$S_t^{(1)}$ 为第 t 周期的一次指数平滑值；x_t 为第 t 周期的实际观察值；$S_{t-1}^{(1)}$ 为第 $t-1$ 周期的一次指数平滑值；α 为平滑系数。

可见，这种方法是一种权数特殊的加权平均法，它是现在的实际值和上一周期指数平滑值的加权平均。指数平滑法的上述模型，是由一次移动平均法的公式演变来的。其推导过程是：

根据公式(21－8)，有：

$$M_t^{(1)} = M_{t-1}^{(1)} + \frac{x_t - x_{t-N}}{N}$$

我们近似地用 $M_{t-1}^{(1)}$ 代替 x_{t-N}，则上式改写为：

$$M_t^{(1)} = M_{t-1}^{(1)} + \frac{x_t - M_{t-1}^{(1)}}{N} = \frac{1}{N}x_t + (1-\frac{1}{N})M_{t-1}^{(1)}$$

令 $S_t^{(1)} = M_t^{(1)}$，$S_{t-1}^{(1)} = M_{t-1}^{(1)}$，$\alpha = \frac{1}{N}$，并代入上式，则：

$$S_t^{(1)} = \alpha x_t + (1-\alpha)S_{t-1}^{(1)}$$

式中，平滑系数 α 代表了新旧数据的分配比值。它的取值大小，实际上体现了不同时期的因素在预测中所起的不同作用。α 越大，其对应项在 S 中所占的比例就越高，该项所起的作用也就越大，反之亦然。α 的取值范围，一般在 0.01 ～ 0.30 之间。

当 $\alpha = 1$ 时，则 $1-\alpha = 0$。预测值等于新数据的重复。

当 $\alpha = 0$ 时，则 $1-\alpha = 1$。预测值等于原估计值。

可见，α 的增大，是对新数据重视程度的增加，这与移动平均法中的 N 值减少，性质完全一样。

在实际应用中，$\alpha = 1/N$ 作为新数据的权数有些过小。当采用 $\alpha = 2/(N+1)$ 时，大体上可以与移动平均法相对应，故其近似公式为 $\alpha = 2/(N+1)$。

当 $N = 200$ 时，$\alpha = 2/(200+1) \approx 0.01$

当 $N = 6$ 时，$\alpha = 2/(6+1) \approx 0.30$

这样，基本上保证了当 N 取值在 6 ～ 200 范围时，α 取值在 0.30 ～ 0.01 范围与之相对应。这些都是经验数据。在实际应用中，一旦找到了比较满意的 α 后，还要定期校核 α 值连续使用的适用性。

为了进一步了解指数平滑法的含义，现将指数平滑法的公式作如下推演：

$S_t^{(1)} = \alpha x_t + (1-\alpha)S_{t-1}^{(1)}$

$S_{t-1}^{(1)} = \alpha x_{t-1} + (1-\alpha)S_{t-2}^{(1)}$

$$S_{t-2}^{(1)} = \alpha x_{t-2} + (1-\alpha) S_{t-3}^{(1)}$$

以此类推，得到：

$$S_t^{(1)} = \alpha x_t + \alpha(1-\alpha) x_{t-1} + \alpha(1-\alpha)^2 x_{t-2} + \cdots + (1-\alpha)^t S_0^{(1)} \quad (21-14)$$

由此可见，指数平滑法预测，实际上包含了所有的原始数据。只是随着时间的推移，离现时刻越远的数据加权越小。权系数分为 α，$\alpha(1-\alpha)$，$\alpha(1-\alpha)^2$，… 由于权系数是指数几何级数，指数平滑法也由此而得名。

此外，在进行指数平滑预测时，必须估算初始值 $S_0^{(1)}$。当所统计的数据较多，比如在 50 个以上时，初始值的影响将逐步被平滑掉，可以用 x_1 代替 $S_0^{(1)}$。当数据较少，比如在 20 个以内时，初始值的影响大，需根据初始少数原始数据求平均值来估算 $S_0^{(1)}$。

例 21－5 某公司 2002 年 1 月至 12 月资料如表 21－3 所示。试取平滑系数 $\alpha = 0.1$，0.5，0.9，并设 1 月份盈利为 51.3 千元。分别求出该公司每月盈利的指数平滑数，再把计算结果在图上表示出来。

表 21－3 某公司 2002 年盈利数据 单位：千元

月份	1	2	3	4	5	6	7	8	9	10	11	12
利润	51.3	35.7	27.9	32.3	48.2	54.6	52.0	47.5	42.3	45.8	43.9	47.2

根据指数平滑法公式：

$$S_t^{(1)} = \alpha x_t + (1-\alpha) S_{t-1}^{(1)}$$

当 $\alpha = 0.1$，$S_1^{(1)} = 51.3$ 时，计算结果如下：

$$S_2^{(1)} = 0.1 \times 35.7 + (1-0.1) \times 51.3 = 49.7$$

$$S_3^{(1)} = 0.1 \times 27.9 + (1-0.1) \times 49.7 = 47.6$$

$$S_4^{(1)} = 0.1 \times 32.3 + (1-0.1) \times 47.6 = 46.0$$

$$\cdots$$

$$S_{12}^{(1)} = 0.1 \times 47.2 + (1-0.1) \times 46.6 = 46.7$$

以上计算，如改用(21－14)式计算，仍得相同结果。例如：

$$S_4^{(1)} = 0.1 \times 32.3 + 0.1 \times (1-0.1) \times 27.9 + 0.1 \times (1-0.1)^2 \times 35.7 + 0.1 \times (1-0.1)^3 \times 51.3 + (1-0.1)^4 \times 51.3 = 46.0$$

如改取 $\alpha = 0.5$ 或 0.9，同理可求得这种平均数。α 取 0.1，0.5，0.9 三种数值所得的各月份盈利的指数平滑数列入表 21－4 中。表 21－3 与表 21－4 中的资料同时在图 21－3 中以曲线表示，以供比较。

表 21－4

月份	1	2	3	4	5	6	7	8	9	10	11	12
0.1	51.3	49.7	47.6	46.0	46.2	47.1	47.6	47.6	47.0	46.9	46.6	46.7
0.5	51.3	43.5	35.7	34.0	41.1	47.9	49.9	48.7	45.5	45.7	44.8	46.0
0.9	51.3	37.3	28.8	32.0	46.6	53.8	52.2	48.0	42.9	45.5	44.1	46.9

从图 21－3 可以看出，α 取值的大小对时间序列的均匀程度影响很大。

1. $\alpha=0.1$ 取值较小时，近期变动倾向性影响小，此时所求指数平滑平均数可以代表该时间序列的长期趋势，消除了季节性、随机性和周期性变动的全部或部分影响。

2. 当 $\alpha=0.9$ 取值较大时，近期变化反映敏感，此时所求指数平滑平均数代表了近期倾向性的影响。

（二）二次指数平滑法

为了提高指数平滑对时间序列的吻合程度，如同二次移动平均法一样，可以在一次指数平滑的基础上再进行一次指数平滑。

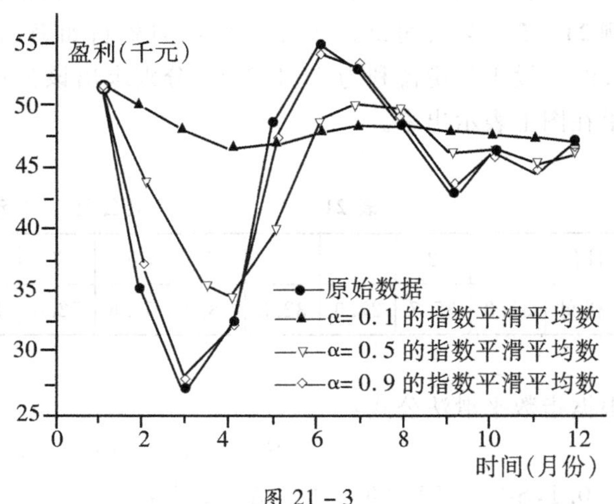

图 21－3

二次指数平滑以数学式表示为：

$$S_t^{(2)}=\alpha S_t^{(1)}+(1-\alpha)S_{t-1}^{(2)} \qquad (21-15)$$

式中：$S_t^{(2)}$ 为第 t 周期的二次指数平滑值；$S_t^{(1)}$ 为第 t 周期的一次指数平滑值。

二次指数平滑一般不直接用于预测，而是仿照二次移动平均法的原理，用来修正线性趋势变化时的滞后现象。

现以表 21－5 为例，按指数平滑公式求出预测数据，同时列入表 21－5 中，并将结果绘成图。如图 21－4 所示。

用二次指数平滑法预测的公式为：

$$Y_{t+T}=a_t+b_tT \qquad (21-16)$$

式中：

$$a_t=2S_t^{(1)}-S_t^{(2)}$$

$$b_t=\frac{\alpha}{1-\alpha}(S_t^{(1)}-S_t^{(2)})$$

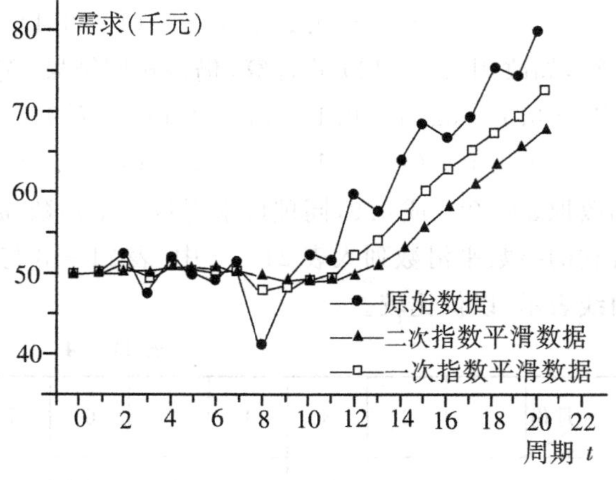

图 21－4

表 21－5

周期数 t	需求 x_t(千件)	$S_t^{(1)}(\alpha=0.30)$	$S_t^{(2)}(\alpha=0.30)$
0	—	50.00	50.00
1	50	50.00	50.00
2	52	50.60	50.18
3	47	49.52	49.98
4	51	49.96	49.98
5	49	49.67	49.88
6	48	49.17	49.67
7	51	49.72	49.68
8	40	46.80	48.82
9	48	47.16	48.32
10	52	48.61	48.41
11	51	49.33	48.68
12	59	52.33	49.75
13	57	53.66	50.92
14	64	56.76	52.67
15	68	60.13	54.91
16	67	62.19	57.09
17	69	64.23	59.23
18	76	67.76	61.79
19	75	69.93	64.23
20	80	72.95	66.85

现仍以表 21－5 数据为例，假定目前周期为 20，对周期 30 预测如下：

$$a_{20}=2S_{20}^{(1)}-S_{20}^{(2)}=2\times72.95-66.85=79.05$$

$$b_{20}=\frac{\alpha}{1-\alpha}(S_{20}^{(1)}-S_{20}^{(2)})=\frac{0.3}{0.7}\times(72.95-66.85)=2.61$$

$$Y_{20+10}=a_{20}+b_{20}\times10=79.05+2.61\times10=105.15$$

这样，就求出了未来第 10 周期的预测值为 105.15(千件)。

第四节　回归分析预测方法

一、概述

回归分析是一种数理统计方法，它是建立在大量统计数据基础上寻求数据变化规律的一种方法。因为是一种从事物变化因果关系出发来进行预测的方法，因而又称之为“因果法”。

事物变化的因果关系可以用一组变量来描述，即自变量与因变量之间的关系。这些依从关系一般可以分为两大类：

一类是变量间的确定性关系，例如企业的销售额，在产品市场价格不变而又无其他偶然因素干扰的条件下，它与产品销售量的关系就是一个确定性关系。

产品销售总额＝产品价格×销售量

这种变量间的确定性关系，称之为函数关系，可应用常规数学的函数方程加以解决。由于它依据的是事物发展的内部规律，所以这种方法是一个比较准确的方法，它多应用于经济预测与科技预测。

另一类是变量间的不确定性关系，称之为相关关系。就是指通过资料的分析可以知道变量之间的因果关系，但是由于变量之间的因果关系存在着随机因素或其他因素的干扰与影响，使变量间的关系出现不确定性。这种比较复杂的不确定的相关关系，只能通过数理统计方法用回归方程来描述。

不确定情况涉及的状态较为复杂，因此回归分析方法(即回归方程）也有多种：

1. 线性回归方程：变量中自变量与因变量成简单的线性关系，但随着影响变量数目不同又可分为：

(1) 一元线性回归：一个自变量与一个因变量间线性关系的回归方程，又称单回归。

(2) 多元线性回归：一个因变量与多个自变量间线性关系的回归方程，又称复回归。

2. 非线性回归方程：变量之间的关系是一种复杂的非线性关系。非线性回归方程种类繁多，内容复杂，直接求解比较困难，但很多可转化为线性回归处理。

二、线性一元回归模型与应用

假设一具有两个变量的预测问题，通过历史数据的定性分析可初步掌握变量间的因果关系，其中 X 为自变量，Y 为因变量，所要建立的线性回归方程模型为：

$$Y = a + bX \qquad (21-17)$$

式中 a,b 为回归系数。建立线性回归方程的关键是如何确定 a,b 两个系数值，使预测值尽可能地接近实际值。下面简要介绍应用最小二乘法原理确定 a,b 两个系数的推理过程及计算 a,b 系数的公式。

假设有关预测事物发展的一组数据如表 21－6 所示。

表 21－6

因变量(Y)	Y_1	Y_2	...	Y_i	...	Y_n
自变量(X)	X_1	X_2	...	X_i	...	X_n

为了便于直观观察，将数据点分别标在坐标图上，以 X 为横坐标，Y 为纵坐标，根据每对数据的 X_i 与 Y_i 值确定$[X_1,Y_1]$,$[X_2,Y_2]$,…,$[X_i,Y_i]$,…,$[X_n,Y_n]$ 的位置描述如图 21－5 所示。如果点的分布呈直线趋势，则要求拟合一条直线作为描述散布点的直线趋势的预测线。假设直线方程为：

$$Y = a + bX$$

为了使预测线上的预测值更加接近于实际值，要求拟合直线应尽可能地通过各个数据点，或者尽可能地接近各个点，使得它们的总偏差值最小，这是确定回归方程系数 a,b 值的关键。

偏差值(δ_i) 就是实际值(Y_i) 同预测直线上的预测值($\hat{Y}_i$) 在 Y 轴方向的差。它可能有三种情况：实际点在回归线上，则 $\delta_i = 0$；实际点在回归线的上部，则 $\delta_i > 0$；实际点在回归线的下部，则 $\delta_i < 0$。这样求得各数据点的总偏差为：

$$\sum_{i=1}^{n}\delta_i = \delta_1 + \delta_2 + \cdots + \delta_i + \cdots + \delta_n$$

由于各点偏差有正有负，在求和过程中就会产生正负相消，因而反映不出总偏差的实际状况，为此提出了偏差平方和的概念，这样负偏差经过平方之后，就全部转变为正了。即总偏差为：

$$Q = \sum_{i=1}^{n}\delta_i^2 \qquad (21-18)$$

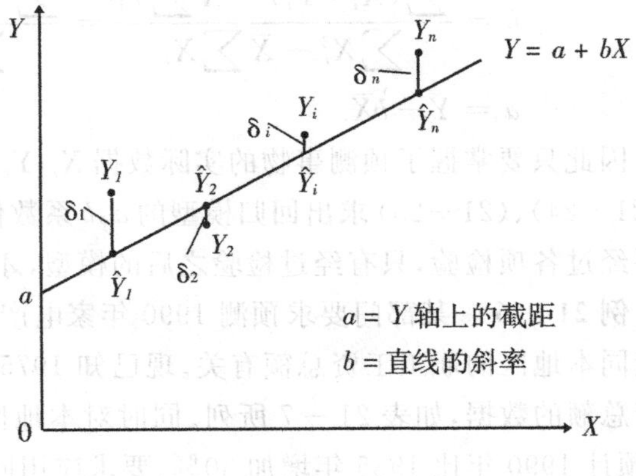

图 21－5　数据散布图

已知 $\delta_i = Y_i - \hat{Y}_i$，代入上式(式中 Y 为实际值，$\hat{Y}_i$ 为预测值)，则总偏差为：

$$Q = \sum_{i=1}^{n}(Y_i - \hat{Y}_i)^2$$

已知预测值：

$$\hat{Y}_i = a + bX_i$$

代入上式，则总偏差为：

$$Q = \sum_{i=1}^{n}[Y_i - (a + bX_i)]^2 \qquad (21-19)$$

上式中 Y_i，X_i 均为坐标上已知的数据点。为了使总偏差值最小，应用微积分的函数极值原理，只需求以 a，b 为参变量关于 Q 的二元二次方程的偏导数，并令其等于零，便可求得两个联立方程，如(21－21)式所示。解联立方程组后可得到使总偏差平方和为最小的回归方程系数 a，b 的值。使总偏差平方和最小的这个方法，一般称为最小二乘法，所谓二乘是指“平方”的意思，它是建立回归方程最基本的原理。

$$\frac{\partial Q}{\partial a} = -2\sum_{i=1}^{n}(Y_i - a - bX_i) = 0 \qquad (21-20)$$

$$\frac{\partial Q}{\partial b} = -2\sum_{i=1}^{n}(Y_i - a - bX_i)X_i = 0 \qquad (21-21)$$

求解 (21－20)、(21－21) 两式的联立方程，得到回归方程 a，b 系数的计算公式：

$$b = \frac{n\sum(X_i \cdot Y_i) - \sum X_i \cdot \sum Y_i}{n\sum X_i^2 - (\sum X_i)^2} \qquad (21-22)$$

$$a = \frac{\sum Y_i - b\sum X_i}{n} \qquad (21-23)$$

如果数据是采用平均值，即 $\bar{Y} = \frac{\sum Y_i}{n}$ 为数据 Y_i 的平均值，$\bar{X} = \frac{\sum X_i}{n}$ 为数据 X_i 的

平均值，代入上式得：

$$b=\frac{\sum(X_i\cdot Y_i)-\bar{X}\sum Y_i}{\sum X_i^2-\bar{X}\sum X_i}=\frac{\sum X_i\cdot Y_i-n\bar{X}\cdot\bar{Y}}{\sum X_i^2-n\bar{X}^2} \quad (21-24)$$

$$a=\bar{Y}-b\bar{X} \quad (21-25)$$

因此只要掌握了预测事物的实际数据 X_i,Y_i 值，就可以利用公式(21－22)、(21－23)或(21－24)、(21－25)求出回归模型的 a,b 系数值，建立起回归方程。但是模型建立后，还需要经过各项检验，只有经过检验之后的模型，才可应用于预测。现举例说明如下。

例 21－6 某部门要求预测 1990 年家电产品的销售总额。根据初步分析，销售总额直接同本地区的职工工资总额有关。现已知 1975 ～ 1985 年逐年的产品销售总额和职工工资总额的数据，如表 21－7 所列。同时对本地区职工工资总额可能增加的比率作了测算，预计 1990 年比 1985 年增加 30%。要求应用回归分析法进行预测。

表 21－7 **单位：万元**

年份	1975	1976	1977	1978	1979	1980	1981	1982	1983	1984	1985	平均值
年销售总额 Y_i	19.5	22.2	24.9	25.2	29.1	34.5	41.1	46.2	53.1	61.5	66.9	38.6
职工工资总额 X_i	61	75	94	107	146	174	211	244	298	349	380	194.5

预测程序如下：

1. 根据表 21－7 中的数据，绘制数据分布图。

数据点的分布呈直线趋势，说明产品销售总额是随职工工资总额的增长而增长的，并且近似于线性关系。因此，可以运用线性回归模型进行预测。

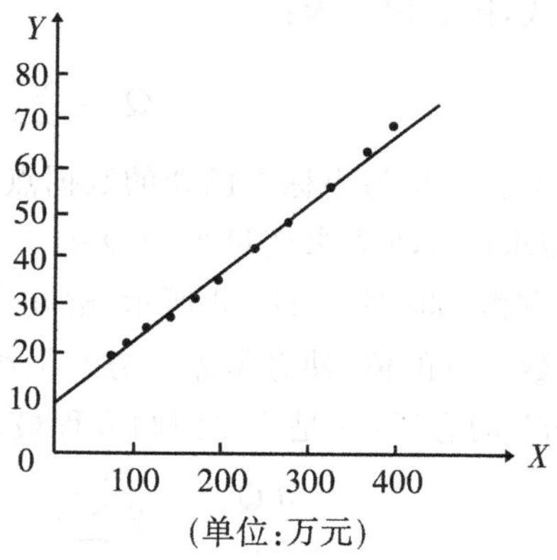

图 21－6 数据分布图

2. 计算 a,b 系数值，建立回归分析模型。

设回归分析模型为 $Y=a+bX$

已知：

$$b=\frac{n\sum(X_iY_i)-\sum X_i\sum Y_i}{n\sum X_i^2-(\sum X_i)^2}$$

$$a=\frac{\sum Y_i-b\sum X_i}{n}$$

上式中 n 为实际数据数目(本例 $n=11$)。$\sum X_i$，$\sum Y_i$，$\sum(X_iY_i)$，$\sum X_i{}^2$ 可根据表 21－7 中的实际数据计算出来，列入表 21－8。

表 21－8

年份	商品销售额（万元）	职工工资总额（万元）	XY	X^2	Y^2	$X-\bar{X}$
1975	19.5	61	1 189.5	3 721	380.3	－135.5
1976	22.2	75	1 665.0	5 625	492.8	－119.5
1977	24.9	94	2 340.6	8 836	620.0	－100.5
1978	25.2	107	2 696.4	11 449	635.0	－87.5
1979	29.1	146	4 248.6	21 316	846.8	－48.5
1980	34.5	174	6 003.0	30 276	1 190.3	－20.5
1981	41.1	211	8 672.1	44 821	1 689.2	16.5
1982	46.2	244	11 272.8	59 836	2 134.4	49.5
1983	53.1	298	15 823.8	88 804	2 819.6	103.5
1984	61.5	349	21 463.5	121 801	3 782.3	154.5
1985	66.9	380	25 422.0	144 400	4 475.6	185.5
$\sum$	$\sum Y=424.2$	$\sum X=2\,139$ $\bar{X}=194.5$	$\sum XY$ $=100\,797$	$\sum X^2$ $=540\,285$	$\sum Y^2$ $=19\,066.3$	$\sum(X-\bar{X})$ $=124\,346.6$

将表 21－8 最末一行的计算值代入上式，求得：

$$b=\frac{11\times 100\,797-424.2\times 2139}{11\times 540\,285-(2\,139)^2}=0.178$$

$$a=\frac{424.2-0.178\times 2\,139}{11}=4$$

将 a,b 值代入（21－17）式，回归模型为：

$$\hat{Y}=4+0.178X$$

3. 确定相关系数，进行相关性检验。

相关检验就是判定 Y 与 X 的相关程度或两者之间的线性关系的检验。从前面有关回归方程系数 a,b 的计算中可以看到，对于任何一组数据（X_i,Y_i）都可以利用公式计算出系数 a,b 的值，从而得到一个直线回归方程：$Y=a+bX$ 。但是 Y 与 X 之间相关程度如何，或者说 Y 的值到底由 X 决定的程度有多大，只从散布图的观察来检验其相关关系是不准确的。因此，应用误差统计原理，在数学上给出了一种定量检验的方法，即根据已知数据求出一个相关系数 r，然后根据 r 的大小来判定 Y 与 X 的相关程度，这就叫相关性检验。相关系数 r 的计算公式为：

$$r=\frac{n\sum(XY)-\sum X\sum Y}{\sqrt{[n\sum X^2-(\sum X)^2][n\sum Y^2-(\sum Y)^2]}} \qquad (21-26)$$

r 值的大小反映 Y 与 X 线性相关的程度，它的值一般为 $-1<r<1$。如图 21－7 所示，r 符号的正负决定回归直线的趋向，r 绝对值的大小反映数据点的离散程度。

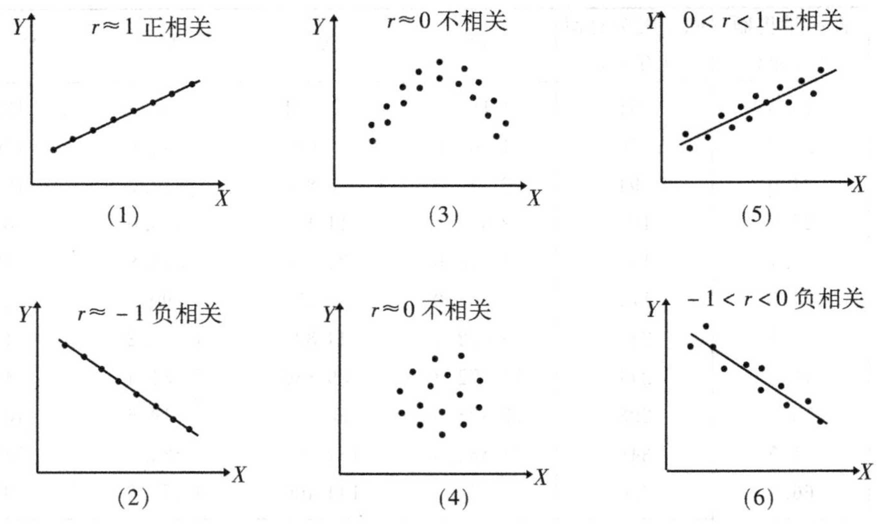

图 21－7 不同相关系数的散布状况

当 $r\approx 1$ 或 -1 时，Y 与 X 密切相关，数据点几乎全部在直线上。如图 21－7(1)，(2) 所示。

当 $r\approx 0$ 时，Y 与 X 不相关，数据点无规律地散布说明无线性关系，即为非线性关系。如图 21－7(3)，(4) 所示。

当 $-1<r<0$ 或 $0<r<1$ 时，介于上述两种情况之间，数据点离散程度取决于 $|r|$ 值的大小。如图 21－7(5)，(6) 所示。

为了保证回归方程最低程度的线性关系，要求计算的 r 值大于最低数值 r_α（又叫临界值），是相关性检验的基准，可从有关表中查定。α 称为显著性水平，一般有 0.01，0.02，0.05，0.10 几种情况，它显示 Y 与 X 相关关系的置信水平 $(1-\alpha)\times 100\%$。如 $\alpha=0.05$ 时，置信水平为：$(1-0.05)\times 100\%=95\%$ 。f 叫自由度，它等于数据点个数减回归方程的变量数（本例为 $n-2$）。

现将本例表 21－8 中的数据代入相关系数公式(21－26)，得：

$$r=\frac{11\times 100797-2139\times 424.2}{\sqrt{(11\times 540285-2139^2)(11\times 19066.3-424.2^2)}}$$

$$=\frac{201403.2}{201837.8}$$

$$=0.998$$

已知 $f=n-2=11-2=9$，若 $\alpha=0.05$，则查表得相关系数的临界值 $r_\alpha=0.602$。

因为 $r(=0.998)>r_\alpha(=0.602)$，所以，相关性检验允许通过。相关性检验说明产品销售额与职工工资总额之间存在合乎要求的相关关系，因而回归模型是可用的。

4. 利用回归方程进行预测，并确定置信区间。

已知 1990 年工资总额为 1985 年的 130%，则 1990 年工资总额为 380 万元 $\times 130\%=$

494 万元。将 1990 年工资总额代入预测回归方程，就可预测出 1990 年产品销售总额：

$$\hat{Y}=4+0.178\times 494=91.9(万元)$$

在实际中由于偏差的存在，预测值不可能是一个确定值，应该是一个范围或区间，一般要求实际值位于这个区间范围的概率应达到 95% 以上，这个区间称之为预测值的置信区间。置信区间说明回归模型的适用范围或精确程度。当数据点在回归直线附近大致接近正态分布时，这个区间应为$\hat{Y}\pm 2s$，其中 s 为标准离差为：

$$s=\sqrt{\frac{1}{n-2}\sum(Y-\hat{Y})^2} \tag{21-27}$$

为了方便计算可变化为下式：

$$s=\sqrt{\frac{(1-r^2)[\sum Y^2-(\sum Y)^2/n]}{n-2}} \tag{21-28}$$

这样就可以得出置信区间上、下限的两条控制线，如图 21－8 所示。

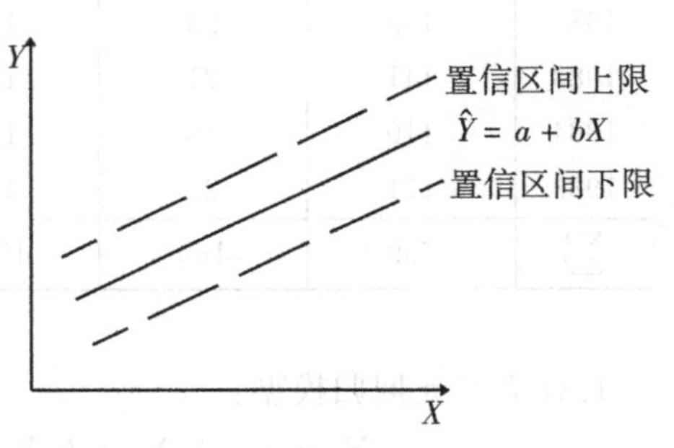

图 21－8　预测结果的置信区间

置信区间上限　$\hat{Y}_1=a+bX+2s$

置信区间下限　$\hat{Y}_2=a+bX-2s$

现将前例的数据代入（21－28）式，计算出标准离差 s：

$$s=\sqrt{\frac{(1-0.998^2)(19066.3-424.2^2/11)}{11-2}}$$

$$=\sqrt{\frac{0.004\times 2708}{9}}=1.1$$

则预测值的置信区间为：

上限 $Y_1=\hat{Y}+2s=91.9+2.2=94.1$(万元)

下限 $Y_2=\hat{Y}-2s=91.9-2.2=89.7$(万元)

故 1990 年轻工产品销售额预测值为 89.7 万元到 94.1 万元之间。

三、线性多元回归模型

事物的发展变化是比较复杂的，一般来说大多数是多因素影响和作用的结果。有时为了突出主要矛盾，抓住主要因素，可运用线性一元回归的方法来进行预测，但一些社会经济现象的发展原因往往是多因素的因果关系问题。线性多元回归模型就是考虑一个因变量 Y 同多个自变量 $X_i(i=1,2,\cdots,n)$ 之间的线性关系问题的。线性多元回归模型的一般形式如下：

$$Y=a+b_1X_1+b_2X_2+\cdots+b_nX_n \tag{21-29}$$

式中：Y 为因变量；$X_1,X_2,\cdots,X_n$ 为自变量；a 为回归常数；$b_1,b_2,\cdots,b_n$ 为偏回归系数。

例 21－7　某地区卫生陶瓷生产企业对卫生陶瓷需求量进行预测。根据经验知道，卫生陶瓷的需求量与城镇住宅的竣工面积和医疗卫生机构的竣工面积有关。现令卫生陶瓷需求量作为预测对象 Y(因变量)，把城镇住宅竣工面积作为自变量 X_1，把医疗卫生机构竣工面积作为自变量 X_2，根据表 21－9 所列数据，建立二元线性回归模型进行预测。

表 21－9

年份	卫生陶瓷需求量 Y（万件）	城镇住宅竣工面积 X_1（百万平方米）	医疗机构竣工面积 X_2（百万平方米）	X_1Y	X_2Y	X_1X_2	X_1^2	X_2^2
1976	47	9	1.4	423	65.8	12.6	81	1.96
1977	61	9	1.2	549	73.2	10.8	81	1.44
1978	46	10	1.1	460	50.6	11.0	100	1.21
1979	37	18	0.9	666	33.3	16.2	324	0.81
1980	53	19	1.1	1007	58.3	20.9	361	1.21
1981	80	19	1.5	1520	120.0	28.5	361	2.25
1982	103	23	1.3	2369	133.9	29.9	529	1.69
1983	141	21	1.7	2961	239.7	35.7	441	2.89
1984	110	10	1.2	1100	132.0	12.0	100	1.44
1985	111	22	1.2	2442	133.2	26.4	484	1.44
$\sum$	789	160	12.6	13497	1040.0	204.0	2862	16.34

1. 建立二元回归模型：

$$Y = a + b_1X_1 + b_2X_2 \qquad (21-30)$$

2. 计算回归系数 a 和偏回归系数 b_1, b_2。

利用最小二乘法原理，使全部数据在回归平面上下的垂直偏差平方和最小，推导出三个联立方程，求解三个系数：

$$\begin{cases} \sum Y = na + b_1\sum X_1 + b_2\sum X_2 \\ \sum(X_1Y) = a\sum X_1 + b_1\sum X_1{}^2 + b_2\sum(X_1X_2) \\ \sum(X_2Y) = a\sum X_2 + b_1\sum(X_1X_2) + b_2\sum X_2^2 \end{cases}$$

将表 21－9 中的数据代入方程组：

$$\begin{cases} 10a + 160b_1 + 12.6b_2 = 789 \\ 160a + 2862b_1 + 204b_2 = 13497 \\ 12.6a + 204b_1 + 16.34b_2 = 1040 \end{cases}$$

解方程组得：

$$\begin{cases} a = -66.446 \\ b_1 = 2.196 \\ b_2 = 87.474 \end{cases}$$

3. 二元线性回归预测方程为：

$$Y = -66.446 + 2.196X_1 + 87.474X_2$$

4. 本例预测方程经过相关检验符合要求（检验公式及计算从略）。

四、非线性回归模型

严格来说，事物变化中变量因素间的纯线性关系是少有的，而一般呈现为各种类型的非线性关系，这时就需要选用非线性回归方程来描述。对选择合适的模型类型，一是根据长期的实践经验进行判断和定性分析，二是根据实际数据的分布特点选用不同类型的回归方程拟合。一般是两者结合使用。

回归方程形式选定之后，就要对回归方程的参数进行估计。非线性回归方程参数估计的常用方法是将非线性方程转化为线性方程，即把曲线回归问题变换成直线回归问题来处理。下面介绍几种常见的非线性回归方程及其转换形式：

(一) 幂函数曲线回归方程

事物变化的自变量和因变量的关系为幂函数关系。

$$Y = aX^b$$

两边取对数：

$$\ln Y = \ln a + b\ln X$$

令 $\ln Y = Y'$, $\ln a = a'$,$\ln X = X'$,则：

$$Y' = a' + bX'$$

(二) 对数曲线回归方程

$$Y = a + b\ln X$$

令 $X' = \ln X$,则：

$$Y = a + bX'$$

(三) 指数曲线回归方程

$$Y = ae^{bX}$$

两边取自然对数：

$$\ln Y = \ln a + bX$$

令 $Y' = \ln Y, a' = \ln a$,则：

$$Y' = a' + bX$$

(四) 双曲型回归方程

$$1/Y = a + b/X$$

令 $Y' = 1/Y$,$X' = 1/X$,则：

$$Y' = a + bX'$$

先将 Y,X 的原数据转化成 Y',X' 的数值，就可以利用线性回归模型 $Y' = a + bX'$ 进行预测，然后，将$\hat{Y}'$ 预测值还原为$\hat{Y}$ 值即可得到预测结果。

第五节 马尔可夫分析预测方法

马尔可夫(A. A. Markov) 是俄国数学家。他研究发现，自然界和社会界有一类事物的变化过程与事物的近期状态有关，与事物的过去状态无关，称为无后效性。也就是事物的第 n 次试验结果仅取决于第$(n-1)$ 次试验结果，第$(n-1)$ 次试验结果仅取决于第$(n-2)$ 次试验结果 …… 这一系列转移过程的集合称为马尔可夫链，或称时间和状态均离散的马尔可夫过程。对马尔可夫链的演变趋势和状态加以分析，用以预测事物未来状态的研究方法，称为马尔可夫分析法。它是预测技术中一种有力的工具。

我们把所研究的事物统称为系统。马尔可夫分析法是一种动态随机数学模型，它用系统“状态”和“状态转移”的概念描述系统的变化。当系统状况可以用确定的一组变量取值表示的时候，就说系统处于一个状态。当系统的变量从一个特定值变化到另一个特定值时，就说系统由一个状态转移到另一个状态，即状态的转移。

例如，我们把生产线上的机床看作一个系统，系统的状态为正常运转机床的数目。状态转移就是机床出故障，使机床从“正常”状态转移到“非正常”状态。如果经过修理，机床又可以恢复到“正常”状态。显然，系统由一个状态转移到另一个状态是一个随机变化的过程。为了论述和计算的需要，引入下述有关概念。

一、转移矩阵

设系统有 n 个状态，用变量 $x_1, x_2, \cdots, x_n$ 表示其状态值，又设第 i 种状态到第 j 种状态的转移概率为 P_{ij}，$\sum_{j=1}^{n} P_{ij} = 1(i=1,2,\cdots,n)$；在均匀的马尔可夫链中，设系统由状态 i 经过一次转移到状态 j 的概率为 P_{ij}，则系统全部一次转移概率的集合，组成一矩阵，称转移矩阵。其表示形式如下：

$$\boldsymbol{P} = \begin{pmatrix} P_{11} & P_{12} & \cdots & P_{1n} \\ P_{21} & P_{22} & \cdots & P_{2n} \\ \vdots & \vdots & \cdots & \vdots \\ P_{n1} & P_{n2} & \cdots & P_{nn} \end{pmatrix} \tag{21-31}$$

如果 $\boldsymbol{P}$ 不是一次转移，而是多次转移矩阵，称 k 次转移矩阵，记为 $\boldsymbol{P}^{(k)}$。

转移矩阵的性质：

$$\boldsymbol{P}^{(k)} = \boldsymbol{P}^{(k-1)}\boldsymbol{P}$$

$$\boldsymbol{P}^{(k)} = \boldsymbol{P}^{k}$$

在前面举的机床系统例子中，如仅有两种状态，即正常状态 S 和出故障状态 F，记 P_{11} 为由正常运转转移后仍正常运转的概率，P_{12} 由正常运转转移到非正常的概率，P_{21} 由非正常转移到正常的概率，P_{22} 由非正常转移后仍非正常的概率，则转移矩阵为：

$$P = \begin{array}{c} \\ \text{S} \\ \text{F} \end{array}\begin{array}{c} \begin{array}{cc} \text{S} & \text{F} \end{array} \\ \begin{bmatrix} P_{11} & P_{12} \\ P_{21} & P_{22} \end{bmatrix} \end{array}$$

一般地，设系统有 n 个状态，在第 k 个阶段的 n 个状态值记为 $S_1^{(k)}, S_2^{(k)}, \cdots, S_j^{(k)}, \cdots, S_n^{(k)}$，用向量表示为 $\boldsymbol{S}^{(k)} = (S_1^{(k)}, S_2^{(k)}, \cdots, S_j^{(k)}, \cdots, S_n^{(k)})$，则描述马尔可夫链状态转移过程的模型如下：

$$\boldsymbol{S}^{(k+1)} = \boldsymbol{S}^{(0)} \begin{pmatrix} P_{11} & P_{12} & \cdots & P_{1n} \\ P_{21} & P_{22} & \cdots & P_{2n} \\ \vdots & \vdots & \cdots & \vdots \\ P_{n1} & P_{n2} & \cdots & P_{nn} \end{pmatrix}^{k+1} \tag{21-32}$$

二、市场占有率的预测模型

假设市场上有A,B,C三种牌号的同类产品,为了决定产品营销策略,需预测今后各自市场占有率。用马尔可夫分析法建立预测模型。

设 $S_A^{(0)}$,$S_B^{(0)}$,$S_C^{(0)}$ 各自代表A,B,C牌产品的上期市场占有率(即为初始状态);P_{AB} 代表A牌产品上期顾客本期选购B牌产品的转移概率;P_{AC} 代表A牌产品上期顾客本期选购C牌产品的转移概率,P_{BA} 代表B牌产品上期顾客本期选购A牌产品的转移概率;其余类推之。$S_A^{(1)}$,$S_A^{(1)}$,$S_A^{(1)}$ 为A,B,C牌产品本期市场占有率。又设转移概率是不变化的情况,也就是说各个时期中顾客选择转移的比率保持不变。

根据马尔可夫链预测的基本原理,本期市场占有率仅取决于上期市场占有率及转移概率。建立数学模型 —— 市场占有率转移矩阵。

$$P=\begin{matrix} & \begin{matrix}A & B & C\end{matrix} \\ \begin{matrix}A\\B\\C\end{matrix} & \begin{bmatrix}P_{AA} & P_{AB} & P_{AC}\\ P_{BA} & P_{BB} & P_{BC}\\ P_{CA} & P_{CB} & P_{CC}\end{bmatrix}\end{matrix}$$

上述矩阵对角线上的数,即 P_{AA},P_{BB},P_{CC} 表示各品种保留上期顾客的概率。其他数值都代表两重含义,如A牌丧失的顾客即为B牌或C牌争取的顾客。与主对角线上同行的数值表示丧失顾客转移到其他品牌的概率。与主对角线上数值同列者表示由其他品牌转移到本品牌的概率。现建立预测的数学模型如下:

$$\begin{cases}S_A{}^{(1)}=P_{AA}S_A{}^{(0)}+P_{BA}S_B{}^{(0)}+P_{CA}S_C{}^{(0)}\\ S_B{}^{(1)}=P_{AB}S_A{}^{(0)}+P_{BB}S_B{}^{(0)}+P_{CB}S_C{}^{(0)}\\ S_C{}^{(1)}=P_{AC}S_A{}^{(0)}+P_{BC}S_B{}^{(0)}+P_{CC}S_C{}^{(0)}\end{cases}\tag{21-33}$$

式中,$S_A{}^{(0)}$,$S_B{}^{(0)}$,$S_C{}^{(0)}$ 为已知数值,由初始条件求出。P_{AA},P_{AB}… 为已知数值,由上期资料求出。因此,本期预测的市场占有率 $S_A{}^{(1)}$,$S_B{}^{(1)}$,$S_C{}^{(1)}$ 就可求出来。

同理,已知本期的市场占有率即可求出下期的市场占有率。其计算公式是:

$$\boldsymbol{S}^{(k+1)}=\boldsymbol{S}^{(0)}\boldsymbol{P}^{(k+1)}\tag{21-34}$$

上式说明了要预测的各牌产品第 $k+1$ 期市场占有率与各牌产品初期市场占有率的关系。

例21-8　假设市场上有A,B,C三种牌号的洗衣粉,市场调查的结果是:A牌洗衣粉上月份的顾客,有60%在本月份仍购买A牌,有20%转移购买C牌,有20%转移购买B牌。B牌洗衣粉上月份的顾客在本月份仍购买B牌的有70%,有20%转移选购C牌,有10%转移选购A牌。C牌洗衣粉上月份的顾客有80%在本月份仍购买C牌,有10%转移选购B牌,有10%转移选购A牌。又假设上月份市场共销售洗衣粉100万包,其中A牌是30万包,B牌是40万包,C牌是30万包。一般用户平均每月用10包洗衣粉。试求本月份和下月份三种品牌的洗衣粉顾客变动情况及市场占有率。

解　先由已知条件求出上月市场占有率(即初始状态):

A牌市场占有率 = 30/100 = 0.2

B牌市场占有率 = 40/100 = 0.4

C牌市场占有率 = 30/100 = 0.3

再由调查材料求出状态转移概率矩阵：

$$P=\begin{matrix} & \begin{matrix}A & B & C\end{matrix} \\ \begin{matrix}A\\B\\C\end{matrix} & \begin{bmatrix}0.60 & 0.20 & 0.20\\0.10 & 0.70 & 0.20\\0.10 & 0.10 & 0.80\end{bmatrix}\end{matrix}$$

用预测模型求本月市场占有率。由公式(21－33)得：

$$S_A{}^{(1)}=0.6\times0.3+0.1\times0.4+0.1\times0.3=0.25$$

$$S_B{}^{(1)}=0.2\times0.3+0.7\times0.4+0.1\times0.3=0.37$$

$$S_C{}^{(1)}=0.2\times0.3+0.2\times0.4+0.8\times0.3=0.38$$

所以，在本月的市场占有率A牌洗衣粉为25%，B牌洗衣粉为37%，C牌洗衣粉为38%。对应的顾客户数为25000户，37000户，38000户。再求下月份市场占有率：

由预测模型 $\boldsymbol{S}^{(2)}=\boldsymbol{S}^{(0)}\boldsymbol{P}^2$ 及 $\boldsymbol{P}$ 的数值得下月份市场占有率：

$$\begin{aligned}\boldsymbol{S}^{(2)}&=(0.3\quad 0.4\quad 0.3)\begin{bmatrix}0.6 & 0.2 & 0.2\\0.1 & 0.7 & 0.2\\0.1 & 0.1 & 0.8\end{bmatrix}^2\\&=(0.3\quad 0.4\quad 0.3)\begin{bmatrix}0.4 & 0.26 & 0.32\\0.15 & 0.53 & 0.32\\0.15 & 0.17 & 0.68\end{bmatrix}\\&=(0.225\quad 0.347\quad 0.428)\end{aligned}$$

计算结果说明，在顾客购买爱好没有多大变化的情况下，下月A牌洗衣粉的市场占有率将为22.5%，B牌市场占有率将为34.7%，C牌市场占有率将为42.8%。购买的顾客数也相应变化。如果需要预测长期趋势，则可继续计算下去。

三、市场占有率平衡状态分析

1.平衡状态概念

从上述结果可以看出，A，B牌洗衣粉的市场占有率越来越小，C牌洗衣粉的市场占有率越来越大。而且，A牌的市场占有率下降幅度的比例逐渐递减，C牌市场占有率增加的幅度比例也逐渐递减，B，C牌洗衣粉的顾客也会转移而去购买A牌，转移是相互的。这样，可以直觉地推论：在这种特定情况下，各品牌的市场占有率会保持稳定，即各品牌所丧失的顾客数目，将恰好被其争取的数目所抵消，此种状态称市场占有率平衡状态。

2.平衡状态的模型

若经过充分长时间(K 次)的状态转移处于平衡状态时，各品牌的市场占有率各自都是上月的与本月的相等，记此时各品牌状态 $S_A{}^{(K)}=S_A{}^{(K+1)}=S_A$，$S_B{}^{(K)}=S_B{}^{(K+1)}=S_B$，$S_C{}^{(K)}=S_C{}^{(K+1)}=S_C$则有平衡状态方程：

$$\begin{cases}S_A{}^{(k+1)}=P_{AA}S_A{}^{(K)}+P_{BA}S_B{}^{(K)}+P_{CA}S_C{}^{(K)}\\S_B{}^{(k+1)}=P_{AB}S_A{}^{(K)}+P_{BB}S_B{}^{(K)}+P_{CB}S_C{}^{(K)}\\S_C{}^{(K+1)}=P_{AC}S_A{}^{(K)}+P_{BC}S_B{}^{(K)}+P_{CC}S_C{}^{(K)}\end{cases}\tag{21－35}$$

$$\begin{cases}S_A=P_{AA}S_A+P_{BA}S_B+P_{CA}S_C\\S_B=P_{AB}S_A+P_{BB}S_B+P_{CB}S_C\\S_C=P_{AC}S_A+P_{BC}S_B+P_{CC}S_C\end{cases}\tag{21－36}$$

将转移概率代入上式，得：

$$\begin{cases}0.6S_A+0.1S_B+0.1S_C=S_A\\0.2S_A+0.7S_B+0.1S_C=S_B\\0.2S_A+0.2S_B+0.8S_C=S_C\\S_A+S_B+S_C=1\end{cases}$$

将上面前三个方程移项后，得：

$$\begin{cases}-0.4S_A+0.1S_B+0.1S_C=0\\0.2S_A-0.3S_B+0.1S_C=0\\0.2S_A+0.2S_B-0.2S_C=0\\S_A+S_B+S_C=1\end{cases}$$

方程组有三个变量，四个方程式，有一方程不独立。去掉上面方程组的第三个方程式，则可解得：

$$S_A=S_A^{(K)}=S_A^{(K+1)}=0.20$$
$$S_B=S_B^{(K)}=S_B^{(K+1)}=0.30$$
$$S_C=S_C^{(K)}=S_C^{(K+1)}=0.50$$

这是在购买爱好稳定的情况下，A，B，C 各品牌产品市场占有率的平衡值。它说明不管当初市场占有率是什么值，经过足够长时间的状态转移，各品牌市场占有率就会达到一个长期稳定的状态。起始状态值对平衡状态并不发生决定作用，只有转移概率才能决定市场占有率的平衡值。

第六节　生长曲线模型法

所谓数学模型技术预测就是通过建立描述事物变化规律的数学模型，运用趋势外推原理进行有关推断和预测的方法。

前面我们介绍了运用统计方法寻求相关因素，以及运用最小二乘法求回归方程一些预测方法和模型，下面介绍的生长曲线模型法，主要是依靠数学模型方法来寻求数量规律的预测，既能预测时间又能预测数量，对计划决策来说，有一定实用价值。

技术的发展过程和生物的生长过程相类似，都有一个发生、发展、成熟和衰亡的过程。其每个阶段的延续时间和发展速度是不相同的，在发生阶段发展速度较慢，发展阶段速度加快，成熟阶段速度又趋减慢和稳定，衰亡阶段发展速度开始下降。因此，事物的增长情况，不是单一的指数形式，也不是单纯的修正指数形式，而更多的情形是两者的结合。于是，便产生了 S 曲线（又称生长曲线）模型，我们可以借助于这种曲线来进行预测。

一、生长曲线的一般形式

生长曲线是一种 S 形曲线，称逻辑生长曲线，如图 21－9 所示。

S 曲线方程的一般形式是：

$$Y=\frac{1}{a+be^{-ct}} \tag{21－37}$$

其中 Y 为预测目标特性参数值，a，b，c 为待定参数，t 为时间。

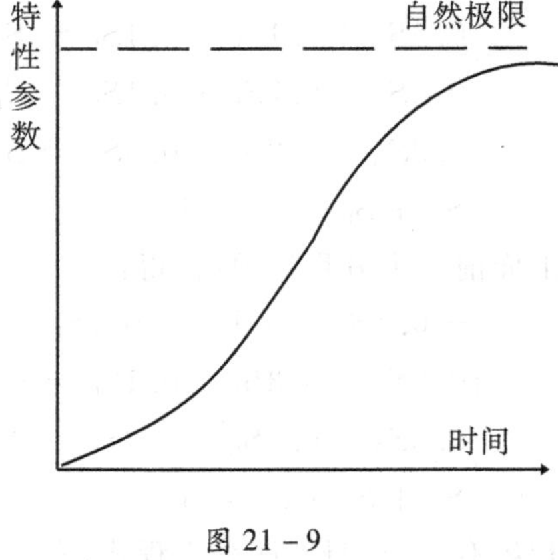

图 21－9

二、戈珀资曲线

它是一种常见的增长曲线，初期增长速度较慢，随后增长速度渐次加快，达到一定水平后，增长率逐渐降低进入稳定状态。例如，产品经济寿命周期就属于这类。新产品开发初期，产品在试销阶段增长速度较慢；市场打开之后，产品适销，销量迅速增长；随后市场达到饱和，这时的产品如果不加以改进就会进入滞销阶段，进入衰退及消亡期。曲线如图 21－10 所示。

曲线方程为：

$$Y = Ka^{b^t} \tag{21-38}$$

式中：K 为渐近线值；a，b 为待定常数；t 为年次。

两边取自然对数，可得：

$$\ln Y = \ln K + (\ln a)b^t$$

令 $Y' = \ln Y$，$K' = \ln K$，$a' = \ln a$，则：

$$Y' = K' + a'b^t$$

进行预测时，可利用回归统计先求出 K，a 和 b 的值，然后按模型求得预测值。

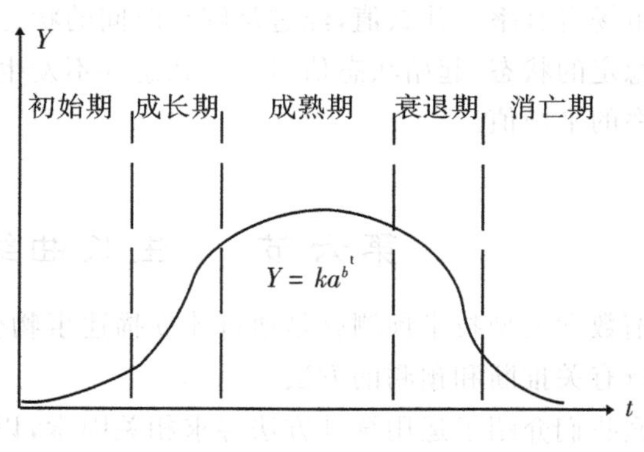

图 21－10

例 21－9 关于我国缝纫机生产数量的预测。从 1970 年起历年产量数据如表 21－10 所示。

表 21－10 我国部分年份的缝纫机产量 **单位：万台**

年份(X)	1970	1971	1972	1973	1974	1975	1976	1977	1978	1979	1980	1981
产量(Y)	235.2	249.9	263.2	293.6	318.9	356.7	363.8	424.2	486.5	586.8	768	1019.8

上述数据描述在坐标纸上，呈现如图 21－11 所示的增长曲线规律，1970 年到 1977 年是缓慢增长阶段，而从 1978 年开始，产量进入迅速增长阶段。因此，可以用戈珀资曲线描述这一增长规律。曲线方程如下：

$$Y = Ka^{b^t}$$

式中 t 代表年份，K,a,b 为常数，根据计算：

$K=176.198$

$a=1.352$

$b=1.171$

因此：

$$Y_t=176.198(1.352)^{1.171^t}$$

如果要利用模型预测1982年的缝纫机产量，令 $t=12$，代入方程：

$$Y_{12}=176.198(1.352)^{1.171^{12}}$$
$$=1308.33(万台)$$

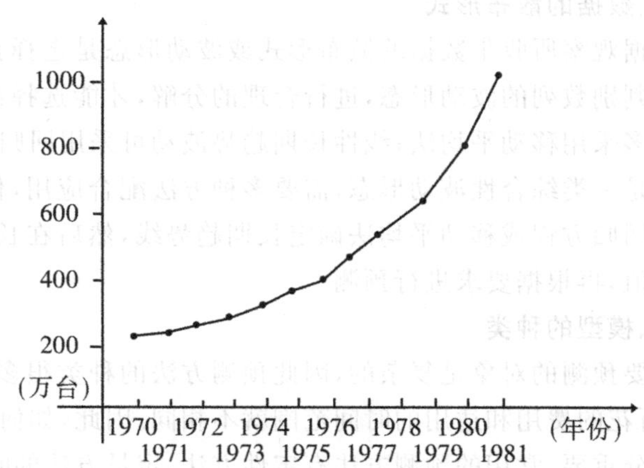

图21－11　我国1970～1981年缝纫机产量曲线图

根据国家统计局1983年公布的数据，1982年全国缝纫机产量为1286万台，预测值与实际值接近。

生长曲线预测法表示了技术发展的完整过程——从出现、发展到成熟，特别是当技术发展到了转折点时，它能提出更清楚的预测，使决策者意识到技术发展的趋势。这种方法除应用于技术预测以外，也是进行经济预测的常用方法。国民经济总产值的增长、商品需求量的增长等等都是有一定规律的，它们增长的情况可用各种曲线来描述，据此可以作出预测。

除此之外，还有比较著名的宏观经济模型、微观经济模型、投入产出模型、人口模型、库存模型、排队模型等等，都是很好的可用于预测的工具。有关内容可参看其他章节及有关书籍资料。

第七节　预测方法的选择与比较

前面简要介绍了几种常用的预测方法：定性预测介绍了德尔菲法，定量预测介绍了回归分析法和时间序列分析法、马尔可夫分析预测方法、数学模型技术预测方法。这些只是比较简单的常用方法，在宏观领域中一些复杂的系统的预测方法，如数量经济法、投入产出法、系统动态法等都适合于国民经济各个部门经济动态的预测，限于篇幅，不予赘述，读者可参看有关著作。下面侧重介绍一下有关预测方法的选择问题。

如何根据特定的情况选择合适的预测方法，是决定预测质量、直接影响到决策成败的重要问题。预测方法的选择要综合考虑下列六个因素。

一、预测的时间范围

不同的预测方法适合于未来的不同期限。一般来说，定性预测大多适用于长期预测，例如中、长期的科学技术预测，长期的经济发展预测等；定量预测多用于中、短期预测，其中时间序列分析法只适于预测1～2个周期；回归分析法可以应用于预测未来较多的周期。

二、数据的散布形式

根据观察所收集数据的散布形式或波动形态是选择预测方法的基础和重要依据，只有准确判别数列的波动形态，进行合理的分解，才能选择出合适的预测方法。随机波动形态一般多采用移动平均法；线性长期趋势波动可采用回归分析法；周期性循环波动和季节性波动是一类综合性波动形态，需要多种方法配合应用，例如季节性波动的预测，首先就需要用回归方程或移动平均法确定长期趋势线，然后在长期趋势线的基础上计算出季节性指数值，再根据要求进行预测。

三、模型的种类

需要预测的对象是复杂的，因此预测方法的种类很多。方法的种类不同，所得的精确程度、所花的费用和适用的时间范围就不相同。因此，如何合理选择预测方法，确定模型的类型十分重要。常用的预测方法有定性方法，定量方法的时间序列分析、回归分析、马尔可夫方法、趋势外推等等。每种方法的基本内容、适用条件、需要的资料、精确程度均有所不同，可根据需要选择。

四、预测费用

研制和应用预测方法涉及到三种费用：研制费用、数据采集费用和数据处理费用。预测费用的大小涉及到预测方法和精确程度。对预测的精度要求高，就需要选用高级预测方法，如回归模型与经济计量模型，要求的数据量大，数据采集、处理费用多。如果采用费用较少的低级预测模型，预测费用少，但预测精度低，由于预测精度低而引起的损失就大，因此如何用最低的费用得到所要求的精度，有一个预测方法选择的优化问题。如图 21 — 12 所示。图中横轴代表精确程度高低，纵轴代表预测费用。费用随着精确程度高低呈反比变化，两种费用总和有一个最佳区域，方法的选择要尽可能在这一区域。

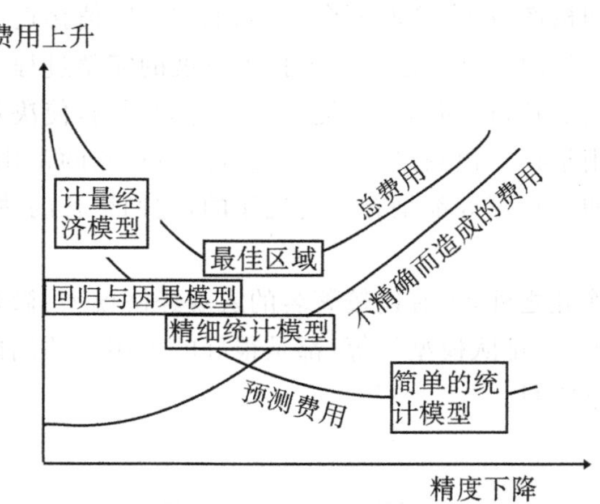

图 21 － 12 预测方法选择中费用与精度评价图

五、精确度

预测方法在特定条件下的价值，决定它在进行预测时的精确程度如何。测定预测值的精确度有两种基本方法：一种是运用一组完整的历史数据将某种预测方法应用于一定场合，然后再测出实际值和预测值之间的误差。误差可以用均方差或平均绝对偏差来测定。另一种是把历史数据分为两部分，将一部分作为确定预测方法的参数，然后将另一部分用来检验它的精确度。这个方法的优点是能对预测方法进行全面的检验，使所有数据都能用于预测。在评估预测方法的精确度问题时，必须考虑到不同预测方法能够预示基本数据波动的能力与预测波动形态中的转折点的能力是不同的。例如，一元回归分析法如以时间为自变量，用来求数据的长期趋势是合适的，但对某些由于市场动态变化因素所造成的转折点则完全无效。

六、适用性

预测方法的适用性是指应用这一方法的难易程度。选择涉及两个内容：一是这种预测方法从开始预测到得到预测结果所需要时间的长短。预测是为决策服务的，而决策是有时间性的，因此所需时间的长短就是决定采用哪种预测方法的一个重要因素。二是预测方法对决策者的理解程度和预测结果对决策者的价值如何。有些复杂的、高精确度的预测方法有可能远远不如简单的方法适用性强。

习　题

1. 什么是系统预测？其实质是什么？
2. 预测方法有几类？各有什么特点？
3. 简述德尔菲法的基本思想及其优缺点。
4. 简述移动平均法的基本思想。
5. 应用回归预测法进行预测时应注意哪些问题？
6. 简述生长曲线模型的特点。
7. 设某公司的每月广告费与销售额的数据如下表所示：

月广告费	4100	5400	6300	5400	4800	4600	6200	6100	6400	7100
月销售额	12.5	13.8	14.2	14.2	14.5	13.0	14.0	15.0	15.7	16.5

试问：

(1) 广告费支出与销售额之间是否存在显著的相关关系？

(2) 回归模型参数是多少？

(3) 如果下个月的广告费支出为6700元，下个月的销售额(取置信度$\alpha=0.05$)会发生什么变化？

8. 某企业自1995年以来每年的经营资金和产品销售收入资料如下：

年　　度	1995	1996	1997	1998	1999	2000	2001	2002
经营资金总额(万元)	300	320	310	330	350	360	380	400
销售收入总额(万元)	480	520	510	540	600	630	660	700

试预测该企业2003年当产品销售收入达到750万元时所需要的资金总额。

9. 设某市场有甲、乙、丙三种品牌的同类型产品竞争销售，目前各占有市场三分之一份额。有市场调研资料显示：原购买甲品牌的顾客，在下一季度有15％转买乙牌产品，同时有10% 转买丙牌产品;原购买乙品牌的顾客,在下一季度有30% 转买甲牌产品,同时有10% 转买丙牌产品;原购买丙品牌的顾客,在下一季度有5% 转买甲牌产品,同时有15% 转买乙牌产品。问:各品牌产品在目前市场条件下其市场占有率将如何变化?

10. 某产品9个月的销售量如下表:

月份	1	2	3	4	5	6	7	8	9
销售量(台)	4600	4900	5140	5330	5480	5680	5710	5790	5860

试用戈珀资曲线模型预测10月和11月的销售量。

第二十二章　系统决策方法

第一节　系统决策方法概述

一、决策和决策技术的概念

1.决策的概念

决策是人类社会的一种重要活动，它涉及到人类生活的各个领域，人和集体的各种行动，都要受决策的支配。决策不应当仅仅看成是拍板定方案、作决定的瞬间行为，而应当是决策者经过反复分析推敲论证之后作出决断的过程。严格地讲，决策有科学决策和非科学的决策之分。科学的决策是在科学的理论和知识的指导下，通过科学的方法，从为达到同一目标的众多行动方案中选择一个最优的行动方案的过程。科学决策是经得起实践检验的正确的或合理的决策的统称。按照人们的习惯用法，决策就是指科学决策。而非科学决策则是指那些主观盲目的、既没有足够科学依据又非切实可行的、顾此失彼的决策，也就是我们常说的"拍脑袋决策"。这类决策往往经不起实践和时间的检验，一旦付诸行动，就会造成失误，带来损失。

2.决策技术的概念

现代工程技术、生产技术、经济建设和社会发展规模越来越大，结构关系越来越复杂，变化越来越快，使得决策问题越来越复杂，迫切需要综合利用人类已经掌握的各种科学知识和技术手段，研究并把握决策的活动规律，提高决策水平。决策技术就是决策时所用的一系列科学理沦、方法和手段的总称。科学技术的发展为决策技术提供了理论基础，系统工程的发展为决策提供了科学的方法，计算机和计算技术为决策提供了有效的手段。

系统决策技术就是把决策对象（如工程、事业、规划等）看作一个系统，对其进行预测研究，建立系统的结构和模型，进而用定性、定量及综合的方法进行分析与评价，对比各方案的优劣，从而选择一个最佳方案的决策方法。这种系统分析的方法是使决策科学化的有力工具。系统决策技术从20世纪40年代开始发展到70年代，基本形成了两大类：一类是有竞争关系和人参加系统的博弈决策技术；一类是无竞争关系和人参加的系统统计决策技术。在实际决策中，通常是综合地运用各种决策技术。

二、科学决策的原则

要使决策科学化，必须遵循一定的原则：

1.信息原则。信息是决策的基础，信息必须准确、完整、及时。决策的依据越充分，决策的基础越坚实，决策成功的概率就越大。

2.预测原则。决策必须建立在预测的基础上，才具有可靠性。只有决策对象过去和现在的信息，而没有或很少有决策对象未来的信息，在信息不全面的情况下进行决策，就会影响决策的质量。因此，必须对决策对象未来的发展作出科学的预测。

3. 系统原则。决策必须强调系统性。要考虑决策所涉及的整个系统和相关系统、决策对象和外界环境的相互联系与相互作用。不仅要考虑局部的优化，更要寻求全局最优，只有这样才能实现决策的整体化、综合化、最优化。

4. 科学原则。科学的理论和方法是保证决策正确的指导思想。没有科学的方法，就谈不上科学地进行决策。因此，必须善于用各种学科的知识，诸如精密的数学、严谨的逻辑学、经济学、社会学等来为决策服务。

5. 可行原则。决策必须可行。要保证决策可行，就必须使决策符合科学技术发展规律和经济规律。因此，决策时不能只顾主观需要而不考虑客观条件的可能；不能只考虑有利因素和成功的机会，而不考虑不利因素和失败的风险，必须两者兼而有之，使决策建立在可靠可行的基础上并付诸实施。

6. 选优原则。决策要从两个以上的不同方案、途径和办法中，经过分析对比，选出最佳方案。如果只有一个方案也就不存在决策了，如果没有对比也就无法辨别优劣。因此，对比选优是决策的关键步骤。

7. 反馈原则。反馈就是对决策所导致的后果进行调整。由于环境和需要的不断变化，最初的决策必须根据变化了的情况作出相应的改变和调整，使决策更合理、更科学化。要用实践来检验决策，以保持决策的科学性。

8. 集团原则。随着社会的发展和科学技术的进步，许多问题的复杂程度与日俱增，不少问题的决策，已非决策者个人或少数人所能胜任。因此，必须利用智囊团来为决策者当助手、参谋和顾问。凡重大的决策问题，先由他们作决策分析，提出可行方案，决策者在此基础上进行决策。这样，就可减少决策的失误。

9. 效益原则。所谓效益，就是指花费的代价小，取得的效果大。效益主要表现为经济效益、政治效益和社会效益。有时由于寻求最优方案花费的代价太大而不得不退而求其次，选取较优的方案。对一项方案的选择，既要从微观角度看，又要从宏观角度看；既要看经济效益，也要看政治效益和社会效益。

三、决策系统与决策过程

1. 决策系统。把决策对象看作一个系统，决策活动也可以看作一个系统。决策活动是由许多机构和人分工完成的，存在于一定的时间和空间内，是运动着的，有输入、处理和输出三个基本过程。输入的是决策目标和信息，包括系统的外部信息和内部信息；处理是指运用各种科学的决策方法、数学模型，按一定程序求解目标值的过程；输出的是最佳决策方案。如果处理所得结果有错误或不满意，可以用反馈来调整，逐步达到决策最优化。

2. 决策过程。决策过程是一个系统的逻辑分析与综合判断的过程。其全过程分六个阶段：

(1) 确定目标。这是决策的第一步。从决策者的要求和问题，预计可以获得的结果和执行这一决策可以运用的资源两个方面考虑。目标必须具体明确，在时间、地点和数量上都要加以确定。目标应分主次，有些目标是必须达成的，有些则是希望达成的。必须达成的目标是不能打折扣的。在资源限制方面要订立一个最高限度，而在必须获得成果方面则要有一个最低限度，这就是所谓边界条件。对希望达成的目标，就不必建立绝对的限制，只要表示出相对的需要就行了。

(2) 收集信息和预测。要进行决策，就必须做到心中有底。知己知彼，决策才能有效。由于收集的信息都是过去和现在的数据，又由于决策的条件和环境，存在不少随机因素，所以，要根据已收集的信息使用各种预测技术对未来进行预测，为决策提供丰富的未来信息。

(3) 提出各种可行方案。针对决策的目标和具备的信息，就可以拟定各种可行方案。要从各个角度提出各种可行方案作为备选方案。拟定方案时要有比较地进行，因为准确地提出各种可行方案是不容易的。要深刻了解对达成目标起限制作用和决定性作用的因素，了解得越清楚，方案拟定的可行性就越大。制定可行方案要依靠专家或集团或专门机构一起研究。

(4) 评价各种可行方案。对各种可行方案进行效益和费用的计算。对数量和质量因素同等重视，不可偏废。评价时，要依据目标要求来衡量，对每一方案都要分别根据“必须达成的目标”和“希望达成的目标”来衡量分析。如果一个方案达不成“必须目标”，就应抛弃，然后再根据“希望达成目标”进行评价，采用各种评价方法，找出各种方案的评价值，以供决策。

(5) 选择最佳方案。在各种可行方案中，选择哪一个为最佳方案，这取决于前面几步的分析结果，但决策者本人的素质、判断能力、工作魄力等主观因素也不容忽略。选择最佳方案没有一个绝对的标准。要根据某种决策准则来权衡分析，研究某一方案对其他方面的影响，也要研究其他因素对这一方案的影响，并综合分析决策可能发生的各种后果及可能程度，最后选择某一方案为最佳方案，这就基本上完成了决策。

(6) 控制决策效果。决策付诸行动之后，可能按照我们预料的那样成功，也可能出现我们未曾预料到的问题，因此，需要随时掌握决策执行中的情况，采取各种应急措施来对付可能发生的问题，不断作出符合实际情况的修正。所以，要建立控制制度和报告制度，用以保证决策实施。

四、系统决策模型

决策模型是决策全过程的核心。它必须把决策对象用模型方式表达出来，而且还要使复杂问题得到简化，能够不失真地反映问题的实质。在决策理论和技术中，广泛采用的模型是矩阵模型和网络模型。

系统决策矩阵模型通常用支付矩阵来表示。支付矩阵可以是收益矩阵，也可以是损失矩阵。如表 22－1 所示。

五、决策技术分类

决策技术有各种分类方法，依决策问题的性质可分为：

1. 确定型决策。确定型决策是指决策对象未来的自然状态、未来可能发生的情况有肯定把握时的决策。其支付值可以计算出来，然后按决策准则进行选优。

2. 风险型决策。客观存在着不以决策人意志为转移的两种以上的自然状态，对未来会出现哪种状态不能肯定，但其可能发生的概率可以通过调查统计资料得知，在此条件下的决策叫风险型决策，也称随机决策。在风险型决策过程中，要分别根据未来发生的概率和预测计算，求出每个方案的期望值，然后比较各方案的期望值来进行决策。

表 22－1

j 状态 / j 概率 / i 方案	S_1	S_2	…	S_j	…	S_n
	P_1	P_2	…	P_j	…	P_n
A_1	V_{11}	V_{12}	…	V_{1j}	…	V_{1n}
A_2	V_{21}	V_{22}	…	V_{2j}	…	V_{2n}
⋮	⋮	⋮	…	⋮	…	⋮
A_i	V_{i1}	V_{i2}	…	V_{ij}	…	V_{in}
⋮	⋮	⋮	…	⋮	…	⋮
A_m	V_{m1}	V_{m2}	…	V_{mj}	…	V_{mn}

3.非确定型决策。客观存在着两种以上的自然状态，但它们出现的概率为未知情况下的决策叫非确定型决策。这种决策由于有关因素难以计算，故在很大程度上取决于决策者的经验和估计。

4.博弈型决策。决策对象具有竞争性的活动，并且这种活动的成败得失完全依赖于参与者所选取的策略，这种决策称博弈型决策。

5.其他类型决策。对象比较复杂类型的决策，有多目标、多级、动态决策，决策效用理论等。

下面重点介绍风险型决策、不确定型决策、决策树方法和决策的效用理论有关的决策技术。

第二节　确定型决策方法

这是一种在多个确定型备选方案中，选择最有利的方案的决策。下面是一个简单的例子。

例 22－1　某公司广告牌在一繁华路段的布局计划有五个可供选择的方案，如表 22－2 所示。

表 22－2　广告牌布局方案

方　　案	A1	A2	A3	A4	A5
投放数量	200	160	120	80	40

如果要求广告强度最大，则选 A1 为最佳方案；若要求最省钱，则选 A5 为最佳方案。显然，这完全是在一种已知的确定情况下，去选择满足目标要求的最佳方案。

常用的确定性决策技术用高等数学和运筹学中的有关方法，如：用微分法求极值，用拉格朗日法求极值，用线性规划和非线性规划求最优值，用动态规划求多级决策过程的期望值。确定性决策看起来很容易，但实际中并不完全是这样。有时模型变量很多，组合起来备选方案数很大，从中选优就不那么简单了。

例如，有一产品销售团，拟从 n 个城市中任一城市出发，在走遍所有的城市后，回到原处，问怎样才能使走的路程最短？客观状态：走遍 n 个城市，回到原处。可能策略：任何连接 n 个城市的线路种数。决策目标：路程最短。显然，这是一个确定性决策问题。但是，当 n 较大时，如 $n=10$，就有 $9!=362880$ 种线路，如果用手工把它们都计算出来十分困难。于是，人们只好求较短路程。这就是著名的“货郎担”问题。所以，要应用好肯定性决策方法，就必须认真研究最优化方法。

第三节　风险型决策方法

一、期望值决策方法

它是以决策问题构成的支付矩阵为基础，计算出每个方案的期望值，也就是在不同自然状态下的加权平均值。用数学公式表示如下：

$$V_i=\sum_{j=1}^{n}V_{ij}P_j \quad (i=1,2,\cdots,m) \qquad (22-1)$$

式中：V_i 为第 i 方案的期望值；V_{ij} 为第 i 方案在自然状态 S_j 下的支付值；P_j 为自然状态 S_j 的发生概率。

以期望值为标准，选择其最大或最小值的方案为最优决策。它的步骤是先求出决策问题的支付矩阵，然后再计算期望值，最后选择最佳方案。

（一）最大期望值法

以选取期望值最大的方案作为最优方案的决策方法，即为最大期望值法。

例 22－2　某乳品工厂为了充分利用厂内生产能力，拟生产一种短线季节性产品，每箱成本 30 元，售出价格为 80 元，每箱销售后可获得利润 50 元。如果当天剩余，每箱就要损失 30 元。现根据市场销售资料，要求拟定其产品的生产计划，使得获利最大。

解　1. 根据去年同期日销售量资料，进行统计分析，确定不同销售量的概率。如表 22－3 所示。

表 22－3

日销售量(箱)	出现的次数	概率值
100	18	18/90 = 0.2
110	36	36/90 = 0.4
120	27	27/90 = 0.3
130	9	9/90 = 0.1
总　　计	90	1.0

2. 根据每天可能销售量，编制不同生产方案的收益矩阵表（支付值用收益值表示）。如

表 22－4 所示。

表 22－4

状态 j / 概率 j / 方案 i	市场销售状态				期望利润
	100	110	120	130	
	0.2	0.4	0.3	0.1	
100	5000	5000	5000	5000	5000
110	4700	5500	5500	5500	5340
120	4400	5200	6000	6000	5360
130	4100	4900	5700	6500	5140

根据表 22－1，表 22－4 中收益值的计算如下：

V_{11} 表示计划生产 100 箱，当天市场销售 100 箱，则当天获利：

$$V_{11} = 50\text{元} \times 100 = 5000(\text{元})$$

V_{21} 表示计划生产 110 箱，市场销售 100 箱，剩余 10 箱，则当天获利：

$$V_{21} = 50 \times 100 - 30 \times 10 = 4700(\text{元})$$

其余计算类同。

3. 计算期望利润值。

由公式 $V_i = \sum_{j=1}^{n} V_{ij} P_j$ 求得：

$$V_1 = 5000 \times 0.2 + 5000 \times 0.4 + 5000 \times 0.3 + 5000 \times 0.1 = 5000(\text{元})$$

$$V_2 = 4700 \times 0.2 + 5500 \times 0.4 + 5500 \times 0.3 + 5500 \times 0.1 = 5340(\text{元})$$

$$V_3 = 4400 \times 0.2 + 5200 \times 0.4 + 6000 \times 0.3 + 6000 \times 0.1 = 5360(\text{元})$$

$$V_4 = 4100 \times 0.2 + 4900 \times 0.4 + 5700 \times 0.3 + 6500 \times 0.1 = 5140(\text{元})$$

所以，生产 120 箱的计划为最优方案。

4. 需要说明的两个问题。期望利润值是不同方案在不同状态下利润值的加权平均值。它包括市场需要 120 箱就生产 120 箱，获利最大的情况；也包括由于市场调查不准确而产生市场需求 100 或 110 箱而生产 120 箱，每天滞销 20 箱或 10 箱，赔 600 元或 300 元的情况；而且还包括市场需求 130 箱而生产 120 箱，缺货 10 箱的损失情况。这是对收益和损失进行加权平均的结果。① 期望值的准确程度。应该肯定这个值具有一定的准确程度，它同概率论反映的客观规律一样，在个别偶然的情况下会出现与平均值有较大的偏差，所以它掩盖了偶然情况下的损失值，在这一点上就有一定风险性。这个准则一般用于决策问题涉及资源费用较小，而且偶然情况下的偏差值（尤其是负偏差），不直接影响决策者目标的场合。② 要重视平均值中损失值的原因分析，必须加强市场调查，权衡得失，减少损失值，提高收益值。

（二）完整情报资料对期望值决策的价值

所谓完整情报资料，是指能提供未来确切状态的情报。在这种情况下，随机问题转化为确定型问题。也就是说，掌握了完整的市场资料，每日生产量完全符合市场需要量，既无缺货又无剩余。在这种情况下，可获得最大利润。如表 22－5 所示。

根据表 22－5 资料可计算出完整资料下的期望利润值。计算结果如表 22－6 所示。

表 22－5

状态 j / 概率 j / 方案 i	市场销售状态			
	100	110	120	130
	0.2	0.4	0.3	0.1
100	5000			
110		5500		
120			6000	
130				6500

表 22－6

市场销售状态	在肯定情况下的利润值		市场销售概率	完整情报期望值
100	5000	×	0.2	＝1000
110	5500	×	0.4	＝2200
120	6000	×	0.3	＝1800
130	6500	×	0.1	＝650
总　计	—		1.0	5650

比较有完整资料和无完整资料情况下的期望值，两者相差 5650 元－5360 元＝290 元。这 290 元是由于市场资料不完全时决策的误差损失。换句话说，这也就是完整资料的实际价值。因此，在决策时所花人力和金钱去获得完整资料的代价，不应超过实际的价值。

（三）最小期望损失值法

这是解决决策问题的另一种方法，就是选择期望损失值最小的方案为最优方案。损失包括两类：一类是报废性损失，由于生产过剩，在存贮过程中变质而报废；另一类是机会性损失，由于生产量太少，市场缺货脱销，应得到而未得到而造成的收益损失。上例中损失矩阵表如表 22－7 所示。

表 22－7

状态 j / 概率 j / 方案 i	市场销售状态			
	100	110	120	130
	0.2	0.4	0.3	0.1
100	0	500	1000	1500
110	300	0	500	1000
120	600	300	0	500
130	900	600	300	0

表内数字计算是用每列内最大利润值减去列内其他各个数字之差。对角线上为零值，对角线下部为报废损失，上部为机会损失。计算不同方案的期望损失值，如表22－8所示。

表 22－8

状态 j / 概率 j / 方案 i	市场销售状态				期望利润
	100	110	120	130	
	0.2	0.4	0.3	0.1	
100	0	200	300	150	650
110	60	0	150	100	310
120	120	120	0	50	290
130	180	240	90	0	510

表内期望损失值以290为最小，说明生产120箱为最优方案。这个结论与最大期望值法是一致的。

（四）剩余产品具有残值的结果分析

上面计算的问题均假设产品没有残值，限期销售不完，剩余产品全部报废。这种假设可以简化计算，但不符合实际，因为还需要考虑残值。

例 22－3 假设产品成本每箱50元，销售价格为80元，每箱产品售出后可以获利30元，但如果当天滞销，剩余产品可以20元处理（残值）。市场需求情况根据历史资料统计预测，日销售量150箱的概率为0.1，160箱的概率为0.2，170箱的概率为0.4，180箱的概率为0.3，求计划生产的最优方案及期望利润值。

解 根据题意已知剩余产品的残值为20元，则每箱剩余产品的损失值为50－20＝30（元），此时收益矩阵及期望利润值的计算见表22－9。

表 22－9

状态 j / 概率 j / 方案 i	市场销售状态				期望利润
	150	160	170	180	
	0.1	0.2	0.4	0.3	
150	4500	4500	4500	4500	4500
160	4200	4800	4800	4800	4740
170	3900	4500	5100	5100	4860
180	3600	4200	4800	5400	4740

从表中可以看出，170箱是最优方案，可获得期望利润值为4860元。

（五）两个期望值相同方案的选优

在决策技术中定义的方差和统计学定义的方差并不完全相同。按统计学意义，平均离差 σ_i 为：

$$\sigma_i = \frac{1}{n}\sum_{j=1}^{n}|V_{ij} - V_i| \qquad (i = 1,2,\cdots,m) \tag{22-2}$$

式中：n 为自然状态数；V_i 为 i 方案的期望值；V_{ij} 为 i 方案 j 状态的收益值。

按决策技术定义平均离差 σ_i 为：

$$\sigma_i = V_i - V_{i(\min)}$$

式中：$V_{i(\min)}$ 为 i 方案各状态的最小收益值。

决策准则是当方案期望值相同时，选离差小的方案为最优方案。

二、等可能性决策法

等可能性决策也称拉普拉斯法则。这个标准主要是应用于缺乏历史资料或资料很少的情况下，假设各种自然状态发生的概率值相等。如果有 n 种状态，那么每种状态发生的概率值为 $1/n$ 。这种假设是合理的，但理由不充分，它是采用平均主义办法来简化决策。

在例 22－2 中，市场销售状态从每天 100 箱到 130 箱的资料不全，已知 $n = 4$，则 $P_j = 1/n = 0.25(j = 1,2,3,4)$。计算结果如表 22－10 所示。

表 22－10

状态 j / 概率 j / 方案 i	市场销售状态				期望利润
状态 j	100	110	120	130	
概率 j	0.25	0.25	0.25	0.25	
100	5000	5000	5000	5000	5000
110	4700	5500	5500	5500	5300
120	4400	5200	6000	6000	5400
130	4100	4900	5700	6500	5300

生产计划的最优方案是 120 箱，期望利润值是 5400 元，而例 22－3 中最优方案也是 120 箱，这两者是一致的，数值不同是由于概率不同所致。

三、最大可能性决策法

这个标准是选择自然状态中事件发生概率最大的为基础，然后从中选择一个在这种状态下收益值最大的方案作为最优方案。现将例 22－2 应用这个准则选择列表，如表 22－11 所示。

表 22－11

状态 j / 概率 j / 方案 i	市场销售状态			
状态 j	100	110	120	130
概率 j	0.2	0.4	0.3	0.1
100	5000	5000	5000	5000
110	4700	5500	5500	5500
120	4400	5200	6000	6000
130	4100	4900	5700	6500

从表 22－11 中看出，市场销售状态 110 箱可能性最大，$P_2 = 0.4$，并且在该列中又以 110 箱方案收益值 5500 元为最大，因此 110 箱是最优方案。

这个决策准则应用较为广泛。当自然状态中一种状态发生的概率比其他状态大得多而收益值相差不十分大时，这个结果是正确的。但自然状态数目多，且各自发生的概率相差很小，收益值相差较大时，采用这种准则会出现误差。

四、决策树法

决策树是图论中树图用于决策的一种工具。以树在生长过程中不断分枝来表示事件发生的各种可能性，以分枝和剪枝来寻优的决策方法。决策树由决策点、方案分枝、自然状态点、概率分枝组成。

决策点：就是树的出发点，用矩形框表示并注上代号。

方案分枝：就是从决策点引出的若干条直线，每条线代表一个方案。

自然状态点：就是在各方案分枝末端画一圆圈，注上代号。

概率分枝：从自然状态点引出若干条直线，每条直线代表一种可能性，末端画小圆圈，标注损益值。

它的决策过程是，把各方案在各种自然状态下的损益期望值，记在各状态点上，以它为标准选优。所谓期望值是今后可能得到的数值，并不代表必然实现的数值。因此，以损益期望值选择的方案也不一定是最好的方案，但从统计角度看还是合理的。如果重复多次，期望值高的方案肯定优于期望值低的方案。

下面举例说明决策树法的应用。

例 22－4 有一个制造化工原料的工厂，由于某项工艺不够好，产品成本高，在价格保持中等水平的情况下无利可图，在价格低落时还要亏本，只有在价格高涨时才有盈利，但为数不多。现在工厂管理人员在编制五年规划时拟将该项工艺加以改革，用新的工艺代替。取得新工艺有两个途径：一个是自行研究，估计研究成功的可能性是 0.6；另一个是向其他厂购买专利，估计谈判成功的可能性是 0.8。不论是试验成功还是谈判成功，生产的规模都考虑两个方案：一个是产量不变，维持原来的生产规模；另一个是增加产量，扩大原来的生产规模。如果试验和谈判失败，则仍是采用原工艺进行生产，并保持原产量不变。根据市场预测，估计今后五年内这种产品的价格，低落的可能性是 0.1，保持中等水平的可能性是 0.5，高涨的可能性是 0.4。通过计算，得到各个方案在不同价格情况下的损益值，如表 22－12 所示。试用决策树法选择方案。

表 22－12 各方案在不同价格下的损益值 **单位：百万元**

概率 P	按原工艺生产	购买专利成功 $P = 0.8$		自行研究成功 $P = 0.6$	
		产量不变	产量增加	产量不变	产量增加
低价格 0.1	－100	－200	－300	－200	－300
中价格 0.5	0	50	50	0	－250
高价格 0.4	100	150	250	200	600

解 1. 画出决策树。如图 22－1 所示。

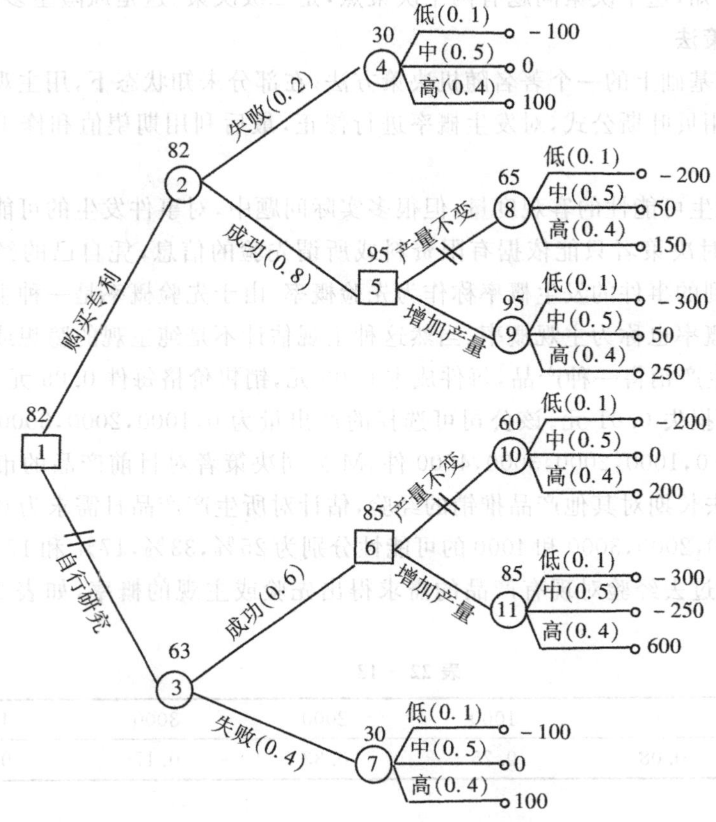

图 22-1

2.计算各点的益损期望值。

点 ④:$0.1 \times (-100) + 0.5 \times 0 + 0.4 \times 100 = 30$

点 ⑧:$0.1 \times (-200) + 0.5 \times 50 + 0.4 \times 150 = 65$

点 ⑨:$0.1 \times (-300) + 0.5 \times 50 + 0.4 \times 250 = 95$

因 $95 > 65$,将点 ⑨ 的 95 转移到点 ⑤。

点 ②:$0.2 \times 30 + 0.8 \times 95 = 82$

这是购买专利方案的期望值的计算。

再计算自行研究方案的期望值:

点 ⑩:$0.1 \times (-200) + 0.5 \times 0 + 0.4 \times 200 = 60$

点 ⑪:$0.1 \times (-300) + 0.5 \times (-250) + 0.4 \times 600 = 85$

比较 $85 > 60$,将 85 转移到点 ⑥。

点 ⑦:$0.1 \times (-100) + 0.5 \times 0 + 0.4 \times 100 = 30$

点 ③:$0.6 \times 85 + 0.4 \times 30 = 63$

所以,购买专利方案期望值为 8200 万元,自行研制方案期望值为 6300 万元。两方案比较,合理的策略应是购买专利,如图 22-1 所示。

从以上分析可知，这个决策问题有两个决策点，是二级决策。这是风险型多级决策。

五、贝叶斯决策法

它是基于概率基础上的一个著名随机决策方法。在部分未知状态下，用主观概率代替先验概率，然后利用贝叶斯公式，对发生概率进行修正，最后利用期望值和修正概率作最佳决策。

概率是事件发生可能性的客观度量。但很多实际问题中，对事件发生的可能性缺乏客观的统计资料，这时决策者只能依据有限资料或所谓先验的信息，凭自己的经验进行估计。由这种估计得到的事件的发生概率称作为先验概率。由于先验概率是一种主观的估计和选择，所以先验概率也称为主观概率。当然这种主观估计不是纯主观的臆想或猜测。

例如 M 公司生产销售一种产品，每件成本 0.03 元，销售价格每件 0.05 元。若产品当天销售不完每件要损失 0.01 元。该公司可选择的产出量为 0，1000，2000，3000，4000 件，市场的销量可能是 0，1000，2000，3000，4000 件。M 公司决策者对目前产品的市场需求心中无底，但根据过去长期对其他产品推销的经验，估计对所生产产品日需求为 0 的可能性为 8%，需求为 1000，2000，3000 和 4000 的可能性分别为 25%，33%，17% 和 17%。所以 M 公司决策者只能凭过去经验对现有产品的需求得出先验或主观的概率，如表 22－13 所示。

表 22－13

日需求量	0	1000	2000	3000	4000
先验概率	0.08	0.25	0.33	0.17	0.17

表 22－13 中的先验概率是产品销售前的经验估计。随着产品进入市场，不断获得该产品市场销售的采样信息，先验概率就被新的样本信息修正和综合，得到所谓后验的概率。

表 22－14

日需求量	0	1000	2000	3000	4000
所占比例	0.10	0.20	0.35	0.15	0.20

设 M 公司产品经一个月试验销售后，发现市场需求量的样本信息如表 22－14 所示。若用 $P(E)$ 表示事件 E 的主观先验概率，表 22－14 中的数字可以看作事件 E 发生情况下的条件概率，记作 $P(T \mid E)$。而求修正或后验的概率，则是求在样本条件下事件 E 出现的概率 $P(E \mid T)$。根据求条件概率的公式，有：

$$P(T,E) = P(E)P(T \mid E) = P(T)P(E \mid T) \qquad (22-3)$$

式(22－3)中，$P(T,E)$ 称联合概率，表明 T,E 两个事件同时发生的概率，或两个事件交集的概率。$P(T)$ 是 $P(T,E)$ 的边际概率，$P(T) = \sum P(T,E)$。由式(22－3)有：

$$P(E \mid T) = P(E)P(T \mid E)/P(T) \qquad (22-4)$$

故由表 22－13、表 22－14 数据和由联合概率求出的 $P(T)$ 值，可以计算得到 M 公司产品市场需求的后验概率值 $P(E \mid T)$。计算过程见表 22－15，$P(T) = \sum P(T,E) =$

0.233。如果根据市场销售继续采集样本信息，则相对于新的样本，可将表 22－15 中的 $P(E \mid T)$ 列数字当成先验概率，继续进行修正。

表 22－15

E(日需求量)	P(E)	P(T | E)	P(T,E)	P(E | T)
0	0.08	0.10	0.008	0.0343
1000	0.25	0.20	0.05	0.2146
2000	0.33	0.35	0.1155	0.4957
3000	0.17	0.15	0.0255	0.1095
4000	0.17	0.20	0.034	0.1459
累　　计	1.00	1.00	P(T) = 0.233	1.000

第四节　非确定型决策方法

非确定型决策是指自然状态出现的概率完全未知情况下进行决策的方法。决策准则包括：

一、悲观准则 min-max

悲观准则也称小中取大准则。它的特点是从不利的情况出发，找出最坏的可能，就是在不利的情况下选择最好的方案。其选择过程是：首先从每一个方案中选择一个最小的收益值，然后再从这些最小的收益值所代表的方案中选择一个收益值最大的方案为备选方案，即小中取大。这是比较保守的决策方法。

例 22－5　从表 22－16 收益值矩阵中用悲观准则选择方案。

解　先从每个方案中选择一个最小的收益值。从 A_1 中选 4，A_2 中选 2，A_3 中选 3，A_4 中选 3，A_5 中选 3。在每个值中打上 # 号，然后从 # 号中选一个最大值 4，它所代表的方案 A_1 就是备选方案。

表 22－16

方案 \ 自然状态	S_1	S_2	S_3	S_4
A_1	4#	5	6	7*
A_2	2#	4	6	9*
A_3	5	7*	3#	5
A_4	3#	5	6	8*
A_5	3#	5	5*	5

二、乐观准则 max-max

乐观准则也称大中取大准则。它的特点是决策者认为自己从不失败，选择的方案总是最好的。这种方法是比较开拓、富有挑战力。其过程是：先从每个方案中选一个最大的收益

值以 * 表示之，然后再从带有 * 号中选一个最大值作为备选方案。这是大中取大。由表22－16中可知。从 A_1 中选7，A_2 中选9，A_3 中选7，A_4 中选8，A_5 中选5，然后再从7，9，7，8，5中选最大值9，A_2 为备选方案。

三、折衷准则

折衷准则也称乐观系数准则。它的特点不像悲观者那样保守，也不像乐观者那样冒险，而是从中找出一个折衷的标准。折衷准则的决策过程是：先要求决策者根据历史数据的分析和经验判断的办法确定一个乐观系数，用 α 表示。$\alpha=0$ 时为悲观的准则，$\alpha=1$ 时为乐观的准则。这里取 $0\leqslant\alpha\leqslant1$。

$$折衷收益值=\alpha(最大收益值)+(1-\alpha)(最小收益值)$$

按此公式计算出每个方案的收益值，选其中一个最大值为备选方案。现以上例说明如下。

根据经验判断 $\alpha=0.7$，各方案的折衷收益值为：

A_1：$0.7\times7+(1-0.7)\times4=6.1$

A_2：$0.7\times9+(1-0.7)\times2=6.9$

A_3：$0.7\times7+(1-0.7)\times3=5.8$

A_4：$0.7\times8+(1-0.7)\times3=6.5$

A_5：$0.7\times5+(1-0.7)\times3=4.4$

其中，A_2 方案的折衷收益值最大，为6.9，因此取 A_2 为备选方案。

四、最小遗憾准则

遗憾准则也称大中取小的准则。它的特点是当某一种自然状态出现时，决策者选择的准则很明确，应选择收益值最大的方案为最优方案。如果决策人当初并未采取这一方案，而是采取其他方案，这时就会感到“后悔”，遗憾当初未选择最大值的方案。为了将来遗憾最小，因此采用大中取小的方法。遗憾准则的决策过程是：先确定遗憾值。最大收益值与其他方案收益值之差叫遗憾值（它同前边介绍的“损失值”概念是一致的）。然后，从最大遗憾值中选择一个最小的，作为备选的最优方案。

这实际上也是悲观准则的应用。悲观准则是“小中取大”，是以收益值为基础。遗憾准则是“大中取小”，而以损失值为基础。现以例22－5为例，说明应用这个准则的步骤。

1.确定各自然状态下的最大收益值，如表22－17中有 # 号者。

表22－17

方案＼自然状态	S_1	S_2	S_3	S_4
A_1	4	5	6#	7
A_2	2	4	6	9#
A_3	5#	7#	3	5
A_4	3	5	6	8
A_5	3	5	5	5

2.用每列中带 # 号的最大值减去每行的值得到遗憾值，列出遗憾矩阵表如表22－18

所示。

表 22－18

方案 \ 自然状态	自然状态 S_1	S_2	S_3	S_4
A_1	1	2Δ	0	2
A_2	3Δ	3	0	0
A_3	0	0	3	4Δ
A_4	2Δ	2	0	1
A_5	2	2	1	4Δ

3. 从遗憾矩阵中选出每一方案的最大遗憾值，即表内标Δ号者。

4. 从标Δ号的五个最大遗憾值中选一个最小的。从表 22－18 中看出，A_1 和 A_4 方案的遗憾值为 2，为最小，故 A_1，A_4 为按此准则列入的备选方案。

第五节　决策效用理论

一、效用的概念

上面讲的决策准则都是以期望值的大小来选择的，但在实际工作中，并不都是按期望值来决策，而是按方案在决策者眼中的价值来决策。

所谓"方案在决策者眼中的价值"，就是方案的效用或称策略的效用，可以理解为成功的可能性、方案的可靠性、得益的把握性和风险程度。策略的效用不是策略本身所决定的，而是由策略和决策者双方所决定。效用是策略和决策者的函数，是决策者对损益值的一种感觉和反应，是决策的相对尺度。它因人而异，因此有一定的主观性。决策者的性格、作风都会对效用产生一定影响，但人们的思想毕竟是社会存在的反映，所以也有一定的客观性。

按照效用的概念进行决策分析，应根据效用的基本假设，作出效用函数曲线，然后计算各方案的各种可能结果的期望效用值，并以最大的期望效用值作为选择最优方案的依据。

二、对效用的若干设定

1. 效用的度量。当决策者已经确定，则：

$$效用值\ U = f(损益值)$$

U 因决策者不同而不同，称为效用函数。

2. 效用具有传递性。若 $A > B$，$B > C$，则 $A > C$。A，B，C 均为效用。

3. 某一事物的效用值，就是这事物各成分的效用期望值。

4. 如果两事物在决策者决策时，是可以互相代替，那么称这两事物是等效用的。

5. 如果损益值 A 优于 B，B 优于 C，则必存在概率 P，使 $P \cdot A + (1-P) \cdot C$ 的效用与 B 的效用相同，则称 B 为 $P \cdot A + (1-P) \cdot C$ 的"效用性等值"。这是一个重要的概念。

6. 若 A 的效用优于 B 的效用，那么对任意概率 P，都有 $P \cdot A + (1-P) \cdot C$ 的效用优

于 $P \cdot B + (1-P) \cdot C$ 的效用。

三、效用函数的求法

1. 从决策问题的损益表中,选出最小的和最大的损益值,规定效用函数值在 0 ～ 1 之间。

2. 由确定性等值的概念,找出损益值和效用值。

3. 评价所确定的效用值是否符合决策者所处的客观环境,如果符合,则作出效用函数曲线;如果不符合,则重新评价。

四、效用函数曲线的类型

1. 效用函数曲线有三种典型的类型。图 22－2 中的三条曲线反映了三种决策者的不同性格和态度。

直线表示效用点与损益期望值的对应关系是正比关系。若用U表示效用值,X表示损益期望值,则这条直线可用下式表示:

$$X = U(X_{\max}) + (1-U)X_{\min}$$
$$= X_{\min} + U(X_{\max} - X_{\min})$$

这表明决策者是根据损益值作决策的,说明决策者是一种按常规办事的正常人。

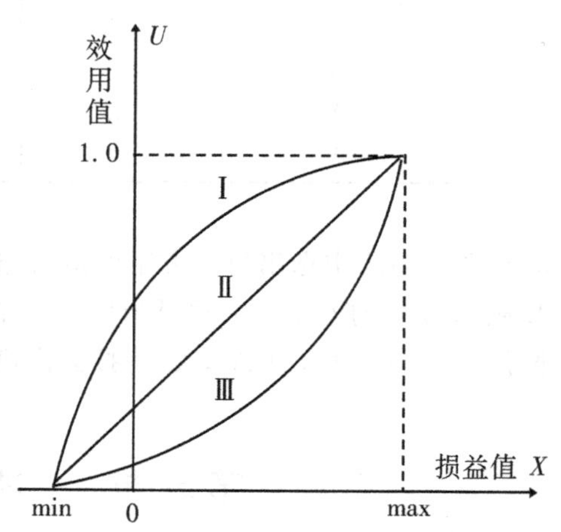

图 22－2 效用函数曲线

与直线 Ⅱ 相比,曲线 Ⅰ 各效用点所对应的损益期望值小于直线 Ⅱ 相同效用点所对应的损益期望值。这说明决策者对"益"反应迟缓,对"失"反应敏感,注意力放在"失"上,所以决策时不求大利,但求避免风险,是一种谨慎小心、稳妥保守的人。

曲线 Ⅲ 与曲线 Ⅰ 相反,其各效用点所对应的损益期望值大于直线 Ⅱ 相同效用点所对应的损益期望值。这表明决策者对"失"反应迟缓,对"益"反应敏感,所以决策者为求大利而不怕冒险,是一种敢于大胆冒险的人。

五、应用效用函数决策举例

假设在经营时间相同的条件下,有两个建厂方案:第 1 方案建大工厂,产品销售情况有两种可能性,销售好的概率为 0.7,得益 700 万元,销售差的概率为 0.3,损失 500 万元;第 2 方案建小工厂,销售情况也有两种可能性,销售好的概率为 0.7,得益 260 万元,销售差的概率为 0.3,得益 160 万元。如表 22－19 所示。

表 22－19

方　　案	销售情况	概率	利润	效用值
1 建大工厂	① 好	0.7	700	1
	② 差	0.3	－500	0
2 建小工厂	① 好	0.7	260	0.87
	② 差	0.3	160	0.81

根据上述资料绘制效用函数曲线。具体绘制方法如下：

先画一直角坐标图，以 X 轴为横坐标表示损益，U 轴为纵坐标表示效用，在 X 轴上按比例标出 -500 万元到 700 万元之间的损益值，在 Y 轴上按比例标明 $0\sim1$ 之间的效用值。然后，过 0 点在直角坐标系内画一条斜的直线，使其符合：

$$X = U(X_{max}) + (1-U)X_{min}$$

即：当 U 为 0 时，$X = -500$ 万元

当 U 为 1 时，$X = 700$ 万元

之后，决策者即根据自己的经验（考虑主观条件）和态度（谨慎或大胆），与直线各对应的点相比较，确定若干效用值所对应的损益值（即效用函数曲线上的若干坐标点）。

如效用值 0.7，按照直线其对应的损益期望值为：

$X = 700\times0.7 + (1-0.7)\times(-500) = 340$（万元）

但是决策者经过反复比较后，宁愿取有绝对把握的 40 万元，而不愿取把握不大的损益期望值 340 万元，这样，就确定了效用函数曲线上的一个点，其坐标为 $U = 0.7, X = 40$ 万元。

又如效用值 0.49，按照直线其对应的损益期望值应为：

$X = 700\times0.49 + (1-0.49)\times(-500) = 343-255 = 88$（万元）

经过决策者考虑之后，宁愿取 -150 万元而不取 88 万元。这样，又确定了效用曲线上的一个点，其坐标为 $X = -150$ 万元，$U = 0.49$。

以此类推，决策者又确定了效用曲线上的一些点，它们的坐标分别为：

$X = 300$ 万元　　$U = 0.91$

$X = 260$ 万元　　$U = 0.87$

$X = 190$ 万元　　$U = 0.85$

$X = 160$ 万元　　$U = 0.81$

把这些坐标点用曲线连接起来，便画出了决策者所建立的效用函数曲线。如图 22－3 所示。

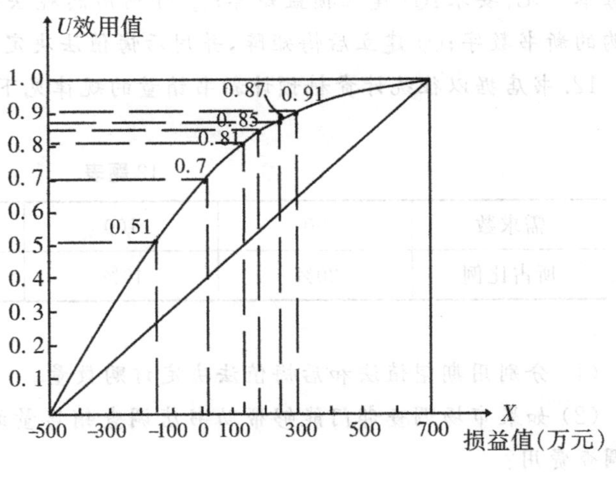

图 22－3

当效用曲线画出后，就可以通过求两个建厂方案的效用期望值，比较它们的优劣。建设大工厂方案的期望值为：$0.7\times1+0.3\times0=0.7$，得益为 40 万元。建设小工厂方案的效用期望值为：$0.7\times0.87+0.3\times0.81=0.85$，得益值为 210 万元。因此，决策者决定选择建设小厂的方案，说明决策者比较谨慎，不愿意冒风险。可见，损益期望值在决策时只是个参考值，并非是最后的决策目标

值。两者结合，是选择目标的合适方法。

效用函数有一维的和多维的，决策结果用一个参数，是一维的效用函数。若效用结构是多个变量的函数，则是多维的效用函数。如选择运输方式，就是包含时间、费用及舒适程度的多维效用函数。

习　题

1. 如何区分科学的系统决策与非科学决策？

2. 简述决策的分类、决策的过程和程序、构成决策模型的各要素，并举例说明。

3. 简述确定型决策、风险型决策和不确定型决策之间的区别。能否设法将不确定型决策转化为风险型决策？若能转化，对决策的准确性有什么影响？

4. 什么是决策矩阵？收益矩阵、损失矩阵、风险矩阵、后悔值矩阵在含义方面各有什么区别？

5. 对比分析不确定型决策中的悲观准则、乐观准则、等可能性准则、最小后悔准则、折衷准则之间的区别与联系，并指出采用不同准则时决策者所面临的环境和心理条件。

6. 简述完全情报价值的概念和计算方法。

7. 什么是主观概率（先验概率）、后验概率？试述确定主观概率的直接估计法与间接估计法。

8. 试述效用的概念及其在决策中的意义和作用。

9. 什么是效用曲线？如何确定出某个人的效用曲线？

10. 决策树中的决策点和事件点含义有何不同？

11. 某书店希望订购最新出版的好的图书。根据以往的经验，新书的销量可能为50本、100本、150本或200本。假定每本新书的订购价为4元，销售价为6元，剩书的处理价为每本2元。要求：① 建立损益矩阵；② 分别用悲观法、乐观法及等可能法决定该书店应订购的新书数字；③ 建立后悔矩阵，并用后悔值法决定该书店应订购的新书数。

12. 书店据以往统计资料预计新书销量的规律见下表：

12 题表

需求数	50	100	150	200
所占比例	20%	40%	30%	10%

(1) 分别用期望值法和后悔值法决定订购数量。

(2) 如果市场调查部门能够帮助书店调查销售量的确切数字，该书店愿意付出多大的调查费用？

13. 在一台机器上加工制造一批零件共1万个，如加工完后逐个进行修整，则全部可以合格，但需修整费300元。如不进行修整，据以往资料统计，次品率情况见下表：

13 题表

次品率(p)	0.02	0.04	0.06	0.08	0.10
概率 $P(p)$	0.20	0.40	0.25	0.10	0.05

一旦装配中发现次品时，需返工修理费为每个零件 0.50 元。要求：

(1) 分别用期望值和后悔值法确定这批零件要不要整修；

(2) 为了获得本批零件中次品率的正确资料，在刚加工完的 1 万件中随机抽取 130 个样品，发现其中有 9 件次品，试修正先验概率，并重新按期望值法和后悔值法确定这批零件要不要整修。

14. 计算下列人员的效用值：

(1) 某甲失去 500 元时效用值为 1，得到 1000 元时效用值为 10。如果某甲在得到 5 元时与他以概率 0.3 失去 500 元和概率 0.7 得到 1000 元时无差别，问某甲 5 元的效用值有多大？

(2) 某乙 —10 元的效用值为 0.1，200 元的效用值为 0.5，他自己解释肯定得到 200 元和以下情况无差别：以 0.7 的概率失去 10 元和 0.3 的概率得到 2000 元。问对某乙 2000 元的效用值为多少？

(3) 某丙 1000 元的效用值为 0，500 元的效用值为 —150，并且对以下事件上效用值无差别：肯定得到 500 元或以 0.8 机会得到 1000 元和 0.2 机会失去 1000 元。问某丙失去 1000 元的效用值为多大？

15. 某工厂正在考虑是现在还是明年扩大生产规模问题。由于可能出现的市场需求情况不一样，预期利润也不同。已知市场需求的概率及不同方案时的预期利润(单位：万元)如下表所示，且对该厂来说损失 1 万元效用值为 0，获利 10 万元效用值为 100，对以下事件效用值无差别：

(1) 肯定得 8 万元或 0.9 概率得 10 万和 0.1 概率失去 1 万；

(2) 肯定得 6 万元或 0.8 概率得 10 万和 0.2 概率失去 1 万；

(3) 肯定得 1 万元或 0.25 概率得 10 万和 0.75 概率失去 1 万。

要求：

(1) 建立效用值表；

(2) 分别根据实际盈利额和效用值按期望值法确定最优决策。

15 题表

方案 \ 事件 / 概率	E_1	E_2	E_3
	$P(E_1)=0.2$	$P(E_2)=0.5$	$P(E_3)=0.3$
现在扩大	10	8	—1
明年扩大	8	6	1

16. 某企业生产一种新产品，为了满足可能出现的高需求，可以增添某些附加设备。

但一旦出现高需求后，不能确切知道高需求是否长期持续。根据对今后八年市场需求预测，对该种新产品的需求估计见下表。

16 题表

需求(前三年)	需求(后五年)	可能性
高	高	0.4
高	低	0.2
低	高	0.3
低	低	0.1

据此有两种投资方案：方案 A 为一次投资 10 万元，遇到高需求时每年盈利 4 万元，低需求时每年盈利 0.5 万元；方案 B 为分阶段投资。开始投一笔，三年后再根据情况确定是否投。执行方案 B，在遇到高需求时头三年每年盈利 3 万元。如不增加投资，后五年每年盈利 2 万元；如增加投资，后五年每年盈利 4 万元。在碰到低需求时，头三年每年盈利 3 万元。不增加投资时，后五年每年仍为 3 万元；增加投资时，后五年每年盈利 1 万元。在分阶段投资时，期初投资额为 7 万元，后期增加额应为 4.5 万元。试用决策树法确定最优的投资策略。

参考文献

1. 李宝山主编:《管理系统工程》,中国人民大学出版社 2004 年版。

2. 汪应洛主编:《系统工程理论、方法与应用》,高等教育出版社 1992 年版。

3. 顾培亮编著:《系统分析与协调》,天津大学出版社 1998 年版。

4. 谭跃进等编著:《系统工程原理》,国防科技大学出版社 1999 年版。

5. 苗东升:《系统科学精要》,中国人民大学出版社 1998 年版。

6. 高志亮等编著:《系统工程方法论》,西北工业大学出版社 2004 年版。

7. 颜泽贤等:《系统科学导论》,人民出版社 2004 年版。

8. 浅居喜代:《现代系统工程基础》,新华出版社 1987 年版。

9. 欧阳莹之:《复杂系统理论基础》,上海科技教育出版社 2002 年版。

10. 许国志主编:《系统科学与工程研究》,上海科技教育出版社 2000 年版。

11. 许国志主编:《系统科学》,上海科技教育出版社 2000 年版。

12. 朴昌根:《系统学基础》,上海辞书出版社 2005 年版。

13. [奥]L. 贝塔兰菲:《一般系统论:基础、发展、应用》,秋同等译,社会科学文献出版社 1987 年版。

14. [比]伊. 普利高津等:《从混沌到有序》,曾庆宏等译,上海译文出版社 1987 年版。

15. [德]H. 哈肯:《协同学》,徐锡申等译,原子能出版社 1984 年版。

16. 牛映武主编:《运筹学》,西安交通大学出版社 1994 年版。

17. 陈蒙恩主编:《运筹学》,经济出版社 1994 年版。

18. 胡运权等编著:《运筹学基础及应用》,哈尔滨工业大学出版社 1998 年版。

19. 戴庆辉主编:《先进制造系统》,机械工业出版社 2006 年版。

20. 熊光楞主编:《并行工程的理论与实践》,清华大学出版社 2001 年版。